·通用经济系列教材·

Jinrongxue

金融学（第二版）

李 健 主审
马 亚 主编

中国人民大学出版社
·北京·

出版说明

随着经济全球化的不断深入，中国经济走上了高速发展的通道，获得了前所未有的发展。越来越多的人认识到，要想真正融入现代社会，无论是什么专业背景、从事何种工作，学习经济类课程对工作都非常有帮助。顺应这一形势，我国大部分高等院校也开始重视经济类课程的教学和经济类课程的普及。一方面，越来越多的经济类课程成为高校非经济专业选修的热门课程；另一方面，许多理工科学生把经济类专业当作第二学位来学习。但是，现有的经济类教材大部分在内容上都有一定的深度，适合非经济类专业或初涉经济学专业的学生学习的教材较少。鉴于这种情况，我们组织编写了这套“通用经济系列教材”。本套教材在组织编写上，遵循了以下原则：

第一，所列课程均为经济类的基础课程，能够适应不同专业学生的普及学习。

第二，教材在编写上力求简明、通俗，篇幅适中，重视基础知识和基本原理的讲解。

第三，在内容上尽量减少纯理论的阐述、证明等，增加一些实际案例、专栏、开篇案例导读之类的东西，使教材的可读性更强，内容更易于理解。

我们秉承中国人民大学出版社“出教材学术精品，育人文社科英才”的宗旨，紧跟时代脉搏，不断推出精品，提升教材的质量，为中国高等教育和实践水平的提升做出贡献。我们希望广大读者的建议和鞭策，能够促使我们不断对本套丛书进行改进和完善，以更好地服务读者。

中国人民大学出版社

第二版前言

《金融学》此次修订，延续2010年版的基本架构，在此基础上主要进行了两个方面的工作：一是删繁就简、查漏补缺，强化教材内容的系统性与逻辑性。围绕本教材的定位（见第一版前言），进一步厘清金融学的五大基本概念，即货币、信用、利率、汇率以及金融资产收益率的内涵与联系，通过对各类金融机构与金融市场的特点与主要业务运作的介绍，以信用创造机制和金融资产定价两条线索，从货币供求和金融风险收益视角尝试实现宏微观金融的贯通，力图帮助学生把握金融学体系各知识点间的逻辑性、相关性与联动性。二是努力提升教材与现实经济、金融发展的融合度，强调金融学的知识性学习与实际应用相结合。自2010年以来，国内外经济、金融领域发生许多变化，流动性过剩、数字货币、全球金融治理、股市债市波动、负利率时代、汇率风险、利率市场化等关键词不断进入人们的视野，引发热烈的讨论。在教材修订中也将与之相关的动态发展与前沿观点采纳进来，以专栏、案例或练习题的形式选择具有代表性与启发性的事件加以关注，希望借此拓展学生学习金融学的眼界，培养多元动态的思维方式。

金融与我们的生活息息相关。金融是生活的金融，有其简单重复的一面；金融也是未知的金融，有其复杂多变的内容。我们唯有以认真扎实的知识与不断夯实的理论基础，才能在动态发展的现实世界中践行“好金融与好的社会”①的思想。

本次修订由我主持完成，由于其他原作者事务繁重加之修订工作对逻辑性的要求，其他原作者不再参与修订。在此次修订中，中央财经大学的王舵、李

① 由2012年诺贝尔经济学奖获得者罗伯特·席勒所著的《金融与好的社会》一书引发的思考：是否存在这样一种金融，它的存在有助于实现经济、社会和谐稳定发展，有助于缩小贫富两极分化，实现人类理想社会——世界大同？金融对社会发展到底有多大价值？

博、付雨点、高仰弘、赵金浩提供了资料搜集与编写的帮助，在此一并感谢。

特别要感谢的是负责《金融学（第二版）》编辑工作的崔惠玲、刘美昱、商晓辉编辑，没有她们的认真负责以及对我的鞭策，本书不可能顺利出版！

由于笔者知识和能力的局限，本书的错误、纰漏之处在所难免，恳请读者批评指正！

中央财经大学　马　亚

2017 年 3 月

第一版前言

金融与我们的生活息息相关。从日常使用的货币到个人的资产负债管理，从经常来往的金融机构到各类金融市场，从国内的经济运行到全球的经济环境，金融确实无处不在。金融是生活的金融，有其简单重复的一面；金融也是神秘的金融，有其复杂多变的内容。作为金融学专业的基础课程，《金融学》一书可以帮助我们更为准确、全面地认识金融、理解金融并运用好金融。

关于《金融学》教材内容的安排，国内大约有两种意见：一是延续过去《货币银行学》的体例，增加或强化微观金融的内容。这样既延续了国内传统的金融学教学理念，又与金融发展的趋势联系了起来。二是商科思路，认为金融学即是微观领域金融活动的分析，强调投融资活动的研究，其中尤为关注风险与定价问题。这两种观点都各有道理，只是角度不同，并没有冲突。从现代经济的特点来看，金融既然已渗透到经济的方方面面，那么对金融的介绍又何必纠缠是宏观角度还是微观角度呢？只要能够给予学生可以观察金融运行的机会、有利于培养学生的金融感觉和帮助学生掌握一些分析金融的专业方法，那么，所有相关知识的传授都不为过。可见，《金融学》的框架应该足够大，并且最好具有不同的层次。

基于上述理念，本教材应属于试图搭建宽阔的框架而内容较为浅显易懂的设计。这种安排也源于多年从事金融学教学的体会。刚刚接触金融的学生总是想尽可能地扩展金融的边界，在足够宽的基础上再深入细致了解其中的具体问题。试想一个学习金融工程的学生，如果没有对宏观金融运行的理解，而仅仅从数到数、从模型到模型，那的确也是行不通的。当然，仅仅对宏观形势滔滔不绝，没有对价格的敏感、风险的关注以及精确的计算，那也只能是纸上谈兵。作为教材的《金融学》应该是考虑培养学生如何积累和拓展金融能力的金融学，而不是局限于某种概念或口径的选择。

有鉴于此，本教材的内容大体分为三大部分：一是对金融学基本概念的学习，包括第一、二、三章，分别介绍货币、信用、金融、利率、收益率以及汇率。通过对这些概念的说明，形成学习《金融学》的基础。二是对微观金融运行的认识，包括第四、五、六、七、八章，分别介绍金融市场、金融工具与金融机构，框架式地描述了货币市场与资本市场、存款类金融机构与非存款类金融机构的基本构成和运行原理，以期说明经济运行中各类金融活动是如何开展与发挥作用的。三是对宏观金融环境与调控的理解，包括第九、十、十一、十二章，主要解释货币供求与货币均衡的基本状态，进而归纳金融学对通货膨胀与通货紧缩的理解，并提及开放条件下经济均衡的实现。同时，也概括了货币政策与金融监管的基本思路。

在上述内容展开说明的同时，我们也关注中国金融体系的发展与问题，在相关的内容中都有一些相应的说明与分析。为了保证本书的可读性和学习效果，我们设计了专栏与综合练习。专栏的内容取材于现实，希望带给读者思考和进一步研究的兴趣；综合练习则是便于学习后的检查与知识的巩固。

参与本书编写的作者分别来自中央财经大学和对外经济贸易大学，编写分工如下：第一、二、三、七、八、十一章由马亚编写；第四、五、六章由马丽娟编写；第九章由王慧慧、李振群编写；第十章由郭程程、杨倩、许宁宁编写；第十二章由何丽芬、毛静编写。全书由马亚负责校对和总纂。

中央财经大学的李健教授在百忙之中审阅了大纲和书稿，给予了巨大的支持和帮助。在此，致以我们最诚挚的谢意！

由于笔者知识和能力的局限，本书的错误、纰漏之处在所难免，恳请读者批评指正！

马　亚

目 录

第一章

货币与信用

[导读与学习提示]

本章展示了金融学中的两大基本概念：货币与信用。金融是货币与信用融为一体的新范畴，但金融的产生与发展并不意味着货币与信用的消失。相反，只有理解好货币和信用的本质、功能、运行原理以及各种形式，才能更好地理解金融的内涵。学习本章，你需要准确地界定概念、积极地回溯历史以及大胆地展望未来。以下问题将有助于本章的学习：

1. 为什么会出现货币？
2. 今天的信用货币如何得到我们的认可？
3. 政府为何要介入货币流通？
4. 数字货币能否取代有形货币而成为货币形式的最终表现？
5. 全世界会形成一种货币吗？
6. 如何理解现代经济是信用经济？
7. 我们的信用活动具体而言是通过哪些形式来实现的？

第一节　货币的起源与发展

现代教科书对货币的界定通常表述为：货币是普遍被大家接受的，能够交换任何东西的任何东西。对这一定义的理解起码包括两点：一是货币的普遍接受性，即货币可与所有商品处于等价地位；二是货币具有购买和支付能力。而要进一步探究这两点的理由，就必须回溯货币的起源和发展，让历史的演变来给予说明。

一、货币的起源

（一）货币从哪里来

货币从哪里来？货币不是自然就有的，它的出现与交换密切相关，可以说货币是交换的产物。人类历史的交换经历了两种形式，即物物交换和有媒介的交换，货币正是顺应交换的媒介需求而产生的。但归根结底，还是由于经济发展带来的规模扩张、交易品种的多元化和交易的便利性要求促生了货币。

首先，随着经济总量的增长，物物交换的交易形式已无法满足经济交易跨越时空的要求；其次，交易品种的多元化需求使物物交换的可能性大大降低；最后，物物交换的一一对应在搜寻过程中的耗费大大延缓了交易的效率。因此，经济生活发展的内在要求决定了有媒介物的交换的产生与推广，而在选择何为媒介物的客观过程中，货币成为必然。

（二）货币的本质

在对货币本质的分析中有过一些争论，代表性的观点有四种：

1. 货币是贵金属

这种观点是重商主义者提出的。他们指出，货币天然是贵金属，天然是财富，因此，货币必须具有金属的内容和实质价值，不能被其他所代替。他们认为，一个人货币多了，财富便多了；一个国家货币多了，国家便富庶了。这种把货币等同于贵金属的观点，后人称之为“金属主义”，也称“货币金属观”。

2. 货币是名目或符号

这种观点认为，货币不具有商品性和实质价值，只是法律规定的符号，是一种票券，只是名目上存在。代表这种观点的典型理论是“货币国定说”。根据这种理论，虽然货币是由贵金属铸造的，但货币的价值不是货币本身所具有的，而是国家法律和行政力量强制形成的。货币在这里被看成是一种符号、一种计算单位，因而可以完全不具有实质价值，可以用任何材料制成。凯恩斯在1930年发表的《货币论》中认为计量单位是货币理论的基本概念。

3. 货币是核算社会劳动的工具

这种观点来自对马克思社会必要劳动时间决定商品价值理论的理解。其基本意思是：由于社会分工，商品生产者的个别劳动都应该是社会总劳动的一部分，但事实上，个别劳动者的劳动总带有盲目性，不一定能够正好符合社会需求而转化为社会劳动。货币出现后，这种转化中的矛盾就通过商品与货币的交换表现出来。如果生产的商品能顺利转化为货币，表明其劳动的社会性的存在。如果该商品能换回较多的货币，说明其劳动的社会性较高。

4. 货币是被普遍接受的交易媒介和支付工具

在现代经济中，人们采用一种最为实用的货币本质观。这种观点认为，能否充当交易媒介和支付工具是划分货币与其他资产的本质界限。但是，在划定的货币范围中，总有一部分是能够立刻用以购买和支付的，如现金和支票存款，有些是不那么方便的，如定期存款等。因此，在这种货币本质观的指导下，各国开始对货币总量划分层次，出现了狭义货币（M1）、广义货币（M2）、准货币、货币供应量等不同层次的货币范畴。

货币的本质受不同历史时期和经济发展阶段的制约，有不同的理解，但也存在基本的共识，那就是：货币是用于计量商品价值、充当交易媒介的被普遍接受的任何形式。

（三）货币的职能

马克思在《资本论》中将货币的职能概括为价值尺度、流通手段、支付手段、价值贮藏和世界货币五大职能。其中，价值尺度是货币在衡量和表现商品价值时发挥的职能；流通手段是货币充当商品交换中的媒介时发挥的职能；支付手段是货币作为独立的价值形式进行单方面转移时发挥的职能；价值贮藏是货币退出流通，被当做财富保存或价值积累起来发挥的职能。而世界货币是货币超越国家在国家间发挥上述四项职能时承担的职能。马克思认为，货币是价值尺度与流通手段的统一，货币的五大职能是相互支持的，是货币本质的具体表现。马克思对货币职能的精要概括，充分反映了货币在经济社会中扮演的各个角色，今天看来也不过时。

从现实生活出发简单地理解货币的职能，可以概括为三个方面：交易媒介、支付手段和价值贮藏。

1. 交易媒介

货币充当交易媒介表现在：首先它是计价单位，能够计量所有商品和劳务；其次货币能够完成买卖的独立实现。原本物物交换的买卖同时完成，因为货币将买卖变成两个独立的环节，大大节约了物物交换的搜寻成本，使交换顺利实现。

2. 支付手段

一是作为延期支付的手段，终结因延期所形成的债权债务关系。这广泛运用在延期付款方式的商品买卖活动中。二是作为价值的单方面转移，货币支付还可以运用在如信贷收支、财政收支、工资发放、捐赠等支付活动中。

3. 价值贮藏

货币执行价值贮藏职能的前提是这种货币的购买力一定是基本稳定的。只有在此基础上，由于货币具有充当交易媒介和支付手段的能力，人们才乐于用货币进行价值贮藏。

货币各种功能的执行降低了商品和劳务交换的成本，便利了交换，从而提高了经济效率。也正因此，在长期的生活中，人们更多看重这些功能能否得以实现，而渐渐忽略了对货币形态的价值要求，货币也从最初的实物货币演变成今天的信用货币。

二、货币形态的演变与发展

货币形态的演变是从实物货币发展到金属货币，再发展到信用货币的有形形式以及无形形式。货币形态的变化与经济发展、技术进步以及人们对货币认识的深入程度密切相关。

（一）实物货币

人类历史上最早的货币是实物货币。人们做选择的实物货币是某一区域大家普遍接受的特定物品。比如我国古代的贝币，农牧地区的耕具、牲畜等。但随着经济的发展，交换范围和规模的扩大，人们逐渐对币材有了基本的共识，即价值较高、易于分割、易于保存和便于携带。对比这些要求，实物货币的问题就暴露出来了。因此，人们开始将币材逐渐固定在大致符合这四个条件的金属上。

（二）金属货币

金属货币是指以金属如银、金、铜等为材料的货币。金属货币由于其具有价值稳定、易于分割、易于保存等优势，比实物货币更适于充当货币。金属货币经历了两种形式：称量货币和铸币。称量货币是金属以条块形式发挥货币作用。铸币是由国家印记证明其成色和重量的铸成一定形状的货币，铸币的出现使金属货币有了统一的标准，大大便利了商品交易。

金属货币的优点在于足值的金属货币因其价值稳定会提供一个稳定的货币环境，有利于交换与生产。但若统治者利用不足值的金属货币掠夺财富，经济的混乱也在所难免。同时，金属货币还受制于金属的稀缺性，特别是当经济发展需要大规模货币予以充当媒介时，金属货币的数量很难满足需要，携带的不便也制约了金属货币的使用。

为了弥补流通中金属货币的不足，可兑换的银行券应运而生。在银行券使用的过程中，人们发现货币的形态是否足值并不是那么重要，而关键在于它能被普遍接受以及用来交换任何东西。

中国是世界上最早使用铜铸币的国家，公元前 1500 年，商代已有铜贝币；公元前 800 年，春秋初期已有青铜铸造的布币和刀币；公元前 119 年（汉武帝元狩四年）有鹿皮币；公元 1023 年（宋仁宗天圣元年）建交子务，发行纸币交子等。

（三）信用货币

信用货币产生于货币充当交易媒介的功能。金属货币制度崩溃以后，人类社会进入了信用货币时期。银行券、存款货币、电子货币、数字货币等都是信用货币的存在形态。

1. 银行券

银行券是银行发行的可以发挥货币功能的信用工具。早期银行券是随着资本主义银行的发展而出现的，由商业银行分散发行，代替金属货币流通，通过与金属货币的兑现维持其价值。中央银行产生以后，大多数国家的银行券由中央银行垄断发行，金属货币制度崩溃后，银行券成为不兑现的纸制信用货币。

2. 存款货币

与银行券相比，存款货币是无形的信用货币。银行为工商业者开立活期存款账户，存户可依据存款向银行签发支付命令书即支票，或通过其他方式将存款转到收款人账户上，这些方式代替货币充当流通手段和支付手段，因此被称为存款货币。随着信用货币制度的发展，转账结算成为经济交易中主要采取的支付方式，而存款货币也成为主要的货币形态。存款货币替代现金支付，具有方便、安全、高效的特点，特别在大额交易中优点尤其突出。存款货币的增减变化往往标志着经济交易活跃度的变化，是现代货币构成中重要的内容。

3. 电子货币

电子货币是以金融电子化网络为基础，以商用电子化机具和各类交易卡为媒介，并通过计算机网络系统以电子信息传递形式实现流通和支付功能的货币。电子货币具有以下特点：一是以电子计算机技术为依托，进行储存、支付和流通；二是可广泛应用于生产、交换、分配和消费领域；三是融储蓄、信贷和非现金结算等多种功能为一体；四是具有使用简便、迅速的特征；五是通常以银行卡（磁卡、智能卡）为媒体。

现阶段而言，大多数电子货币并不能脱离现金或存款，是用电子化方法传递、转移，以清偿债权债务实现结算。因此，电子货币的职能及影响，实质是电子货币与现金和存款之间的关系。目前，电子货币主要有四种类型。

（1）储值卡型电子货币，一般以磁卡或IC卡形式出现，其发行主体除了商业银行之外，还有电信部门（普通电话卡、IC电话卡）、IC企业（上网卡）、商业零售企业（各类消费卡）、政府机关（内部消费IC卡）和学校（校园IC卡）等。发行主体在预收客户资金后，发行等值储值卡，使储值卡成为独立于银行存款之外新的“存款账户”。同时，储值卡在客户消费时以扣减方式支付费用，也就相当于存款账户支付货币。

（2）信用卡应用型电子货币，是指商业银行、信用卡公司等发行主体发行的贷记卡或准贷记卡，可在发行主体规定的信用额度内贷款消费，之后于规定时间还款。信用卡的普及使用可扩大消费信贷，影响货币供给量。

（3）存款利用型电子货币，主要有借记卡、电子支票等，用于以银行存款通过电子化方式支取现金、转账结算、划拨资金。该类电子化支付方法的普及使用能减少消费者往返于银行的费用，致使现金需求余额减少，并可加快货币的流通速度。

（4）现金模拟型电子货币，主要是将货币价值保存在IC卡内并可脱离银行支付系统流通的电子钱包。该类电子货币具备现金的匿名性，可用于个人间支付并可多次转手，是以代替实体现金为目的而开发的。该类电子货币的扩大使用，能影响到通货的发行机制，减少中央银行的铸币税收入，缩减中央银行的资产负债规模等。

4. 数字货币

数字货币属于现金（M0）范畴，其具体形态可以是一个来源于实体账户的数字，也可以是记于名下的一串由特定密码学与共识算法验证的数字。纯数字货币是加密数字存储于数字钱包并运行在特定数字货币网络中的货币。如果只是普通数字配上数字钱包，还应算作电子货币。电子货币的优点是形式简单，在现有支付体系下稍作变动即可完成；缺点是对账户体系依赖较大，防篡改能力较弱，KYC（了解客户，know your customer）与AML（反洗钱，anti-money laundering）成本较高。纯数字货币的优点是可以借鉴吸收当今各种类数字货币的先进技术，以更难篡改、更易实行线上和线下操作、可视性更强、渠道更为广泛的方式运行；缺点是需要构建一套全新生态系统，技术要求更高，体系运行维护难度较大。以上两种形式在一定程度上具有互补性，在不同应用场景下可以择优使用以满足不同需求。

从现有的一些类数字货币看，其背后都运行着去中心化机制，主要通过分布式记账方法建立信任体系，运用区块链技术和加密技术，通过竞争性记账、公私钥签名验证的方法来保证体系运行的安全性。但这些类数字货币依然存在着与历史上私人货币一样的根本性缺陷：价值不稳，公信力不强，可接受范围有限，容易产生较大负外部性。由中央银行推动发行法定数字货币以国家信用为保证，可以最大范围实现线上与线下同步应用，最大限度提升交易的便利性和安全性。法定数字货币不同于私人部门类数字货币：后者去中心化；而前者必须中心化或部分中心化，以保证效率和安全。法定数字货币的运行框架可以有两种选择：一是由中央银行直接面向公众发行数字货币；二是遵循传统的“中央银行—商业银行”二元模式。前者是目前一些类数字货币的常用模式，在这种模式里，中央银行直接面对全社会提供法定数字货币的发行、流通、维护服务。后者仍采用现行纸币发行流通模式，即由中央银行将数字货币发行至商业银行业务库，商业银行受央行委托向公众提供法定数字货币存取等服务，并与中央银行一起维护法定数字货币发行、流通体系的正常运行。

专栏1-1 央行探索法定数字货币的国际经验

以德国为代表的欧元区国家对央行发行法定数字货币的态度并不积极。它们认为，通过央行来垄断数字货币的发行，一定程度能保证货币安全，但极有可能阻碍数字货币的发展。德国强调，央行的任何行为都需要基于法律授权，它的首要目标是保持价格稳定，央行发行货币的法律效力中并不包括发行数字货币产品。德国央行主张让市场主体（如用户和商户）来决定哪一种支付方式更便捷，让竞争机制发挥作用，并不直接干预市场，也不对某一种支付方式做推广和支持。这也是德国央行运营和管理的一贯方式和思维。

美联储十分关注以比特币等为典型代表的数字货币对银行业务、经济活动和金融稳定的影响。从对银行体系的影响的角度看，数字货币目前的使用范围仍然很小，各种储存和支付安全问题仍未得到有效解决，短期内数字货币的发展难以对银行体系造成较大的负面影响。但从长期来看，数字货币可能会被广泛使用，对银行体系的影响可能会有所扩大。从对经济的影响来看，数字货币强大的跨境支付能力有助于促进国际贸易和投资，推动资本从发达国家流向发展中国家，促进发展中国家的经济增长。数字货币的非法交易问题和匿名性问题并不严重，对经济运行的负面影响较为有限。从对金融稳定的影响来看，数字货币从内在稳定性和系统稳定性两方面对金融稳定构成影响：一方面，比特币等数字货币的价格具有较强的波动性，易对金融市场构成较大的冲击；另一方面，数字货币的交易规模尚为有限，尚未成为导致系统性金融风险的影响因素。但从长期来看，数字货币总量有限的特点可能会影响传统货币政策工具的宏观调控作用，从而对金融稳定造成威胁。目前，美联储内部对数字货币的监管模式仍有不同声音。芝加哥联邦储备银行认为，比特币是一个了不起的概念和技术，很可能被现有的金融机构甚至监管机构所采用；美联储前主席伯南克也指出，比特币等数字货币可能拥有较好的发展前途。然而，圣路易斯联邦储备银行却认为，比特币只是一个内在价值为零且没有法律支持的虚拟货币；美联储主席耶伦也曾指出，美联储根本没有权力监督或以任何方式调控比特币等数字货币。

英格兰银行主管货币政策的副行长布罗德本特表示，数字货币的主要创新之处在于分布式账本技术。央行有可能利用这一技术让更多主体参与央行的资产负债表操作，不仅允许商业银行在央行存款，也允许非银行金融机构，甚至每个市场参与者（包括企业和个人）直接在央行存款。央行发行数字货币对经济的潜在影响包括：一是对经济的影响具体取决于央行数字货币的具体设计形式，特别是其与商业银行存款的竞争程度。二是央行发行数字货币时需要考虑其对银行融资和信贷供给的影响。三是央行发行的数字货币未来是变成真正的银行账户，还是仅以电子现金形式存在，这无疑是一个重要的问题。如果央行数字货币不仅仅替代了现金，同时也与商业银行存款产生竞争的话，央行数字货币会对经济产生更多实质性影响。总体来看，英格兰银行对发行法定数字货币的态度较为积极，称现有数字货币技术或有非常好的发展前景，中央银行应考虑将该技术运用到发行数字货币中。目前，英格兰银行已经开始研究如何有效利用数字货币技术，并开始讨论由央行发行法定数字货币的可行性。

资料来源：张正鑫，赵岳．央行探索法定数字货币的国际经验．中国金融，2016（17）．

第二节 货币制度

货币制度是国家对货币流通的组织与管理等加以规定所形成的制度。完善的货币制度能够保证货币流通的稳定性，保障货币正常发挥各项职能。依据货币制度作用的范围不同，货币制度可以划分为国家货币制度、国际货币制度和区域性货币制度；依据货币的不同特性，货币制度可以划分为金属货币制度和不兑现的信用货币制度。

一、货币制度的构成与发展

货币制度的主要内容包括：规定货币材料、货币单位和货币种类；规定本位币和辅币的法定偿付能力及发行、流通程序，规定货币发行准备制度。

（一）规定货币材料、货币单位和货币种类

1. 货币材料

规定货币材料就是规定币材的性质，针对不同的货币材料形成不同的货币制度。比如货币材料为金属，就称为金属货币制度。具体选择什么金属做货币材料受到客观经济发展条件以及资源禀赋的制约。目前各国都实行不兑现的信用货币制度，对货币材料不再做明确规定。

2. 货币单位

规定货币单位包括两方面：一是规定货币单位的名称。按照国际惯例，一国货币单位的名称往往就是该国货币的名称。二是规定货币单位的值。在金属货币制度条件下，货币单位的值是每个货币单位包含的金属重量和成色；在信用货币尚未脱离金属货币制度的条件下，货币单位的值是每个货币单位的含金量；在不兑现的信用货币时期，确定货币单位的值表现为确定或维持本币的汇率。

3. 货币的种类

货币的种类主要分为本位币和辅币。本位币，也称主币，是一国的基本通货和法定价格标准。辅币是主币的等分，是小面额货币，主要用于小额交易支付。在金属货币制度下，本位币是用国家规定的货币材料按照国家规定的货币单位铸造的货币，辅币用贱金属并由国家垄断铸造；在信用货币制度下，本位币和辅币的发行权都集中于中央银行或政府指定机构。

（二）规定本位币和辅币的法定偿付能力及发行、流通程序

1. 本位币和辅币的法定偿付能力

本位币和辅币需要关注其法定偿付能力，即无限法偿和有限法偿。无限法偿是指法律规定的无限制的法律偿还能力，即不论用于何种支付，不论支付数额有多大，对方均不得拒绝接受。有限法偿是指在一次支付中有法定支付限额的限制，若超过限额，对方可以拒绝接受。在金属货币制度下，一般而言本位币具有无限法偿能力，辅币则是有限法偿。在信用货币制度下，国家对各种货币形式支付能力的规定不是十分明确和绝对。

2. 货币铸造发行的流通程序

货币铸造发行的流通程序主要分为金属货币的自由铸造与限制铸造、信用货币的分散发行与集中垄断发行。自由铸造是指公民有权用国家规定的货币材料，按照国家规定的货币单位在国家造币厂铸造铸币，一般而言，主币可以自由铸造。限制铸造是指只能由国家铸造，辅币为限制铸造。信用货币分散发行是指各商业银行可以自主发行，早期信用货币是分散发行，目前各国信用货币的发行权都集中于中央银行或指定机构，即属于集中垄断发行。

（三）规定货币发行准备制度

货币发行准备制度是为约束货币发行规模、维护货币信用而制定的，要求货币发行者在发行货币时必须以某种金属或资产作为发行准备。

1. 准备金制度类型

在金属货币制度下，货币发行以法律规定的贵金属作为发行准备。在现代信用货币制度下，各国货币发行准备制度的内容比较复杂，一般包括现金准备和证券准备两大类。现金准备包括黄金、外汇等具有极强流动性的资产。现金准备使所发行的货币具有现实的价值基础，有利于货币的稳定，但是如果货币发行全部以现金准备为基础，则不利于中央银行贯彻货币发行的弹性原则，使货币发行难以灵活地适应经济发展的需要。证券准备包括短期商业票据、短期国库券、政府公债等。这些证券必须是在金融市场上流通的、变现能力强的证券。以此类证券作为发行货币的准备，有利于货币发行弹性地适应经济发展的需要，基本上能保障货币的经济发行。但若与现金准备相比，证券准备在控制上难度要大一些，中央银行货币发行、管理及调控的技术要求要高一些。

2. 黄金储备的作用

在金属货币流通的条件下，黄金储备主要有三项用途：一是作为国际支付手段的准备金，也就是作为世界货币的准备金；二是作为时而扩大、时而收缩的国内金属流通的准备金；三是作为支付存款和兑换银行券的准备金。在当代世界各国已无金属货币流通的情况下，纸币不再兑换黄金，黄金准备的后两项用途已经消失，但黄金作为国际支付的准备金这一作用继续存在，各国也都储备一定量的黄金作为准备。

二、货币制度的演进

历史上至今曾经出现过的货币制度可以分为两类，即金属本位制与纸币本位制。其中，金属本位制主要包括银本位制、金银复本位制和金本位制。

（一）银本位制

银本位制是指以白银为本位货币的一种货币制度。在货币制度的演变过程中银本位制的历史要早于金本位制。银本位制的运行原理类似于金本位制，主要不同点在于以白银作为本位币币材。银币具有无限法偿能力，其名义价值与实际含有的白银价值一致。

（二）金银复本位制

金银复本位制是指一国同时规定金和银为本位币。在复本位制下金与银都如在金本位制或银本位制下一样，可以自由买卖，自由铸造与熔化，自由输出与输入。

金银复本位制从表面上看能够使本位货币金属有更充足的来源，使货币数量更好地满足商品生产与交换不断扩大的需要，但实际上却是一种具有内在不稳定性的货币制度。

在金银复本位制下会出现"劣币驱逐良币"的现象，即金与银两种金属中市场价值高于官方确定比价的那种金属不断被人们收藏，金与银两者中的"贵"金属最终会退出流通，使复本位制无法实现。这一现象又被称为"格雷欣法则"。"劣币驱逐良币"的根本原因在于金银复本位制与本位币具有排他性、独占性之间存在矛盾。

（三）金本位制

金本位制是指以黄金作为本位货币的货币制度，其主要形式有金币本位制、金块本位制和金汇兑本位制。

1. 金币本位制

金币本位制是指以黄金为货币金属的一种典型的金本位制，其主要特点有：金币可以自由铸造、自由熔化；流通中的辅币和价值符号（如银行券）可以自由兑换金币；黄金可以自由输出与输入。在实行金本位制的国家之间，根据两国货币的黄金含量计算汇率，称为金平价。

2. 金块本位制

金块本位制是指由中央银行发行、以金块为准备的纸币流通的货币制度。它与金币本位制的区别在于：其一，金块本位制以纸币或银行券作为流通货币，不再铸造、流通金币，但规定纸币或银行券的含金量，纸币或银行券可以兑换为黄金；其二，规定政府集中黄金储备，允许居民在持有本位币的含金量达到一定数额后兑换金块。

3. 金汇兑本位制

金汇兑本位制是指以银行券为流通货币，通过外汇间接兑换黄金的货币制度。金汇兑本位制与金块本位制的相同之处在于规定货币单位的含金量，国内流通银行券，没有铸币流通。但规定银行券可以换取外汇，不能兑换黄金。本国中央银行将黄金与外汇存于另一个实行金本位制的国家，允许以外汇间接兑换黄金，并规定本国货币与该国货币的法定比率，从而稳定本币币值。

（四）纸币本位制

纸币本位制又称信用本位制。纸币制度的主要特征是在流通中执行货币职能的是纸币和银行存款。纸币给政府通过调节货币数量影响经济活动创造了条件。

纸币制度自实行之日起就面临着不同的争论。主张恢复金本位制的人认为只有货币能兑换为金，才能从物质基础上限制政府的草率行为，促使政府谨慎行事。赞同纸币本位制的人则认为，在当今的经济社会中，货币供应量的变化对经济的影响十分广泛，政府通过改变货币供应量以实现预定的经济目标，已经成为经济政策中不可或缺的组成部分。

三、中国的货币制度

（一）中国的人民币制度

人民币是由中国人民银行于 1948 年 12 月 1 日发行的，这是新中国货币制度的开端。人民币制度是通过统一各解放区货币、禁止金银外币流通、收兑国民党政府发行的各种货币而确立下来的。由于人民币是在恶性通货膨胀的背景下发行的，并在最初的 1 年多时间里还是弥补巨额财政赤字的手段，因而在面额上也反映出这一点，如 1950 年流通的钞票最小面额是 50 元券，最大面额是 50 万元券。随着新中国经济建设的恢复发展和物价的稳定，为了便利商品流通和货币流通，1955 年 3 月 1 日发行了新人民币，按 1∶10 000 的比例无限制、无差别地收兑了全部旧币，并同时建立了主辅币制度，这个格局一直保持到现在。

国家规定，人民币是信用货币，人民币不规定含金量，是不兑现的信用货币。人民币以现金和存款货币两种形式存在，现金由中国人民银行统一发行，存款货币由银行体系通过业务活动进入流通，中国人民银行依法实施货币政策，对人民币总量和结构进行管理和调控。

中国人民银行对人民币发行的管理，在技术上主要是通过货币发行基金和业务库的管理来实现的。发行基金是中国人民银行为国家保管的待发行的货币。发行基金的来源，一是中国人民银行总行所属印制企业按计划印制解缴发行库的新人民币；二是开户的各金融机构和中国人民银行业务库缴存中国人民银行发行库的回笼款。保管发行基金的金库称为发行库。发行基金由设置发行库的各级中国人民银行保管，并由总行统一掌握。各分库、中心支库、支库所保管的发行基金，都只是总库的一部分。中国人民银行发行库的主要职能是：保管人民币发行基金；办理人民币发行基金出入库和商业银行及其他金融机构的现金存取业务；负责回笼现金的整理清点。业务库是商业银行为了办理日常现金收付业务而建立的金库，它保留的现金是商业银行业务活动中现金收付的周转金，是营运资金的组成部分，经常处于有收有付的状态。

具体的操作程序是：当商业银行基层行处业务库的现金不足以支付时，可到当地中国人民银行分支机构在其存款账户余额内提取现金，于是人民币从发行库转移到业务库，意味着这部分人民币进入流通领域；而当业务库的现金收入大于其库存限额时，超出部分则由业务库送交发行库，这意味着该部分人民币退出流通。这个过程可用图 1－1 表示：

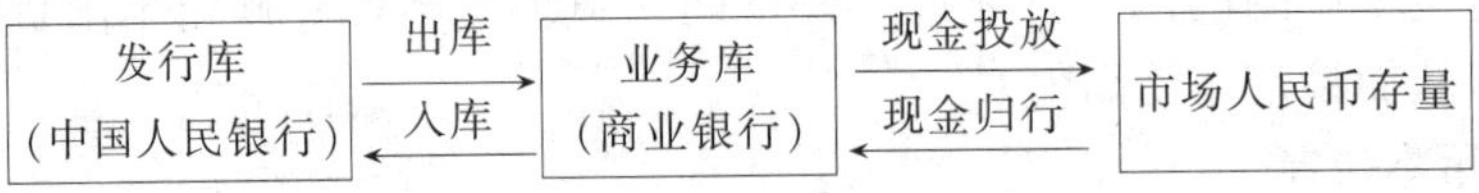

图 1－1　人民币发行程序简示图

对人民币发行与流通的管理，主要体现在发行基金计划的编制、发行基金的运送管理、反假币及票样管理和人民币出入境管理等方面。

（二）“一国两制”条件下的地区性货币制度

伴随香港、澳门回归祖国和实现“一国两制”，我国出现了人民币、港币、澳门币“一国三币”的特有历史现象。“一国三币”是在“一国两制”特定历史条件下的货币现象，它不是三种货币在同一个市场上流通，所以不会出现货币流通混乱的现象。

四、跨国货币制度和欧元

跨国货币制度是在多个主权国范围内发行与流通一种货币，并对此种货币进行统一管理的货币制度。欧元是人类历史上的跨国货币制度的创新。1999 年 1 月 1 日，欧元启动，欧元成为欧共体十一国唯一的法定货币，各成员国原有的货币可继续流通到 2002 年 6 月 30 日。欧元自诞生以来，稳中有升，运行良好，大大加强了人们对跨国货币制度的认同与信心。

跨国货币制度的好处体现为：一是增强自身经济实力，提高竞争力。实施单一货币，由欧洲中央银行制定和实施统一的货币政策，各国的物价、利率、投资利益将逐步缩小差别或趋于一致，形成物价和利率水平的总体下降，居民社会消费扩大，企业投资环境改善，统一货币与统一市场的共同促进，带来新的经济增长，有利于欧盟总体经济的良性发展。二是简化流通手续，降低成本。欧元的使用简化了手续，节省了时间，加快了商品与资金流通的速度。三是减少内部矛盾，防范和化解金融风险。在经济竞争日益全球化、地区化、集团化的大趋势中，统一货币是最有力的武器之一。事实证明，欧盟浮动汇率机制下各自为政的多国货币币值"软硬"不一，利率的差别、汇率的变动等因素都曾引发欧盟内部金融秩序的混乱，而实施跨国货币制度会使上述问题得到缓解。

不可否认，跨国货币制度也存在一些弊端。比如由于欧元区的货币政策和利率水平由欧洲央行决定，各国不能根据自身的情况调整其经济，公共投资和财政政策将成为各个国家或地区的政府干预经济的唯一手段。同时，各国经济利益与发展环境的不同也会带来一定程度的政治或经济摩擦，导致欧元的不稳定。无论如何，跨国货币制度的尝试与发展都将对未来全球金融格局和发展产生深远的影响。

五、国际货币制度

国际货币制度是支配各国货币关系的规则以及国家间进行各种交易支付所依据的一套安排和惯例。国际货币制度一般包括三个方面的内容：一是国际储备资产的确定；二是汇率制度的安排；三是国际收支的调节方式。

（一）国际货币制度的历史演进

迄今为止，国际货币制度经历了从国际金本位制到布雷顿森林体系再到牙买加体系的演变过程。

1. 国际金本位制

世界上首次出现的国际货币制度是国际金本位制，1880—1914 年的 35 年间是国际金本位制的黄金时代。在这种制度下，黄金充当国际货币，各国货币之间的汇率由它们各自的含金量比例决定，黄金可以在各国间自由输出和输入，在"黄金输送点"的作用下，汇率决定于"铸币平价"相对平稳，国际收支具有自动调节的机制。由于 1914 年第一次世界大战爆发，各参战国纷纷禁止黄金输出和纸币停止兑换黄金，国际金本位制受到严重削弱，之后虽改行金块本位制或金汇兑本位制，但因其自身的不稳定性都未能持久。在 1929—1933 年的经济大危机冲击下，国际金本位制终于瓦解，随后，国际货币制度一片混乱，直至 1944 年重建新的国际货币制度——布雷顿森林体系。

2. 布雷顿森林体系

第二次世界大战爆发后，资本主义世界各国都出现了剧烈的通货膨胀。战后，欧洲各国经济实力大大削弱，美国成为世界第一大国，黄金储备迅速增长，约占当时资本主义各国黄金储备的 3/4。西欧各国为弥补巨额贸易逆差需要大量美元，出现了"美元荒"。国际收支大量逆差和黄金外汇储备不足，导致多数国家加强了外汇管制，对美国的对外扩张形成严重障碍，美国力图使西欧各国货币恢复自由兑换，并为此寻求有效措施。

1944 年 7 月在美国新罕布什尔州的布雷顿森林召开由 44 国参加的联合国和联盟国家的国际货币金融会议，通过了以"怀特计划"为基础的《国际货币基金协定》和《国际复兴开发银行协定》，总称《布雷顿森林协定》。这个协定建立了以美元为中心的资本主义货币体系。布雷顿森林体系的主要内容是：第一，以黄金作为基础，以美元作为最主要的国际储备货币，实行“双挂钩”的国际货币体系，即美元与黄金直接挂钩，其他国家的货币与美元挂钩。第二，实行固定汇率制。第三，国际货币基金组织通过预先安排的资金融通措施，保证向会员国提供辅助性储备供应。第四，会员国不得限制经常性项目的支付，不得采取歧视性的货币措施。这个货币体系实际上是美元—黄金本位制，也是一个变相的国际金汇兑本位制。

以美元为中心的布雷顿森林体系，对第二次世界大战后资本主义经济发展起过积极作用，但是随着时间的推移，布雷顿森林体系的种种缺陷也渐渐地暴露出来。20 世纪 60 年代以后，美国外汇收支逆差大量出现，黄金储备大量外流，导致美元危机不断发生。1971 年 8 月 15 日美国公开放弃金本位制，同年 12 月美国又宣布美元对黄金贬值，1972 年 6 月到 1973 年年初，美元又爆发两次危机，同年 3 月 12 日美国政府再次将美元贬值。从 1974 年 4 月 1 日起，国际协定上正式排除货币与黄金的固定关系，以美元为中心的布雷顿森林体系彻底瓦解。

3. 牙买加体系

布雷顿森林体系崩溃后，国际货币制度又一次陷于混乱，导致国际金融形势动荡不安。1976 年 1 月，国际货币基金组织“国际货币制度临时委员会”在牙买加举行会议，达成了著名的“牙买加协定”。同年 4 月，国际货币基金组织理事会通过《国际货币基金协定第二次修正案》，并于 1978 年 4 月 1 日正式生效，从而形成了新的国际货币制度牙买加体系。

牙买加体系的实行对维持国际经济运转和推动世界经济发展发挥了积极的作用。但是牙买加体系并非理想的国际货币制度，它目前仍存在着一些缺陷，国际货币制度仍有待进一步改革和完善。

（二）国际货币制度的新动向

自牙买加体系成立至今，其基本框架未曾改变，但是 40 多年以来，国际货币制度也在不断调整，以适应不断变化的国际经济和金融形势。特别是 2008 年全球金融危机之后，在 G20 的推动下，国际货币制度进行了一系列的改革探索。

1. 改革国际金融组织的治理结构

逐步提出了对国际主要金融机构包括国际货币基金组织和世界银行的改革建议，认为应增强它们的长期相关度、执行效力和合法性，并且使得其可以帮助管理危机并防范未来的危机。提出了改革国际货币基金组织的职能、任务和治理，提出了份额改革计划，承诺将一部分份额（至少 5%）向新兴市场国家及发展中国家转移，并在对于世界银行的改革建议中指出要引入动态机制，以反映各国不断变化的经济权重和世界银行发展目标，使得发展中国家和转型中国家的投票权至少增加 3%。2016 年 1 月，国际货币基金组织的《董事会改革修正案》正式生效，新兴市场国家增加了 6%的国际货币基金组织份额，中国的投票份额从 3.8%提高至 6.071%，上升为全球第三位。

2. 完善全球监督框架

主要包括推进国际货币基金组织监督框架的改善，倡议灵活汇率与避免竞争性贬值，增强对资本流动的监测与合理管理，改善国际主权债务重组的有序性和可预测性等方面。

在推出新的举措以完善监督框架的同时，将其对成员国的监督延伸至传统汇率政策以外，更加重视监督成员国国内的经济政策，包括财政、货币、金融市场等方面。G20各国还普遍关注债务可持续性，强调增长在提高债务可持续中的作用，支持进一步加强债权人和债务人在主权债务重组问题上的协调，以加强国际主权债务重组的有序性和可预测性。

3. 建立全球金融安全网

全球金融安全网强调通过国际沟通与多边合作应对资本流动波动性和金融脆弱性，以防范危机蔓延。全球金融安全网是对于尽管遵循合理的经济与财政政策却面临资本流量快速减少的国家提供全球流动性的一套安排，包括外汇储备、双边协议、地区贷款机制、多边安全合作等。在构建全球金融安全网的进程中，国际货币基金组织扮演着核心角色，主要目的是连接国际货币基金组织贷款体系和区域金融安全网。

4. 扩大使用SDR，通过SDR改革国际货币制度

SDR（特别提款权）是一篮子货币的综合，提高其可信度、扩大其使用有助于提高各国的风险管理以及相互之间合作的有效性，显然有利于完善国际货币制度。近几十年全球外汇储备快速增长与世界经济增长、全球经济结构调整有关，同时也与当前无规则的牙买加体系密切相关，非关键货币国家贮存一定规模的储备资产，以期确保其自身在现有的国际货币体系中尽量保持主动性。扩大SDR的使用，并使其更大范围地承担国际储备的职能，将有助于减轻储备货币发行国的负担，缓解“特里芬难题”① 带来的困境。

第三节　信用与信用形式

一、信用与信用经济

（一）信用的产生与发展

随着商品生产和交换的发展，商品流通出现了矛盾——“一手交钱、一手交货”的方式由于受到客观条件的限制经常发生困难。例如，当一些商品生产者出售商品时，购买者却可能因自己的商品尚未卖出而无钱购买。于是，赊销即延期支付的方式应运而生。赊销意味着卖方对买方未来付款承诺的信任，意味着商品的让渡和价值的实现在发生时间上的分离。这样，买卖双方除了商品交换关系之外，又形成了一种债权债务关系，即信用关系。当赊销到期、支付货款时，货币不再发挥其流通手段的职能而只充当支付手段。这种支付是价值的单方面转移。正是由于货币作为支付手段的职能，使得商品能够在早已让渡之后独立地完成价值的实现，从而确保了信用的兑现。整个过程实质上就是一种区别于实物交易和现金交易的交易形式，即信用交易。后来，信用交易超出了商品买卖的范围。作为支付手段的货币本身也加入了交易过程，出现了借贷活动。从此，货

① 1960年，美国经济学家罗伯特·特里芬在其《黄金与美元危机——自由兑换的未来》一书中提出：“由于美元与黄金挂钩，而其他国家的货币与美元挂钩，美元虽然取得了国际核心货币的地位，但是各国为了发展国际贸易，必须用美元作为结算与储备货币，这样就会导致流出美国的货币在海外不断沉淀，对美国来说就会发生长期贸易逆差；而美元作为国际货币核心的前提是必须保持美元币值稳定与坚挺，这又要求美国必须是一个长期贸易顺差国。这两个要求互相矛盾，因此是一个悖论。”这一内在矛盾被称为“特里芬难题”（Triffin dilemma）。

币的运动和信用关系联结在一起，并由此形成了新的范畴——金融。货币、信用与金融是融为一体、相互支持并共同发展的。

（二）信用的界定

信用是指以还本付息为条件的借贷行为，表示的是债权人和债务人之间发生的债权债务关系。这种借贷行为是指以偿还为条件的付出，且这种付出只是使用权的转移，所有权并没有转移。偿还性、收益性（支付利息）、期限性与风险性是它的基本特征。它不同于商品买卖。在商品买卖中，价值进行对等转移和运动，一手交钱，一手交货。但是在信用即借贷活动中，贷者把一部分货币或商品给予借者，借者并没有同时对贷者进行任何形式的价值补偿，其本身就包含了信用风险。

（三）现代经济是信用经济

现代金融业正是信用关系发展的产物。在市场经济发展初期，市场行为的主体大多以延期付款的形式相互提供信用，即商业信用；在市场经济较发达时期，随着现代银行的出现和发展，银行信用逐步取代了商业信用，成为现代经济活动中最重要的信用形式。总之，信用交易和信用制度是随着商品货币经济的不断发展而建立起来的；进而，信用交易的产生和信用制度的建立促进了商品交换和金融工具的发展；最终，现代市场经济发展成为建立在错综复杂的信用关系之上的信用经济。现代经济是信用经济，具体可以从四个方面来把握：

1．现代经济的社会化大生产的要求

现代经济是一种具有扩张性质的经济，需要扩大生产规模，更新设备，推动生产。巨额资金的筹集主要是通过负债形式，需要借助各种信用形式来实现，这种扩张性经济的内在特点必然决定其对信用的要求。

2．现代经济中最基本、最普遍的经济关系是债权债务关系

经济活动中的每一个部门、每一个环节都渗透着债权债务关系。经济越发展，债权债务关系越紧密，越成为经济正常运转的必要条件。从信用关系中的各部门来看，信用关系中的个人、企业、政府、金融机构、国际收支这些部门的任何经济活动都离不开信用关系。其表现在：个人通过在银行储蓄或取得消费贷款与银行形成了信用关系，个人通过购买国债、企业债券与政府、企业形成了债权债务关系；企业在信用关系中既是货币资金的主要供给者，又是货币资金的主要需求者；政府通过举债、放贷形成与居民、企业、金融机构或其他机构之间的信用关系；金融机构作为信用中介从社会各方面吸收和积聚资金，同时通过贷款等活动将其运用出去；国际收支的顺差、逆差的调节也离不开信用。这说明信用关系已成为现代经济中最基本、最普遍的经济关系。

3．现代经济中的交易媒介是信用货币和各种信用工具

信用货币是最基本的货币形式。各种经济活动形成各种各样的货币收支，而这些货币收支最终都是银行的资产和负债，都体现了银行与其他经济部门之间的信用关系。同时，各种信用工具成为现代经济发展的投融资媒介，渗透在经济的方方面面，已成为现代经济不可或缺的重要构成内容。

4．从信用对现代经济的作用来分析

信用对现代经济发展的推动作用主要表现在：通过信用的配置资源、聚集资本、刺激投资和消费实现经济的增长。一方面，通过信用动员闲置资金，将消费资金转化为生

产资金，直接投入生产领域，扩大社会投资规模，增加社会就业机会，增加社会产出，促进经济增长；另一方面，信用可以创造和扩大消费，通过消费的增长刺激生产扩大和产出增加，也能起到促进经济增长的作用。此外，信用为股份公司的建立和发展创造了条件，同时，信用聚集资本，扩大投资规模的作用通过股份公司的形式也得到了充分发挥。

与之并行，现代经济的波动性和风险积聚与信用也密不可分。信用对经济的消极作用主要表现在信用风险和经济泡沫的出现。信用风险是指债务人无法按照承诺偿还债权人本息的风险。在现代社会，信用关系已经成为最普遍、最基本的经济关系，社会各个主体之间债权债务交错，形成了错综复杂的债权债务链条，一旦这个链条上有一个环节断裂，就会引发连锁反应，对整个社会的信用联系造成很大的危害。经济泡沫是指某种资产或商品的价格大大地偏离其基本价值。经济泡沫的开始是资产或商品的价格暴涨，价格暴涨是供求不均衡的结果，即这些资产或商品的需求急剧膨胀，极大地超出了供给，而信用对膨胀的需求给予了现实的购买和支付能力的支撑，使经济泡沫的出现成为可能。

二、信用活动的基本形式

（一）按照信用活动参与主体的不同，可划分为企业信用、银行信用、政府信用和个人信用

1. 企业信用

企业信用是指以企业作为融资主体的信用形式，即由企业作为资金的需求者或债务人的融资活动。企业的融资形式主要包括以下几种：

（1）商业信用。商业信用是指工商企业之间在买卖商品时，以商品形式提供的信用。其典型形式是由商品销售企业对商品购买企业以赊销方式提供的信用。商业信用体现出商品买卖与借贷的融合。

商业信用产生的根本原因是由于在商品经济条件下，在产业资本循环过程中，各个企业关系密切，但它们在生产时间和流通时间上往往存在着不一致，从而使商品运动和货币运动在时间上和空间上脱节。而通过企业之间相互提供商业信用，则可满足企业对资本的需要，从而保证整个社会的再生产得以顺利进行，在商品经济中发挥着润滑生产和流通的作用。

商业信用使用的工具是商业票据。商业票据是债权人为了确保自己的债权，要求债务人出具的书面债权凭证。商业票据可以在一定范围内流通，分为期票和汇票两种。其中，期票是债务人向债权人开出的，承诺在一定时期支付款项的凭证；汇票是由债权人向债务人发出的命令，要求债务人向第三者或持票人支付一定款项的凭证。商业票据还可发挥信用货币的功能。

商业信用的局限性表现在：一是规模的局限性，商业信用的规模受个别企业商品数量和规模的影响；二是商业信用方向的局限性，一般是由卖方提供给买方，受商品流转方向的限制；三是商业信用期限的局限性，受生产和商品流转周期的限制，一般只能是短期信用。

（2）银行贷款。银行贷款是企业通过信用渠道融资的主要形式，根据融资的期限可以分为短期银行贷款和长期银行贷款。一般来说，企业通常与银行保持比较固定的联系，

银行贷款在企业外源融资中占有重要地位，这是因为综合来讲银行贷款从规模、期限和投向上都比较灵活，比较容易适应企业的融资需要。而企业的存款和贷款也是银行信用最重要的内容。

（3）债务信用。发行债券筹资是企业信用活动的重要内容。企业债券是一种债务融资工具，按照期限的长短可以分为短期企业债券和长期企业债券。短期企业债券是指期限在1年以内的企业债券，长期企业债券是指1年以上的企业债券。对企业来说，发行债券融资需要按期还本付息，但是利息支出基本上是固定的，而且不会影响企业管理层的稳定。由于发行债券周期比较长，如果金融市场不发达，也会给企业发行债券融资造成很大的困难。一般来说，发行债券融资主要用于为企业筹集巨额资金。

（4）股权信用。发行股票筹集资本。发行股票主要用于为企业筹集准备金，股票融资不存在归还本金和支付固定的利息，因此财务负担小。但是由于股票是所有权证券，而且股票对企业的经营利润具有要求权，因此股票的发行规模会影响企业控制权的分布，影响利润的分配。在经济发达的国家，股票融资在企业外源融资中的比重通常小于债务融资。

2. 银行信用

银行信用是指以银行作为债权人或债务人的信用活动，具体包括银行的各种负债业务和资产业务。银行是整个社会的信用中介机构，因此银行信用的业务对象包括经济中的各种经济主体。与其他信用形式相比，银行信用有三个突出的特点：第一，银行信用的资金来源于社会各部门的暂时闲置货币，银行通过吸收存款的方式将它们集聚为巨额的可贷资金，因而银行所贷放的是社会资金，可以达到巨额的规模。第二，银行信用是以货币形态提供的信用，它既独立于商品买卖活动，又有广泛的授信对象。第三，银行信用提供的存贷款方式具有相对灵活性，期限可长可短，数额可大可小，可以满足存贷款人各种不同的需求。

在资本主义发展早期，银行信用的意义主要在于它能够突破利用商业信用进行融资的种种局限，为企业提供更加灵活和多样化的融资形式。在现代经济中，银行信用是最重要的融资形式之一。

3. 政府信用

政府信用主要是指由政府作为债务人的信用活动。政府信用可以分为中央政府信用和地方政府信用。中央政府信用也被称为国家信用，采用的融资形式包括发行公债、发行国库券、发行专项债券和银行透支。

在现代经济社会中，政府的经济职能得到空前的强化，政府成为最重要的经济部门参与经济活动，并作为宏观经济的调节者和控制者对经济社会进行干预。在政府履行经济职能的过程中，当税收和投资收益带来的财政收入与所需要的财政支出产生缺口时，就需要借助政府信用筹集资金，特别是当政府要实行积极的财政政策时，通常将主动利用政府信用筹资，增强政府干预经济的力量。

4. 个人信用

个人信用主要是指个人作为债务人的信用活动。个人借贷的原因，一是满足家庭和个人的生活消费需要，例如购买住房、汽车，支付教育费用等，这类借贷也被称为消费信用；二是满足以家庭和个人为主从事的生产活动的资金需要，例如在我国农村农民为进行农副产品的生产而向农村信用社或其他人借入资金。在个人信用活动中，消费信用是最主要的形式，此外，民间借贷也是个人信用应用较广的形式。

消费信用是企业、银行和其他金融机构向消费者个人提供的用于生活消费的信用。消费信用的形式有以下几种：(1) 赊销，是指零售商向消费者以延期付款方式销售商品。(2) 分期付款，是指消费者在购买商品时，先支付一部分贷款，然后按合同分期加息支付其余款项。这种形式多用于购买房屋、汽车、高档耐用消费品等，属于长期消费信用。(3) 消费信贷，是指银行及其他金融机构采用信用放款或抵押放款方式，对消费者购买消费品发放的贷款。消费信贷的偿还期限一般较长，时间最长可达 20～30 年。消费信贷按接受贷款的对象不同又分为两种：一是买方信贷，即对购买消费品的消费者直接发放贷款。二是卖方信贷，即以分期付款单作抵押对销售消费品的商业企业发放贷款，或由银行与以信用方式出售商品的商业企业签订合同，银行向商业企业放款，消费者偿还银行贷款。

消费信用的作用具有两面性，一方面，可以扩大有效需求，促进商品销售，短期内可以发挥扩大消费需求和刺激生产的作用。另一方面，消费信用能使消费者提前动用未来的收入，寅吃卯粮，过度的消费信用会造成过旺的需求，使生产盲目扩大，需求反而相对收缩。所以，消费信用规模过大也会造成消费需求膨胀而生产扩张能力有限的矛盾，造成市场供求失衡、物价上涨的虚假繁荣，使生产与消费更加脱节，进一步加深经济危机的矛盾。因此，消费信贷应该控制在适度范围内。一般来说，制约消费信用的因素主要有总供给能力与水平、居民的实际收入与生活水平、资金供求关系、消费观念与文化传统等。

民间借贷是民间个人之间的借贷往来，它主要分散在城乡居民群众中，尤其是农村。民间信用有以货币形式提供的，也有以实物形式提供的。民间信用在方式上比较灵活、简便，可随时调节个人之间的资金余缺，能在一定范围内弥补银行信用的不足。但由于它具有利润高、手续不够齐备、随意性大、风险大、分散性和盲目性等特点，必须对其正确引导和加强管理。

（二）根据融资活动中当事人的法律关系和法律地位划分，分为债务（权）信用和股权信用

1. 债务（权）信用

债务（权）信用是指融资活动中的当事人之间的法律关系是债权债务关系，债务人的法律责任是要按照融资合同规定按时向债权人支付利息，偿还本金。债权人向债务人提供融资，具有要求债务人按期偿还本金和支付利息的权利，但是对债务人的其他收益没有要求的权利。债务（权）信用本身又可以划分为很多类型，例如银行的存款和贷款活动，政府发行国债，企业发行企业债券等。在整个社会的融资总规模中，债务（权）信用的规模远远大于股权信用的规模。

2. 股权信用

股权信用是指通过发行股票进行的融资活动。在股权融资活动中，当事人之间的关系不是债权债务关系而是权益关系，提供资金的一方成为投资企业的所有者即股东，提供资金的方式不是借贷而是入股，对入股的这部分资金股东不能要求企业偿还，但要求从公司的收益中得到回报。股东享有所有者的各种权益，如有权参与企业的经营管理和收益分配等活动。

（三）按照信用活动涉及的地理范围可以分为国内信用和国际信用

1. 国内信用

国内信用是指信用活动的范围和信用双方都在同一国家的信用行为。国内信用涵盖了企业信用、政府信用、银行信用以及个人信用等多种信用活动。

2. 国际信用

国际信用是指一个国家的政府、银行及其他自然人或法人对别国的政府、银行及其他自然人或法人所提供的信用。国际信用的形式按照不同的标准也有不同的内容。

（1）按照信用活动的具体内容划分，可分为国际贸易信用和国际金融信用两大类：一是国际贸易信用，是以各种形式与对外贸易业务联系在一起的信用。信用的提供以外贸合同的签订为条件，它只能用于为合同规定的商品交易供应资金。二是国际金融信用，即没有预先规定的具体运用方向，可用于任何目的，包括偿还债务，进行证券投资等。

（2）按其期限划分，国际信用可分为短期信贷、中期信贷和长期信贷。不同国家的出口商与进口商相互提供的商业信用通常是短期的。此外，商业银行对进口商和出口商提供的信用大多也是短期的。中期和长期信用基本上用于购买工业装备或支付技术援助等。在第二次世界大战前，提倡长期资金多采用发行债券的方式，在第二次世界大战后，这种方式的作用降低了，而银行信用和政府信用的作用则提高了。

（3）按贷款人划分，国际信用可分为由私营企业、银行、经纪人等提供的私人信用；由政府直接提供或通过国营的信贷机构提供的国家信用，以及国际金融组织与区域性金融组织的信用。

国际信用是促进国际贸易的手段，是实现资金在各国之间再分配的形式，是支持跨国公司发展和生产国际化的重要力量，也是对国际货币领域进行调节的工具。随着经济的全球化和各国开放进程的加速，国际信用越来越成为国际经济、金融往来不可或缺的重要内容。

此外，按照不同的标准，信用还可以划分为不同的形式。比如：按照借贷历史与利率水平可以分为高利贷信用和现代信用；按照借贷标准可以分为实物借贷和货币借贷；按照借贷关系形成的方式可以分为直接信用和间接信用，等等。需要注意的是，不同标准的划分不是绝对的、孤立的，而是从不同的角度来分析认识信用活动，比如国际信用活动中也有商业信用、银行信用等形式。分类研究只是为了更好地理解不同标准下各种信用形式的特点。

【本章小结】

1. 货币是普遍被大家接受的，能够交换任何东西的任何东西。从现实生活出发，简单地理解货币职能，可以概括为三个方面：交易媒介、支付手段和价值贮藏。

2. 货币形态的演变为从实物货币发展到金属货币，再发展到信用货币的有形形式以及无形形式。信用货币产生于货币的交易媒介功能。银行券、存款货币、电子货币、商业票据都是信用货币的存在形态。

3. 货币制度的主要内容包括：规定货币材料、货币单位和货币种类；规定本位币和辅币的法定偿付能力及发行、流通程序；规定货币发行准备制度。依据货币的不同特性，货币制度分为金属本位制和纸币本位制。其中，金属本位制主要包括银本位制、金银复本位制和金本位制。

4. 国际货币制度一般包括三个方面的内容：国际储备资产的确定、汇率制度的安排和国际收支的调节方式。迄今为止，国际货币制度经历了从国际金本位制到布雷顿森林体系再到牙买加体系的演变过程。

5. 信用是指以还本付息为条件的借贷行为。这种借贷行为以偿还性和支付利息为基本特征。

6. 现代经济是信用经济，具体可以从四方面来把握：现代经济的社会化大生产的要求；现代经济中最基本、最普遍的经济关系是债权债务关系；现代经济中的交易媒介是信用货币和各种信用工具；从信用对现代经济的作用来分析。与之并行，现代经济的波动性和风险积聚与信用也密不可分。

7. 按照不同的信用活动参与主体，信用活动可以分为企业信用、银行信用、政府信用和个人信用；根据融资活动中当事人的法律关系和法律地位划分，信用可分为债务（权）信用和股权信用；按照信用活动涉及的地理范围可以分为国内信用和国际信用。

【关键概念】

货币	交易媒介	支付手段	贮藏手段	铸币	信用货币
银行券	存款货币	电子货币	数字货币	货币制度	本位币
信用	企业信用	商业信用	银行信用	债务（权）信用	股权信用
政府信用	国际信用				

【综合练习】

（一）单项选择题

1. 马克思认为，（　）是货币作为独立的价值形式进行单方面转移时发挥的职能。

A. 价值尺度　　B. 流通手段　　C. 支付手段　　D. 贮藏手段

2. 流动性最强的金融资产是（　）。

A. 银行活期存款　　B. 居民储蓄存款

C. 银行定期存款　　D. 现金

3. 以银行券为流通货币、通过外汇间接兑换黄金的货币制度是（　）。

A. 金块本位制　　B. 金银复本位制

C. 金汇兑本位制　　C. 金币本位制

4. 布雷顿森林体系的特点之一是（ ）。

A. 实行固定汇率　　B. 国际储备货币多元化

C. 黄金充当国际货币　　D. 国际收支可自动调节

5. 以下融资活动不属于债务（权）信用的是（ ）。

A. 银行贷款　B. 发行股票　C. 发行国库券　D. 发行企业债

(二) 多项选择题

1. 以下形态的货币属于信用货币的有（ ）。

A. 金属货币　B. 电子货币　C. 存款　D. 商业票据　E. 银行券

2. 在布雷顿森林体系下，各国货币、美元与黄金之间的关系是（ ）。

A. 各国货币与美元直接挂钩　　B. 各国货币与黄金直接挂钩

C. 美元与黄金直接挂钩　　D. 美元与黄金间接挂钩

E. 各国货币与黄金间接挂钩

3. 在我国货币制度下，人民币（ ）。

A. 是信用货币　　B. 可以兑现

C. 规定含金量　　D. 以现金和存款货币两种形式存在

E. 由中国人民银行进行发行管理

4. 根据融资活动中当事人的法律关系和法律地位，信用可以划分为（ ）。

A. 个人信用　　B. 债务（权）信用

C. 银行信用　　D. 股权信用

E. 国际信用

5. 消费信用的主要形式有（ ）。

A. 分期付款　B. 赊销　C. 消费贷款　D. 民间信用

E. 银行信用

(三) 思考题

1. 简述货币的三大职能。

2. 货币形式的发展演变经历了哪几个阶段？

3. 如何理解数字货币？试分析数字货币能够取代中央银行发行的信用货币吗？

4. 简述国际货币体系的演变与主要特点。

5. 论述牙买加体系后国际货币制度的新动向。

6. 信用的基本特征是什么？信用是怎样产生和发展起来的？

7. 信用的主要形式有哪些？各自的特点是什么？

参考文献

1. 弗雷德里克·米什金．货币金融学．北京：中国人民大学出版社，1998.

2. 黄达．金融学（第二版）．北京：中国人民大学出版社，2009.

3. 黄达．金融、词义、学科、形势、方法及其他．北京：中国金融出版社，2001.

4. 李健．金融学．北京：高等教育出版社，2012.

5. 刘絜敖．国外货币金融学说．北京：中国展望出版社，1983.

6. 卡伦·D. 哈尔彭．金融学基础．北京：电子工业出版社，2007.

第二章

利率与收益率

[导读与学习提示]

本章开始学习金融学中特别重要的两个概念：利率与收益率。货币、信用以及其承载的各种金融活动都离不开利率与收益率，因此，在现实中，利率与收益率的种类数不胜数。利率与收益率从原理上说受投资、储蓄以及货币供求的影响，与宏观经济运行紧密相关；从微观金融活动分析，利率与收益率的水平受制于风险的高低与期限的长短。当然，谈到具体某种工具或资产组合的收益计算，可能要考虑更多因素。无论如何，本章涉及了金融学中“价格问题”的基础知识。许多着迷金融学的人认为金融工具的定价是金融学的核心内容，认为理解货币的时间价值、掌控好风险与收益的关系是实现投融资活动顺利进行的前提。那么，带着以下问题好好来感受一下利率与收益率的魅力。

1. 为什么会有利息？利息对于金融活动的意义是什么？

2. 今天的1元钱比未来的1元钱值钱吗？为什么？这样的理念对于投融资活动的意义是什么？

3. 不同类型的利率其作用有何不同？基准利率缘何重要？

4. 利率决定理论的分析对我们有哪些启示？

5. 利率为何会有期限结构？理解利率的期限结构有何作用？

6. 收益与风险的关系应如何看待？无风险利率是什么？

7. 研究收益率需要关注哪些内容？

第一节　利息和利率

一、利息的含义与计算

（一）利息的含义

利息是资金所有者由于借出资金而取得的报酬，即资金所有者放弃该笔资金使用权而获得的收益。利率是利息率的简称，一般意义上是指借贷期满时利息总额与本金的比率，它是货币借贷的价格。例如如果年利率为8%，那么对于借入100元期限为1年的借款人，他需要付出8元作为借款成本。

（二）利息的计算

利息的计算通常包括单利法和复利法。

1. 单利法

单利法计息表示为：

$$I=P\cdot r\cdot n$$

$$S=P(1+r\cdot n)$$

式中，I代表利息额，P代表本金，r代表利率，n代表借贷期限，S代表本利之和。

按此方法计息时，只按本金计算利息，而不将前期产生的利息额作为新的资金重复计算利率加入本金。

2. 复利法

复利法计息公式表示为：

$$I=P[(1+r)^n-1]$$

$$S=P(1+r)^n$$

与单利法计算利率的方法的不同之处是，复利法将按本金计算出的利息额再计入本金重新计算利息。

单利法计息简单方便，借入者的利息负担较轻，适用于短期借贷中的利率计算；复利法计息则考虑了资金的时间价值因素，对于资金出让方有利，一般为长期借贷所采用。

二、货币的时间价值

利率的存在使今日的1元可在未来产生额外的价值，这就是货币的时间价值。货币的时间价值是指货币经历一定时间的投资和再投资所增加的价值，也称资金的时间价值。

由于货币的时间价值，今天的1元和1年后的1元是不等值的。今天将1元存入银行，在银行利息率为10%的情况下，1年以后会得到1.1元，多出的0.1元利息就是1元经过1年时间的投资所增加的价值，即1元货币的时间价值。显然，今天的1元与1年后的1.1元相等。由于不同时间的资金价值不同，所以，在进行价值大小的对比时，必须将不同时间的资金折算为同一时间后才能进行大小的比较。

计算货币的时间价值应引入“现值”和“终值”两个概念表示不同时期的货币的价值。现值，又称本金，是指资金现在的价值。终值，又称本利和，是指资金经过若干时期后包括本金和时间价值在内的未来价值。下面说明单利终值与现值、复利终值与现值的具体含义与计算方法。

（一）单利终值与现值

1. 单利终值

单利终值是本金与未来利息之和，其计算公式为：

$$F=P+I=P+P\times i\times t=P(1+i\times t)$$

式中，P 为本金（现值）；i 为利率；I 为利息；F 为本利和（终值）；t 为时间。

例：将 100 元存入银行，利率假设为 10%（单利计算），1 年后、2 年后、3 年后的终值是多少？

1 年后：$100\times(1+10\%)=110$（元）

2 年后：$100\times(1+10\%\times 2)=120$（元）

3 年后：$100\times(1+10\%\times 3)=130$（元）

2. 单利现值

单利现值是资金现在的价值。单利现值的计算就是确定未来终值的现在价值，例如公司商业票据的贴现。在商业票据贴现时，银行按一定利率从票据的到期值中扣除自借款日至票据到期日的应计利息，将余款支付给持票人。贴现时使用的利率称为贴现率，计算出的利息称为贴现息，扣除贴现息后的余额称为贴现值，即现值。

单利现值的计算公式为：

$$P=F-I=F-P\times i\times t$$

$$P=\frac{F}{1+i\times t}$$

例：假设银行存款利率为 10%，为 3 年后获得 10 000 元现金，某人现在应存入银行多少钱？

$$P=\frac{10\ 000}{1+10\%\times 3}=7\ 692.3\text{（元）}$$

（二）复利终值与现值

1. 复利终值

复利终值是指一定数量的本金在一定的利率下按照复利的方法计算出的若干时期以后的本金和利息。例如公司将一笔资金 P 存入银行，年利率为 i，如果每年计息一次，则 n 年后的本利和就是复利终值 F。

1 年后的终值为：

$$F_1=P+P\times i=P\times(1+i)$$

2 年后的终值为：

$$F_2=F_1+F_1\times i=F_1\times(1+i)=P\times(1+i)\times(1+i)=P\times(1+i)^2$$

由此可以推出 n 年后复利终值的计算公式为：

$$F_n=P\times(1+i)^n$$

例：将 100 元存入银行，利率假设为 10%（复利计算），1 年后、2 年后、3 年后的终值是多少？

1 年后：$100\times(1+10\%)=110$（元）

2 年后：$100\times(1+10\%)^2=121$（元）

3 年后：$100\times(1+10\%)^3=133.1$（元）

在复利终值公式中，$(1+i)^n$ 称为复利终值系数，用符号（F/P，i，n）表示。例如（F/P，8%，5）表示利率为 8%、5 期的复利终值系数。

复利终值系数可以从专门的复利终值系数表获得。通过这个表，还可以在已知 F，i 的情况下查出 n；或在已知 F，n 的情况下查出 i。

2. 复利现值

复利现值是指未来一定时间的特定资金按复利计算的现在价值，即为取得未来一定本利和现在所需要的本金。例如，将 n 年后的一笔资金 F 按年利率 i 折算为现在的价值，这就是复利现值 P。由终值求现值，称为折现，折算时使用的利率称为折现率。

复利现值的计算公式为：

$$P=F(1+i)^{-n}$$

公式中 $(1+i)^{-n}$ 称为复利现值系数，用符号（P/F，i，n）表示。例如（P/F，5%，4）表示利率为 5%、4 期的复利现值系数。

与复利终值系数表相似，通过专门的复利现值系数表可在已知 i，n 的情况下查出 P；或在已知 P，i 的情况下查出 n；或在已知 P，n 的情况下查出 i。

三、收益的资本化

收益的资本化是指任何有收益的事物都可以通过收益与利率的对比倒算出它相当于多大的资本金额，使一些本身无内在规律可以决定其资本金数量的事物也能从收益、利率、本金三者的关系中套算出资本金额或价格。

收益的资本化是从本金、收益和利率诸多关系中套算出来的。一般来说，收益是本金与利率的乘积，可用公式表示为：

$$R=P\cdot r$$

式中，R 代表收益；P 代表本金；r 代表利率。

同样，在已知 R 与 r 时，可求出 $P=R/r$。

收益资本化在经济生活中被广泛地应用。例如，地价＝土地年收益/年利率；又如，人力资本价格＝年薪/年利率；还有人们通常所知的股票价格＝股票收益/市场利率。通过这种套算，一些本来不是资本的东西也因之可以被视为资本，如人力资本等，都可取得相应的价格；有些本身并不存在某种内在规律可以决定其相当于多大资本的事物，也可以取得一定的资本价格，如土地。

四、利率的分类

利率可以按照不同的标准划分为不同的种类。

（一）名义利率与实际利率

名义利率是指在货币购买力不变的前提下，以在借款期间获得或支付利息的数额计算的利率。例如一个家庭在年初把 1 000 元存进银行，如果 1 年后结息 80 元，在年底其本利合计达到 1 080 元，由此计算的 8%的年利率即是名义利率。

实际利率则是把名义利率以通货膨胀率加以调整，在利率计算中计算了所获得利息的购买力。如在前例中，如果该年通货膨胀率达到 8%，尽管年底账户本利合计也是

1 080元，但由于年底的1 080元只能与1年前的1 000元购买相同数量的货品，其实际利率则只有0%。

设名义利率为R，实际利率为r，通货膨胀率为i，名义利率和实际利率有下面的近似关系：

$$r \approx R - i$$

上式表示实际利率等于名义利率减去通货膨胀率。

严格来讲，名义利率R和实际利率r之间有下式成立：

$$R = (1+r)(1+i) - 1$$

由上式得

$$1 + r = \frac{1+R}{1+i}$$

其含义是，购买力的增长值$1+r$等于货币增长值$1+R$除以新的价格水平$1+i$。继而由上式推导，可得$r = \frac{1+R}{1+i} - 1$，即$r = \frac{R-i}{1+i}$。

显然可以看出，$r = R - i$这一近似值是实际利率的$1+i$倍。

例如，如果1年期储蓄存单的利率为8%，预期下一年的通货膨胀率为6%，利用近似公式可以得到实际利率为$r = 8\% - 6\% = 2\%$，利用精确公式可以计算出实际利率为1.96%。由此可以看到，近似公式得出的实际利率高估了0.04%。不过在通货膨胀率较小或计算连续复利时，近似公式较为准确。

（二）年利率、月利率和日利率

利率按期限长短可以划分为年利率、月利率和日利率。年利率是以年为单位计算利息，月利率是以月为单位计算利息，日利率是以日为单位计算利息。通常，年利率以本金的百分之几表示，月利率按本金的千分之几表示，日利率按本金的万分之几表示。

（三）官方利率、公定利率与市场利率

利率按制定方式可划分为官方利率、公定利率和市场利率。官方利率是指一国中央银行或货币管理当局所定利率。公定利率是由银行公会确定的各会员银行必须执行的利率。官方利率和公定利率在一定程度上会反映非市场的强制力量。

市场利率是指由市场决定的利率，由借贷资本的供求关系直接决定并由借贷双方自由议定。一般而言，市场利率是在债券市场上形成的，而具有代表性的债券品种主要是政府债券。当购买政府债券的多方占主导，即购买政府债券的买方大于卖方，那么就会抬高债券的实际交易价格，从而导致政府债券价格与实际交易价格的差额减小，进而使得收益率减小，从而导致市场利率下降。反之，则市场利率上升。

（四）固定利率与浮动利率

利率按照借贷期内是否浮动可划分为固定利率和浮动利率。固定利率是借贷双方事先约定的，在借贷期限内借贷双方不做调整，不反映市场的利率变化因素。浮动利率则是指在借贷期限内根据市场的变化情况而定期进行调整的利率。

借贷双方采用固定利率准确计算成本与收益较为简便，通常适用于借贷期限较短或市场利率变化不大的情况。但当借贷期限较长、市场利率波动较大时，借贷双方为了平衡利率波动风险，通常倾向于采用浮动利率。

（五）基准利率与一般利率

利率按照其在利率体系中的地位可划分为基准利率和一般利率。

基准利率也叫再贷款利率或再贴现利率，是在整个利率体系中起核心作用并能制约其他利率的基本利率，是各国中央银行实现货币政策目标的重要手段之一。在市场经济中，基准利率是指通过市场机制形成的无风险利率。世界上最著名的基准利率有伦敦银行同业拆借利率（Libor）和美国联邦基准利率。中国在2007年1月推出了上海银行间同业拆放利率（Shibor）。

基准利率首先要有广泛的市场参与性，能够充分地反映市场供求关系，因此需要足够的市场性；其次要具有传导性，在利率体系中具有支配地位。此外，它要具备一定的稳定性，便于控制。

一般利率是指银行等金融机构和金融市场形成的各种利率，它通常参照基准利率制定。中国人民银行公布的基准利率是我国商业银行存款、贷款、贴现等业务的指导性利率，目前我国存贷款利率上下限已经取消，利率管制已经放开，基准利率不再有强制作用，但仍然具有很重要的指导意义。

专栏2-1　我国金融市场基准利率体系的发展

随着利率市场化的推进，金融市场替代中央银行成为基准利率提供者的重要性日益突出，市场基准利率体系建设承担了多项职能，既为银行提供定价基准，引导建立银行内部定价和资金转移体系，也为中央银行提供利率间接调控的操作目标和监测指标。

为建立基于商业信用的短端基准利率，在借鉴伦敦、东京、中国香港和新加坡等国际金融市场基准利率形成机制的基础上，经过一年时间的摸索、酝酿和3个月的试运行，2007年1月4日，上海银行间同业拆放利率（Shibor）正式上线。我们制定了《上海银行间同业拆放利率（Shibor）实施准则》，并成立了Shibor工作小组。经过一年的运行，3个月以内的短端Shibor充分反映了市场资金供求的变化，与拆借、质押式回购利率的相关系数均在0.8以上，隔夜、7天品种达到0.99。Shibor的市场代表性不断提高，以其为基准的市场交易不断扩大，Shibor在货币市场的基准地位初步确定（见表2-1）。

表2-1　**2007年以Shibor为基准的金融产品创新表**

交易品种	笔数（笔）	交易金额（约数，亿元）
利率互换	431	271
同业借款	185	228
同业存款	94	738
理财产品	61	269
人民币质押外币借款	39	24
货币互存	26	33
远期利率协议	18	147
债券远期	2	7
总计	856	1 717

目前看来，Shibor运行中还存在3个月以上报价质量不高等问题，具体表现为交易价包含了一些超出市场安排的因素，包括与对手方的其他利益安排、利益调整等，使得交易价与报价存在差距，Shibor定价基准的作用亟待增强。未来Shibor能否成为一个公认、权威的利率基准，对于进一步深化利率市场化改革意义重大。

第一，Shibor的权威性决定了它能否在中央银行的首肯下替代官定利率成为市场存贷款利率定价的基准。只有当新的基准确立后，央行才能从存贷款利率制定一线淡出，将定价空间还给市场主体。在管制利率条件下，商业银行可以花很少的资源在定价上，但随着利率市场化的不断推进，定价必将是商业银行资源投入的一个主要方面，是其核心技术、核心竞争力的主要体现，需要耗费大量的人力、物力加以研究。Shibor能否担当这一角色，为市场存贷款提供基准，对我国未来的利率市场化进程具有决定作用。

第二，Shibor的重要意义还在于它一头连接着市场，一头连接着商业银行内部转移定价。我国很多商业银行都是全国性大银行，在区域、产品、资产负债之间有很多内部转移定价。内部转移定价是业务管理、风险管理、经济资本分配与收益等各项指标算法的依据。Shibor作为客观的、连接内外的市场价格，只有将它引入内部转移定价，才能建立基于市场基准的绩效考评体系，提高资金使用效率，科学、合理和令人信服地平衡总分行、各部门之间的利益关系。

第三，Shibor还将是其他许多产品和制度安排的基准。目前有很多金融产品都与中国人民银行制定的某种利率挂钩，当中国人民银行调整利率时，就需要考虑多方面的因素，平衡利益管理，要求中国人民银行的工作人员具备更高的业务素质和调控能力。通过对现有不同基准利率的比较、借鉴，真正实现Shibor的基准地位，有利于加快金融产品创新的步伐，为管制利率的进一步放开准备条件。

第四，从更广泛的角度考察，Shibor能否确立基准地位还关系到我国货币、债券市场的纵深化发展。

Shibor是单利、无担保、批发性利率，包括隔夜至1年共8个品种，形成了一条完整的利率曲线，具有较好的平滑特征。报价行都是信用较高的机构，其信用风险非常低。同时，虽然Shibor是基于报价生成的利率体系，借鉴了Libor等国际主要货币市场基准利率的通行技术做法（例如报价行在每个交易日按时进行报价，剔除一定数量最高和最低报价后将剩余报价简单算术平均，从而生成最终利率），但在制度安排上始终注重监督管理和风险防范，注重报价成交义务和报价真实性监管，并引入第三方评估机制，对报价行报价质量进行年度考核，实行末位淘汰，建立了良好的激励机制。

由于交易习惯等原因，目前我国很多金融产品定价仍以质押式回购利率作为基准，但是Shibor在市场化产品定价中得到了广泛应用（见表2-2）。在Shibor正式运行的第一年（2007年），同业拆放和回购中有82%以上的交易以Shibor为基准成交，以Shibor为基准的利率互换、远期利率协议等金融创新产品成交活跃，票据贴现和转贴现、同业存款等业务都建立了以Shibor为基准的市场化定价机制，报价行内部资金转移定价也都与Shibor挂钩。

表 2-2　近年来 Shibor 在金融市场产品定价中的应用情况　单位：亿元、%

	2007年		2008年		2009年		2010年		2011年		2012年	
	交易金额	占比	交易金额	占比	交易金额	占比	交易金额	占比	交易金额	占比	交易金额	占比
浮息债券	990	18	122	4.6	728	19	552	13	1 303	26.5	—	—
短期融资券	1 376	41	1 786	42	1 272	28	2 414	37	2 418	31	3 888	46
企业债	1 657	97	2 347	100	4 252	100	3 621	100	2 499	100	6 490	100
利率互换	285	13	899.2	22	1 292.6	28	6 046.4	40.3	12 175.6	45.5	14 513.6	50
远期利率协议	11	100	114	100	60	100	34	100	3	100	2	100

注：占比是指交易金额在此类交易中所占比重。

资料来源：中国人民银行货币政策分析小组所出的各期《中国货币政策执行报告》。

2013 年 12 月 8 日，中国人民银行发布《同业存单管理暂行办法》，并于 12 月 9 日正式实施。12 月 12—13 日，中国银行、中国建设银行、国家开发银行等 10 家金融机构分别发行了首批同业存单产品，并在此后陆续开展了二级市场交易，并初步建立了同业存单双边报价做市制度。同业存单以市场化方式定价，具有电子化、标准化、流动性强、透明度高等特点，可以为中长端 Shibor 提供更透明、市场化的报价参考，对于提高中长端 Shibor 的基准性具有积极意义。

2014 年，89 家金融机构在银行间市场发行同业存单 998 只，发行总量为 8 986 亿元，二级市场交易总量为 4 231 亿元。同业存单发行交易全部参照 Shibor 定价，同业存单市场的较快发展为提高中长端 Shibor 的基准性奠定了基础。

经国务院批准，自 2015 年 10 月 24 日起，中国人民银行结合降息降准，对商业银行和农村合作金融机构等不再设置存款利率浮动上限。取消对利率浮动的行政限制后，并不意味着央行不再对利率进行管理，相反中央银行的利率调控和传导将更加重要，会更加倚重市场化的货币政策工具和传导机制。央行将继续督促商业银行提高自主合理定价能力，以更好地适应市场竞争的格局和客户需求。同时，进一步建立健全央行政策利率调控机制，培育完善市场基准利率体系，疏通利率传导渠道。在继续推进利率市场化建设的一段时间里，央行将继续公布存贷款基准利率，为金融机构利率定价提供重要参考和指引。我国利率市场化进程见表 2-3。

表 2-3　我国利率市场化进程简表

时间	关键事件
2008 年 10 月	商业性个人住房贷款利率下限扩大到基准利率的 0.7 倍
2012 年 6 月	存款利率浮动区间上限调整为基准利率的 1.1 倍；贷款利率浮动区间下限调整为基准利率的 0.8 倍，并于次月再次调整为 0.7 倍
2013 年 7 月	取消金融机构贷款利率 0.7 倍的下限，由金融机构根据商业原则自主确定贷款利率水平，贷款利率实现市场化
2014 年 11 月	存款利率浮动区间的上限调整为基准利率的 1.2 倍
2015 年 3 月	存款利率浮动区间的上限调整为基准利率的 1.3 倍
2015 年 5 月	存款利率浮动区间的上限调整为基准利率的 1.5 倍
2015 年 10 月	央行对金融机构不再设置存款利率浮动区间上限，利率市场化基本完成

资料来源：中国货币政策执行报告（2007—2015 年）. 易纲. 中国改革开放三十年的利率市场化进程. 金融研究，2009（1）. 项卫星，李宏瑾. 货币市场基准利率的性质及对 Shibor 的实证研究. 经济评论，2014（1）.

（六）即期利率和远期利率

即期利率是指对不同期限的债权债务所标示的利率。远期利率是指隐含在给定的即期利率中从未来某一时点到另一时点的利率。远期利率是在给定到目前为止的市场信息的条件下对未来利率的最好预期。远期利率之所以重要，是因为可以根据它们在当前确定未来交易的价格。远期利率可以根据即期利率推导，推导出的利率称为隐含远期利率，是当前即期利率所隐含的利率；反之，也可以根据远期利率计算即期利率。

除了上述种类划分，利率按信用行为的期限长短可划分为长期利率和短期利率；按借贷主体不同可划分为中央银行利率（包括再贴现利率、再贷款利率等）、商业银行利率（包括存款利率、贷款利率、贴现率等）、非银行利率（包括债券利率、企业利率、金融利率等）；按是否具备优惠性质可划分为一般利率和优惠利率。各种利率之间以及内部都有相应的联系，彼此间保持相对结构，共同构成一个有机整体，从而形成一国的利率体系。

五、利率与收益率

理论上，利率与收益率之间没有实质性差别。但在实际应用中，人们往往因习惯等原因在不同的情况下有区别地使用这两个概念。

利率调整是货币政策的主要工具之一，通常由政府的金融机关，例如各国中央银行或美国的联邦储备局制定。基准利率的调整会引起市场投资行为的改变，进而使国民收入发生变化，而金融市场一系列资产价格也随之发生变化。在金融交易中，利率通常在交易之初约定。

收益率是指投资的收益率，一般以年百分比表示，需要根据当时市场价格、面值、息票利率以及距离到期日时间计算。此外，本金和利息的总回报、风险、流动性、资产流动的频率也会对收益率产生影响。

收益率作为衡量投资收益的尺度，与利率的关系密切。例如在金融工程领域，由于在风险中性定价原理中，标的资产的收益率的漂移率必须根据无风险利率进行计算，因此利率被广泛地应用于衍生产品的定价以及分析中。目前发达国家资本市场的主要收益率曲线是政府债券收益率曲线，各国和地区中央银行的利率趋势对政府债券收益率曲线每时每刻都在产生着影响。

第二节　利率的决定

一、影响利率决定的因素

利率作为货币的价格，与其他商品价格一样，受到多重因素的影响。例如，当货币供给被限制时，利率会上升。另外，诸如预期的通货膨胀率、借款人的风险、借款工具的流动性和偿还期也影响利率。

（一）投资机会

在经济中资金供给和需求平衡的情况下，如果所有其他的因素保持不变，经济中企业部门投资机会的增加会导致利率上升。这是因为企业投资机会增加会导致资金供给不足，这时那些愿意支付更高资金价格的企业才能得到资金，这意味着利率上升。反过来，投资机会减少，会引起利率降低。

（二）通货膨胀预期

人们持有货币，总是希望保持甚至是增加货币的购买力，即维持真实利率水平不变甚至有所上升。人们在持有货币期间，如果预期通货膨胀将降低货币购买力，就需要更多的货币在未来购买相同的商品。因此，随着通货膨胀预期的上升，若要维持真实利率不变，名义利率必须上升，以补偿通货膨胀预期的上升。从经济历史看，通货膨胀一直是对利率水平影响最大的因素。

（三）流动性风险

一些投资具有较高的流动性，意味着其能以可以预测的价格顺利转手，从而转化为已知数量的现金。投资者通常要求用流动性升水来补偿其因非流动性投资而承担的成本、花费的时间以及遇到的不方便。流动性升水的量取决于投资者所感觉到的在未来变现资产的成本。

（四）违约风险和偿还期

违约有多种形式，比如借款人不能支付利息或本金，或者不能遵守贷款合约所规定的条款。违约可能性偏高的金融工具通常利率较高。

通常长期债券的利率比短期债券高，这是因为期限较长意味着贷款人承担的风险较大。长期债券的价值受利率波动的影响程度要大于短期债券。债券价值随着利率变动而变化的现象被称为利率风险。对于偿还期与收益率之间关系的研究，金融理论中的专门研究领域是对利率期限结构的研究。

二、利率决定理论

利率决定理论大致划分为马克思利率决定理论和西方利率决定理论两大部分。其中西方利率理论包括古典利率理论、凯恩斯利率理论、可贷资金论、*IS—LM*利率分析。

（一）马克思利率决定理论

马克思利率决定理论以剩余价值在不同资本家之间的分割作为起点，其核心是利率是由平均利润率决定的。马克思揭示，利息是贷出资本的资本家从借入资本的资本家那里分割出来的一部分剩余价值，而利润是剩余价值的转化形式。利息量的多少取决于利润总额，利息率取决于平均利润率。

马克思认为利息率的高低取决于利润率和总利润在贷款人和借款人之间进行分配的比例，而总利润在贷款人和借款人之间进行分配的比例主要取决于借贷双方的供求关系及其竞争。一般而言，供大于求时利率下降，供不应求时利率上升。同时利率也会受法律规定、传统习惯等的影响。

在实际经济运行中，人们面对的是市场利息率，而不是平均利息率。前者是一个经常变化的量，而后者是一个理论概念，在一定阶段内通常保持相对稳定。

（二）西方利率决定理论

西方利率决定理论大都着眼于对供求对比关系的分析，认为利率是一种价格。其分歧在于什么样的供求关系决定利率。

1. 古典利率理论

古典利率理论是指从 19 世纪末到 20 世纪 30 年代的西方利率理论。总的来看，古典利率理论认为利率由储蓄与投资决定。由于利率越高，投资成本越大，所以投资流量是利率的减函数；而利率越高，储蓄收益越高，所以储蓄流量是利率的增函数。如图 2-1 所示，I 为投资曲线，S 为储蓄曲线，两者的交点意味着投资与储蓄正好相等，对应的利率水平为均衡利率。当投资需求 I 不变，储蓄意愿增加使 S_1 右移至 S_2 时，新的均衡利率随之下降；当储蓄意愿不变，投资需求增加使 I_1 右移至 I_2 时，新的均衡利率上升。古典利率理论认为利率具有自动调节经济，使其达到均衡的作用：当储蓄大于投资时，利率下降，人们自动减少储蓄，增加投资；当储蓄小于投资时，利率上升，人们自动减少投资，增加储蓄。

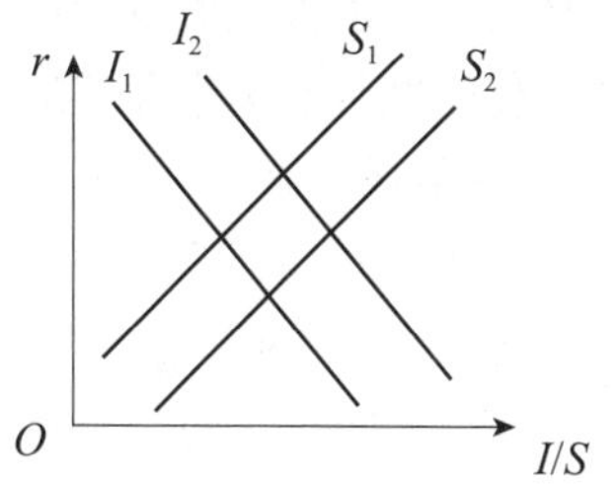

图 2-1　古典利率理论

古典利率理论强调非货币的实际因素在利率决定中的作用。以下是 20 世纪 30 年代以前的经济学家对古典利率理论做出的主要贡献。

（1）庞巴维克的时差论与迂回生产论。由于现在的物品比未来的物品更有价值，因此放弃现在价值高的物品，换取未来价值低的物品，就必须给予利息补偿。利息主要来源于迂回生产的多产性。

（2）马歇尔的等待说与资本收益说。资本的供给与需求决定利率。其中，资本需求的决定因素为资本的边际生产力（即资本需求由资本的收益性决定），资本供给的决定因素是资本持有者抑制现在的消费、等待未来的报酬。利率是人们等待（储蓄）的报酬。利率由资本的供求决定，资本供给（即储蓄）为利率的递增函数（同方向变化），资本需求（即投资）为利率的递减函数（反方向变化）。

（3）魏克塞尔的自然利率学说。魏克塞尔定义自然利率为资本供给与需求相等即储蓄与投资相等时的利率。自然利率相当于资本的预期收益率，而市场利率是货币利率。货币利率与自然利率相等是实现经济均衡的重要条件。当二者不相等时，若货币利率低于自然利率，经济趋于积累性扩张（竞相投资）；反之则形成经济积累性收缩。

（4）费雪的时间偏好与投资机会说。费雪认为利息产生于物品与将来物品交换的贴水，由主观因素与客观因素决定。主观因素就是社会公众对现在物品的时间偏好，让渡现在物品，就必须取得报酬即利息；客观因素就是投资机会，企业家总是选择最好的投资机会，在利润率大于利率时进行投资。

2. 凯恩斯利率理论

随着 20 世纪 30 年代凯恩斯流动性偏好理论的提出，利率决定理论由着重实际因素转向着重货币理论。

凯恩斯流动性偏好理论认为，利率决定于货币数量和一般人的流动性偏好两个因素。凯恩斯认为，人们在选择其财富的持有形式时，大多数倾向于选择货币，因为货币具有完全的流动性和最小的风险性。而通常情况下，由于货币数量有限，人们为了取得货币就必须支付代价。利息是在一定时期内放弃货币、牺牲流动性所得的报酬，而利率就是人们对流动性偏好，即不愿将货币贷放出去的程度的衡量。

该理论认为利率是使公众愿意以货币的形式持有的财富量（即货币需求）恰好等于现有货币存量（即货币供给）的价格。人们的流动性偏好增强则倾向于增加货币持有数量，利率上升；人们的流动性偏好减弱则倾向于减少货币持有数量，利率下降。利率由流动性偏好所决定的货币需求和货币供给共同决定。

在凯恩斯流动性偏好理论中，凯恩斯假定货币供给完全为货币当局所控制，货币供给曲线表现为一条垂线，货币供给增加，货币供给曲线向右移动；反之，货币供给曲线向左移动。所有上述这些因素的变动都将引起货币供给曲线和需求曲线的移动，进而引起均衡利率的波动。

在指出货币的投机需求是利率的递减函数的情况下，凯恩斯设定人们仅面临债券和货币两种选择，进一步说明利率下降到一定程度时，货币的投机需求将趋于无穷大。因为此时的债券价格几乎达到了最高点，只要利率小有回升，债券价格就会下跌，债券购买就会有亏损的极大风险。这时不管中央银行的货币供给有多大，人们都将持有货币，而不买进债券，债券价格不会上升，利率也不会下降。凯恩斯称此为“流动性陷阱”。在这种情况下，扩张性货币政策对投资、就业和产出都没有影响。如图 2－2 所示，其中 L 为货币需求曲线，M 为货币供给曲线，货币需求曲线（即流动性偏好曲线）趋于平直的部分即为“流动性陷阱”。

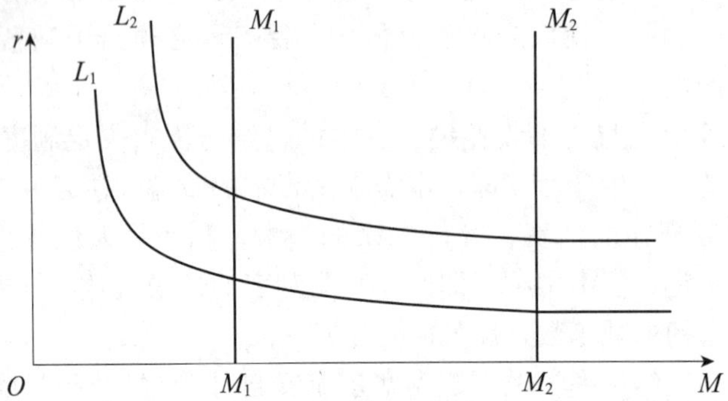

图 2－2　流动性偏好理论

3. 可贷资金论

可贷资金论产生于 20 世纪 30 年代，是在反对凯恩斯利率理论的过程中建立起来的，其主要代表人物是剑桥学派的罗伯逊和瑞典学派的俄林。该理论既不赞同古典利率理论对货币因素的忽视，认为仅以储蓄、投资分析利率过于片面，也不赞同凯恩斯完全否定非货币因素在利率决定中作用的观点。可贷资金论试图在古典利率理论的框架内把货币因素和实质因素结合起来考虑。在某种程度上，可贷资金论实际上可看成是古典利率理论和凯恩斯利率理论的一种综合。

在可贷资金论中，利率是借贷资金的价格，借贷资金的价格取决于金融市场上的资金供求关系。假定考察一个封闭的经济体，并且在这个封闭经济体中不存在政府。在这样的假定下，可贷资金的供给包括：（1）家庭、企业的实际储蓄，它随利率的上升而上升；（2）实际货币供给量的增加量。可贷资金的需求包括：（1）购买实物资产的投资者的实际资金需求，它随着利率的上升而下降；（2）家庭和企业对货币需求量的增加，即为了增加其实际货币持有量而借款或少存款。

可贷资金论中的可贷资金的供给和可贷资金的需求均是流量概念。这里所谓家庭、企业的实际储蓄类似于古典学派储蓄投资理论中储蓄的含义，指的是它们手中计划不用于消费部分的货币量，即计划储蓄。实际货币供给量的增加额类似于凯恩斯利率理论中货币供给量的含义，指的是银行体系决定的通过信用创造的当期新增的货币供给量，这是一个外生变量。

由于可贷资金论将整个社会的可贷资金供给划分为两个部分，即家庭、企业当期愿意储蓄的部分（实质因素）和银行体系决定的当期实际货币供给量的增加部分（货币因素），因此可贷资金理论比较完整地描述了社会经济中可贷资金的来源。购买实物资产的投资者的实际资金需求类似于储蓄投资理论中的投资，指的是实际的计划投资（实质因素）；家庭和企业对货币需求量的增加类似于凯恩斯利率理论中的货币需求含义（货币因素）。

4. *IS—LM* 利率分析

1937 年英国著名经济学家希克斯等人提出了一般均衡理论基础上的 *IS—LM* 模型，由此建立了一种在储蓄和投资、货币供应和货币需求这四个因素相互作用之下的利率与收入同时决定的理论。

在 *IS—LM* 模型中，利率的决定取决于储蓄供给、投资需要、货币供给、货币需求四个因素，导致储蓄投资、货币供求变动的因素都将影响到利率水平。这种理论的特点是一般均衡分析。该理论在比较严密的理论框架下，把古典理论的商品市场均衡和凯恩斯理论的货币市场均衡有机地结合在一起。

如图 2-3 所示，*IS* 曲线是商品市场均衡时利率与收入的组合，*LM* 曲线是货币市场均衡时利率与收入的组合，二者的交点为两个市场同时达到均衡时的利率与收入。

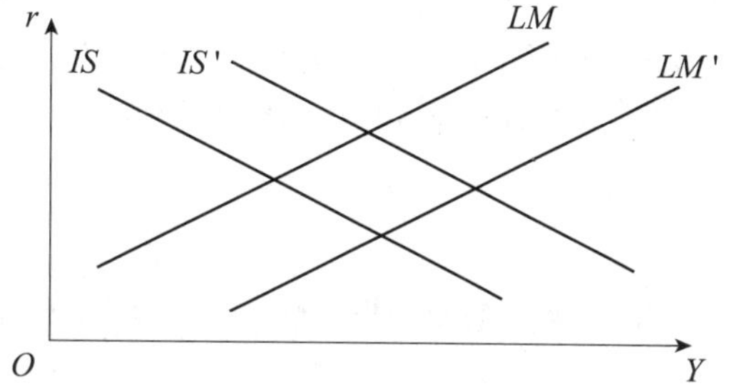

图 2-3　*IS—LM* 利率分析

三、决定和影响我国利率的主要因素

决定和影响我国利率的主要因素包括：

（一）社会平均利润率

我国实行社会主义市场经济，社会平均利润率是利率总水平的主要参考基准。长期

以来，国有大中型企业生产发展的资金大部分依靠银行贷款，利率水平的变动对企业成本和利润有着直接重要的影响，因此利率水平的确定必须适应大多数企业的负担能力。

（二）资金的供求状况

与其他商品的价格一样，利率水平的确定也要考虑社会资金的供求状况，受资金供求规律的制约。在平均利润率既定时，利息率的变动取决于平均利润分割为利息与企业利润的比例。该比例由借贷资本的供求双方通过竞争确定。一般而言，当借贷资本供不应求时，借贷双方的竞争结果将促使利率上升；相反，当借贷资本供过于求时，竞争的结果必然导致利率下降。利率作为价格信号引导资金流向，而资金供求状况本身也对利率总水平的确定具有决定作用。

（三）物价总水平

物价变动的幅度制约着名义利率水平的高低。名义利率高于同期物价上涨率就可以保证真实利率为正值；相反，如果名义利率低于物价上涨率，真实利率就是负值。真实利率为负值时金融机构难以正常运转，例如从事经营货币资金的银行若是无法使存款的名义利率适应物价上涨的幅度，就难以吸收存款；若无法使贷款的名义利率适应物价上涨的幅度，则难以获得投资收益。因此只有将名义利率维持在高于物价的变动幅度的水平之上，才有利于维持银行业的正常运营。

（四）国际经济环境

随着我国与其他国家的经济联系日益密切，利率不可避免地受到国际经济因素的影响。一是国家间资金的流动，通过改变我国的资金供给量影响我国的利率水平；二是我国的利率水平受国家间商品竞争的影响；三是我国的利率水平受国家外汇储备量的多少和利用外资政策的影响。因此我们在研究国内利率问题时，需要参考国际上的利率水平。

（五）政策性因素

自1949年新中国成立以来，我国的利率基本上属于管制利率类型，在利率水平的制定与执行中，要受到政策性因素的影响。利率由国务院统一制定，由中国人民银行统一管理。1949—1978年期间，我国长期实行低利率政策以稳定物价、稳定市场。1978年以来，对一些部门、企业实行了差别利率，体现了政策性的引导或政策性的限制。实行社会主义市场经济以来，利率也不是完全随着信贷资金的供求状况自由波动，它还取决于国家调节经济的需要，并受国家的控制和调节。在调整利率水平时，通常要综合考虑国家财政的收支状况。

第三节　利率的期限结构与风险结构

在当今市场经济国家，由于债券市场获得巨大发展，同时与之相关的金融工具规模庞大，利率期限结构与风险结构问题成为市场参与者非常关心的问题。

一、利率期限结构的概念及其理论诠释

（一）利率期限结构的界定

利率期限结构为某个时点不同期限的即期利率与到期期限的关系及其变化规律。为

了具有可比性，利率期限结构只能就与某种信用品质相同的债务相关的利率，或同一发行人所发行的债务相关的利率来讨论。概括而言，同一品类的不同期限的利率构成该品类的利率期限结构，而期限结构则是利率与期限相关关系的反映。

目前市场经济国家最理想的基准利率是在运行机制良好的国债市场上表现出来的收益率，这个市场上不同期限国债的收益率的组合是最为重要的利率期限结构。对于国债市场，在零息票债券条件下，债券的到期收益率和利率相等，所以利率期限结构可表示为某个时点不同时期的零息票债券的到期收益率的集合。

由到期收益率的集合构造而成的收益率曲线常常表现为水平线、向上倾斜和向下倾斜的曲线，甚至还可能出现更为复杂的收益率曲线。收益率曲线的变化本质上体现了债券的到期收益率与期限之间的关系，即债券的短期利率和长期利率表现的差异性。

（二）利率期限结构理论

目前还没有哪个理论可以充分解释与收益率曲线及其在不同时点的形状相关的所有问题，但已经形成了一些公认的理论，并可用它们预测未来长期利率走势。这里主要介绍传统的利率期限结构理论所包括的预期假说、流动性偏好理论和市场分割理论。

1. 预期假说

利率期限结构的预期假说首先由欧文·费雪在 1896 年提出，是最古老的期限结构理论。该理论后来发展为两个主要的相互竞争的版本，即局部预期假设和无偏预期假设，此外还有到期报酬率预期假设和到期收益率预期假设。

该理论认为，债券持有人的预期决定未来利率的走向。如果预期的未来短期债券利率与现期短期债券利率相等，那么长期债券的利率就与短期债券的利率相等，收益率曲线是一条水平线；如果预期的未来短期债券利率上升，那么长期债券的利率必然高于现期短期债券的利率，收益率曲线是向上倾斜的曲线；如果预期的未来短期债券利率下降，则债券的期限越长，利率越低，收益率曲线就向下倾斜。

预期假说的缺陷是，该理论严格假定人们对未来短期债券的利率具有确定的预期以及资金在长期资金市场和短期资金市场之间的流动完全自由，这两个假定都过于理想化，脱离了金融市场的实际情况。如果对未来债券利率的预期是不确定的，那么预期假说就不再成立。只要未来债券的利率预期不确定，各种不同期限的债券就不可能完全相互替代，资金也不可能在长短期债券市场之间自由流动。

2. 流动性偏好理论

希克斯首先提出了不同期限债券的风险程度与利率结构的关系，初步建立了流动性偏好理论。该理论认为不同期限的债券之间存在一定的替代性，这意味着一种债券的预期收益确实可以影响不同期限债券的收益。但是不同期限的债券并非是完全可替代的，因为投资者对不同期限的债券具有不同的偏好。范·霍恩认为，远期利率除了包括预期信息之外，还包括风险因素，它可能是对流动性的补偿。影响短期债券被扣除补偿的因素包括：不同期限债券的可获得程度及投资者对流动性的偏好程度。

该理论认为，在债券定价中，流动性偏好导致了价格的差别，这种差别有时称为流动性溢价。流动性溢价就是对持有流动性较低的金融工具的补偿。贷款期限越长，这种溢价就越高，因此在其他条件相同的情况下，期限最长的投资就有最高的收益率。该理论认为，收益率曲线应该永远具有正的斜率，只有如此才能反映债券持有者对流动性和较短期限债券的较低风险的偏好。

这一理论假定大多数投资者偏好持有短期债券。为了吸引投资者持有期限较长的债券，必须向他们支付流动性溢价。这一理论还假定投资者是风险厌恶者，他只有在获得补偿后才会进行风险投资，即使投资者预期短期利率保持不变，收益率曲线也是向上倾斜的。

3. 市场分割理论

资本市场中一些投资者偏好短期债券，另一些则偏好较长期限的债券。市场分割理论认为，市场的各个部分之间不存在内在关系，投资行为集中于其中的某些特定区域。债券市场可分为期限不同的互不相关的市场，各有自己独立的市场均衡，长期借贷活动决定了长期债券利率，而短期交易决定了独立于长期债券的短期利率。这一理论认为，利率的期限结构由不同市场各自的供求关系决定。

市场分割理论是对传统向上倾斜的收益率曲线的一个合理解释，但这一解释本身并不充分。该理论无法解释不同期限债券的利率所体现的同步波动现象，也无法解释长期债券市场的利率随着短期债券市场利率波动呈现的明显有规律性的变化。

以上利率期限结构形成理论各有其特点。由于在目前的市场上，投资者的数量众多，市场之间的联系日益紧密，市场分割理论渐被淘汰，目前主要是将流动性偏好和市场预期假设结合起来，以解释利率的变化。

二、有关利率期限结构的基本数学推导

前面我们已经介绍了利率期限结构的基本概念和相关理论概要，下面的基本推导将有助于理解这些基本概念。这里仅给出以零息债券为基础的简单说明，更完整的推导还需要通过相关专业书进一步学习。

（一）零息债券的利率期限结构

假设零息债券到期获得的现金流量都为 1，则期限为 n 的零息债券的价格可以表示为：

$$P_{nt}=\frac{1}{(1+r_{nt})^n}$$

以连续复利收益率表示则为：

$$P_{nt}=e^{-r_{nt}n}$$

比如，在某个时点 t，市场有 P_{1t}，P_{2t}，…，P_{nt} 的零息债券的市场价格，就可以通过上式分别计算出 r_{1t}，r_{2t}，…，r_{nt}，这就是一个时点 t 的利率期限结构。所以，利率期限结构可以直接从零息债券价格中计算出来。

（二）息票债券的利率期限结构

把息票债券看成一个不同期限零息债券的组合，利用零息债券的利率期限结构进行计算。仍假设到期获得的本金为 1，期限为 n，而债券的息票利率为 C，则有：

$$P_{nt}=\sum_{i=1}^{n}\frac{C_i}{(1+r_{it})^i}+\frac{1}{(1+r_{nt})^n}$$

如果债券息票利率保持不变，即 C 不变，则为：

$$P_{nt}=\sum_{i=1}^{n}\frac{C}{(1+r_{it})^i}+\frac{1}{(1+r_{nt})^n}$$

三、利率的风险结构

利率的风险结构是指期限相同的金融工具之间由于存在风险差异而产生的不同利率。一般情况下，利率与风险呈正比例关系，即风险越大，利率水平越高。前述风险包括违约风险、流动性风险和税收风险。

（一）违约风险

由于债券发行者的收入会随经营状况的变化而改变，因此不同情况下债务人对于债券本息的偿付能力不同，这就给债券本息能否及时偿还带来了不确定性，这种本息不能按期偿还的可能性就是违约风险。例如政府债券的偿还来源是税收，偿付能力极强，违约风险极低，一般视为无违约风险，因而政府债券的利率也极低。有违约风险的债务利率高于无违约风险的债务利率的部分被称为违约风险溢价。

（二）流动性风险

流动性风险是指因资产变现速度慢或变现能力弱而可能遭受的损失。债券的流动性越强，变现越容易，利率越低。反之，流动性越弱，利率越高。各种债券工具由于交易费用、偿还期限、是否可转换等条件的不同，变现所需要的时间或成本也不同，流动性就不同。一般来说，国债的流动性强于公司债券。同一信用级别，低流动性金融工具与高流动性金融工具之间的利差被称为流动性风险溢价。

（三）税收风险

利息收益通常需要纳税，因此债权人真正关心的是扣除税收后的实际收益率。由于各国政府在税收上采取不同的政策，税率也会发生调整，这就会给债权人造成税收风险。在其他条件（期限、信用级别等）相同的情况下，税率越高的债券，其税前利率也应越高；反之，低税率或者免税债券的利率则会相对低些。例如，一些国家地方政府债券的违约风险高于中央政府债券，流动性也比较差，但地方政府债券的利率却比较低，就是因为二者的税收待遇不同，地方政府债券的利息一般是免缴所得税的，而投资于中央政府债券就可能遭受税收风险。

第四节 收益和收益率

收益通常是指各种投资或融资活动中的投入所带来的回报。广义上说，利息也是一种收益。收益是金融学的重要概念，获取收益是金融学研究的基本理念。因此，收益率的计算也是非常重要的。

一、收益与风险

（一）收益与风险的关系

在具体的金融活动中，收益与风险形影相随，收益以风险为代价，风险用收益来补偿。投资者投资的目的是为了得到收益，与此同时，又不可避免地面临着风险，许多金融理论和实战技巧都围绕着如何处理这两者的关系而展开。

在具体的证券投资中，收益与风险的关系非常紧密。一般而言，风险较大的证券，其要求的收益率相对较高；反之，收益率较低的投资对象，风险相对较小。但是，绝不能因为风险与收益有着这样的基本关系就盲目地认为风险越大，收益就一定越高。风险与收益相对应的原理只是揭示风险与收益的这种内在本质关系：风险与收益共生共存，承担风险是获取收益的前提；收益是风险的成本和报酬。

风险和收益的上述本质联系可以表述为下面的公式：

预期收益率＝无风险利率＋风险溢价

预期收益率是投资者承受各种风险应得的补偿。无风险利率是指把资金投资于某一没有任何风险的投资对象而能得到的收益率，这是一种理想的投资收益，我们把这种收益率作为一种基本收益，再考虑各种可能出现的风险，使投资者得到应有的补偿。

（二）无风险利率与收益

如果将无风险利率理解为资金占用的纯时间补偿或资金的时间价值，那么在证券市场均衡的情况下，不同的投资机会提供的收益相异，这就要求有不同的风险溢价予以补偿。不管怎样，首先应明确何为无风险利率。

现实生活中不可能存在没有任何风险的理想证券，但可以找到某种收益变动小的证券来代替。比如：美国一般将联邦政府发行的短期国库券视为无风险证券，把短期国库券利率视为无风险利率。这是因为美国短期国库券基本上没有一般证券所受到的各种风险的困扰。第一，美国短期国库券由联邦政府发行，联邦政府有征税权和货币发行权，债券的还本付息有可靠保障，因此没有信用风险；第二，因是政府债券故没有财务风险和经营风险；第三，短期国库券以 91 天期为代表，只要在这期间没有严重的通货膨胀，联邦储备银行没有调整利率，就几乎没有购买力风险和利率风险。短期国库券的利率很低，其利息可以视为投资者牺牲目前消费让渡货币使用权的补偿。

在短期国库券利率作为无风险利率的基础上，经过总结可以发现以下几个规律：

（1）对于同一种类型的债券，长期债券比短期债券利率高。这是对利率风险的补偿。如同是政府债券，都没有信用风险和财务风险，但长期债券的利率要高于短期债券，这是因为短期债券没有利率风险，而长期债券却可能受到利率变动的影响，两者之间利率的差额就是对利率风险的补偿。

（2）不同债券的利率不同。这是对信用风险的补偿。通常，在期限相同的情况下，政府债券的利率最低，地方政府债券的利率稍高，其他依次是金融债券和企业债券。在企业债券中，信用级别高的债券利率较低，信用级别低的债券利率较高，这是因为它们的信用风险不同。

（3）在通货膨胀严重的情况下，债券的票面利率会提高或是会发行浮动利率债券。这种情况是对购买力风险的补偿。

（4）股票的收益率一般高于债券。这是因为股票面临的经营风险、财务风险和经济周期波动风险比债券大得多，必须给投资者相应的补偿。在同一市场上，许多面值相同的股票也有迥然不同的价格，这是因为不同股票的经营风险、财务风险相差甚远，经济周期波动风险也有差别。投资者以出价和要价来评价不同股票的风险，调节不同股票的实际收益，使风险大的股票市场价格相对较低，风险小的股票市场价格相对较高。

当然，风险与收益的关系并非如此简单。证券投资除以上几种主要风险以外，还有其他风险，引起风险的因素以及风险的大小程度也在不断变化之中。所以这种收益率对风险的替代只能粗略地、近似地反映两者之间的关系。更进一步说，只有加上证券价格的变化才能更好地反映两者的动态替代关系。这样的研究需要更深入地学习。

二、收益率的说明

收益率是指投资的回报率，一般以年度百分比表示，根据当时市场价格、面值、息票利率以及距离到期日时间计算。影响收益率的因素有三个：一是经济中影响无风险利率的各种投资机会的集合；二是影响无风险利率的因素，包括资本市场资金供求状况、预期通胀率、政府的财政政策和货币政策；三是构成收益率的其他风险溢价，与市场风险、经营管理风险、财务风险、流动性风险等风险因素有关。

在所有收益率指标中，债券收益率是一项核心的指标。债券收益率是债券收益与其投入本金的比率，通常用年利率表示。债券利息是指债券票面利率与债券面值的乘积，它只是债券投资收益的一个组成部分。除了债券利息以外，债券的投资收益还包括价差和利息再投资所得的利息收入，其中价差可能为负值。决定债券收益率的主要因素有：债券的票面利率、期限、面值、持有时间、购买价格和出售价格。有关债券收益率的计算在第六章会进一步学习。

在具体的某类证券收益率的计算中，相关公式的理解与计算是重要的。但收益率的考量需要投资者特别关注的是宏观经济形势，其次才是某种具体证券所面临的各种风险。

一般而言，影响证券价格和收益率最直接的两个因素是市场利率和证券的信用风险（信用评级），但导致市场利率和信用风险发生变化的原因却是宏观经济形势的变化。宏观经济指标是一国经济的晴雨表，它从各个不同的侧面反映出整个经济活动的效率，从而决定短期或中长期的汇率、利率走势。尤其当经济处于衰退边缘或复苏前夕的重要分水岭阶段时，对于综合反映经济实际发展状况的数字应特别注意。任何一个市场参与者要想在市场中获胜，就不得不经常关心、研究、预测和分析宏观经济运行的基本情况。

一国经济的目前状况以及对未来繁荣的预测始终是评价该国金融资产的重要指标。观察宏观经济形势好坏的指标很多，主要有国内生产总值、消费价格指数、失业率等。以债券为例，一般来讲，当国内生产总值增长率开始下降时，对债券市场有利。因为当经济形势不好时，通货膨胀的预期就比较低，中央银行一般都不会提高利率，反而会降低利率，在这种形势下，投资债券的风险就比较小，而潜在的收益比较大。同时，当国内生产总值增长率比较慢时，企业的盈利能力也会下降，股票市场也不会太好；股票市场不好，就会影响资金的进入，一般来讲，退出股市的资金会有一部分流入债券市场，从而增加了债券市场的资金规模。

【本章小结】

1. 利息是资金所有者由于借出资金而取得的报酬。利息的计算通常包括单利法和复利法。

2. 货币的时间价值是指货币经历一定时间的投资和再投资所增加的价值，也称资金的时间价值。现值和终值分别表示不同时期的货币的时间价值。现值，又称本金，是指资金现在的价值。终值，又称本利和，是指资金经过若干时期后包括本金和时间价值在内的未来价值。

3. 利率可以按照不同的标准划分为不同的种类，包括名义利率与实际利率；年利率、月利率和日利率；官方利率、公定利率与市场利率；固定利率与浮动利率；基准利率与一般利率；即期利率与远期利率等。各种利率之间以及内部都有相应的联系，彼此间保持相对结构，共同构成一个有机整体，从而形成一国的利率体系。

4. 西方的利率决定理论大都着眼于对供求对比关系的分析，认为利率是一种价格。其分歧在于什么样的供求关系决定利率。古典利率理论认为利率由储蓄与投资决定。凯恩斯流动性偏好理论认为，利率决定于货币数量和一般人的流动性偏好两个因素。

5. 可贷资金论在古典利率理论的框架内把货币因素和实质因素结合起来考虑，认为利率是借贷资金的价格，借贷资金的价格取决于金融市场上的资金供求关系。在 *IS—LM* 模型中，利率的决定取决于储蓄供给、投资需要、货币供给、货币需求四个因素，导致储蓄投资、货币供求变动的因素都将影响到利率水平。

6. 利率期限结构的定义为某个时点不同期限的即期利率与到期期限的关系及变化规律。为了具有可比性，同一品类的不同期限的利率构成该品类的利率期限结构，而期限结构则是利率与期限相关关系的反映。

7. 风险与收益相对应的原理只是揭示：风险与收益共生共存，承担风险是获取收益的前提；收益是风险的成本和报酬。收益率是指投资的回报率，一般以年度百分比表示，根据当时市场价格、面值、息票利率以及距离到期日时间计算。

【关键概念】

利息	利率	单利	复利	货币的时间价值	现值
终值	名义利率	实际利率	基准利率	即期利率	远期利率
固定利率	浮动利率	市场利率	利率期限结构	无风险利率	收益率

【综合练习】

（一）单项选择题

1. 银行向企业发放一笔贷款，贷款额为 10 万元，期限为 3 年，年利率为 5%，用复利法计算企业到期应向银行支付的本息和为（ ）元。

A. 115 000　　B. 115 762　　C. 15 000　　D. 25 762

2. 以下各项正确反映利率的变动规律的是（ ）。

A. 长期债券的利率高于短期债券

B. 通货膨胀预期上升，名义利率下降

C. 流动性较高的金融资产利率也较高

D. 金融资产违约风险越高，利率水平越低

3. 以下选项中，（ ）正确论述了凯恩斯利率理论的观点。
A. 利息率取决于平均利润率
B. 利率由储蓄和投资决定
C. 利率决定于货币数量和人们的流动性偏好
D. 利率由商品市场的供求关系决定
4. 下列关于利率期限结构理论的说法正确的是（ ）。
A. 根据预期假说，收益率曲线向上倾斜
B. 预期假说假定资金在长期和短期市场之间自由流动
C. 与预期假说相反，流动性偏好假说认为预期收益不影响不同期限债券收益
D. 市场细分假设认为期限不同的各个市场是紧密联系的
5. 以下关于宏观经济与金融资产的关系错误的是（ ）。
A. 经济繁荣时，中央银行提高利率，投资债券的风险较大
B. 经济繁荣时，中央银行降低利率，投资股票的风险较高
C. 经济萧条时，中央银行降低利率，投资债券的风险较小
D. 经济萧条时，企业盈利能力下降，股票市场的风险较大

（二）多项选择题

1. 基准利率需要具有以下特点（ ）。
A. 具有广泛的市场参与性　B. 在利率体系中具有支配地位
C. 具备一定的稳定性　D. 是银行等金融机构和金融市场形成的利率
E. 一般利率参照基准利率制定
2. 马克思认为，利息率的高低与借贷双方的供求具有以下关系（ ）。
A. 供大于求，利率下降　B. 供不应求，利率下降
C. 供大于求，利率上升　D. 供不应求，利率上升
E. 与供求双方无直接关系
3. 在 *IS—LM* 模型中，决定利率的因素包括（ ）。
A. 流动性偏好　B. 储蓄供给
C. 投资需要　D. 货币供给
E. 货币需求
4. 以下关于收益率和风险的说法正确的是（ ）。
A. 美国短期国库券的风险溢价为零
B. 债券的信用级别越高，其风险溢价就越高
C. 通货膨胀严重时，债券票面利率提高
D. 企业债券的收益率一般高于政府债券
E. 在美国，政府发行的债券可视为无风险债券
5. 以下对期限结构中流动性升水理论的描述正确的是（ ）。
A. 投资者是风险中立者
B. 投资者对短期债券需求较大
C. 收益率曲线具有正的斜率
D. 长期债券的利率风险较高
E. 不同债券之间不存在替代性

（三）思考题

1. 什么是货币的时间价值？
2. 按照不同标准，利率是如何划分的？
3. 影响利率的因素有哪些？它们是如何影响利率变动的？
4. 简述利率决定理论的发展。
5. 利率期限结构理论有哪些？

参考文献

1. 弗雷德里克·米什金．货币金融学．北京：中国人民大学出版社，1998.
2. 黄达．金融学（第二版）．北京：中国人民大学出版社，2009.
3. 李健．金融学．北京：中国广播电视大学出版社，2008.
4. 莫拉德·乔德里．收益率曲线解析．北京：企业管理出版社，2009.
5. 卡伦·D. 哈尔彭．金融学基础．北京：电子工业出版社，2007.
6. Homer，Sidney，and R. Sylla. *A History of Interest Rates*，4th Edition. Wiley，2005.

第三章

汇率与汇率制度

[导读与学习提示]

汇率与汇率制度是学习和研究国际经济、金融的前提。与利率相似，汇率也体现的是货币的一种价格，汇率的变动也能够形成风险，带来相应资产收益的变化。因此，利率与汇率成为金融的两大价格，其变动的趋势以及产生的影响是金融研究中的热点。学习本章，你需要注意将理论解释与现实变化结合起来：既要关注有关汇率的基本概念与原理说明，又要将每日波动的汇率实况纳入眼帘；既要充分了解与思考中国人民币汇率制度的改革与发展，又要强调跟踪全球主要货币的汇率变化及分析其影响。以下几个问题可以引领本章的学习：

1. 外汇是什么？为何要实施外汇管理？
2. 我国与美国的汇率标价方法相同吗？
3. 汇率有哪些种类？不同种类的汇率各自的作用是什么？
4. 汇率是怎样决定的？为何有不同的理论解释？这些理论给予我们的启示是什么？
5. 在分析现实的汇率波动时，哪些因素需要我们特别关注？
6. 汇率制度的选择是偶然还是必然？不同汇率制度有优劣之分吗？

在经济、金融开放的当代，汇率与汇率制度已成为不得不关注的焦点。汇率是两国货币的折算比率，汇率的变化受国际收支、物价、利率以及货币政策等多方面因素的影响，能够反映出外汇供求和经济运行的基本状况。同时汇率的变动也会对进出口、资本流动、物价、资产选择产生作用。而汇率制度正是有关汇率的形成、变动与调节的一系列活动的总和。准确理解汇率与汇率制度的形成、类型与作用是学习国际经济、金融运行的基础。

第一节　外汇与汇率

一、外汇和外汇管理

（一）外汇

通常使用的外汇概念限定外汇为可用于进行国际结算的支付手段。按此概念，以外币表示的有价证券及暂时存放在持有国境内的外币现钞，由于不能直接用于国际支付，不属于外汇；只有存放在国外银行的外币资金以及将对银行索取权具体化了的外币票据才构成外汇。

国际货币基金组织对外汇的定义为：外汇是货币行政当局（中央银行、货币机构、外汇平准基金组织及财政部）以银行存款、财政部库券、长短期政府证券等形式所保有的在国际收支逆差时可以使用的债权。

2008年8月5日颁布的《中华人民共和国外汇管理条例》规定，外汇是指以外币表示的可以用作国际清偿的支付手段和资产，具体分为外币现钞，包括纸币、铸币；外币支付凭证或者支付工具，包括票据、银行存款凭证、银行卡等；外币有价证券，包括债券、股票等；特别提款权；其他外汇资产。

外汇的特征表现为：一是资产性，二是可兑换性。总体而言，外汇是指可自由兑换的，并在国际经济往来中被各国普遍接受和使用的外国货币及其所表示的资产，包括各种支付凭证和信用凭证。

专栏3-1　人民币正式纳入特别提款权货币篮子

SDR是特别提款权（Special Drawing Rights）的缩写，其含义是兑换“可自由使用”货币的权利。它是国际货币基金组织（IMF）于1969年创设的一种补充性储备资产，与黄金、外汇等其他储备资产一起构成国际储备。SDR也被IMF和一些国际机构作为记账单位。目前，SDR主要用于IMF成员国与IMF以及国际金融组织等官方机构之间的交易，包括使用SDR换取可自由使用货币、向IMF还款、支付利息或缴纳份额增资等。

SDR在创设之初与美元等价。布雷顿森林体系崩溃后，IMF于1974年启用SDR货币篮子。在2015年审查前，SDR货币篮子包括美元、欧元、英镑和日元四种主要国际货币。2015年11月30日，IMF执董会认定人民币为可自由使用货币，决定将人民币纳入SDR货币篮子。由于这是历史上第一次增加SDR货币篮子中的货币，为给SDR使用者预留充裕时间做好会计和交易的准备工作，新的SDR货币篮子的生效时间被定为2016年10月1日，新的SDR汇率计算方法在2016年9月30日开始执行。

当前SDR审查包括两个标准：一是出口，即某个国家或地区在考察期前5年中的货物和服务出口量居世界前列；二是该货币可自由使用，即在国际交易支付中被广泛使用和在主要外汇市场上被广泛交易，实践中主要通过货币在全球外汇储备、国际银行业负债、国际债券、跨境支付、贸易融资中的比重及在主要外汇市场交易量等指标来衡量。

2010年SDR审查时中国已满足出口标准。过去五年来，人民币国际化迅速发展，可自由使用程度不断提高。基于各项评估指标，IMF执董会认为有充分的基础可以认定人民币为可自由使用货币，决定将人民币纳入SDR货币篮子。

2016年9月30日（华盛顿时间），IMF宣布纳入人民币的特别提款权新货币篮子于10月1日正式生效，拉加德总裁发表声明称，这反映了人民币在国际货币体系中不断上升的地位，有利于建立一个更强劲的国际货币金融体系。中国人民银行对人民币正式纳入SDR以及拉加德总裁的声明表示欢迎。新的SDR货币篮子包含美元、欧元、人民币、日元和英镑5种货币，权重分别为41.73%、30.93%、10.92%、8.33%和8.09%，对应的货币数量分别为0.582 52、0.386 71、1.017 4、11.900和0.085 946。IMF每周计算SDR利率，并于2016年10月7日公布首次使用人民币代表性利率，即3个月国债收益率计算的新SDR利率。

人民币纳入SDR是人民币国际化的里程碑，是对中国经济发展成就和金融业改革开放成果的肯定，有助于增强SDR的代表性、稳定性和吸引力，也有利于国际货币体系改革向前推进。中方将以人民币入篮为契机，进一步深化金融改革，扩大金融开放，为促进全球经济增长、维护全球金融稳定和完善全球经济治理做出积极贡献。

（二）外汇管理

外汇管理在国际上一般被称为外汇管制，它指的是一国政府利用各种法令、规定和措施，对居民外汇买卖的数量和价格加以严格的行政控制，以平衡国际收支，维持汇率稳定，并保持适量的外汇资金。

外汇管制的基本手段包括外汇价格管制和外汇数量管制。外汇价格管制措施包括管理当局实行本币定值过高和采用复汇率制。前者是指管理当局有意识地对本币定值过高；后者是指管理当局人为规定针对不同的贸易项目实行两个或两个以上的汇率。外汇数量管制是指对外汇数量统筹统配，包括外汇配给控制和外汇结汇控制。其中外汇配给控制是指外汇当局主要根据用汇方向的优先等级，对有限的外汇资金在各种用汇方向之间通过进口许可证和申请批汇制进行分配。外汇结汇控制是指货币当局为集中外汇收入，强制外汇收入者将获得的外汇收入按官方价格向指定银行全部或部分出售。

实行外汇管制对于短期内维持汇率稳定往往见效很快，能起到抑制物价上升、促进产业结构改善的作用，一些发展中国家较多实行外汇管制措施。但是外汇管制也存在一些弊端：一是人为对本币进行过高定值，必然形成外汇黑市，外汇市场的资源配置被扭曲；二是不能从根本上消除外汇失衡和国际收支问题；三是外汇管制加大了政府行政费用，助长官僚主义滋生蔓延等。

外汇管制开始于第一次世界大战期间。国际货币基金组织成立后，敦促各会员国取消外汇管制，恢复货币的可兑换性。20世纪60年代以后，主要工业国家先后取消本国的外汇管制，发展中国家仍实行程度不一的外汇管制，但也趋于取消。

二、汇率与汇率标价法

（一）汇率的概念

汇率是一国货币相对于另一国货币的价格。汇率以一单位本国货币可以交换多少外国货币来表示，或者以一单位外国货币可以交换多少本国货币来表示。例如，人民币兑美元汇率可以表示为 1.00 美元=6.83 元人民币，或表示为 1 元人民币=0.15 美元。

汇率表明多少单位的一国货币可以交换一单位的另一国货币，从而提供了相对价值的衡量标准。理论上，汇率使两种不同货币的购买力相等。世界上的主要货币往往要报出多达四种不同的汇率，即即期汇率、30 天远期汇率、60 天远期汇率和 90 天远期汇率。

（二）汇率的标价方法

汇率的标价方法有两种，即直接标价法和间接标价法。其中：直接标价法是指以一定单位的外国货币作为标准，折成若干单位的本国货币来表示汇率。在直接标价法下，外国货币数额固定不变，本国货币数额发生变化，以显示币值升降。在国际外汇市场中，大多数货币都采用直接标价法。间接标价法是指以一定单位的本国货币为标准，折成若干单位的外国货币来表示的汇率，也称为逆向标价。目前世界英镑采取间接标价法，其他一些国家货币如澳大利亚元、新西兰元等也采取了此种方法。

我国人民币汇率采用直接标价法。美国原来采用直接标价法，但于 20 世纪 70 年代末也开始采用间接标价法，主要是因为国际经济交易中使用美元计价日益广泛，从而美国成为采用两种标价法的国家，对英国采用直接标价法，而对欧洲各国和其他国家采取间接标价法。在离岸金融市场上，多以作为关键货币的美元为标准，用一定量的其他货币给美元标价，这种标价法称为美元标价法。

三、汇率的种类

（一）基本汇率与套算汇率

根据制定汇率的方法不同，汇率分为基本汇率和套算汇率。为制定出本国货币与外国货币的汇率，通常无法对所有外国货币制定汇率，而是选定一种在本国对外经济交往乃至国际金融体系中最常使用的基本货币，本国货币与此种基本货币形成的汇率即是基本汇率。由于美元和欧元占据今天国际金融体系的核心地位，目前各国一般都将本国货币对美元或欧元的汇率作为基本汇率。在各国银行之间相互报出汇率时，一般也只报出基本汇率。

套算汇率（交叉汇率）为基本汇率之外的汇率，外汇市场上套算汇率通常由基本汇率套算得出。

（二）即期汇率与远期汇率

按照外汇交易的清算交割时间划分，汇率分为即期汇率和远期汇率。一般的外汇交易是在买卖双方成交后的当日或两个营业日内进行外汇交割，这种即期外汇交易所采用的汇率就是即期汇率。即期汇率的报价是做市商将买进或将卖出的基准货币对另一货币的叫买价或者叫卖价。

远期汇率是指如果签订合约在未来某一特定日期（未来 30 天、60 天或 90 天）购买外汇时应支付的汇率。在远期市场上，你只在合约到期外汇实际交割时付款。远期汇率以远期点数表示，这个牌价并不是汇率差，而是利率差。远期汇率并不是对即期汇率的未来预测。

（三）电汇汇率、信汇汇率与票汇汇率

汇率可按外汇交易工具和收付时间划分为电汇汇率、信汇汇率和票汇汇率。电汇汇

率是指以电报解付方式买卖外汇时所使用的汇率。银行卖出外汇后，立即用电报通知国内外分支行或代理行将款项解付给收款人。电汇汇率一般高于信汇和票汇汇率。目前，国际支付绝大多数用电讯传递，故电汇汇率为外汇市场的基准汇率，其他汇率都以电汇汇率为基础而定。外汇市场上所公布的汇率多为电汇汇率。

信汇汇率是指以信函解付方式买卖外汇（信汇）时所使用的汇率。在信汇方式下，汇出的外汇在邮寄的外汇凭证寄到国外后，对方银行方能在委托付款行的存款账户内支出，所以委托汇出行可以在信汇需要的邮程时间内利用汇款头寸。信汇汇率低于电汇汇率。

票汇汇率是指以汇票为支付工具进行外汇买卖时所使用的汇率。银行在支出外汇时开立一张其国外联行或代理行付款的汇票交给汇款人，由其自带或寄国外提款。由于票汇从卖出外汇到付出外汇有一段时间间隔，银行在这段时间内可以运用汇款头寸。票汇汇率低于电汇汇率。票汇分为即期票汇和远期票汇两种，远期票汇汇率低于即期票汇汇率，因为银行占用资金的时间更长一些。

（四）官方汇率与市场汇率

按照国家对汇率管制的宽严程度划分，汇率分为官方汇率和市场汇率。

官方汇率也称法定汇率，是指国家货币管理当局所公布的汇率。这种汇率具有法定性质，一国官方的外汇交易都应以该汇率为准。在金币本位制时期，官方汇率的确定比较容易，只需将本国货币与外国货币的含金量加以对比就可确定。在纸币制度下，官方汇率以纸币的黄金平价为依据。官方汇率有的是单一汇率，有的是复汇率（多重汇率）。根据国际货币基金组织发布的《国际金融统计资料》，目前成员国采用以下六种方法规定官方汇率：钉住某一种货币；有限弹性地钉住某一种货币；合作安排；根据一套指标进行调整；管理浮动以及独立浮动。第二次世界大战后，大部分国家的金融管理当局在确定官方汇率时都很重视本国货币与美元的汇率。凡规定官定汇率的国家，除有关法令允许的交易外，一切外汇交易都必须以官方汇率为主。执行官方汇率的国家一般没有公开外汇市场，执行较严格的外汇管制。实行计划经济的国家，一般都制定官方汇率。

市场汇率是指由买卖双方依外汇市场供求情况自由买卖外汇形成的外汇汇率。在外汇市场上，官方汇率常常只起基准汇率的作用。真正起作用的是市场汇率。各国货币当局利用各种手段对市场汇率进行干预使其不至于过于偏离官方汇率。

（五）名义汇率与实际汇率

通常意义上以一国货币表示的另一国货币的价格，就是所谓的贸易汇率，也就是名义汇率。而实际汇率是名义汇率用两国的价格水平调整后的汇率。实际汇率等于名义汇率用外国与本国价格水平之比调整后的值，公式为：

$$\text{实际汇率}=\text{名义汇率}\times\frac{\text{外国价格指数}}{\text{本国价格指数}}$$

实际汇率使我们能够完整测度两国产品相对（价格）竞争力的强弱。

四、有效汇率及其测算

（一）有效汇率

有效汇率类似价格指数与各种商品价格的关系，它是一种货币相对于其他多种货币双边汇率的加权平均数。它用于测度一种货币的总体变化趋势，较双边汇率包罗的内容更为广泛，能够表明这种货币相对于其他多种货币的价值变化。

（二）有效汇率的测算

在计算有效汇率时，通常选择与本国外贸关系密切的国家的一篮子有代表性的货币作为计算基础，然后按照每种货币的贸易上的重要性为每个双边汇率确定一个权重。当篮子和权重确定下来后，即可计算出汇率指数（即有效汇率）。

实际有效汇率就是实际汇率的多边形式。实际有效汇率是通过由一国与本国双边贸易额占本国全部对外贸易额比重为权数，乘以该国与本国的双边实际汇率，然后加总进行计算的。所以实际有效汇率度量的是一单位货币所能购买的一篮子外国商品的多少。与基年相比较大的数字自然意味着篮子里的外国商品较多。

目前世界上不少组织根据各自的需要选择不同的货币篮子和权重计算各种各样的汇率指数。虽然各自的侧重点不同，但这些特点各异的汇率指数有助于我们有效估计一种货币在多元化的世界中相对其他货币的价值及其变化，因为在国际经济日趋多元化的浪潮中，我们已经很难再通过双边汇率来判断一国货币是贬值还是升值。例如，2016 年 6 月底至 7 月初，受英国脱欧影响，人民币对英镑的双边汇率明显升值，而人民币对美元的双边汇率则表明人民币相对美元贬值。那么，人民币到底是升是贬？通过中国外汇交易中心（CFETS）公布的 CFETS 人民币汇率指数以及参考 BIS（国际清算银行）货币篮子和 SDR 货币篮子的人民币汇率指数均有所下降可以看出，整体而言，人民币在 2016 年 6 月末至 7 月初略有贬值。

第二节　汇率的决定与影响因素

一、汇率决定的主要理论

（一）国际借贷理论

在第一次世界大战前的金本位制度盛行时期，汇率决定的国际借贷说较为流行。国际借贷理论认为国家间的商品劳务进出口、资本输出入以及其他形式的国际收支活动会引起国际借贷的发生，国际借贷又引起外汇供求的变动，进而引起外汇汇率的变动，因而国际借贷关系是汇率变动的主要因素。国际借贷理论认为只有流动借贷相等时，外汇供给才相等，外汇汇率保持稳定；当流动债权大于流动债务时，外汇供大于求，外汇汇率下跌；当流动债权小于流动债务时，外汇供小于求，外汇汇率上升。在一定时期内，如果一国国际收支中对外收入增加，对外支出减少，对外债权超过对外债务，则形成国际借贷出超；反之，对外债务超过对外债权，则形成国际借贷入超。借贷按流动性强弱可分为固定借贷与流动借贷。只有流动借贷才对外汇供求进而对汇率产生影响。物价水平、黄金存量、信用关系和利率水平等也都会对汇率产生影响，但它们都是次要因素。

（二）汇兑心理理论

汇兑心理理论认为决定汇率的最重要因素是人们的心理判断及预测。影响主观评价的因素是多方面的，包括国际收支、政府收支、资本流动、外汇管制措施等。

（三）货币分析理论

货币分析理论认为汇率受两国货币供应量的制约。它是一种将汇率作为资产价格的分析方法。它假定国内和国外债券完全可以替代，认为汇率调整能够使国内和国外的货币市场达到均衡。它考察政府货币政策、国别间增长率的差异等因素对国内和国外的货币供求因素的影响，研究其对货币市场均衡产生的扰动，进而研究汇率变动。

（四）金融资产组合分析法

20 世纪 70 年代以来，由于国际收支、利率和通货膨胀等各种因素的变动，各国汇率经常变动。投资者要根据经济形势和预期，及时调整其外币资产比例，从而引起资金在国家间的大量流动，对汇率产生很大的影响。在这段时期，随着资产组合理论的发展，产生了汇率决定的金融资产组合分析法。

在金融资产组合分析法中，考虑到现实经济中国内和国外资产的风险受多种因素的影响而经常出现差异，投资者会因为厌恶风险而持有国内和国外债券以获得最大效用，因此该模型放弃了货币分析理论中关于国内和国外非货币资产完全替代的假设，融入了国内债券市场和国外债券市场均衡的分析。

金融资产组合分析法不仅把汇率放在宏观经济的模型中来研究，而且考虑到实际经济部门，例如融入经常账户的分析，同时金融资产组合分析法还区别短期和长期汇率决定，提供了分析货币政策和财政政策的效果。该方法还考虑了财富效应对汇率的影响，并在其动态和具有前瞻性的分析模型中融入了对将来预期的分析。

金融资产组合分析法优于货币分析理论的最主要方面是其更加一般化，更加符合实际。在短期内，汇率反映的是资产市场的均衡条件，因为现在国内和国外资产市场的存量持有远远超过经常账户的流量，对汇率的影响是显著的。

（五）利率平价理论

对于外汇资产而言，外汇市场上一种货币的供给就相当于对其他货币的需求，因此汇率决定理论只需理解对外汇的需求。同其他市场资产一样，外汇市场的参与者也通过比较不同货币资产的预期回报率来决定他们对于某种货币的需求。当所有可自由兑换货币（用同一货币表示）的预期回报率相等时，外汇市场达到均衡，这一均衡条件被称为利率平价。该理论指出，任意两种货币存款的预期收益率应该一样，即两种不同货币存款的利差应等于市场预期的汇率变动的百分比。

利率平价成立的前提条件是均衡的市场利率和货币完全可自由兑换。如果这两个条件得到满足，在考虑了货币存款的利率和预期汇率的变化后，两种货币存款的实际回报率应该相同。

利率平价理论是对汇率决定理论的重大发展，在当今金融全球化的时代具有较强的适用性，是货币远期汇率定价的重要理论依据。但由于该理论成立的重要前提是资本自由流动，因此，对于货币尚未完全实行可兑换的国家来讲，其结果并不完全应验。而且，该理论片面强调利差对汇率的决定作用，忽视了汇率是对经济基本面因素的综合反映和预期。

（六）购买力平价理论

购买力平价理论（purchasing power parity，PPP）的基本思想是认为不同货币代表了购买商品和服务的能力。购买力平价汇率对于比较不同国家之间的生活水平较精准。

现行的货币汇率对于比较各国人民的生活水平将会产生误导。例如，如果人民币相对于美元贬值一半，那么以美元为单位的国民生产总值（GDP）也将减半，但这并不表明中国人变穷了。若以人民币为单位的收入和价格水平保持不变，而且进口货物对中国人的生活水平并不重要（因为这样进口货物的价格将会翻倍），那么货币贬值并不会带来中国人生活品质的恶化。如果采用购买力平价就可以避免这个问题。

购买力平价理论有绝对购买力平价和相对购买力平价两种形式。绝对购买力平价理论认为，两种货币之间的汇率应该等同于两国物价指数（即购买力）之比。绝对购买力根据本国货币与外国货币在一篮子可比较商品上所具有的购买力大小来解释汇率的决定。用公式表示：

$$R_a = P_a / P_b \quad \text{或} \quad P_a = P_b \times R_a$$

其中：R_a 代表本国货币兑换外国货币的汇率；P_a 代表本国物价指数；P_b 代表外国物价指数。它说明的是在某一时点上汇率的决定，决定的主要因素即为货币购买力或物价水平。

相对购买力平价理论认为，汇率的变化应该等于两国通货膨胀之差，即本国货币新汇率等于本国货币旧汇率乘以本国货币购买力变化率与外国货币购买力变化率之比。其要旨是，汇率变动是两国之间相对通货膨胀率决定的。通货膨胀率较高的国家的货币应该贬值，反之则应该升值。

批评购买力平价理论的人认为，假定所有国家的商品价格相等（一价定律）是错误的。不同国家的人对于同一种商品的估价是不同的。例如一种在 A 国是奢侈品的商品，在另一个国家可能只是一般日用品，而购买力平价不管这种情况。另外，在计算商品物价指数以确定货币的购买力时，各国在统计制度及消费结构上的差异也影响了该理论的准确性。

（七）汇率决定理论的新进展

1.“新闻”分析法

这一观点认为，“新闻”是指那些令经济代理人感到意外或未预见到的并且能够引起他们对汇率预期值进行修正的任何新的信息，“新闻”是对远期汇率预测发生偏差的根本原因。这一理论解释了浮动汇率制度下汇率频繁波动或不稳定的原因，但无法解释所有的汇率变动，特别是没有新闻时的汇率频繁波动。

2. 投机泡沫理论

投机泡沫是一种非基本经济变量，是一种与基本经济变量不一致的汇率运动，并且这种运动具有自我强化的性质。当市场参与者预期某种货币的汇率要上升，为了获得短期收益继续购买根据市场基本经济变量已经被高估的该货币时，一个理性经济泡沫就产生了，汇率越高，其破灭的可能性越大，为了补偿破灭风险，汇率必须以更高的速度上升。此外，由于经济代理人是异质的，对每一种经济代理人而言，都没有使用全部的可获得信息，所以预期行为是非理性的，非理性预期也能产生投机泡沫。投机泡沫理论弥补了“新闻”分析法的不足，从非基本经济变量的角度解释了汇率的频繁波动。

3. 均衡汇率决定理论

均衡汇率决定理论包括基本因素均衡汇率理论、自然均衡汇率理论、行为均衡汇率理论、均衡实际汇率理论，其中心思想是分析基本经济因素变化对均衡汇率的影响，并利用它们之间存在着的系统联系来估计均衡汇率。

二、影响汇率变动的主要因素

当今世界主要发达国家普遍实行浮动汇率制，各国货币的汇率均在一定范围内波动。在纸币流通条件下，短期内汇率变化主要受制于外汇供求；在长期内汇率波动的内在基本因素是各国货币所代表的实际价值。具体来说，决定和影响两国货币之间比价的主要因素有：

（一）国民收入（或经济增长速度）

一国经济增长率高，一定程度上意味着其国民收入增加。如果国民收入因增加商品供给而提高，则在一个较长时间内该国货币的购买力得以加强，外汇币值就会下跌；如果国民收入因扩大政府开支或扩大总需求而提高，在供给不变的情况下，超额的需求必然要通过扩大进口来满足，这就使外汇需求增加，外汇币值就会上涨。由此看来，国民收入对汇率的影响是复杂的。如果考虑到货币保值的作用，汇兑心理理论有另一种解释，即货币的价值取决于外汇供需双方对货币的主观评价，这种主观评价的对比就是汇率。一国经济发展态势良好，如果货币供给不变，对本币的新增额外需求将提高本币价值，造成外汇贬值，则主观评价相对就高，该国货币坚挺。

（二）国际收支状况

所谓国际收支，简言之是指商品、劳务的进出口及资本的流入和流出。一国国际收支出现逆差时，意味着外汇市场上外汇供不应求、本币供大于求，结果外国货币汇率上升，本币汇率下跌；反之，一国国际收支顺差，则外汇市场外汇供大于求，本币供不应求，结果外国货币币值下跌，本币币值上升。前期国际收支状况数据对市场信心也有一定影响，如公布的上年或上月经常项目赤字的扩大，可能会加剧市场对本币贬值的预期，导致在即期或远期市场对本国货币的抛售。其他因素对汇率走势的影响都是通过影响国际收支平衡、外汇市场供求来体现的。

（三）通货膨胀状况

按照购买力平价理论，货币购买力的比价即货币汇率。在国内外市场联系密切的情况下，一国较高的通货膨胀率会削弱本国商品在国际市场的竞争能力，减少出口，并提高外国商品在本国市场的竞争能力，增加进口。这会引起本国国际收支状况恶化，导致对外汇需求大于供给，促使该国货币在外汇市场上贬值。同时，如果一国通货膨胀率较高，会形成人们对该国货币币值趋于疲软的预期，引起外汇市场上对该国货币的进一步抛售，造成该国货币币值进一步下跌。反之，若通货膨胀回落甚至出现通货紧缩，对汇率的影响方向则相反。

（四）货币当局的干预

20 世纪 70 年代布雷顿森林体系解体后，各国趋向实行浮动汇率制度，但各国中央银行为维护经济稳定实现一定的经济发展目标，都把汇率稳定或调控到一个对本国经济发展有利的水平上。在汇率出现剧烈波动时，各国往往通过买卖外汇进行市场干预，使汇率变动有利于本国。一些主要发达国家在市场汇率波动剧烈时往往会协调它们之间的宏观经济政策，或采取联合干预的措施，共同影响汇率走势。干预或联合干预对短期走势有重大影响，但不能根本扭转汇率变动的长期趋势。

（五）国内外利率水平差异

对于利率在汇率波动中的作用，在所有的货币学派的理论中，阐述最为明确的是 20

世纪70年代后兴起的利率平价理论。该理论从中短期的角度很好地解释了汇率的变动。利率对汇率的影响主要是通过对套利资本流动的影响来实现的。在温和的通货膨胀下，较高的利率会吸引外国资金流入，同时抑制国内需求，减少进口，使得本币升值；在严重的通货膨胀下，利率与汇率负相关。

（六）市场心理预期

随着市场发育程度的提高，市场心理预期对汇率的变化起着相当大的作用。汇兑心理理论认为，人们对某个国家国际收支状况、通货膨胀和利率前景看好，就会引起该国货币在市场上被更多买入，造成币值上升；反之，如果预期前景不佳，则币值下跌。这一理论在解释短线或极短线的汇率波动上起到至关重要的作用。

在上述因素中，前三项属于长期影响因素，后三项是左右国际资本流动的短期因素。除了上述因素，许多其他因素也会影响汇率变动，如各国财政政策及货币政策、政治局势、社会状况、自然灾害等等。在不同外汇管理制度和市场制度下，各种因素的作用的大小各不相同。如在实行外汇管制的国家，由于限制了本外币资产之间的转换，利率对于汇率的影响相对较小。

需要说明的是，在不同阶段，以上各种因素对汇率的影响程度各异，其间相互加强或相互抵消。目前在影响外汇市场的主要经济数据中，影响最大的是美国每月或每季公布的经济统计资料，这是因为美元是国际外汇交易市场中最重要的货币，它在国际贸易中占结算方式的一半以上。其次为欧元区国家、日本、英国，再次为澳大利亚、加拿大、瑞士等。各种经济统计数据影响汇率的作用的大小依次排序为：利率的调整、就业人数（美国非农业就业人口）、国民生产总值、工业生产、对外贸易、通货膨胀率、生产价格（物价）指数、消费价格指数、批发物价指数、零售物价指数、消费者信心指数等。这里的排序是针对普遍情况，在不同的市场心理情况下，这些经济统计数据对市场心理产生影响的重要性有所不同。

第三节　汇率的作用

汇率的作用的大小，取决于各国的经济体制、市场条件和市场运行机制以及开放程度。一国的市场调节机制发育越充分，与国际市场的联系越密切，汇率机制越有效。

一、汇率对进出口贸易的影响

一国货币对外贬值一般能起到促进出口、抑制进口的作用。在一国货币对内购买力不变而对外贬值时，该国出口商品所得的外汇收入，按新汇率折算要比按原汇率获得更多的本国货币，则该国商品具备价格优势，出口商可从汇率贬值中得到额外利润，有助于扩大出口。对于进口而言，由于进口商品按照新汇率所需支付的本国货币要比按原汇率支付得多，从而引起进口商品价格上涨，起到抑制进口的作用。反之，汇率上涨，则起到促进进口、抑制出口的作用；但同时要考虑到进出口需求弹性，即商品价格变动对商品需求的影响程度。如果进出口需求对汇率和商品价格变动反应灵敏，则需求弹性大，那么，一国汇率下降和相应降低出口商品价格可以有效刺激出口数量；而由于进口商品国内价格上涨，可以有效抑制对进口商品的需求，从而减少进口数量。通常来说，如果出口商品需求弹性与进口商品需求弹性之和大于1，则汇率调整对贸易收支状况会有较大影响。

二、汇率对资本流动的影响

汇率变动对长期和短期资本的影响是不同的。对长期资本流动影响相对较小，因为长期资本流动主要以利润和风险为转移，在利润有保证和风险较小的情况下不会出现大的波动；但短期资本流动常受汇率波动的较大影响。在货币贬值的条件下，为防止货币贬值的损失，投资者不愿持有以贬值国货币计价的各种金融资产，而将其转兑成外汇，引起资本外逃现象。同时，由于纷纷转兑外汇，加剧外汇供求紧张，会促使本币汇率进一步下跌。

三、汇率对物价水平的影响

汇率变动在影响进出口的同时也对物价产生影响。从进口消费品和原材料来看，汇率下降会引起进口商品国内价格的上涨，进而以进口原料加工的商品或与进口商品相类似的国内商品价格也发生变动，其对物价总指数影响的程度取决于进口商品和原材料在国民生产总值中所占的比重；反之，汇率上升则能起到抑制物价的作用。从出口商品来看，汇率上升能够抑制出口，在出口商品供给弹性较小的情况下，出口减少会使得出口商品转向国内市场而出现供给过剩的问题，从而抑制出口商品的国内价格并波及物价总水平。

四、汇率对资产选择的影响

汇率变动会引起资产价格的重估，促使人们改变资产配置。一国经济实力、综合国力越强，其货币越趋向升值，人们更愿意持有该国货币并买进其他相关升值资产进行资产的保值升值。反之，人们则会减少对其货币与相关资产的持有量。

在开放经济条件下，汇率作为中介，能够将一个国家的经济条件的变化传递到另一个国家。一国币值相对其他国家货币币值的升贬会导致相对价格的变化，从而改变商品和服务的价格，并影响到实体经济的运转；汇率变化同时会影响到国际货币市场上货币的供给与需求，从而影响到国家间的资本流入和流出，并对虚拟经济造成影响。各国的政策制定者都非常关注汇率，将其视为重要的经济中介指标之一。各国政府间汇率目标的不一致经常会引发竞争性货币贬值或升值，对彼此的经济体产生影响。

专栏3-2　人民币升值对中国经济的影响

中国在1994年汇率并轨至2008年7月美国次贷危机和金融危机深化期间，人民币不断地趋向升值。尤其是2005年7月21日进行汇率形成机制改革后，伴随美国政府以及其他西方国家的不断施压，人民币渐进升值，这一阶段社会各界一直非常关注人民币升值的利弊问题。

人民币升值对中国国民经济的影响是相当大的，影响最大的是外贸领域。升值对我国外贸的影响既有积极方面，也有消极方面。积极方面有：第一，人民币升值以后，进口商品的价格将会下降，降低我国进口商品的成本和在进口环节支付的费用。我国石油、天然气、钢铁、航空、电力设备大宗交易的进口成本因人民币升值而降低，有利于改善这类行业的盈利状况。第二，人民币升值以后，出口产品的价格相对提高，可以用较少的出口产品换回本国所需要的各种产品。第三，人民币升值将激励出口企业更多地依靠技术进步和提高附加价值，而不是低价竞销占领市场。从长远来看，人民币升值有助于我国外贸增长方式从原来的粗放型转向高质量和高效益的集约型，这会带来出口结构的改善，激励企业技术创新，实现可持续发展。一些只靠低成本竞争，技术含量低，高污染、高耗能的企业，可能因为人民币升值被挤出市场。第四，人民币升值意味着中国企业到海外投资的成本相对来说比以前有所下降，这使得它们能以较低的成本在国外建立跨国公司，根据投资地的区位优势充分利用全球资源，降低生产和交易成本，实现规模经济，建立全球性的生产、营销网络。

人民币汇率升值对中国外贸的消极影响：第一，人民币升值将提高我国出口商品的外币价格，这将直接削弱我国出口的价格竞争优势。我国目前制造业出口产品极易被替代，其技术含量多数较低，高科技产品很少。人民币升值，中国制造业在全球的竞争力可能会逐渐消失，极易发生制造业向国外转移。第二，虽然人民币升值对已在华投资或在华拥有资金的外国企业家有利，但会增加将来外商投资的成本，而中国许多周边国家都是中国吸引外资的竞争者，因此人民币升值会引起外商转向其他国家投资，导致我国引进、利用外商直接投资的减少，也会影响到国内的就业率和经济增长。此外，人民币升值还会使农业面临更大的挑战，并影响到各个行业。

第四节　汇率制度

汇率制度的安排主要分为固定汇率制和浮动汇率制，但世界上实际很少有完全固定和完全浮动的汇率制度。一国汇率制度的安排取决于该国一系列的客观条件，包括国家的结构特征、外部环境、宏观经济发展状况、政治制度等。

一、固定汇率制

固定汇率制是以某些相对稳定的标准或尺度作为依据，以确定汇率水平的一种制度。在固定汇率制度下，现实汇率水平受平价的制约，只能围绕平价在很小的范围内上下波动。

根据国际货币基金组织的分类，以下三种汇率制度属于固定汇率制度：(1) 无法定货币的汇率安排，即将另一国货币作为单一法定货币流通，如巴拿马将美元作为法定货币并可以在巴拿马境内自由流通；或属于货币联盟的成员、与联盟中的其他成员共用同一种法定货币，如欧元区统一使用欧元。(2) 货币发行局制度，即从法律上隐含地承诺本国（地区）货币按固定汇率兑换某种特定的外币，同时限制官方的货币发行，以确保履行法定义务，如阿根廷和中国香港。(3) 传统的钉住汇率安排，即将货币（公开地或实际地）按固定汇率钉住一种主要货币或者是一篮子货币，汇率围绕中心汇率上下波动不超过1%，如马来西亚。

二、浮动汇率制

浮动汇率制是指货币当局对外汇市场很少干预，汇率由外汇市场的供求状况自发决定的一种汇率制度。采用浮动汇率制的国家允许本国货币的汇率在金融市场依供求关系自然调整，政府不直接干预。但是所谓不干预只是相对而言。国家政府对贷款、票据市场和进出口贸易的政策和管理均会影响本国货币的汇率。目前，采用浮动汇率制的国家大多为发达国家，包括美国、英国、法国、德国、日本、澳大利亚、加拿大等。

有管理的浮动汇率制是货币当局通过各种措施和手段干预市场，使汇率向有利于本国的方向变动，或维持在对本国有利的水平。根据国际货币基金组织的分类，以下汇率安排属于有管理的浮动汇率制：（1）平行钉住的汇率安排，即货币的价值围绕公开或实际的固定钉住汇率波动，波动范围大于1%。（2）爬行钉住的汇率安排，即按照预先宣布的固定汇率，或者根据若干量化指标的变动，定期小幅调整币值。（3）爬行区间浮动的汇率安排，即货币在一定范围内围绕固定汇率上下波动，同时根据预先宣布的固定汇率或若干量化指标的变动，定期调整中心汇率。（4）参照一篮子货币进行调节的有管理的浮动汇率制。参照主要贸易伙伴和竞争者的货币进行管理，篮子货币权重不对外公布；贸易加权的汇率可在一定区间内波动，汇率水平和爬行浮动区间每半年公布一次。

三、汇率制度的比较与选择

汇率变动既会影响国际贸易商品和服务的价格，也会影响本国出口行业以及与进口竞争的本国产品行业的就业和收入，还会影响国与国之间的收入分配，因此几乎没有哪个国家不重视汇率。但是究竟选择固定汇率制还是浮动汇率制，由于它们各具优点和缺点，而各国经济发展情况千差万别，因此这个在国际金融理论界迄今依然存在争论的焦点问题始终没有定论。

（一）汇率制度的比较

1. 两种汇率制度的特点

（1）固定汇率制。固定汇率制的特点是发挥政府主导市场的作用，由政府来承担市场变化的风险。在固定汇率制下，现实汇率只能围绕平价在很小的范围内上下波动，即两国货币的比价基本固定。因此固定汇率可以减少远期汇率的不确定性，有利于减少投机行为，降低贸易成本，从而鼓励国际贸易和投资，增加国家间资本、劳动力的专业化分工，提高经济效率。但在另一方面，实行固定汇率和准固定汇率制的国家或地区，市场参与者容易丧失风险意识和抵抗风险的能力，当其经济基本面发生恶化的时候，汇率不能充分反映经济基本面的变化，容易诱导短期资本大量流入，很容易诱发投机者对其进行货币攻击。

（2）浮动汇率制。浮动汇率制的特点是发挥市场自身的纠正作用，让市场参与者自己承担风险。它可以发挥汇率杠杆对国际收支的自动调节作用，减少国际经济状况变化和外国经济政策的影响，降低国际游资冲击的风险。浮动汇率与价值规律较为合拍，常能反映外汇的真实供求关系，避免造成高估或低估本国货币，有可能消除一定的不确定性，具有一定的优点。但同时汇率的频繁、剧烈波动所带来的不确定性，也会给本国经济发展带来不利影响。

2. 不同的观点

支持浮动汇率制的人认为，在浮动汇率制下，汇率可以根据一国的国际收支变动情况进行连续微调而避免经济的急剧波动。当累积的市场力量不能遏制时，短期稳定将导致远期更大的不稳定。他们认为经常性小调整比周期性大调整要好。短期的稳定在补贴低效率的贸易和资源配置方面代价昂贵，不可能欺骗对市场基本因素有清醒认识的长期投资者。固定汇率制的调整幅度大，对经济的震动也比较剧烈。固定汇率制的支持者认为，在资金流动对汇率形成具有决定性影响时，浮动汇率的无谓调整是很剧烈的，对经济的冲击也非常大，采用固定汇率制可以避免许多无谓的汇率调整。

浮动汇率制的支持者认为，浮动汇率制下的投机是一种稳定性投机，投机活动还得承担汇率反方向变动的风险；而固定汇率制的支持者认为，浮动汇率制下盛行非稳定性投机，投机者心理是非理性的，表现之一就是“羊群效应”，容易扩大而非缩小市场价格的波幅，而固定汇率制下的投机行为一般具有稳定性。在固定汇率制下，能通过政府的介入以及改变投机者的预期对实现汇率的稳定施加影响，消除不确定性。

浮动汇率制的支持者认为，在浮动汇率制下一国货币政策具有自主性。中央银行不再承担干预外汇市场、稳定汇率的义务，货币政策有效性增强，既可让汇率自发调节实现外部平衡，又可让货币政策和财政政策实现经济的内部均衡。同时一国国内的均衡以及该国内部经济和外部经济之间的均衡可以通过汇率变动得到恢复。而在固定汇率制度下，一国的货币扰动会影响到其他国家，通货膨胀通过“一价定律”（即价格调整）和国际收支差额（即流动性效应），从一国传递到另一国。而固定汇率制的支持者认为，一国的货币政策不可能完全不受外部因素的制约，汇率调整必须有相应的其他国内政策的配合才能发挥效力，浮动汇率制也不可能真正隔绝外国通货膨胀对本国的影响。

浮动汇率制的支持者认为，浮动汇率可以防止货币当局对汇率政策的滥用。货币政策对收入等实际变量的影响一般要比固定汇率制下的影响要大。固定汇率制的支持者认为，固定汇率制可以防止对货币政策的滥用。政府在对固定汇率的维系中，会获得执行政策始终一致的声誉。政府在政策实施过程中，会通过影响人们的心理预期而收到额外的效果，而在浮动汇率制下，各国将本国经济目标放在首位，这会造成国际经济秩序的混乱。

（二）汇率制度的选择

多项研究表明，固定汇率制和浮动汇率制孰优孰劣，难分伯仲。在战后的1945—1970年间，国际贸易和投资在固定汇率制下取得很大进展。起初，许多主要西方国家都面临重建的难题，大多数国家大量日常生活用品依靠从美国进口，出口极少，这对这些国家的汇率造成贬值压力。为了稳定汇率，美国向这些国家提供了大量的贷款和援助，例如实行马歇尔计划。但到了1960年，大多数工业国家已经减少了对美国的依赖，转而开始在国内及国外市场上与美国产品展开激烈竞争。美元开始从稀缺变成剩余，反过来美元汇率承受了贬值的压力。为了稳定美元汇率，大多数国家加快清偿对美国的债务，并转而向美国提供贷款。这些措施减缓了美元贬值的压力。这样，随着不同国家经济环境的变化，贸易国之间经济发展水平和经济政策差别日益累积的结果导致整个体系日渐偏离均衡，市场力量最终推翻了政府对汇率固定的承诺。1971年汇率重新调整，1934年以来美元对于主要工业国的货币第一次贬值。但上述调整是不充分的，美元贬值的压力仍然存在。1973年，大多数国家放弃固定汇率制而采用浮动汇率制，允许汇率浮动，市场供求的变化能够影响汇率的变动。

初期实行浮动汇率的这些国家的汇率也不是完全意义上的自由浮动。各国政府都密切注视着本国汇率的变化，通过买卖外国货币来周期性地干预市场，以抵消一些突发性的供求变化以及投机性资本的冲击。因此该体系有时也被称为肮脏浮动或管理浮动。美国经济管理当局经常通过发表市场谈话的形式，“说高”或“说低”美元，以服务于美国的经济利益。自20世纪80年代中期以来，美国更是联合其他西方国家对强势美元进行联合干预。

而且，尽管实行的是有政府干预的管理浮动，浮动汇率制下的汇率波动程度仍超出了其支持者的想象。例如浮动汇率未能防止1974—1979年间高通货膨胀率从一国向另一国的传递，通货膨胀演变成全球性的。在实行固定汇率制的最后几年，全球货币供应迅速上升造成的滞后影响，造成重要国际贸易商品，如谷物、石油的价格上升，但是浮动汇率没有抵消这些商品价格的上升；而另一方面，固定汇率制拥护者对全球金融体系崩溃的预言也没有实现。

尽管采取浮动汇率制更为市场化和灵活，但浮动汇率并不适用于所有国家，各国在选择固定汇率还是浮动汇率的决策中存在差别。

第一，一般认为按照经济活动或GNP衡量标准，规模较小的国家不太适用浮动汇率。而大国通常经济规模庞大，不愿意保持固定汇率而使国内经济政策受制于其他国家，而且国际贸易量在大国GNP中所占份额通常低于小国，因此大国往往较少从汇率的角度出发考虑经济问题。

第二，如果一国的国际贸易占据重要地位，对国际贸易的依赖程度较高，汇率变化对本国所有商品物价的影响大，这个国家就很难保持物价的稳定。为了最大程度上稳定国内价格水平，经济上对国际贸易依存度较高的国家倾向于选择固定汇率。

第三，通货膨胀率高于贸易伙伴国的国家往往很难维持与其他国家货币的固定汇率。研究发现，通货膨胀率高于或低于世界平均水平的国家通常选择浮动汇率制或爬行钉住汇率制，这样可以在较短的时间内使其汇率做出调整以弥补通货膨胀差异。

另外，贸易伙伴国的集中程度也影响汇率制度选择，主要与一个国家发生贸易的国家通常选择使货币钉住该国货币的价值，而贸易伙伴国分散的国家则不会采用钉住汇率制。

1997年亚洲金融危机爆发后，汇率制度选择问题再度成为国际社会关注的焦点。人们试图为选择合适的汇率制度以减少国际金融体系的脆弱性寻找统一的答案，但最终各国并没有达成一致的意见。目前国际社会比较一致的看法是，既没有适用于所有国家的单一汇率制度，也没有对各国任何时期都适用的一成不变的汇率制度。事实上各国汇率安排既是多种多样的，也是在不断发生变化的。

四、人民币汇率制度的演进

人民币是中华人民共和国的法定货币。1948年12月1日，中国人民银行成立，开始发行人民币。到1950年7月，全国经济秩序逐步恢复，建立了全国统一的财经制度，人民币开始实行全国统一的汇价，由中国人民银行总行对外公布。1979年3月13日，国务院批准设立国家外汇管理总局，从1982年8月改为中国人民银行下属的国家外汇管理局，负责统一管理国家外汇，公布人民币汇价。自1949年至今，人民币汇率制度经历了从官定汇率到市场决定，从固定汇率制到有管理的浮动汇率制的演变。

（一）计划经济时期的人民币汇率制度（1949—1978年）

1949年1月18日，中国人民银行开始在天津公布人民币汇率。之后上海、广州在中央统一管理下以天津汇率为标准，根据当地物价状况，结合国家政策公布各自的汇率。由于当时各地物价水平不一致，地区间的汇率存在差异。随着全国经济的恢复和财经的统一，各地区的物价趋于一致，于1950年7月8日起全国实行统一的人民币汇率。

1953年我国进入计划经济时期，人民币汇率作为计划核算的工具，要求相对稳定。在当时以美元为中心的国际体系下，我国基本维持纸币流通下的固定汇率制。当时为反对美国对我国的经济制裁，人民币汇率钉住英镑，只是英镑出现币值变动时才做出顺应调整。1972年6月23日，英镑浮动后，我国改按一篮子货币对人民币汇率计算调整。1973年以布雷顿森林体系为基础的固定汇率制崩溃，各国普遍实行各种形式的浮动汇率制。但由于我国经济长期以来在一种封闭的状况下运行，人民币汇率继续按照自己的方式、在一个较长的历史时期内实行固定汇率安排，一直采取一篮子货币计价方法，用加权平均法计算出人民币对美元的汇率，然后套算出人民币对其他外币的汇率。

（二）转轨经济时期的人民币汇率制度（1979—1993年）

1. 实行贸易内部结算价和对外公布汇率的双重汇率制度

1981—1984年，为解决人民币汇率水平相对非贸易外汇价格偏低，而对于贸易外汇价格偏高的问题，人民币官方汇率实行了贸易内部结算价和非贸易公开牌价的双重汇率制度，进出口和非贸易外汇收支分别采取不同的汇价结算。1981年，贸易外汇内部结算价是按当时全国出口商品平均换汇成本加10%利润计算，定为1美元折合2.8元人民币，适用于进出口贸易的结算，同时继续公布官方汇率，沿用原来的一篮子货币计算和调整，用于非贸易外汇的结算。两个汇率对鼓励出口和照顾非贸易利益起到了一定作用，但在使用范围上出现了混乱，给外汇核算和外汇管理带来不少复杂的问题。1985年1月1日取消内部结算价，重新实行单一汇率，汇率为1美元折合2.8元人民币。这是人民币汇率的第一次并轨。

2. 根据国内外物价变化调整官方汇率

为了使人民币汇率同物价的变化相适应，起到调节国际收支的作用，1985—1990年，我国根据国内物价的变化，多次大幅度调整汇率。从1985年1月1日的1美元折合2.8元人民币，逐步调整至1990年11月17日的1美元折合5.22元人民币。这几年人民币汇率的下调主要是依据全国出口平均换汇成本的变化，汇率的下调滞后于国内物价的上涨。

3. 实行官方汇率和外汇调剂市场汇率并存的汇率制度

为配合对外贸易，推行承包制，取消财政补贴，从1980年起各地开始陆续实行外汇调剂制度，设立外汇调剂中心，开办外汇调剂公开市场业务，外汇调剂量逐步增加，形成了官方汇率和调剂市场汇率并存的局面。

从1991年4月9日起，对官方汇率的调整由以前大幅度、一次性调整的方式转为逐步微调的方式，即实行有管理的浮动。至1993年年底调至1美元折合5.8元人民币，比1990年11月17日下调了9%。同时，放开外汇调剂市场汇率，让其随市场供求状况浮动。但由于外汇调剂市场按行政区划设置，外汇资源缺乏横向交流，因而各地调剂价格不尽相同。

（三）社会主义市场经济时期的人民币汇率制度（自1994年汇率并轨至今）

1993年《中国人民银行关于进一步改革外汇管理体制的公告》宣布，我国从1994年元旦起实行以市场供求为基础的、单一的、有管理的浮动汇率制。此后人民币官方汇率与（外汇调剂）市场汇率并轨，实行银行结售汇，建立全国统一的银行间外汇市场，实行以市场供求为基础的单一汇率。这是人民币汇率的第二次并轨。这次汇率制度改革将所有外汇供求关系都纳入了市场轨道，人民币汇率基本上由市场供求决定，中国人民银行根据前一工作日银行间外汇交易市场形成的价格，每天公布人民币对美元的中间价，并参照国际外汇市场变化，同时公布人民币对其他主要外币的汇率。该汇率是当天外汇指定银行之间及外汇指定银行与客户之间进行外汇与人民币买卖的基准汇率。外汇指定银行之间买卖外汇的汇价可在交易基准汇率上下0.3%的幅度内浮动；外汇指定银行与客户之间的外汇买卖可在交易基准利率上下0.25%的幅度内浮动。中国人民银行同时通过中央银行外汇公开市场操作，对人民币汇率实施有管理浮动。

2005年7月21日，我国进一步推进汇率形成机制改革，开始实行以市场供求为基础、参考一篮子货币进行调节、有管理的浮动汇率制。这次汇率机制改革的主要内容包括三个方面：

一是汇率调控的方式。实行以市场供求为基础、参考一篮子货币进行调节、有管理的浮动汇率制。人民币汇率不再钉住单一美元，而是参照一篮子货币、根据市场供求关系进行浮动。这里的一篮子货币是指按照我国对外经济发展的实际情况，选择若干种主要货币，赋予相应的权重，组成一个货币篮子。同时，根据国内外经济金融形势，以市场供求为基础，参考一篮子货币计算人民币多边汇率指数的变化，对人民币汇率进行管理和调节，维护人民币汇率在合理均衡水平上的基本稳定。篮子内的货币构成将综合考虑在我国对外贸易、外债、外商直接投资等对外经贸活动中占较大比重的主要国家、地区及其货币。参考一篮子货币表明外币之间的汇率变化会影响人民币汇率，但参考一篮子货币不等于钉住一篮子货币，它还需要将市场供求关系作为另一个重要依据，据此形成有管理的浮动汇率。这将有利于增加汇率弹性，抑制单边投机，维护多边汇率。

二是中间价的确定和日浮动区间。中国人民银行于每个工作日闭市后公布当日银行间外汇市场美元等交易货币对人民币汇率的收盘价，作为下一个工作日该货币对人民币交易的中间价格。现阶段，每日银行间外汇市场美元对人民币的交易价仍在中国人民银行公布的美元交易中间价上下0.3%的幅度内浮动，非美元货币对人民币的交易价在中国人民银行公布的该货币交易中间价3%的幅度内浮动。

三是起始汇率的调整。2005年7月21日19时，美元对人民币交易价格调整为1美元兑8.11元人民币，作为次日银行间外汇市场上外汇指定银行之间交易的中间价，外汇指定银行可自此时起调整对客户的挂牌汇价。这是一次性地小幅升值2%，并不是指人民币汇率第一步调整2%，事后还会有进一步的调整。因为人民币汇率制度改革重在人民币汇率形成机制的改革，而非人民币汇率水平在数量上的增减。这一调整幅度主要是根据我国贸易顺差程度和结构调整的需要来确定的，同时也考虑了国内企业进行结构调整的适应能力。

放弃单一钉住美元，不仅表现为以后的人民币汇率制度更富弹性，而且在于发挥汇率价格的杠杆作用，以便用汇率价格机制来调节国内外市场资源流向，以便达到调控短期宏观经济的目的。人民币汇率以市场供求关系为基础，今后人民币汇率水平的变化完全取决于实体经济的变化，取决于国内经济的发展水平，而不是理论模型的高估或低估，这也预示着人民币汇率水平可能会有向上或向下的浮动。

2015 年 8 月 11 日 9 点 13 分，中国人民银行授权中国外汇交易中心公布的美元对人民币中间价为 6.229 8 元，较前一日下调 1 136 个基点，贬值 1.82%，人民币市场汇率出现 20 多年来最大日内跌幅。随后，中国人民银行宣布为增强人民币兑美元汇率中间价的市场化程度和基准性，决定完善人民币汇率中间价形成机制，自 2015 年 8 月 11 日起，做市商在每日银行间外汇市场开盘前，向中国外汇交易中心提供的报价应主要参考上日银行间外汇市场收盘汇率，综合考虑外汇供求情况以及国际主要货币汇率变化。此次改革一方面注重在机制上加大市场供求对汇率形成的决定性作用，提高中间价的市场化程度；另一方面则顺应市场的力量对人民币汇率适当调整，使汇率向合理均衡水平回归。2015 年 12 月 11 日，中国外汇交易中心发布人民币汇率指数，强调要加大参考一篮子货币的力度，以更好地保持人民币对一篮子货币汇率基本稳定。基于这一原则，目前已经初步形成了“收盘汇率＋一篮子货币汇率变化”的人民币兑美元汇率中间价形成机制。

“8·11”汇改一年以来，人民币兑美元、欧元与日元这三大国际货币均有不同幅度的贬值。2015 年 8 月 10 日至 2016 年 8 月 15 日，人民币兑美元、欧元与日元汇率分别贬值了 9%、10%与 33%。这较好地释放了人民币贬值压力，改善了人民币有效汇率高估的状况。图 3-1 为“8·11”汇改以来美元兑人民币的月平均汇率走势。

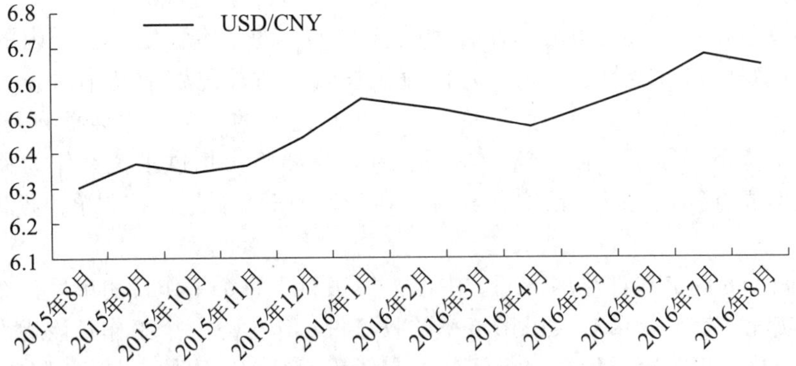

图 3-1　美元兑人民币的月平均汇率趋势图

【本章小结】

1. 外汇有两个主要特征，一是资产性，二是可兑换性。总体而言，外汇是指可自由兑换的，并在国际经济往来中被各国普遍接受和使用的外国货币及其所表示的资产，包括各种支付凭证和信用凭证。

2. 汇率是一国货币相对于另一国货币的价格。有两种标价方法：直接标价法和间接标价法。

3. 按照不同的依据，汇率可分为不同的种类。根据制定汇率的方法不同，可分为基本汇率和套算汇率。按照外汇交易的清算交割时间划分，可分为即期汇率和远期汇率。按外汇交易工具和收付时间划分，可分为电汇汇率、信汇汇率和票汇汇率。按照国家对汇率管制的宽严程度划分，可分为官方汇率和市场汇率。按照是否经过价格调整，可分为名义汇率和实际汇率。有效汇率类似价格指数与各种商品价格的关系，它是一种货币相对于其他多种货币双边汇率的加权平均数。

4. 汇率的决定有多种不同的理论说明，包括国际借贷理论、购买力平价理论、利率平价理论、汇兑心理理论、货币分析理论、金融资产组合分析法、“新闻”分析法、投机泡沫理论、均衡汇率决定理论等。这些理论从不同的角度说明了哪些因素对汇率的形成发挥作用。汇率的变动受国际收支状况、国民收入（或经济增长速度）、通货膨胀状况、国内外利率水平差异、货币当局的干预、市场心理预期等方面的影响，这些决定性要素最终通过影响外汇供求的变化影响汇率。汇率的变动对进出口、资本流动、价格以及资产选择等都会发生作用。

5. 汇率制度的安排主要分为固定汇率制和浮动汇率制。一国汇率制度的安排取决于该国一系列的客观条件，包括国家的结构特征、外部环境、宏观经济发展状况、政治制度等。

6. 自 1949 年至今，人民币汇率制度经历了从官定汇率到市场决定，从固定汇率制到有管理的浮动汇率制的演变。1994 年元旦实行以市场供求为基础的、单一的、有管理的浮动汇率制，我国自此实行有管理的浮动汇率制。2005 年 7 月 21 日，我国进一步推进汇率形成机制改革，开始实行以市场供求为基础、参考一篮子货币进行调节、有管理的浮动汇率制。2015 年 8 月 11 日，央行发布声明，决定完善人民币兑美元汇率中间价报价，核心是做市商在每日银行间外汇市场开盘前，向中国外汇交易中心提供的报价应主要参考上一日银行间外汇市场收盘汇率。

【关键概念】

外汇	外汇管理	汇率	直接标价法	间接标价法
有效汇率	购买力平价理论	固定汇率制	浮动汇率制	人民币汇率制度

【综合练习】

（一）单项选择题

1. 以下选项中，不包括在狭义的“外汇”中的是（ ）。

A. 外国银行承兑汇票　　B. 以外币表示的有价证券

C. 存放在国外银行的外币资金　　D. 外币支付凭证

2. 关于汇率标价，正确的是（　）。
A. 直接标价法以一定单位的本国货币作为标准
B. 间接标价法以一定单位的外国货币作为标准
C. 我国人民币汇率采用直接标价法
D. 英、美等大部分国家采用间接标价法
3. 利率平价理论的主要观点正确的是（　）。
A. 汇率受两国货币供应量的制约
B. 汇率综合反映了经济基本面因素
C. 其成立的前提是货币的可自由兑换
D. 汇率的变化等于两国通货膨胀之差
4. 以下选项正确反映了汇率对经济的影响的是（　）。
A. 本国货币贬值会抑制出口减少，增加进口
B. 汇率变动对短期资本流动影响较小
C. 本币贬值能起到抑制物价的作用
D. 本国综合国力增强，本币具有升值趋势
5. 我国目前实行的汇率制度是（　）。
A. 浮动汇率制　　B. 固定汇率制
C. 货币局制度　　D. 有管理的浮动汇率制

(二) 多项选择题

1. 下列关于外汇、汇率的说法正确的是（　）。
A. 外汇具有资产性
B. 外汇具有可兑换性
C. 实际汇率是名义汇率与通货膨胀率之差
D. 远期汇率是对即期汇率的未来预测
E. 一般来说，电汇汇率高于信汇汇率和票汇汇率
2. 按照外汇交易方式，汇率可以分为（　）。
A. 电汇汇率　　B. 名义汇率　　C. 实际汇率
D. 票汇汇率　　E. 信汇汇率
3. 影响汇率变动的主要因素有（　）。
A. 国民收入　　B. 国际收支状况　　C. 通货膨胀状况
D. 国内外利率水平差异　　E. 货币当局的干预
4. 相对购买力平价理论认为（　）。
A. 开放经济条件下不同国家可贸易商品遵循“一价定律”
B. 开放经济条件下不可能所有商品都遵循“一价定律”
C. 某一时点两国汇率取决于两国物价总水平之比
D. 汇率由一定时期两国通货膨胀率差异决定
E. 汇率决定的基础是两国货币购买力之比
5. 通过本币贬值影响进出口需要具备的条件是（　）。
A. 出口商品需求弹性高　　B. 进口商品为非必需品

C. 进口商品为必需品　　　　　　　D. 国内总供给能力强

E. 国内具有闲置资源

（三）思考题

1. 外汇包括哪些种类？如何区别外汇的两种标价方法？
2. 汇率有哪些类型？如何界定各种汇率的含义？
3. 简述汇率决定的主要理论，并在此基础上分析影响汇率变动的因素。
4. 汇率对一国经济的哪些方面发挥作用？如何理解？
5. 比较固定汇率制和浮动汇率制，分析如何选择汇率制度。
6. 在说明人民币汇率制度历史演进的基础上，谈谈你对人民币汇率制度改革的思考。

参考文献

1. 弗雷德里克·米什金．货币金融学．北京：中国人民大学出版社，1998.
2. 黄达．金融学（第二版）．北京：中国人民大学出版社，2009.
3. 姜波克．国际金融．北京：高等教育出版社，2004.
4. 劳伦斯·S. 里特，威廉·L. 西尔伯，格雷戈里·F. 尤德尔．货币银行学（第10版·影印版）．北京：高等教育出版社，2002.

第四章

现代金融体系：金融市场、工具与机构

［导读与学习提示］

从本章开始到第八章力图从微观视角说明金融体系的运行。本章主要介绍金融体系的基本原理，试图搭建金融体系的基本框架。金融市场、金融工具、金融机构彼此融合又各有独立性，在不同的社会条件、经济背景下共同形成各有特点的金融体系，同时又在一定的金融体系框架下运作、创新和发展。掌握金融体系建立和运行的原理、了解金融体系的主要构成、认识金融体系的功能，对于将来不断深入地学习金融学十分重要。以下问题将有助于本章的学习。

1. 如何理解储蓄—投资转化关系？其中，金融体系所扮演的角色是什么？
2. 究竟如何界定金融体系？其主要的特点与构成是什么？
3. 金融体系能为我们做什么？金融体系的功能是否一成不变？
4. 如何认识金融市场？不同的角度说明了什么？
5. 如何认识金融机构？不同类型的金融机构发挥的作用有何不同？
6. 如何看待金融工具？金融工具如何将市场与机构联系起来？
7. 思辨金融市场与金融机构的关系。

第一节　金融体系的重要性

一般而言，在健康有活力的经济中都存在一个完善的、有效率的金融体系，这样的体系是促进储蓄—投资转化和经济增长的必要条件，同时，有活力的经济也会刺激金融体系的扩展。金融体系的建立与发展有其必然性。

一、储蓄—投资转化动因与实质

为更直观地反映问题，以二元部门经济进行分析。在简单的二元经济模式分析中，只有家庭部门和企业部门之间存在经济交往，并假设：家庭部门向企业提供劳务，企业支付货币用以购买劳务，形成家庭部门的货币收入；家庭部门用所取得的货币收入购买企业提供的产品，形成家庭部门的消费支出。由此，社会经济进入一种平稳运行态势。两部门之间的经济交往如图 4-1 所示。

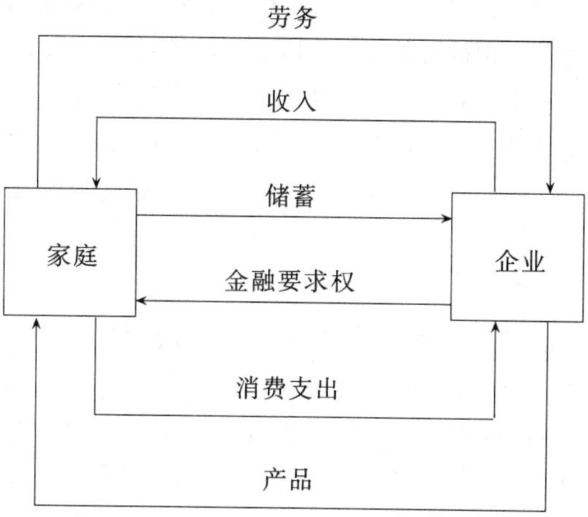

图 4-1　两部门之间的经济交往图

上述经济关系并非能够持续处于平衡状态。就企业而言，企业需要通过增加投资以扩大再生产，但依靠自身积累（即未分配利润，内源融资）进行未来投资，会抑制当前支出，也会因投资所需资金数量过大，仅仅依靠自身力量难以满足扩大再生产需求。在这种形势下，企业会考虑借助外部资金力量（外源融资）来实现投资。于是，企业作为赤字部门产生了融资需求。

就家庭部门而言，则恰恰会有资金的盈余。一些家庭除了扩大消费，还出于某种特殊的考虑，如将来退休养老、子女未来教育、规避通货膨胀下通货贬值的风险等，因而不会把当期收入全部消费掉，而是形成家庭部门的储蓄，但是储蓄并不意味着“窖藏”，不能成为闲置资金。一般情况下，家庭部门希望通过特定渠道把储蓄运用出去，来投资获利。于是，家庭部门作为盈余部门，产生了把剩余的货币收入贷放出去的需求。当资金从资金盈余部门流入资金赤字部门时，经济则会继续深入发展，社会福利会有进一步改善。如图 4-1 所示，储蓄—投资转化的动因是企业的融资需求与家庭的投资需求。

事实上，经济运行中的家庭部门、企业部门、政府部门都会形成一定的储蓄。比如，获得利润而且超过新增投资的企业就是资金的盈余部门，这些部门的储蓄共同构成一个国家的社会总储蓄，都可以成为投资的来源。而同时，个人、企业、政府部门又都会产生一定的融资需求，比如，除了企业有借入资金的需求，那些希望购买房屋的家庭也会因资金方面的赤字需要增加资金投入。但是在经济学简单模型的分析中，个人和家庭部门通常被视为当前的盈余部门，在社会融资中充当最终贷款人；而企业通常被视为当前的赤字部门，在社会融资中充当最终借款人。

由以上分析可以得出，储蓄—投资转化的表象是把一个部门的不同期限不同数量的储蓄转移到另一个部门形成投资的过程，但这个转化过程的实质是实现社会资源的重新配置以及资源的高效使用，即将资源以最低成本转移到使用者手中，或是用于更好的经济用途，最终促进经济发展。

二、储蓄—投资转化的内在障碍

作为最终贷款人的家庭部门和作为最终借款人的企业部门之间的融资交易一般有两种渠道：一是个体借贷双方直接谈判实现借贷；二是借贷双方间接地通过有组织的金融体系来完成。不同的渠道完成借贷的效果不同。

个体借贷双方通过直接谈判来完成金融交易是指资金直接从某一个体贷款人向某一个体借款人方向转移。这里假设不存在有组织的金融市场和金融机构条件。直接谈判进行融资时，过于个体化、分散化和随机性，是一种较为原始的选择。在这种融资过程中会存在一些障碍。

（一）融资存在交易成本

个体借贷者直接谈判完成融资交易过程复杂，需要付出一定的搜索、筛选等成本，从而形成了融资交易成本。融资交易成本是指融资交易的完成所需要付出的代价，既包括借贷双方搜寻与匹配的难易程度、对资金商品的定价（即利率）、交易过程中的费用和时间的付出，也包含完成该交易所造成的机会成本等。资金产品的定价极为重要，如果贷款人资金贷放的期限相对较短、数量有限，与借款人对资金的数量、期限要求难以一致，融资交易的单位成本就会比较高，资金供应比较紧张。这样的融资基础使高利贷极易产生，当高利贷利率超过社会生产的平均利润率时，借款人的资金需求就会受到抑制，融资交易受阻。只有当借款人的资金需求能够以合理的利率得到满足时，社会融资活动才能够顺畅地进行下去。融资交易中的费用成本是指在交易的调查、谈判、签约等环节形成的费用和时间的支出成本。就贷款人而言，如果一笔投资或贷款所带来的收入在扣除相关交易成本后得不到足够的盈利收益，投资者就要取消这笔交易，终止向他人融资。而就借款人而言，交易成本同样影响其做出融资决策，除了资金商品价格（利率）的高低因素外，借款人同样也会关注其他费用支出成本。

（二）融资活动中存在融资风险

在融资中会有许多不确定性因素影响融资的顺利完成。首先，比如借款人到期不偿还债务、市场利率发生变动、通货膨胀、开放经济下的汇率变动因素等都会影响融资过程。其次，个体借贷者之间金融活动载体自身的局限性也会影响融资过程。比如，借款人发行的债务凭证是借贷双方直接谈判的结果，容易发生争执，也可能很难出售给第三方，贷款人持有这种债权凭证的流动性受到限制。最后，由于融资过程并不是经济中的孤立活动，而是与其他经济活动，甚至与政治局势密切相关，因而融资过程还可能受到很多非经济因素的影响。上述因素所带来的风险一旦发生，就会给投资者带来不同程度的损失。因而，风险的存在以及能否将风险控制在尽可能低的水平影响了人们对预期收益的判断，甚至降低了未来收益预期。在确定性结果和不确定性结果中，人们更愿意选择前者，因而人们会更多持观望的态度，对投资裹足不前，储蓄向投资转化难以顺利实现。

（三）信息不对称的普遍存在

借款人还要面对不对称信息所带来的逆向选择和道德风险问题，因为借款人有很多关于借贷资金所支持的投资项目潜在回报和潜在风险的信息，而贷款人并不十分知晓，为保证融资的顺利进行及日后安全回收本息，贷款人必须进行项目评估及监督贷款使用。此外，任何严格的信息披露法规和先进的信息传递组织与技术都不可能保证给市场提供真实的、完整的信息。即便是真实的信息，买卖双方也仍然在获取时间和获取内容上存在着不对称。买卖双方不能处于同等的决策地位，贷款人要么放弃贷款，退出融资活动，要么为防止和降低风险付出较高的信息成本，融资受到阻碍。

三、储蓄—投资转化需要有组织地进行

供需之间期限及数量的不匹配、交易成本、不对称信息以及流动性等源于融资内在障碍引发的问题，严重阻碍着借贷双方资金借贷的顺利完成。因此客观上需要通过一个恰当的通道来最有效地配置资源。金融市场和金融机构的产生在一定程度上克服了上述融资障碍。金融市场和金融机构是从不同的角度发挥各种金融服务功能的，构建一个有组织的金融体系显得十分重要。由于一定的工具与相应的市场对应，工具、市场又与创造金融工具的组织密切相连。在金融活动的不断演进中，有组织的金融市场体系迅速构建起来。

第二节　有组织的金融体系框架

金融体系是指在促进资源配置过程中发挥作用的一系列组织机制，包括金融市场、金融工具、金融机构，以及维护和规范各组成部分的活动并发挥支持性作用的管理机构、规章制度。有组织的金融市场体系将极大地推动投融资双方资金借贷的顺利实现。

一、有组织的金融体系框架

有组织的金融体系框架见图 4－2。

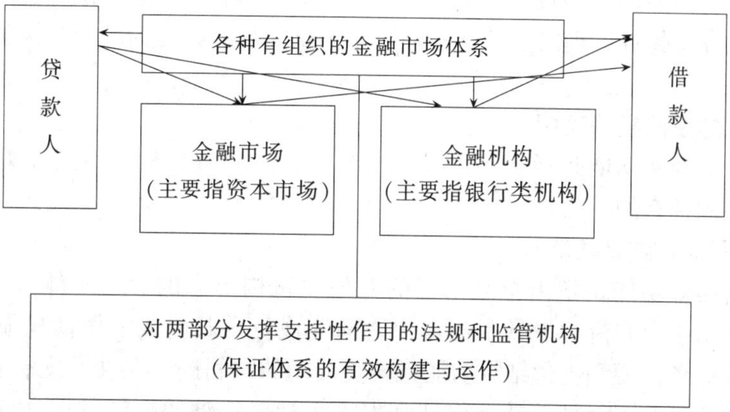

图 4－2　有组织的金融体系框架

二、有组织的金融体系框架的基本内容

（一）确定的交易场所或交易系统

确定的交易场所或交易系统是有组织的金融市场体系的重要组成部分。确定的交易场所能够发挥类似商品集散地的功能，会吸引众多投融资者，并根据借款人和贷款人对融资的不同要求和融资的条件，形成不同的交易区域，为交易者提供某种特定的金融交易场所。确定的交易系统口径更宽泛，包括除有形的交易场所以外无形交易市场的所有有组织的交易系统。在信息技术广泛应用的当代，通过无形交易系统组织交易已成为大多数交易者的选择。

（二）明确的交易载体和交易价格

在相应的金融市场内，会有组织地发行可交易的金融工具。一方面这些金融工具以书面法律文件形式存在，受到法律的约束和保护，可避免因融资载体自身不足而造成的融资补偿问题。另一方面，这些金融工具公开发行和销售，可以灵活转让，可以满足不同融资规模的需求，从而使最终借贷者克服了在期限、数量方面存在的障碍。此外，金融工具通过合理的价格机制，确定适当价格（即利率），从而既保证了资金借贷交易的统一性，又保证了交易的规范性，便于维护金融交易的秩序。

（三）多元化的金融机构组织

金融工具的存在直接为资金借贷交易提供了载体，但这一载体并非凭空而生，是由一定的金融机构直接创造出来或辅助创造出来的。在有组织的金融市场体系中，在相应的金融市场内部，存在许多类型的金融机构，其中有些金融机构提供辅助金融服务，帮助企业通过股权凭证和债权凭证的发行和销售，直接向社会储蓄部门进行筹资；有些金融机构则直接承载资金转移，先发行某种类型的间接融资证券，吸收储蓄部门的剩余资金，而后再将资金运用到需要投资的部门，帮助企业间接完成向储蓄部门的融资。无论是哪一种类型的金融机构，通过各自的专业化运作和规模化经营，都直接或间接充当了资金剩余单位与资金短缺单位之间资金交易的中介载体。

（四）规范交易的各项金融法规

在金融交易中，各微观主体的利益不同，交易的出发点和选择的交易手段会有不同，从而使交易过程所面临的风险及其产生的危害程度也有不同。因而在有组织的金融市场中，除强调交易主体的自律性，也会为各种金融交易制定一些规则，比如各种对金融交易进行规范性和支持性管理的规定；各种防止金融交易欺诈行为的专门性法规建设。

三、金融体系的经济功能

金融体系的经济功能是指金融市场相关机制，如金融机构、不同种类的市场、各种金融工具所共同拥有的功能。

（一）便利支付结算功能

便利支付结算功能是指由金融市场的专门化机构形态的参与主体（主要是指银行）通过一定的技术手段和流程设计，为客户之间完成货币收付或清偿债权债务关系提供转移货币资金的服务。便利支付结算功能为融资活动的顺利进行提供了技术手段上的支持。

金融中介的便利支付结算功能保证和促进了社会经济的顺畅进行，具体表现在三个方面：

1. 促使债权债务关系得以清偿

在经济运行中，社会分工深化发展，社会各部门，诸如个人与家庭、企业单位、政府，既是生产者，又是消费者，因而各部门之间存在着不可分割的联系，这种联系的最基本表现就是“钱货两讫”的货币结算以及各种债权或所有权的转移。在货币结算以及债权或所有权的转移过程中，金融中介通过提供必要的支付技术手段，保证了货币资金在国民经济各部门、各单位及个人之间的顺利移动，并承担了经济运行中巨额资金支付交割以及最终顺利流转的重任，使经济活动中的信用链条得到维系。支付结算和清算已成为维系现代信用经济正常运行必不可少的金融安排。

2. 促使经济运行效率得以提高

经济运行效率主要是指经济运行的能力与效果，受到多种因素的影响与制约。除体制因素、政策因素、法制因素外，金融中介的支付效率也是制约经济运行效率的重要方面。支付效率的变化主要反映在金融中介提高结算服务技术水平的过程中，如改进支付结算方式、提高支付结算技术与结算速度、控制单位支付成本等。随着金融中介提供支付结算的能力和服务质量的改善，支付结算更加便利，货币资金移动的速度更加快捷，债权债务清偿所消耗的结算时间越来越短，最终使整个交易完成的周期相应缩短，经济运行速度相对提高。而经济运行效率的提高，会进一步促进金融中介完善支付结算服务，提高效率。

3. 促使经济安全和社会安定得到保障

支付结算需要对一系列支付指令进行传输与处理，并经过若干环节才能完成资金转移和交割。支付中的每一个环节都可能受到不确定性因素的影响，尤其是在现代支付体系高度电子化发展的情况下，任何技术或人为的问题都会引起金融机构的支付障碍。一旦支付系统发生重大问题，势必危及金融及经济安全。因此，金融中介的支付结算能力、效率以及支付系统运行的安全对经济运行安全和社会安定都至关重要，各国普遍将支付结算和清算的安全、平稳运作置于影响经济与金融稳定的高度。

（二）实现数量和期限转换功能

数量和期限转换功能是指金融市场在解决融资中期限和数量上的不匹配所发挥的功能，即通常所说的“积少成多，续短为长”。这种转换功能发挥的程度会因金融机构的业务专门化范围或者市场融资规模的限制而有所不同。

（三）降低交易成本功能

降低交易成本功能是指金融市场通过一定规模的交易，使单位交易成本下降，这个功能是前述两个功能的深化。资本市场及金融机构通过集聚各种期限和规模的资金，在达到一定规模的基础上，不但资金供应能力迅速增大，资金的价格也随之降低到资本所能获得的平均利润水平之下，使得借款人的资金需求能够得到满足。

（四）分散和转移风险功能

分散和转移风险功能是指金融市场对投融资过程中的风险进行分散、转移的功能。在投融资活动中会受到一些不确定性因素的影响，这些不确定性因素与其他经济活动，甚至与政治局势密切相关，可能带来损失，即在投融资过程中存在金融风险。随着虚拟经济快速发展，金融资本日益脱离实体经济运行，同时，经济、金融全球化的迅速发展也使大量游资在国家间自由流动，进行投机活动，金融风险较以往进一步升级。在这样的背景之下，一方面，金融中介组织需要对融资中各种内生和外源性风险进行分散和转移。另一方面，投资者产生了从套利角度对风险的追求，需要金融中介提供更深入的服务。风险是一种损失出现的可能性，但是风险并不意味着结果就一定比预计的要差。因此，对风险进行转移和分散可能会对交易双方都产生好处。随着投资者投资偏好的变化，有些愿意冒风险的投资者试图尝试一些风险大但收益高的活动。投资者从套利角度对风险的追求，成为最近20年金融中介演进发展的一个主要动力，并促使资本市场和金融中介在经营中越来越多地引入管理风险的内容。

（五）改善金融服务功能

改善金融服务功能具体表现为：

1. 改善信息不对称功能

改善信息不对称功能是指金融市场相关机制凭借其及时搜集、获取比较真实完整信息的能力，能够选择合适的借款人和投资项目，并进行专业化监控的功能。投资活动的顺利进行需要提供与交易有关的真实的、完整的信息，这样借贷双方才能做出正确决策。事实上，在复杂的经济活动中常常难以做到这一点，因为任何严格的信息披露法规和先进的信息传递组织与技术都不可能保证给市场提供真实的、完整的信息。即便是真实的信息，买卖双方也仍然在获取时间和获取内容上存在着不对称，从而使买卖双方不能处于同等的决策地位，并在交易前后做出不同的选择。

比如在交易前，对于一笔贷款的潜在收益和风险，借者要比贷者清楚，并且在申请贷款时表现得非常积极。而贷款人极可能根据有限的信息，把贷款发放给那些借款特别积极但信用风险很高的借款人，从而产生逆向选择问题。逆向选择会增加贷款不能收回的可能性。在交易之后，借款人不按申请时的承诺使用资金而从事高风险的投机活动，从而产生道德风险问题。借款人的道德风险加大了贷款难以归还的可能性。面对借款人极有可能发生的道德风险，资金盈余者很可能选择不参与投融资活动。由此，不对称信息、不真实信息会影响市场的有效运作，资金盈余者要么放弃贷款，退出投融资活动，要么为贷款付出较高的信息成本，减少风险。当融资市场中有了相当于二手车市场中交易商的金融中介机构时，情况就大不一样。由于金融中介所处的位置特殊（既是债务人又是债权人，既是筹资人又是投资人），为保证债务、债权关系以及其他与资金融通有关的契约关系顺利建立和清偿，必须对资金供应者和需求者的信息有充分的了解和必要的监督。①

2. 降低参与成本功能

降低参与成本功能是指资本市场和金融机构通过开展更易于理解和接受的产品及服务，减少投资者参与金融市场活动所投入的时间和精力。在20世纪80年代，金融创新进入到更为深入发展时期，产生了许多新型的投资工具。个体投资者获得了更多参与直接投资、参与金融市场活动的空间和机会，储蓄资金向投资的转化有了更通畅的渠道。同时，随着经济、金融发展环境的变化，也使投资者对风险和收益的关系有了更深刻的认识，开始有意识地参与到金融活动中来。但是在个体投资者更多地参与直接投资的过程

① 有关信息不对称的论述可以追溯到乔治·阿克洛夫（George Akerlof，1970）对“次品车市场”的不确定性及市场机制的经典理论研究，并在其后的金融问题研究中被普遍采用。

中存在着一定的参与成本，即投资者为参与金融市场活动所投入的时间和精力。这种付出的精力和投入的时间在储蓄者已经拥有一份比较满意的工作和比较满意的薪酬的情况下，价值大大提升。如果这些投资者在参与市场融资中投入过多的精力，必然会对其正常工作安排产生一些影响。金融机构为了更有效地使个人投资者与不断发展的金融市场之间建立起联系，创新出了更易于理解和接受的产品及服务，而且多数产品（如各种衍生金融工具）是由金融机构代表其客户来进行交易。比如，具有专家理财特色的基金管理公司就十分突出地发挥了降低参与成本功能。

专栏 4-1

博迪和默顿的功能观简介

“金融机构功能观”是西方理论研究领域在对金融中介存在的合理性和必然性进行分析时所采用的主要方法，相对于“金融中介机构观”而言，“金融机构功能观”是美国哈佛大学商学院的罗伯特·默顿（Robert C. Merton）教授和波士顿大学的兹维·博迪（Zvi Bodie）教授在 20 世纪 90 年代初期（Merton，1989，1993；Merton and Bodie，1995）共同提出并积极倡导的。

“机构观”主要分析观察一些特定种类的金融机构组织，如银行、保险公司、养老基金，然后为这些机构组织设计出规章制度。由于随着技术的更新和其他因素的变化，这些机构组织会发生变化，金融体系的有效性和稳定性都会受到影响，因而“机构观”分析方法存在一定缺陷。

而“功能观”则首先考察金融体系究竟需要行使哪些经济功能，然后再去寻求最佳的、能够承担这些功能的金融中介机构。“功能观”分析问题的两个基本前提是：(1) 金融功能比金融机构稳定，即金融功能在不同时期、不同地域、不同的历史和文化以及不同的技术等因素上变化较小；(2) 竞争将导致各种金融机构的市场结构发生变化，并向更有效运行的金融体系演进。由于功能的恒久不变，“功能观”的分析方法被认为是一种“考察世界金融体系的正确方法”。

对于金融市场拥有的功能，有多家之言，其中比较有影响而且经常被引用的是兹维·博迪和罗伯特·默顿针对金融体系提出的六大功能。这六大功能是：(1) 进行跨时间、跨空间、跨行业的资源转移；(2) 提供管理风险的手段；(3) 提供结算和清算手段，为商品交易、服务交易和资产交易提供便利；(4) 提供集合资源并向企业分配资源的机制，促进贸易发展；(5) 提供价格信息，使企业能够自行决策并对价格信号做出合理反应；(6) 提供解决激励问题的方法，解决信息不对称和委托代理问题。基于上述六大功能，博迪和默顿认为，在金融中介组织的竞争发展中，谁能更充分发挥上述作用，谁将更容易生存和发展。基于“金融机构功能观”的分析，默顿和博迪提出“银行将被替代”论。

默顿和博迪所倡导的“功能观”是一种具有广泛影响力的分析方法，但其对金融中介存在与发展的某些观点需要进行更深入和广泛的探讨。他们所提出的银行消亡论，更适用于那些经营传统存款和贷款业务的银行，而对于在实践中不断调整自身业务以保持持久发展的多数银行来说，却并不一定适用。

第三节　金融市场与金融机构

一般而言，在健康有活力的经济中都存在一个完善的、有效率的金融体系，这样的体系是经济增长的必要条件，同时，有活力的经济也会刺激金融体系的扩展。可以说，各种经济主体形成的复杂的金融服务需求正是金融体系中多类型金融机构和多层次金融市场发展的推动力。因此，对金融机构与金融市场的充分认知是理解金融体系运作的基础。

就金融体系整体而言，金融市场是各种经济主体进行金融交易的场所。在这个场所中，各种金融机构通过从事两方面基本活动推动融资：一方面创造各种金融工具以便利金融交易；另一方面又参与金融工具的买卖实现其自身作为独立经济实体对利益的追求。同时在这个场所中，银行融资与资本市场融资（股票融资）又是相互关联的。

一、金融市场简述

概括而言，金融市场是各种经济主体进行金融交易的场所，即盈余部门与赤字部门互相接触，进行各种金融工具交易（各种票据和有价证券买卖），实现短期货币和中长期资本借贷。不同的融资需求和条件形成不同的交易区域（即不同的交易场所），并有相应的工具对应。而且金融工具的种类、性质、数量反映出经济运行中盈余部门和赤字部门之间以及金融机构和非金融机构之间错综复杂的关系。

（一）金融市场的参与者

1. 非金融企业

非金融企业是金融市场运行的微观基础，是金融市场上最大的资金需求者，同时也为市场提供巨额、连续不断的资金。现代企业的重要特征是其投资主体的多元化，归根结底是资本汇集的一种形式。而资本汇集的过程必须通过金融市场实现。

2. 政府部门

政府部门是一国金融市场上主要的资金需求者。在货币市场上，政府通过发行国库券借入短期资金。在资本市场上，各国政府主要利用发行国债满足中长期资金需求。政府除了是金融市场上的资金需求者和交易的主体，还是重要的监管者和调节者，因而在金融市场上的身份是双重的。政府对金融市场的监管主要是授权给监管机构，并经常向金融市场施加影响。

3. 金融机构

在金融市场上，金融机构的作用是极其特殊的。首先，金融机构是金融市场上最重要的中介机构，是储蓄转化为投资的传递者和导向者。其次，金融机构还是金融市场上资金的供给者和需求者。金融机构筹集资金的直接目的是为了向市场供应资金，但有时也有以自营为特征的投资活动。这就需要在金融市场上直接发行证券，以资金需求者的面目出现。在发达的金融市场中，对金融市场的影响一般也是通过金融机构传递的。

4. 居民和家庭

居民和家庭是金融市场上重要的资金供给者，是金融工具的主要认购者和投资者。

家庭部门因其收入的多元化和分散性特点，使其投资者和资金供给者的身份具有一贯性。家庭部门正是因为投资的分散性和多样性特征，使金融市场具有广泛的参与性和聚集长期资金的功能。

除市场参与者，金融工具、金融工具价格和金融交易的组织方式也是金融市场不可或缺的构成要素。其中，不同的金融工具具有不同的特点，能分别满足资金供需双方在数量、期限和条件等方面的不同需要，在不同的市场上为不同的交易者服务。金融工具价格确定是金融市场上的核心问题。至于金融交易的组织方式是指组织金融工具交易时采用的方式。金融交易的组织方式主要有交易所方式、柜台交易方式和电讯交易方式等。一个完善的金融市场上这几种组织方式应该是并存的，彼此之间保持一个合理的结构。这些内容会在以下的章节中具体介绍。

（二）金融市场的分类

依据不同的标准。金融市场有不同的分类：

1. 按交易工具的不同期限，分为货币市场和资本市场。这是金融市场最主要的一种分类。专门融通一年以内短期资金的是货币市场，资本市场是指以期限在一年以上的有价证券为交易工具进行中长期资金交易的市场。

2. 按不同的交易标的物，分为票据市场、证券市场（又可分为股票市场、债券市场、基金市场）、衍生工具市场、外汇市场、黄金市场。

3. 按交割期限分为现货市场和期货市场。现货市场的交易协议达成后即可交割。期货市场的交易协议达成后并不立即交割，而是在某一特定时间进行交割。

4. 按地域划分为地方性、全国性、区域性以及国际性金融市场。

（三）金融市场的交易方式

1. 现货交易

现货交易，即一手交钱，一手交货。在现货交易中，卖方将证券交付买方，同时买方将现金或支票交付卖方，钱货两清。现货交易一般要求在买卖成交后立即进行交割，但在实际交易过程中常常是在成交后的当日或三日内进行交割。

2. 期货交易

与现货交易相对应的是期货交易，期货交易是指证券买卖双方当日成交，而在成交后的某一约定时间进行交割、交割时按交易合约中规定的价格进行。期货交易的主要目的是进行证券价格投机或套期保值。投机者在期货市场上通过对一定时期内期货合约价格变化的预期进行期货交易以获取利润；套期保值者通过金融期货交易减少由于利率和股票价格变动带来的风险。许多拥有大量的股票或债券投资组合的套期保值者在期货市场上利用对冲操作以规避风险；投机者通常反向操作，因此他们大多成为期货交易的另一方。投机者的存在增强了期货市场的流动性。

在期货市场上买进叫“多头”。“多头”是先买进后抛出的投机行为，即预计证券行市待上涨时买进期货，以便在价格上涨时售出而获利。在期货市场上卖出叫“空头”。“空头”是先抛售后买进的投机行为，即预计证券价格将下降，则售出自己并没占有的证券，好在日后能以更低的价格补进，从中获利。利用期货交易进行投机能否获利，取决于对证券行市预期的准确性。

3. 信用交易

信用交易又称保证金交易，是指客户按照法律规定，在买卖证券时只向证券商交付一定的保证金，由证券商提供融资或融券进行交易。客户采用这种方式进行交易时，必须在证券商处开立保证金账户，并存入一定数量的保证金，当其余应付证券或价款不足时，由证券商代垫。信用交易分为融资买进（即买空）和融券卖出（即卖空）两类。

信用交易中无论融资买进或融券卖出，都涉及保证金问题。投资者在以保证金方式买卖证券时支付的保证金比例以及证券商取得证券融资的条件和数量限制，必须由中央银行或证券主管机关规定。不同国家和地区、不同时期对保证金比率的规定有所不同。

信用交易有两种形式，一种是买空，另一种是卖空。所谓买空，是指投资者用借入的资金买入证券。在买空交易中，如果投资者认定某一证券价格将上升，想多买一些该证券但手头资金不足时，可以通过交纳保证金向证券商借入资金买进证券，等待价格涨到一定程度时再卖出以获取价差。由于这一交易方式是投资者以借入资金买进证券，而且要作为抵押物放在经纪人手中，投资者手里既无足够的资金也不持有证券，所以称为买空交易。卖空，是指投资者自己没有证券而向他人借入证券后卖出。在卖空交易中，当投资者认定某种证券价格将下跌时，可以通过缴纳一部分保证金向证券商借入证券卖出，等价格跌到一定程度后再买回同样证券交还借出者，以赚取价差。由于采用这一交易方式的投资者手里没有真正的证券，交易过程是先卖出后买回，因此称为卖空。

4. 期权交易

期权是一种选择权，是期权购买者向期权出售者支付一定费用（通常称期权费）后，取得在规定时期内，以事先确定好的协定价格向期权出售者购买或出售一定数量的证券或期货的权利的一种买卖。期权对于期权合约的购买方来说，只是一种权利，而非一种义务，即不承担必须买进或卖出的义务。所以期权购买方可以在规定时期内行使、转卖或者放弃这种权利。其最大损失只是购买期权的费用。对于期权的卖方来说，由于收取了期权费，则承担了到期或到期前由买方选择的交割履约义务和责任。

期权分为看涨期权（买权）和看跌期权（卖权）。看涨期权赋予其持有者在指定的时期内以指定的价格（称作协议价格或执行价格）购买某种金融工具的权利。也就是说，看涨期权是买进某种金融工具的权利而非义务。如果期权持有者执行期权，看涨期权的卖方在期权持有者执行期权时必须按照期权合约确定的价格提供指定的金融工具，看涨期权赋予其持有者在指定的时期内以指定的价格卖出某种金融工具的权利。与看涨期权一样，看跌期权的持有者也要支付一笔期权费以获得期权，并且有在规定时期内执行期权的权利，而不是义务。期权交易与期货交易一样，都是西方证券市场上流行的证券交易方式，同样具有投机或套期保值的功能。购买期权与购买期货合约之间有两点主要的区别：首先，期权要求在金融工具价格之外支付期权费；其次，期权的持有者在到期日可以选择放弃执行期权。

5. 互换交易

互换交易是指两个或两个以上的参与者之间，或直接、或通过中介机构签订协议，互相或交叉支付一系列本金或利息或本金和利息的交易行为。互换交易产生的理论基础是比较优势理论。互换的功能包括：一是通过互换交易可以在全球各市场之间进行套利，从而一方面降低筹资者的融资成本或提高投资者的资产收益，另一方面促进全球金融市场的一体化。二是通过互换交易可以管理资产负债组合中的利率风险和汇率风险。三是因金融互换属于表外业务，可以逃避外汇管制、利率管制及税收限制。

根据支付内容的不同，金融互换有两种基本形式：利率互换和货币互换。其中，利率互换是只交换利息的金融互换，即协议的当事人之间，就共同的名义本金额，各自依据不同的利率计算指标，并交换一组利息流量。货币互换是交换本金、通常也交换利息的金融互换，即协议的当事人之间在既定的期间内交换不同币别的利息流量，并于期间结束时，依据协议约定的汇率交换本金。此外，互换交易还有其他形式的创新，比如交叉货币利率互换。它是利率互换与货币互换的结合，是一种货币的固定利率交换另一种货币的浮动利率。金融互换形式的创新自其产生之日起一直存在。

二、金融工具简述

金融工具是金融市场上进行交易的载体。金融工具最初又称信用工具，它是证明债权债务关系并据以进行货币资金交易的合法凭证。金融工具是法律契约，交易双方的权利和义务受法律保护。资金供给者通过购买并持有各种金融工具拥有相应金额的债权；资金需求者通过发行或卖出各种金融工具承担着相应金额的债务。

（一）金融工具的特点

一般而言，金融工具具有期限性、流动性、风险性和收益性四个特征。

1. 期限性。期限性是指一般金融工具有规定的偿还期限。金融工具的偿还期有两种极端情况，即零期限和无限期。活期存款的偿还期可看做零期限；而普通股票或永久性债券的偿还期则是无限期。

2. 流动性。流动性是指金融工具在必要时迅速转变为现金而不致遭受损失的能力。金融工具变现越方便、成本越低，流动性也就越强；反之，流动性就越差。一般来说，金融工具的流动性与偿还期成反向变化。但这也不是绝对的，因为在发达的金融市场上，金融工具的盈利率高低也是决定流动性大小的重要因素。一些盈利率高的金融工具，即使偿还期较长，往往也具有很强的流动性。同时，决定金融工具流动性的因素还有发行人的资信程度，如国家发行的债券、信誉卓著的公司签发的商业票据、银行发行的可转让大额定期存单等，其流动性就很强。

3. 风险性。风险性是指购买金融工具的本金和预定收益遭受损失的可能性的大小。

4. 收益性。收益性是指金融工具能够带来价值增值的特性。金融工具的收益有两种形式：一是直接表现为持有金融工具所获得的利息或股息、红利等收入；二是买卖金融工具所获得的差价收入，也称资本利得收入。金融工具收益的大小取决于收益率的高低。收益率是指持有期收益与本金的比率。

（二）金融工具的类型

金融市场上多种多样的金融工具依据不同的标准有不同的分类。较常见的分类有以下几种：一是以期限的长短划分为货币市场的金融工具和资本市场的金融工具。到期日在一年或一年以内的金融工具叫做货币市场工具，一年以上的叫做资本市场工具。二是按融资形式的不同，可将金融工具划分为直接融资工具和间接融资工具。三是以当事人所享权利与所担义务为标准，可将金融工具分为债务凭证和所有权凭证。股票是一种所有权凭证，其他金融工具则属于债务凭证。四是按是否与实际信用活动直接相关，可将金融工具分为基础性（或称原生性）金融工具和衍生性金融工具。

在不同的分类中，基础性金融工具和衍生性金融工具是一种主要的分类。基础性金融工具是指在实际信用活动中出具的能证明债权债务关系或所有权关系的合法凭证，如商业票据、股票、债券以及基金等；而衍生性金融工具则是在基础性金融工具之上派生出来的可交易凭证，通常以双边合约的形式出现，合约的价值取决或衍生于基础性金融工具的价格及其变化。合约规定了持有人的权利或义务，并依照既定义务或权利进行交易，为交易者套期保值奠定了基础。衍生金融工具最基本的有三类，即金融期货、金融期权和金融互换，以此为核心还可以创新出种类繁多的具有相似特质的工具。

（三）金融资产（工具）的选择与组合

金融工具从投资者的角度即为金融资产。投资者在进行投资时会考虑各种金融资产的选择与组合。

1. 金融资产选择

在一定的收入与财富条件下进行资产选择时，应考虑以下因素：一是资产的盈利性，通常可以用收益率来衡量。二是资产的安全性，不同的资产其风险是不同的。只有当投资者期望得到由风险引致的风险溢价补偿时，他们才会考虑购买风险资产。大多数投资者都是风险规避的，在其他条件相同时，宁愿持有风险较小的资产。三是资产的流动性，是指资产变现的难易程度。如果说某一资产的流动性强，说明该资产不需要花费很大的成本就能迅速转化为现金。例如美国国库券就是一种流动性极强的金融资产，只要花费很少的交易费用就可以在二级市场上迅速出售。相比之下，股票就不是流动性很强的资产。虽然股票有活跃的二级市场，但由于股票市场有涨有落，在股市低迷时出售股票会遭受很大的损失。此外，进行资产选择时人们关心的还有交易成本。由于大部分资产的购入和卖出都要按不同的费率支付佣金，因此存在着交易成本。

2. 金融资产组合

金融资产组合理论是关于厌恶风险的理性投资者对最理想的资产组合的选择的理论，假定投资者是风险规避的，即投资者总是希望在既定收益下将风险最小化。在设计资产组合的过程中有两个关键，一是预期收益，二是风险。投资者会在其愿意接受的风险水平下寻求预期收益最大化的资产组合。

进行多样化的投资组合的目的是通过将收益率非完全相关的多种资产组合在一起减少组合风险。一般来讲，资产之间收益率的相关性越低，多样化降低风险的作用越强，无论单个资产的风险有多大都是如此。理论上，如果能找到足够多彼此收益不相关的资产，就能完全消除组合风险，但在金融市场中实际并非如此。例如，大部分美国股票组合在 1987 年 10 月 19 日大幅单边下跌，这时美国股市下降了 23 个百分点。虽然一些股票组合的价值在这天下降不到 23 个百分点，但事实上所有股票都遭到了重创，这时投资组合多样化不能作为抵御市场风险的屏障。因此，尽管组合风险可以通过多样化极大地降低，却不能完全消除。

三、金融机构简述

（一）金融机构的含义与功能

金融机构是指在金融体系中，承担资金从储蓄者向借款人转移的基本组织。由于金融机构并非资金的最终使用者，而是通过充当中间借款人和中间贷款人进行资金供需部门之间的资金融通，因此，金融机构被形象地称为“金融中介机构”，简称金融中介。从传统角度看，金融机构一般是指直接承载资金从储蓄者向借款人转移的金融组织，即那些从事纯粹的金融活动的机构①，如商业银行、保险公司、养老基金等（其中，人们关注最多的是商业银行）。事实上，金融机构概念的内涵一直处于不断地深化和丰富之中，已非原来所包含的内容。

金融机构的基本功能是满足经济发展中的投融资需求和服务性需求，其发展不能脱离经济社会的需要，必须与经济社会的发展相适应。自金融机构产生至今，有一个功能不断完善的过程。最初产生的是简单发挥类似经纪人（brokers）作用的中间人；其后成为先买进贷款人直接融资证券、再转手卖给有需求的借款人，发挥类似经销商（dealers）作用的中间人；最终形成功能相对完善的发挥类似制造商（factory）作用的中间人——金融中介组织。这类组织与前两者的角色的不同之处在于，如同工厂制造产品一样，先购买原材料（即以某种方式吸收资金），再根据自身对市场的把握制造出各种金融产品，对贷款人提供有如量体裁衣的个性化服务。

金融中介与各种金融市场之间是一种不可分割、互相促进的关系，各种金融机构通过从事两方面基本活动推动融资：一方面创造各种金融工具以便利金融交易，另一方面又参与金融工具的买卖实现其自身作为独立经济实体对利益的追求。正是因为有金融中介参与市场交易、为市场融资提供服务、创新工具，市场的融资运作才有可能顺利进行和完成。

（二）金融机构的分类

按照不同的标准，金融机构可以划分为不同的类型。

1. 按照业务性质和功能不同可以分为管理性、商业性和政策性金融机构。管理性金融机构是一个国家或地区具有金融管理监督职能的机构。主要有三类：负责管理存款货币并监管银行业的中央银行或金融管理局；按分业设立的监管机构如证监会、保监会以及金融同业自律组织如行业协会。其中，中央银行或金融管理局通常在一个国家或地区的金融监管组织机构中居于核心位置。商业性金融机构是指经营存贷款、证券交易与发行、资金管理等一种或多种业务，以利润为其主要经营目标的金融企业，如各种商业银行或存款机构、商业性保险公司、投资银行、信托公司、投资基金、租赁公司等。商业性金融机构在发展初期主要是以某类业务为主，如或以银行业务为主，或以证券投资业务为主，或以保险业务为主，或以信托业务为主，但经过百余年的发展，近 20 年又出现了全能化与多样化发展的趋势，有实力的大型商业性金融机构正在开展范围非常广泛的金融业务。政策性金融机构是指那些专门配合宏观经济调控，根据政策要求从事各种金融活动的金融机构。这类金融机构的建立旨在支持政府发展经济，促进社会全面进步。世界各国都根据各自发展需要建立了相关的金融机构，如支持产业政策的政策性银行、解决银行不良资产的金融资产管理公司等。

2. 按照业务内容的不同可以将金融机构划分为存款类金融机构和非存款类金融机构。

---

① 饶余庆教授认为，在金融市场撮合买卖双方的经纪人和交易商不是金融媒介，因为这些中介人本身并不发行间接证券。饶余庆．现代货币银行学．北京：中国社会科学出版社，1983：35。

存款类金融机构是指可以发行存款凭证的金融机构，包括中央银行、商业银行、政策性银行以及信用合作社等存款机构；非存款类金融机构则包括保险公司、证券公司、信托公司、投资基金等。此种分类将在以下章节中具体介绍，此处不再赘述。

3. 按照投资者的国别或业务的地理范围不同可将金融机构分为国际性、全国性和地方性金融机构三类。国际性金融机构主要是指跨国金融机构如跨国银行，此外，国际货币基金组织、世界银行以及区域性的开发银行也可归为此类。跨国银行的业务范围跨越国境，随着经济全球化的不断推进，跨国银行在全球范围内吸收存款并开展贷款业务以获得更大的市场和更强的竞争力。比如花旗银行、汇丰银行、德意志银行等都属于这类机构。全国性的金融机构是指主要投资者和业务范围属于本国的金融机构，比如我国的工、农、中、建四大银行。这类机构一般在一国银行体系中是中坚力量，其网点遍布、分支广泛，在一国银行业具有一定的市场垄断性。地方性金融机构主要是指社区银行、城市、农村信用社和小额储贷机构。它们一般服务于地方经济，有专门的社区和客户，规模较小。

需要指出的是，不同的分类是从不同的角度认识金融机构，类别之间实际是有交叉的，比如管理性金融机构中也有银行类金融机构和全国性金融机构。因此，分类并不是要孤立每一类金融机构，而是归纳金融机构的共性特征，以便更好地理解与掌握。

（三）我国的金融机构体系

1948 年 12 月 1 日，在华北银行、北海银行、西北农民银行的基础上建立了中国人民银行，它标志着新中国金融体系的开始。经过几十年的建设与改革，中国的金融机构体系得到了长足进步，组织结构日臻完善，已经形成了由“一行三会”（中国人民银行、中国银行业监督管理委员会、中国证券监督管理委员会、中国保险监督管理委员会）为主导、大中小型商业银行为主体、多种非银行金融机构为辅的层次丰富、种类较为齐全、服务功能比较完备的金融机构体系，在国民经济发展中发挥了重要的作用。相关内容请参见本书第五章。

四、金融市场与金融机构的关系

（一）独立性

在不同的经济中、不同的国别下，都需要建立一种在社会融资活动中金融机构与证券市场能够共同发挥作用的、完善的金融体系。该体系所包含的金融市场和金融机构各自专于不同的功能，以各自的方式在资源重新配置、有效配置过程中直接或间接地发挥中介作用。比如，为企业筹融资提供各种金融服务，为企业资本重组提供辅助性服务，为实现货币的流转与支付提供技术支持，为财富持有者改变持有资产的结构提供服务，为个人与家庭提供保险、养老金等特殊金融服务，等等。考虑到各种经济制度的建立基础和发展历史与传统的差异以及金融体系与企业部门之间的关系不同，各国金融体系的架构并不需要保持完全一致，也不可能保持一致。

即便在金融体系构架相似的情况下，也会因为经济发展的具体情况存在差异，使不同经济制度下金融体系的各部分发挥作用的强弱和有效性有所不同，突出地表现为企业外源融资中资本市场融资与银行融资的比例结构不同，这就是融资结构，也称为金融结构。

（二）相关性

相关性是指从组织的联结看，金融机构与各种金融市场之间是一种不可分割、互相促进、协调发展的关系，任何一个组成部分都难以独立地、分散地发挥作用。健全的金融体系不应该过分地依赖单一市场融资或中介机构融资，两者的相关性具体表现为：

1. 市场的活动最终要通过金融中介来运作

以核心的金融机构——商业银行对金融市场活动的参与情况说明这个问题。

（1）从筹资看，商业银行通过货币市场、资本市场进行融资。商业银行通过参与同业拆借市场、回购交易市场、票据市场、大额可转让定期存单市场进行融资，通过发行金融债券和发行股票进行资本筹集。同时商业银行的融资活动也改变金融市场的资金需求，影响市场价格的变化。

（2）从投资看，商业银行在货币市场、资本市场进行投资。商业银行通过参与国债市场、金融债券市场、票据市场进行投资，不仅可以获得证券收益，更重要的是可以获得流动性和安全性的保证。当然商业银行的投资活动必然对金融市场的资金供给产生影响，从而也会带来市场价格方面的波动。

（3）从为投融资提供的辅助服务看，商业银行通过开展投资银行业务等表外业务，参与金融市场交易活动的组织与协调。一方面，商业银行通过开展表外业务，提供咨询、信息处理等服务帮助金融市场交易的顺利实现；另一方面，商业银行通过对资产组合与金融创新产品的开发，成为金融市场中衍生品市场的重要参与者。

2. 市场的发展也会促进金融机构进一步完善融资技术，从而获得新的发展

仍以商业银行为例。金融市场为商业银行提供更为广阔的风险分散空间和收入空间，突出表现是资产证券化的发展。资产证券化是金融市场工具创新发展与拓展的结果，并给金融机构带来两个基本变化：一是传统的商业银行实现了从融资中介向服务中介的转型。二是将封闭的金融合约关系开放化。商业银行通过金融活动的分拆外包，使传统的单一金融业务分解成多个环节，并可以由多个主体参与提供服务。市场发展对银行的这种影响，使银行获得了新的发展。比如，（1）通过出售信贷资产，将信贷风险转移出去，从而降低了商业银行的信贷风险；（2）通过出售信贷资产，降低了资产总额，以次级债形式补充了资本，银行资本充足比率得到提高；（3）通过出售资产，盘活其存量资产，加快信贷资金的周转速度，并通过提供相关管理服务，收取服务费，开辟新的收益渠道。在金融市场及工具的创新发展中，各类金融市场及金融机构共同在资源配置中发挥了重要作用。通过这种内在的联系，金融体系的有效运作将最终刺激经济发展，进而提高人们的生活水平。

3. 金融创新使金融机构与金融市场更为融合

20世纪70年代以来，金融创新层出不穷。金融期货与期权、资产证券化、高收益债券、杠杆并购等新的金融工具、金融交易方式在推进金融交易量不断增长的过程中，也不断放大金融市场的作用，传统分业格局下的金融中介组织面临激烈竞争，最终使面向金融市场、服务金融市场的新型金融中介组织不断发展。仍以商业银行为例进行分析。

（1）金融创新使商业银行业务更加丰富，功能更为广泛，与金融市场关系不断紧密。首先，金融创新促进商业银行业务多元化。商业银行不再局限于传统的资金融通，表外业务的扩展使商业银行可以介入新的领域，满足更多的市场需求。其次，金融创新增

加了商业银行的风险管理能力。在传统的银行业务中，管理风险的方法主要是风险跨期平滑。而在金融创新的促进下，资金以各种形式的金融产品从商业银行进入金融市场，而各种创新工具将各个金融市场紧密联系在一起。一方面，商业银行可以最大限度地在市场上获取交易信息、选择合适的交易伙伴，利用创新工具进行风险规避；另一方面，商业银行成为各类金融信息和风险的集散地，向不同风险和服务偏好的客户提供不同的金融工具，这样，商业银行开始在金融市场上充当资产交易和风险管理代理人的角色。

（2）金融创新使商业银行与金融市场不断融合，形成一种动态的交互关系。金融创新使商业银行的一些传统业务转向金融市场。比如商业票据和货币市场共同基金的出现，使传统银行业的活期存款业务受到威胁；垃圾债券和中期票据市场的兴起使原来通过银行融资的企业有了新的融资渠道；而资产证券化和融资证券化之后，直接融资与间接融资的界限变得模糊不清，商业银行与金融市场越来越紧密地联系在一起。创新虽然使金融交易活动越来越市场化，但并不排斥商业银行的发展。商业银行依据金融市场的需要创造新的金融工具，而新的金融工具又成为新市场的基础，并增加现有市场的交易量，降低交易成本，促使商业银行创造新的金融工具。在这种动态互补的关系中，商业银行擅长提供为客户量身定做的个性化服务，而金融市场提供的标准化、成熟的金融工具更适合面向众多客户的批量交易。两者各有所长，而彼此之间的融合将促进双方的共同成长。

需要强调的是，金融工具不断创新的过程是商业银行与金融市场交互成长的过程。随着金融工具如期货、期权、互换和资产证券化的成熟，金融市场更加完备，这使创造个性化的金融工具成为可能。为了对个性化的新金融工具的风险进行套期保值，商业银行与客户在这些市场进行交易，从而使这些金融市场的交易量扩大，交易量的扩大减少了交易的边际成本，使商业银行能够进一步运用更多的新工具和交易战略。可以说，商业银行通过创造作为新市场基础的新工具，促进了金融市场的发展，而金融市场降低了构造新的金融工具的成本，为商业银行的金融创新提供了基础性条件。从某一具体的金融工具而言，商业银行与金融市场似乎存在对立、竞争或替代的关系，但从金融发展的动态过程而言，两者却是一种互补的关系。商业银行除了向客户出售现有的金融工具外，还承担着创造和测试新的金融工具的功能，而随着金融市场的发展，商业银行也必将在其交互的动态关系中发挥出更具意义的作用，两者的融合与共进是必然的。

【本章小结】

1. 投资与储蓄的关系是金融体系的基石。投资与储蓄转化的动因是企业的融资需求与家庭的投资需求，转化的载体是金融资产，转化的实质是资源的优化配置。投资与储蓄的转化渠道：一是个体借贷双方直接谈判实现借贷；二是借贷双方间接地通过有组织的金融体系来完成。

2. 金融体系的经济功能是指金融市场相关机制，如金融机构、不同种类的市场、各种金融工具所共同拥有的功能，包括便利支付结算功能、实现数量和期限转换功能、降低交易成本功能、分散和转移风险功能及改善金融服务功能。

3. 金融市场是各种经济主体进行金融交易的场所，即盈余部门与赤字部门互相接触，进行各种金融工具交易（各种票据和有价证券买卖），实现短期货币和中长期资本借贷。金融市场的参与者包括非金融企业、政府部门、金融机构及居民和家庭。除市场参与者，金融工具、金融工具价格和金融交易的组织方式也是金融市场不可或缺的构成要素。按交易工具的不同期限，金融市场分为货币市场和资本市场。

4. 金融工具最初又称信用工具，它是证明债权债务关系并据以进行货币资金交易的合法凭证。金融工具是法律契约，交易双方的权利和义务受法律保护。一般而言，金融工具具有期限性、流动性、风险性和收益性四个特征。

5. 金融机构的基本功能是满足经济发展中的投融资需求和服务性需求，其发展不能脱离经济社会的需要，必须与经济社会的发展相适应。按照业务性质和功能不同可以分为管理性、商业性和政策性金融机构。按照业务内容的不同可以将金融机构划分为存款类金融机构和非存款类金融机构。

6. 金融市场和金融机构的关系既有独立性也有相关性。

【关键概念】

金融体系　金融市场　金融机构　金融工具　现货交易
期货交易　期权交易　信用交易　互换交易

【综合练习】

（一）单项选择题

1. 以下不属于金融创新的功能有（　）。

A. 金融创新促进商业银行业务多元化

B. 金融创新增加了商业银行的风险管理能力

C. 商业银行可以最大限度地在市场上获取交易信息，选择合适的交易伙伴，利用创新工具进行风险规避

D. 加大了银行间的竞争压力

2. 以下不属于金融创新的有（　）。

A. 金融期货　　B. 期权

C. 贷款　　D. 资产证券化

3. 当企业需要向家庭部门借款来实现企业的一部分投资时，企业可以通过发行一种注明了一定数额、期限的（　）凭证来获得家庭部门的资金支持，这种由借款人发行的、用于融资交易的凭证就是金融工具。

A. 投资被投资关系　　B. 债权债务关系

C. 产权关系　　D. 权利义务关系

4. 以下不属于金融机构的是（　）。

A. 税务局　　B. 商业银行

C. 保险公司　　D. 养老基金

5. 以下不能体现支付效率的提高的是（　）。

A. 改进支付结算方式

B. 提高支付结算技术与结算速度

C. 控制单位支付成本

D. 控制网点数量

（二）多项选择题

1. 有组织的金融体系框架的基本内容有（　）。

A. 确定的交易场所

B. 明确的交易载体和交易价格

C. 多元化的金融机构组织

D. 完善的监管机构

E. 规范交易的各项金融法规

2. 金融体系的功能包括（　）。

A. 便利支付结算功能

B. 实现数量和期限转换功能

C. 降低交易成本功能

D. 分散和转移风险功能

E. 改善融资服务功能

3. 储蓄—投资转化的内在障碍有（　）。

A. 融资期限和数量的不匹配

B. 融资存在交易成本

C. 融资存在融资风险

D. 信息不对称普遍存在

E. 提高储蓄的风险

4. 金融体系对于支付结算的贡献有（　）。

A. 使债权债务关系得以清偿

B. 经济运行效率得以提高

C. 政治发展稳定

D. 经济安全和社会安定得到保障

5. 作为最终贷款人的家庭部门和作为最终借款人的企业部门之间的融资交易一般有两种渠道，它们是（　）。

A. 通过银行借贷

B. 个体借贷双方直接谈判实现借贷

C. 通过融资公司完成借贷

D. 借贷双方通过有组织的金融体系来完成

（三）思考题

1. 试述投资与储蓄的转化渠道。

2. 金融体系的经济功能有哪些？

3. 金融体系主要通过哪些途径发挥其经济功能？

4. 论述金融市场与金融中介机构之间的辩证关系，在我国目前情况下应发展以市场为主导还是以机构为主导的金融体系？

参考文献

1. 饶余庆．现代货币银行学．北京：中国社会科学出版社，1983.

2. 马丽娟．金融市场、工具与金融机构．北京：中国人民大学出版社，2009.

第五章

货币市场

［导读与学习提示］

在对金融体系有了基本了解的基础上，本章开始相对具体地展开对货币市场及其对应使用的金融工具的说明。货币市场是进行短期资金交易的市场，是最具流动性的金融市场。这个市场的参与者多是机构，交易量巨大，也成为中央银行实施货币政策的重要操作场所。其市场价格往往是金融市场价格的风向标，对中长期金融市场的影响是十分重要的。学习本章，你需要考察货币市场各子市场的概念、特征以及相关的金融工具，并注意思考建立货币市场的作用及其是如何参与金融活动的。以下问题将有助于本章的学习：

1. 货币市场为何称为“货币市场”?
2. 货币市场对于金融市场的意义是什么?
3. 金融市场的参与者参与货币市场的目的是什么?
4. 为何要建立货币市场的各个子市场? 它们是如何运行的? 其相同点与差异在哪里?

第一节　货币市场概述

货币市场是一年期以内的短期金融工具交易所形成的供求关系及其运行机制的总和。货币市场的活动主要是为了保持资金的流动性。它一方面满足资金需求者的短期资金需要，另一方面也为短期闲置资金提供获取盈利的机会。货币市场有众多子市场，主要包括同业拆借市场、票据市场、可转让大额定期存单市场、短期国债市场、回购市场等。

一个有效率的货币市场应该是一个具有广度、深度和弹性的市场。货币市场的广度是指货币市场参与者的多样化；深度是指货币市场交易的活跃程度；弹性是指货币市场在应付突发事件及大手笔交易之后价格的迅速调整能力。

一、货币市场的基本构成

（一）货币市场要素

货币市场要素包括货币市场交易主体、信用工具（交易客体）及交易价格三大类，而货币市场体系结构则是指货币市场的子市场体系及其相互间的联系。

（二）货币市场交易主体

货币市场交易主体包括资金供给方（商业银行、非银行金融机构、工商企业、个人、外国政府、中央银行）、资金需求方（商业银行、工商企业、政府、中央银行）和中介机构（做市商、经纪商）。

（三）货币市场信用工具

货币市场信用工具包括：国库券、商业票据、银行承兑票据、可转让存单、回购协议、企业短期债券、金融债券等。

（四）货币市场交易价格

货币市场交易价格是利率。货币市场利率是由各种不同的信用工具的利率构成的利率体系。

二、货币市场工具价格的影响因素

货币市场上很多工具的价格都会受到一些共同因素的影响。

（一）市场利率

货币市场是短期投融资市场，但它与整个金融市场是紧密相连的。某种货币市场工具的利率如果偏离整个市场利率水平达一定程度必然会引起套利行为，这种行为将导致货币市场工具的利率围绕市场利率在一定范围内上下浮动，也就是说货币市场工具的利率与市场利率在多数情况下是正相关的。此外，从另一个角度看，市场利率是投资者（资金短期盈余者）要求的必要回报率，货币市场工具也只有在其他因素作用下围绕此利率变动才能吸引投资者。

（二）市场供求状况

货币市场工具在其各自子市场上的供求会对其价格产生很大影响。在供不应求时价格上升，在供大于求时价格下降。

（三）其他货币市场工具的价格水平（利率水平与之成反比）

各种货币市场工具虽然有各自特点，但它们作为短期投融资工具，在一定程度上还是存在可替代性的。因此一种货币市场工具发行时必须综合考虑其他工具（尤其是期限等特征相同的工具）的价格，否则定价过高会达不到发行量目标，定价过低又会造成发行人发行收益的损失。

（四）货币市场工具的期限

一般来说，期限越长的工具所要承受的市场因素变动的可能性和幅度就越大，因此就需要更多的市场风险补偿，利率就越高。同理，期限越短的货币市场工具需要承受的市场风险越小，利率越低。

（五）发行人的信用级别

发行人信用级别越低的货币市场工具的违约风险就越大，投资者会相应要求一个高的风险升水，因此要有一个高的利率。同样的道理，发行人信用级别越高的货币市场工具的违约风险就越小，因此其利率越低。

第二节　同业拆借市场

一、同业拆借市场概述

同业拆借市场是指金融机构之间为弥补短期资金不足、票据清算差额及解决临时性的资金短缺，以货币借贷方式进行短期资金融通活动的市场。当短期资金不足时从资金盈余的机构借入款项称为拆入；资金盈余机构向资金不足机构贷出款项称为拆出。所以，该市场是进行临时借款的场所，从事的是典型的头寸拆借业务。

（一）同业拆借市场的功能

同业拆借市场在经济发达国家已经成为货币市场中最为活跃的市场，它的主要功能如下：

（1）同业拆借市场为各银行和其他金融机构提供了一种准备金管理的有效机制。

（2）同业拆借市场为所有货币市场交易提供高效率和低成本的结算机制。在许多发达国家，现金的流动都是通过银行和其他金融机构在中央银行的准备金账户结算的，不同银行和金融机构之间的资金调拨也大多通过它们在中央银行的准备金账户结算。

（3）同业拆借市场能及时反映货币市场资金的供求变化。同业拆借市场因其市场化运作及在此基础上形成的利率，及时灵敏地反映了市场资金供求。与国库券利率一样，同业拆借利率也是金融市场上重要的基准利率之一。

（4）同业拆借市场在中央银行货币政策实施中发挥重要作用。中央银行的任何货币政策变化都会影响到银行系统的准备金头寸，进而通过同业拆借市场与其货币市场之间的紧密联系发挥作用。此外，同业拆借利率也是中央银行调整货币政策的重要参考依据。

（二）同业拆借市场的参与者

由于同业拆借市场通常是信用拆借，不需要担保或抵押，且交易额很大，因此对同业拆借市场有着严格的市场准入限制。一般来说，同业拆借市场的参与者主要是一些商业银行，此外还有一些指定的非银行金融机构。

各个国家在同业拆借市场的准入条件上有不同的标准，有些国家允许所有金融机构进入，有的只允许吸收存款并缴纳存款准备金的金融机构进入，还有的只允许吸收存款、缴纳存款准备金的商业银行进入。并且各个国家在不同时期，对其准入条件也会进行各种调整。但从总体上看，主要有以下几类：（1）商业银行。（2）其他金融机构，如证券公司、保险公司等。（3）中介机构，分为两类：一类是专门从事同业拆借市场中介业务的专业性中介机构，如日本的短资公司；另一类是兼营的中介机构，如一些国家的融资公司、拆借经纪商或一些大银行。

（三）同业拆借市场的支付工具

1. 本票

本票是由出票人自己签发，约定自己在指定日期无条件支付一定金额给收款人或持票人的凭证。它是同业拆借市场最常用的支付工具之一。资金短缺银行开出本票，盈余银行接到本票后将中央银行的资金支付凭证交换给资金拆入行，以抵补其当日所缺头寸。这种由拆出行交换给拆入行的中央银行支付凭证通常被称为“今日货币”。

2. 支票

拆入行开出本银行的支票，次日才能交换抵补所缺头寸，因此也称为“明日货币”。

3. 承兑汇票

承兑汇票即经过办理承兑手续的汇票。借入行按规定要求开具承兑汇票交给拆出行，凭票办理拆借款项，到期后拆出行凭票收回款项。

4. 同业债券

拆入单位向拆出单位发行的一种债券，主要用于拆借期限超过4个月或资金额较大的拆借。同业债券在金融机构间可以相互转让。

5. 转贴现

在拆借市场上，银行贴现商业票据后，如头寸紧缺，可将贴现票据转给其他银行，以抵补其短缺的头寸。

6. 资金拆借

在拆入方与拆出方商妥后，拆入方出具加盖公章和行长章的“资金拆借借据”寄给资金拆出方，经拆出方核对无误后将该借据的三、四联加盖印章后寄给拆入方，同时划拨资金。

（四）同业拆借市场的交易方式

一般来说，银行可用于贷款和投资的资金数额不能超过其负债额减去法定存款准备金后的余额。在实际经营中，银行客户存款的变化、代理行存款的变化、银行贷款的发放与回收以及回购协议的签订等因素，都会导致资金流的变化，从而导致准备金余额的变化。每天银行的管理部门必须对影响准备金变化的因素进行预测，将所有资金流入量与流出量相抵后，得出当天准备金的变动数额和余额，从而计算出是否需要在同业拆借市场上交易以及交易的金额。同业拆借市场一般有两种交易方式：

1. 头寸拆借

头寸拆借即金融机构为了轧平头寸、补足存款准备金和票据清算金而在拆借市场上融通资金的活动。当头寸拆借用于补足存款准备金时，一般为日拆，即“同业隔夜拆借”，在拆入日的第二日归还，拆借期限为一天。

2. 临时拆借

临时拆借是以调剂临时性、季节性的资金融通为目的的。

（五）同业拆借的利率

利率是同业拆借的交易价格，它主要有两种形式：一种是由拆借双方当事人协定，利率水平主要取决于拆借双方拆借资金愿望的强烈程度，这种机制形成的利率弹性较大；另一种是拆借双方借助拆借中介人通过观察公开竞价来确定，利率水平主要由经纪商根据市场中拆借资金的供求状况来决定，这种机制下形成的利率弹性较小。同业拆借市场利率是金融市场价格的指示器和风向标，对其他价格的形成与影响都发挥重要作用。

拆借利率一般低于再贴现率。同一家银行的拆入利率永远小于拆出利率。

同业拆借市场广泛使用的利率有如下三种：

(1) 伦敦银行同业拆借利率（LIBOR）。这是在伦敦欧洲货币市场上各大银行间短期资金拆借所使用的利率。伦敦银行同业拆借利率的参加者为英国商业银行、票据交换银行、海外银行和外国银行等。银行同业拆借不需抵押品，每笔拆借资金最低 25 万英镑。

(2) 新加坡银行同业拆借利率（SIBOR）。这是在新加坡亚洲货币市场上各大银行间短期资金拆借所使用的利率。它的报价方法、适用的币种以及拆借期限与伦敦银行同业拆借利率完全一样。

(3) 香港银行同业拆借利率（HIBOR）。这是在香港亚洲货币市场上各大银行间短期资金拆借所使用的利率。它的报价方法、适用的币种以及拆借期限也与伦敦银行同业拆借利率一样。

以上三种利率的差别主要为适用地点不同。一般来说，各银行金融机构之间的资金借贷都是在这三种利率的基础上根据具体情况浮动的。

二、世界主要国家的同业拆借市场简介

(一) 美国的同业拆借市场

美国的同业拆借市场又称联邦基金市场。当联邦储备系统的会员银行存款准备金不足时，按联邦基金利率向拥有超额准备金的会员银行进行拆借。联邦基金市场是一种日拆市场，当天就可以在联邦储备银行转账抵用或提现，在借贷双方同意的情况下可以续借。

联邦基金利率是根据竞争性确定的，它也是其他货币市场利率定位的重要参考利率。美联储可以通过买卖政府债券影响联邦基金利率的变动。

拆出机构在寻找对手方时通常有以下三种方式：一是通过电话向交易台提出拆出要求；二是通过银行业关系进行寻找；三是通过专业经纪人来寻找。经纪人与其他同业拆借市场的大量参与者保持及时的电话联系，以撮合卖方和买方成交。

大多数的联邦基金交易没有正式的书面合约，这就降低了交易费用并加速了交易过程。在此市场的交易中，信誉、经验以及长期建立的合作关系是对协议产生影响的重要因素。

总之，美国同业拆借市场的主要特点是：金融机构通过中央银行的联邦基金市场拆借，拆借双方直接交易，通过联邦储备局的账户直接划拨。

(二) 日本的同业拆借市场

日本的同业拆借市场在 20 世纪初就存在了，当时它的参与者仅限于金融机构。日本同业拆借市场较有特色的是存在一类专门的中介机构——短期资金公司。它一方面向其他金融机构贷款或卖出自身票据吸引资金，另一方面通过对金融机构的直接短期借贷或买入金融机构的票据运用资金。日本的同业拆借市场主要通过这类金融机构进行。此外，短期资金公司还承担着管理同业拆借利率的任务。这就要求它有

较高的声誉和雄厚的资金实力，还要有丰富的业务经验，能有效地筹集资金，与中央银行有活期存款业务往来和借款关系。另外，为了确保拆出资金的安全，维持信用秩序，日本采用担保制度，如以国债、政府短期证券、优良地方债、金融债和优良票据等为担保。在实际操作中，资金拆入者通常是把这些证券寄存在日本银行或证券交易所等单位，然后以取得的寄存证书为担保进行短期资金拆借。从 1985 年 7 月起日本开始与国际接轨，办理无担保拆借业务。

三、我国的同业拆借市场

（一）我国同业拆借市场的含义

在我国，同业拆借是指经中国人民银行批准进入全国银行间同业拆借市场（以下简称同业拆借市场）的金融机构之间，通过全国统一的同业拆借网络进行的无担保资金融通行为。全国统一的同业拆借网络包括：全国银行间同业拆借中心的电子交易系统；中国人民银行分支机构的拆借备案系统；中国人民银行认可的其他交易系统。

（二）我国同业拆借市场的历程

我国同业拆借市场的发展经历了复杂的发展过程。

1984 年，我国同业拆借市场开始初步发展，当时交易量为 120 亿元左右。其后在 1986—1988 年之间经历了从鼓励发展到清理整顿的过程。1990 年，重新启动发展同业拆借市场，明确拆借性质，即同业拆借是银行、非银行金融机构之间融通短期资金的行为；而且规定中国人民银行、保险公司、非金融机构不得参加交易。1993 年，各地建立融资中心，并出现了债券回购，这个时期的交易量达到3 000亿元。1993 年 2 月，又进入到全面清理整顿阶段。这个时期，各省市建立融资中心；同时控制非银行金融机构的拆借（1993 年暂停）。由此，同业拆借市场进入到一个快速发展时期。

1996 年 1 月 3 日，全国统一的同业拆借市场网络正式运行，均为有形市场。同年 1 月 4 日开始对外公布中国银行间同业拆借利率（CHIBOR），并形成二级网络。一级网络包括国有商业银行总行、区域性商业银行总行、资产较大的城市合作银行、35 家融资中心；二级网络包括 35 家融资中心、商业银行的分支机构、非银行金融机构。各省市融资中心既是一级网络成员，又是二级网络的组织者和参与者，成为沟通一级网络和二级网络的桥梁。这一交易网络是我国同业拆借市场的重要依托平台。

1998 年 2 月，融资中心退出拆借市场，二级网络终止，并终止使用 CHIBOR。同年 4 月，外资银行进入市场；6 月，各商业银行省级分行开始成为拆借市场成员，但拆借依然维持在商业银行总行之间；同年 10 月，保险公司进入市场；1999 年 8 月，证券公司进入市场。

2002 年 6 月，中国外币交易中心开始为金融机构办理外币拆借业务，统一的国内外币同业拆借市场正式启动。

（三）我国同业拆借市场的基本业务

我国同业拆借市场的基本业务见表 5－1；2015 年我国上海银行间同业拆借利率（SHIBOR）的走势见图 5－1。

表 5-1　我国同业拆借市场的基本业务

业务类别	主要内容	特点
头寸拆借	为进行票据交换、清算资金收支差额而发生的交易。同一城市各金融机构在一个特定场所，通过彼此交换所持有的其他金融机构的票据清算并抵消其债权债务	一般为同城拆借
资金借贷	为解决金融机构之间资金运行不平衡而形成的资金短缺	一般为异地拆借，解决时间差、空间差

说明：1. 一般期限很短，多在 7 日之内，也有 4 个月以内，甚至有一天或一夜，因此也叫隔日放款或隔夜放款。
2. 通过商业银行在中央银行的存款账户进行，即通过中央银行资金市场进行，因而又称为"超额准备金的借贷"。
3. 基本原则：自愿、平等、互利，自主成交；短期使用；按期归还。

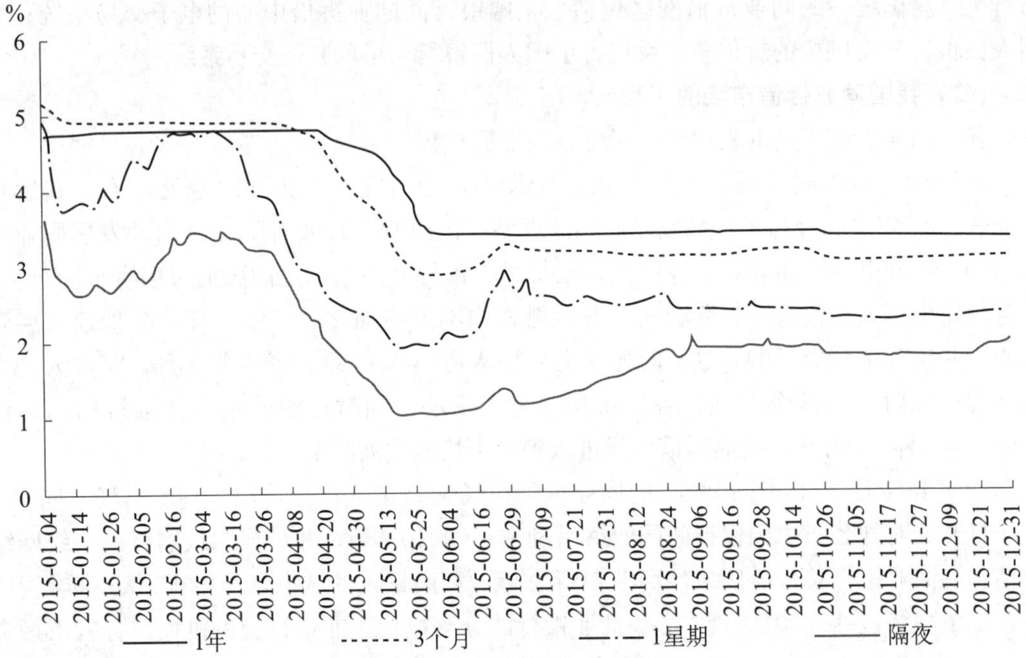

图 5-1　2015 年 SHIBOR 走势图

资料来源：中国货币网，SHIBOR 的历史数据。

第三节　票据市场

一、票据与票据市场

票据市场是以票据为交易媒介进行资金融通活动的总称。票据市场的构成要素包括：交易主体，即出票人、持票人、付款人、收款人、承兑人、背书人、保证人等；交易客体，即货币资金以及交易媒介——票据。

票据的种类主要有汇票、本票和支票。

（一）汇票

汇票是由出票人签发的，委托付款人在见票时或在指定日期无条件支付确定金额给收款人或持票人的票据。汇票是支付命令，是他付证券。汇票的当事人有三个，即出票人、收款人、付款人。汇票的出票人对于付款人来说是债权人，对于收款人来说是债务人。在承兑之前，汇票的主债务人是出票人而不是付款人。

汇票的几种分类方式如下：

（1）汇票按签发主体不同，可以分为商业汇票和银行汇票。商业汇票是由收款人或付款人，或承兑申请人签发，由承兑人承兑，并于到期日向收款人或背书人支付款项的票据。银行汇票是银行向客户收妥款项后签发给客户持往异地办理转账结算或支取现金的票据。

（2）汇票按承兑人的不同，可以分为商业承兑汇票和银行承兑汇票。商业承兑汇票由工商企业承兑，银行承兑汇票由银行承兑。

（3）按记载收款人方式的不同可以分为记名汇票和无记名汇票。记名汇票是指出票人在票据上载明收款人姓名或商号的汇票；无记名汇票是指在票据上不记载收款人姓名，凡持票人都可直接向付款人请求支付的汇票。在我国，银行汇票和商业汇票都是记名汇票。

货币市场上汇票的承兑、转让和偿付是资金融通的不同过程：

（1）承兑。承兑即承诺兑付，汇票的承兑人通过此程序承诺付款。承兑人在汇票上签署“承兑”字样并签字或盖章后，承兑人便成为汇票的主债务人，出票人为次债务人，在承兑人违约时需履行付款义务，并同时获得对承兑人的追索权。

（2）转让。汇票的转让是指远期汇票的持有人在期末到期之前，到银行办理贴现或通过背书用以支付债务的行为。

（3）偿付。即期汇票见票后立即偿付；远期汇票须等期满并经提示后才能偿付。

（二）本票

本票是由出票人签发的，承诺自己在见票时无条件支付确定金额给收款人或持票人的票据。本票是债务凭证，是自付证券。本票自出票日起，付款期限最长不得超过 2 个月。本票只有两个当事人，出票人（债务人）和持票人（债权人）。本票的出票人就是付款人，所以本票无需承兑。

本票也有商业本票和银行本票、即期本票和远期本票之分。企业单位或个人签发的本票叫做商业本票，主要用于同城间清偿出票人自身债务。商业本票在我国使用很少。银行本票是银行向客户收妥款项后签发给在同城范围办理转账结算或支取现金的票据。

（三）支票

支票是由出票人签发，委托办理支票存款业务的银行或者其他金融机构在见票时无条件支付确定的金额给收款人或者持票人的票据。开立支票存款账户，申请人必须使用其本名，并提交证明其身份的合法证件。开立支票存款账户和领用支票应当有可靠的资信，并存入一定的资金。开立支票存款账户，申请人应当预留其本名的签名式样和印鉴。支票当事人也有三个：出票人、付款人（银行）、收款人。

我国现行的票据包括银行汇票、商业汇票、银行本票和银行支票四种。除商业汇票为远期票据外，其余三种均为即期票据。因此，只有商业汇票可以进行票据的贴现、转贴现业务，行使交换和转让的功能，构成我国票据市场交易主体。

1979 年中国人民银行批准部分企业签发商业承兑票据，商业信用有了合法存在的一席之地。1981 年中国人民银行上海分行率先恢复同城商业票据承兑。1985 年全国的专业银行都获准对企业签发的商业票据承兑、再贴现。1986 年开展转贴现，至此票据承兑贴现市场在停办 30 多年后得到恢复。

二、银行承兑汇票市场

(一) 银行承兑汇票的实质

银行承兑汇票是经银行承兑的商业汇票。商业汇票是基于合法的商品交易而产生的票据，它是购销人之间根据购销合同和商品交易开具的反映债权债务关系的约期清偿票据。商业汇票可以由收款人签发，也可以由付款人签发。即期的商业汇票不具备可流通性，远期的商业汇票必须经过承兑才有实际意义。银行承兑汇票的本质是商业信用的产物，是一种商业票据，而非银行票据。银行承兑汇票有物资为基础，又有付款人和银行对付款的双重保证，因此安全性极高，成为货币市场上一种重要的交易工具。

承兑是指汇票付款人承诺在汇票到期日支付汇票金额的票据行为。定日付款或者出票后定期付款的汇票，持票人应当在汇票到期日前向付款人提示承兑。提示承兑是指持票人向付款人出示汇票，并要求付款人承诺付款的行为。见票后定期付款的汇票，持票人应当自出票日起一个月内向付款人提示承兑。汇票未按照规定期限提示承兑的，持票人丧失对其前手的追索权。见票即付的汇票无需提示承兑。付款人对向其提示承兑的汇票，应当自收到提示承兑的汇票之日起 3 日内承兑或者拒绝承兑。付款人承兑汇票，不得附有条件；承兑附有条件的，视为拒绝承兑。

(二) 银行承兑汇票市场的交易行为

经过出票、承兑环节后，银行承兑汇票作为商业信用的产物形成了。汇票持有人为避免资金积压，一般不会将银行承兑汇票持有至到期再收款，它们大多会立即将其转让以融通短期资金。银行承兑汇票的二级市场就是一个银行承兑汇票不断流通转让的市场，它由票据交易商、商业银行、中央银行、保险公司及其他金融机构等一系列参与者和贴现、转贴现、再贴现等一系列交易行为组成，这些交易行为都须以背书为前提。

1. 背书

背书是指持票人为将汇票权利转让给他人或者将一定的汇票权利授予他人行使而在票据背面或者粘单上记载有关事项并签章的票据行为。背书人需要在汇票背面或在汇票背面的粘单上签章并将汇票交给被背书人。以背书转让的汇票，背书应当连续，后手应当对其直接前手背书的真实性负责。背书不得附有条件，背书时附有条件的，所附条件不具有汇票上的效力。将汇票金额的一部分转让的背书或者将汇票金额分别转让给二人以上的背书无效。背书人是汇票的债务人，他要承担保证其后手所持汇票承兑和付款的责任，并证明前手签字的真实性和背书的连续性，以证明票据权利的正当。如果汇票遭到拒绝付款，后手有权向背书人追索票款。

2. 贴现

贴现是持票人为了取得现款，将未到期的银行承兑汇票向银行或其他贴现机构转让，并支付从贴现日到汇票到期日的利息（贴息）的行为。

持票人将汇票背书转让给银行，银行从票面额中扣除从贴现日至到期日的利息，把余额支付给持票人。票据到期时，银行向票据付款人按票据面额索回款项。

银行实际付给贴现人的金额由贴现额、贴现期和贴现率三个因素决定。

贴现额是银行支付实际贴现金额的基数，一般按票据的票面金额核定。

贴现期是贴现银行向申请贴现人支付贴现票款之日起至票据到期日之间的期限。

贴现率是贴息与票面金额的比率，主要受四个因素影响：其一是市场利率水平，它与贴现率正相关；其二是汇票的信用级别，信用级别越高的汇票贴现率越低；其三是贴现期限，期限越短贴现率越低；其四是市场供求关系。

贴息＝贴现额×贴现期(天)×(月贴现率/30)

实付贴现金额＝贴现额－贴息

3. 转贴现

转贴现是银行将其通过办理贴现业务获得的未到期票据向其他银行或贴现机构进行贴现的票据转让行为。

转贴现是金融机构之间融通资金的一种形式。对于申请转贴现的银行，可以通过此方式获得即时可用资金；对于接收转贴现的银行，可以通过此方式有效利用资金获取贴息。

4. 再贴现

再贴现是商业银行或其他金融机构将贴现所得未到期票据向中央银行再次贴现的票据转让行为。在一般情况下，再贴现就是最终贴现，再贴现后票据退出流通转让过程。为了保证商业银行有一定的利润，中央银行的再贴现率一般低于商业银行的贴现率。

近几年，我国票据市场承兑余额、贴现余额均呈现出上涨趋势，贴现余额占贷款余额的比重也在不断上升，反映出票据贴现对信贷投放的贡献度显著提高。

2015 年，企业累计签发商业汇票 22.4 万亿元，同比增长 1.3%；期末商业汇票未到期金额 10.4 万亿元，同比增长 5.4%。根据中国人民银行的货币政策执行报告，从行业结构看，企业签发的银行承兑汇票余额仍集中在制造业、批发和零售业；从企业结构看，由中小型企业签发的银行承兑汇票约占三分之二。2013—2015 年我国票据市场业务的基本数据见表 5－2。

表 5－2　　2013—2015 年票据市场基本业务发生额　　单位：亿元

业务类型 / 年份	商业汇票发生额	银行汇票发生额	电子汇票发生额	电子汇票承兑额	电子汇票贴现额	电子汇票转贴现额
2013	18.24	2.16	1.59	1.63	0.64	1.95
2014	19.28	1.68	3.13	3.07	1.50	4.81
2015	20.99	1.56	5.60	5.79	3.73	22.13

资料来源：中国人民银行网站。

专栏 5－1　**我国票据市场的新发展**

我国票据业务始于 20 世纪 80 年代，近几年票据市场得到了迅猛发展，现已初具规模。之后的约 20 年里，我国票据采用的一直是纸质的形式。随着网络应用的普及、电子商务时代的来临，2003 年我国开始了电子票据的进程。电子票据具有的高效率、低成本、安全、快捷的优势是传统纸质票据所无法比拟的。

票据的电子化是一种全新的结算方式，其产品——电子票据并不是对现有的传统结算产品的简单优化和组合，它需要有不同于传统票据的运用环境，是票据在产生、流通、结算过程中的某一阶段以电子形式存在，其间夹杂着电子数据信息与实物票据之间的相互转换，其实质是实物票据处理方式的电子化。电子票据是不依附于实物票据的，从票据权利的产生到票据权利的消灭的全过程均以电子形式独立存在，并以电子签章代替实体签章。

近年来，随着以网络应用为核心的数字化革命时代的到来，电子票据业务在我国得到了长足的发展。2003 年 6 月 30 日，“中国票据网”正式启用，为金融机构间票据转贴现、票据回购等业务提供报价、查询服务，标志着我国票据市场电子化开始起步。从 2005 年开始，国内个别银行开始将电子信息技术引入票据业务，招商银行、民生银行、工商银行等相继推出了基于行内系统网上银行业务的电子票据产品。比较典型的产品有：招商银行推出的“票据通”——网上票据业务。该项业务是我国金融机构在传统票据电子化方面最早的尝试之一。付款人通过网上银行开出招商银行电子票据，招商银行联网传递，收款人实时查询到电子票据。持票人可通过电子背书向他方（被背书人）转让电子票据。持票人将实物商业票据或电子票据托管于招商银行，并可在网上查询托管票据状态和信息。通过网上企业银行可办理实票或电子票据承兑申请，托管实票或电子票据的贴现及赎回、托收、质押、实票撤销托管等各类票据业务。电子票据可在招商银行系统内全流通，具备实物票据的全部功能。工商银行参照传统银行承兑汇票业务流程，利用电子化手段，基于网上银行系统，设计、开发了“易保付”电子化信用票据，企业客户通过工商银行网上银行签发，可实现票据的电子化签发、转让、贴现与转贴现、付款等功能。2006 年年底，民生银行以网上银行为平台，配以电子签章技术开办了电子汇票业务，客户向民生银行申请取得电子汇票业务资格后，通过网上银行实现商业汇票签发、承兑、交付、托管、背书转让、贴现、质押、委托收款等功能，此业务是一个较为完整的票据电子化方案。

2009 年 10 月 28 日，由中国人民银行组建的电子商业汇票系统投入运行。电子商业汇票系统实现了商业汇票签发、流转和兑付的全程电子化处理。电子商业汇票系统的建成，有利于形成统一的全国性票据市场，有利于票据市场信息的公开透明。表 5－2 数据表明，近年来，电子票据业务加速发展，占比迅速上升。2015 年电子汇票承兑额同比上升 88.60%，交易额（贴现和转贴现）同比提高 309.83%。电子票据在诞生六年后终于在票据市场上占据了一定的重要地位，主要原因一是部分银行显著加大了电子票据代理接入业务的拓展，一年开发的客户数量超过以往历年累计，使得电子票据市场参与成员大幅扩充，提升了交易活跃度；二是部分银行开发出电子票据的资管业务渠道，增加了电子票据业务运作的灵活性，从而使其更受市场机构的欢迎。

但时至今日，电子票据仍然没有取代纸质票据的主导地位。与股票、债券等其他金融市场相比，票据市场目前的电子化交易程度较低，仍以纸质实物交割为主，且尚无全国集中的交易平台，仍是分散的场外交易。但未来几年，全国性票据电子化集中交易平台建设有望取得突破性进展。

资料来源：中国票据网。

第四节 可转让大额定期存单市场

一、可转让大额定期存单概述

可转让大额定期存单（certificates of deposit，CDs）是指银行发给存款人按一定期限和约定利率计息的，在到期前可以转让流通的证券化的存款凭证。

20 世纪 50 年代以来，美国货币市场利率上升，而商业银行受联邦储备委员会 Q 条例的限制无法提升利率，这使一些大公司的资金从银行转向货币市场。一些银行为了规避 Q 条例的限制、阻止存款外流，着力于设计新型的金融工具。可转让大额定期存单由花旗银行于 1961 年首先推出，它受到了广泛欢迎并被许多其他银行模仿。

（一）可转让大额定期存单的作用

（1）对短期投资者来说，它提供了一个流动性强、收益率比普通定期存单更高的投资选择。

（2）对银行来说，它巧妙地规避了 Q 条例的限制，有利于稳定和扩大银行资金来源。它有助于加强银行资产负债管理，银行可以通过主动调节负债的方式满足其信贷需求（之前由于 Q 条例对利率的限制，负债受外部因素的影响较大）。

（3）对金融市场来说，它增强了市场流动性，提高了市场化水平，有效提高了资金配置的效率。

（二）可转让大额定期存单与其他几种金融工具的区别

1. 可转让大额定期存单与普通银行定期存单的区别

（1）普通银行定期存单是记名的；可转让大额定期存单不记名。

（2）普通银行定期存单面额不固定，可为任意金额；可转让大额定期存单面额确定，按标准单位发行且数额较大。

（3）普通银行定期存单的发行期限可长可短，实际中长期的较多；可转让大额定期存单期限一般较短。

（4）可转让大额定期存单利率一般高于同期普通定期存单利率。

（5）普通银行定期存单不能流通转让，未到期提前支取会损失部分利息；可转让大额定期存单可以通过流通转让获得及时可用资金。

2. 可转让大额定期存单与商业票据、企业债券的区别

（1）可转让大额定期存单的发行人主要是商业银行，而商业票据和企业债券的发行人主要是企业，因此可转让大额定期存单的信誉要高于商业票据和债券。

（2）可转让大额定期存单是存款凭证，需要缴纳存款准备金；商业票据和债券不需要缴纳存款准备金。

二、可转让大额定期存单的市场构成

（一）发行市场

1. 可转让大额定期存单的发行价格的影响因素

可转让大额定期存单的发行价格主要取决于以下四个因素：

（1）发行人的信用等级。发行人信用等级越高，存单的发行价格可以定得越高。

（2）发行时的市场利率。发行时市场利率越高，存单要支付的利率相应就越高，因此发行价格相应就越低。

（3）存单的期限。期限越长的存单所应支付的利率越高，发行价格越低。

（4）存单的流动性。流动性越强的存单价格越高。

2. 可转让大额定期存单的特征

可转让大额定期存单的价格一般有两种形式：按面额发行和贴现发行。

可转让大额定期存单的期限从最短的 7 天至最长的 7 年都有，但通常来说为 30 天、60 天或 90 天。

在美国，面额最低的为 10 万美元，最高为 500 万美元，但通常是 100 万美元。

3. 可转让大额定期存单的发行方式

可转让大额定期存单的发行方式有批发和零售两种方式。

批发式发行是指发行行将发行的存单数量、利率、面额、发行日期、到期日期等信息预先公布，供投资者认购。

零售式发行是指发行是根据投资者的需要随时发行的可转让大额定期存单，它的面额、期限和利率都由资金供求双方商定。

（二）转让市场

1. 可转让大额定期存单转让市场的含义

可转让大额定期存单转让市场是指买卖已发行但尚未到期的可转让大额定期存单的市场。通常国内存单的流动性大于其他几种存单，因此在二级市场上转让的也主要是国内存单，而且面额较大的存单的流动性大于面额小的存单。

2. 可转让大额定期存单转让市场的经销商

可转让大额定期存单转让市场通常由经销商作为中介。此类经销商一般在一级市场上吸收一些急需资金的投资者卖出的存单，然后要么在一级市场持有到期兑取本息，要么在二级市场再出售，从而形成连续市场。

3. 可转让大额定期存单的转让价格

可转让大额定期存单的价格分固定利率和浮动利率两种，其转让价格也随之不同。浮动利率存单的付息视浮动利率的浮动幅度而定。而固定利率存单转让价格的计算公式如下：

$$X=\frac{P\ (360+r_1t_1)}{360+r_2t_2}-\frac{P\ (r_1t_1)}{360}$$

其中：X——在二级市场出售存单的价格；

P——存单票面金额；

r_1——存单原定利率；

r_2——出售存单时的市场利率；

t——存单票面期限；

t_1——从发行日到出售日的天数；

t_2——从出售日到到期日的天数（$t=t_1+t_2$）。

（三）中国的可转让大额定期存单市场

我国的可转让大额定期存单直至 1986 年才出现，由交通银行和中国银行发行。1989

年其他银行也开始办理此项业务，其发行者仅限于各类银行，非银行金融机构不得发行大额可转让定期存单。存单的投资者主要是个人，企业为数不多。对个人发行的存单，面额为500元及其整数倍；对单位发行的存单，面额为5万元及其整数倍。存单期限分别为1个月、3个月、6个月、9个月和1年。存单不分段计息，不能提前支取，到期一次还本付息，逾期不计利率。存单全部由银行通过营业柜台向投资者直接发售，不借助于中介机构。存单的利率水平一般是在同期限的定期储蓄存款的利率基础上再加1～2个百分点，弹性不大。银行以大额存单方式吸收的存款要向中国人民银行缴纳存款准备金。

为了维系大额存单的流动性，中国人民银行曾就经营存单转让业务的主体资格、存单转让差价及手续费标准等做过规定。后来由于多种原因，该业务于1996年12月14日被取消了。

在加快利率市场化进程的背景下，2014年5月，中国人民银行召集14家银行征集关于《大额存单管理暂行办法》的意见建议，预示着时隔七年后大额存单即将重启。

2015年6月2日，中国人民银行颁布《大额存单管理暂行办法》，允许银行业存款类机构向个人、非金融企业、机关团体等发行大额存单，标志着大额存单的重新问世。6月15日，中国工商银行、中国建设银行、中国农业银行等9家市场利率定价自律机制核心成员银行共同推出首批大额存单。在认购金额上，个人认购的起点金额不低于30万元，机构投资人认购的起点金额为1 000万元。在期限上，包括1个月、3个月、6个月、9个月、1年、18个月、2年、3年和5年共9个品种。在利率上，固定利率存单采用票面年化收益率的形式计息，而浮动利率存单以上海银行间同业拆借利率为计息基准。付息方式分为到期一次还本付息和定期付息、到期还本。

2015年7月30日，全国银行间同业拆借中心发布公告，扩大大额存单发行主体范围，由市场利率定价自律机制核心成员扩大到基础成员中的全国性金融机构和具有同业存单发行经验的地方法人金融机构及外资银行，包括全国性金融机构（10家）、城市商业银行（43家）、农村合作金融机构（37家）和外资银行（3家）。大额存单市场逐渐出现差异化竞争，发行利率呈现高低不同的水平。

根据2015年第四季度货币政策执行报告，2015年大额存单累积发行2.3万亿元，共4 768期。大额存单发行交易的有序推进，进一步扩大了金融机构负债产品市场化定价范围，有利于培养金融机构的自主定价能力，健全市场化利率形成机制。

第五节　短期政府债券市场

一、短期政府债券概述

（一）短期政府债券的含义

短期政府债券是指期限在一年或一年以下的，由政府发行并提供信用担保的债券。

我国习惯上把财政部发行的无论期限长短的债券都称为国库券，但国外一般只把期限在一年以内的政府债券称为国库券，期限在一年以上的政府中长期债券被称为公债。在本节的叙述中，我们采用国际惯例的做法，这里的国库券特指期限在一年及一年以内的短期政府债券。

英国是世界上最早发行国库券的国家，它于1877年首次发行国库券来筹集短期财政资金。美国政府于1929年11月授权财政部发行了第一批国库券。

（二）短期政府债券的市场特征

短期政府债券具有以下市场特征：

（1）国库券的流动性很强。国库券被视为准货币，其流动性仅次于现金，有广阔的二级市场，随时可以变现。

（2）安全性高。国库券是国家的债务，因而通常被视做无风险债券。各种法令和条例赋予了国库券在投资者中的特殊地位。

（3）有税收优惠。政府为增强国库券的吸引力，通常给予购买者税收方面的优惠。

（4）面额小。相对于其他货币市场工具来说，国库券的面额较小。

二、国库券的价格与利率

（一）国库券的贴息发行

国库券一般采用贴现方式发行，即以低于票面金额的价格发行，到期以票面金额偿还。票面金额与发行价格之差为发行者实际支付的利息，即国库券的贴现利息。

国库券发行价格计算公式：

$$\text{国库券售价}=\text{面额}\times\left(1-\text{贴现率}\times\frac{\text{发行期限}}{360}\right)$$

$$\text{国库券名义收益率}=\left[\frac{\text{面额}-\text{国库券市场售价}}{\text{面额}}\right]\times\frac{360}{\text{发行期限}}$$ ①

$$\text{国库券实际收益率}=\left[\frac{\text{面额}-\text{国库券市场售价}}{\text{国库券市场售价}}\right]\times\frac{360}{\text{发行期限}}$$

从以上公式可以看出，当贴现利息上升时，国库券价格下降，国库券实际收益率随之升高；当贴现利息下降时，国库券价格升高，实际收益率随之降低。国库券的价格与贴现率、市场利率和实际收益率反向相关；贴现率、实际收益率和市场利率之间正向相关。

（二）国库券的利率的重要意义

国库券的利率是市场上各种短期利率的基础利率，它主要受当前经济走势的影响。当经济发展强劲时，信贷需求会上升，新发行国库券的贴现率也会上升，市场已有的贴现率较低的国库券遭到抛售，价格就会下跌，实际收益率上升，最终与新发行国库券的实际收益率持平；反之，经济疲软时信贷需求下降，新发行国库券贴现率低，市场已有的贴现率较高的国库券就会受到投资者追捧，价格上升，使实际收益率下降至与新发行国库券实际收益率持平的水平。

三、国库券的发行与流通

（一）发行市场

财政部发行国库券主要是为政府筹措短期资金以弥补短期、季节性财政赤字，或应付其他短期资金需求，如偿还到期的国库券，同时也必须与货币政策的需要相适应。因此，财政部在决定国库券发行数量、时间、期限和利率时，通常要考虑政府短期资金需

① 贴现率等于名义收益率。

要的规模、市场利率水平及中央银行货币政策目标等因素。

目前国库券一般以招标方式（市场化拍卖）发行。

1. 按照招标标的不同划分，可分为价格招标、利率招标和数量招标

价格招标是指在债券的发行总量、债券面值和票面利率都已经确定的情况下，投标人对债券的发行价格进行投标，从而确定该债券的实际收益率。贴现债券一般都采用价格招标的方式发行。

利率招标是指在债券发行总量、价格（一般为面值）确定的基础上，对债券利率进行投标，从而确定债券的票面利率。

数量招标是指在发行人确定债券的利率和价格后，由投资者对自己准备认购的债券数量进行投标，如果投标总量低于发行量，则全部中标，如果投资总量大于发行量，投标人按投标数量比例分配债券。

2. 按出价方式划分，可分为竞争性招标与非竞争性招标

在每次发行之前，财政部根据近期短期资金的需要量、中央银行实施货币政策调控的需要等因素，确定国库券的发行规模，然后向社会公告。竞争性投标者在规定的发行规模的约束下，标书中列明购买的价格和数量。发行人将投标人的标价自高向低排列，或自低利率向高利率排列。发行人从高价（低利率）选起，直到达到需要发行的数额为止，因此所确定的价格恰好是供求决定的市场价格。但在竞争性招标中，投标人有可能因出价太低失去购买机会或出价太高造成损失，因而风险较大。非竞争性投标者应在标书中注明参加非竞争性投标，它们以竞争性投标者的平均价格认购，但数量一般以 20 万美元为限。参加者多为一些无力或不愿参加竞争性招标的中小金融机构。

（二）流通市场（二级市场）

1. 参与者

国库券流通市场的参与者主要是作为国库券承销人的一级自营商、银行、基金、保险公司和其他金融性、非金融性机构，以及个人投资者和中央银行。在这里买卖的国库券都是已发行而尚未到期的国库券。

在国库券流通市场上，证券经销商按牌价吞吐证券，从而在建立和保持政府证券市场的深度、广度和弹性方面起重要作用。商业银行则因国库券风险低、流动性强和收益高，而把投资国库券作为调整资产流动性的重要手段。

2. 国库券的交易场所与交易方式

在美国，国库券是在柜台市场进行交易的，交易商对国库券的交易通常以现值为基础，采用双向式挂牌报价，同时挂出的单位买价总是要低于单位卖价，赚取差价收益。挂牌方式采取贴现率报价方式，挂出的买入贴现率要高于卖出贴现率。

3. 国库券的转让价格的影响因素

国库券的转让价格主要取决于两个因素：一是转让日与到期日的距离，离到期日越近价格越高（随着到期日的逼近，证券价格具有向面值收敛的趋势）；二是转让时的市场利率（等于新进入的购买者实际要求的利率），市场利率越低价格越高。

$$\text{国库券的转让价格}=\frac{\text{面额}\times 360}{\text{市场利率}\times\text{剩余到期天数}+360}$$

四、我国的国债市场

我国从1981年恢复发行国库券，但到1994年之前，我国发行的国库券都是3年、5年或8年的，相当于西方国家的中长期债券，并非规范意义上的国库券。1994年年初，为配合中国人民银行拟议中的公开市场操作，我国采用无纸化的方式向银行、证券公司等金融机构发行了两期国库券。首次发行时间为1月25日，计划发行规模为50亿元，期限为半年。第二次发行时间为1月31日，计划发行规模80亿元，期限为1年。1996年又发行了第三期国库券，为中国人民银行在同年公开市场操作业务的启动提供基础条件。

国债一级市场，又称国债发行市场，是财政部将新发国债卖给国债承销机构（主要由银行、其他金融机构和证券经纪人构成）的场所。1981—1990年年底，我国一直采用指标层层分解、职工人人有份的行政分配方式面向企业和个人发行国库券，这种方式具有一定的行政摊派性质。因此，最初几年国债发行没有形成一级市场，也不存在国债流通的二级市场。1991年4月，财政部首次引进承购包销制度，由78家金融机构自愿组成承销团，直接向财政部承购25亿元国库券，我国国债一级市场从这个时候开始形成并不断完善发展。1993年，我国建立了国债一级自营商制度，首批19家金融机构获准成为国债一级自营商。1996年1月，在发行一年期国债时首次采用了价格招标的方式发行。这是我国国库券在实行承购包销发行方式之后的又一次根本性变革，它标志着国库券的发行方式正在转向市场化，开始与国际惯例接轨。

经过20多年的发展，我国的国债一级市场已经基本形成，市场化程度不断提高，国债发行方式包括了招标方式（向国债一级承销商发行可上市国债）、承销方式（向商业银行和财政部所属国债经营机构等销售不上市的凭证式储蓄国债）、定向招募方式（向社会保障机构和保险公司定向出售国债）。同时，国债种类也不断多样化，包括国库券、国家重点建设债券、财政债券、特种国债、定向国债、保值国债、转换债券等，已经形成从3个月到50年的短、中、长期兼备的期限结构。目前我国国债的主要品种包括记账式国债和储蓄国债。其中，储蓄国债分为传统凭证式国债和电子凭证式国债，通常将传统凭证式国债通称为"凭证式国债"，将2006年开始发行的电子凭证式国债通称为"储蓄国债"。图5-2给出了2015年国债收益率曲线。

国债二级市场，又称国债流通市场，是国债承销机构或国债持有者与认购者之间交易已发行国债的场所。我国在1981年恢复发行国债后的很长一段时间里，没有国债二级市场。为了便于国债的流通、转让和交易，增加国债的流动性和价值，我国从1988年开始在7个城市（其后扩大到另外54个大中城市）开展国库券流通试点。试点通过该地区的财政部门与银行部门设立的证券公司进行，属于场外交易；其后在1991年将国债流动范围扩大到全国400个地区的市一级以上的城市。1991年年底，我国以柜台交易为主的二级市场开始形成。随着国债现货市场的快速发展，我国在1991年形成了国债回购市场。然而，由于利率没有市场化及监管不足，导致出现"3·27国债期货"严重违规事件，促使国务院于1995年5月暂停国债期货试点，直到2013年9月6日才恢复。1997年6月，中国人民银行根据国务院指示，要求所有商业银行退出证券交易所国债市场，进入新成立的场外市场——全国银行间债券市场。银行间债券市场成立后，大部分记账式国债和全部政策性金融债券通过全国银行间同业拆借中心的交易系统进行交易，并在中央国债登记结算有限责任公司办理债券的登记托管和结算。2000年后，随着债券交易管理办法的出台和做市商制度的推出，二级市场交易量逐年扩大。

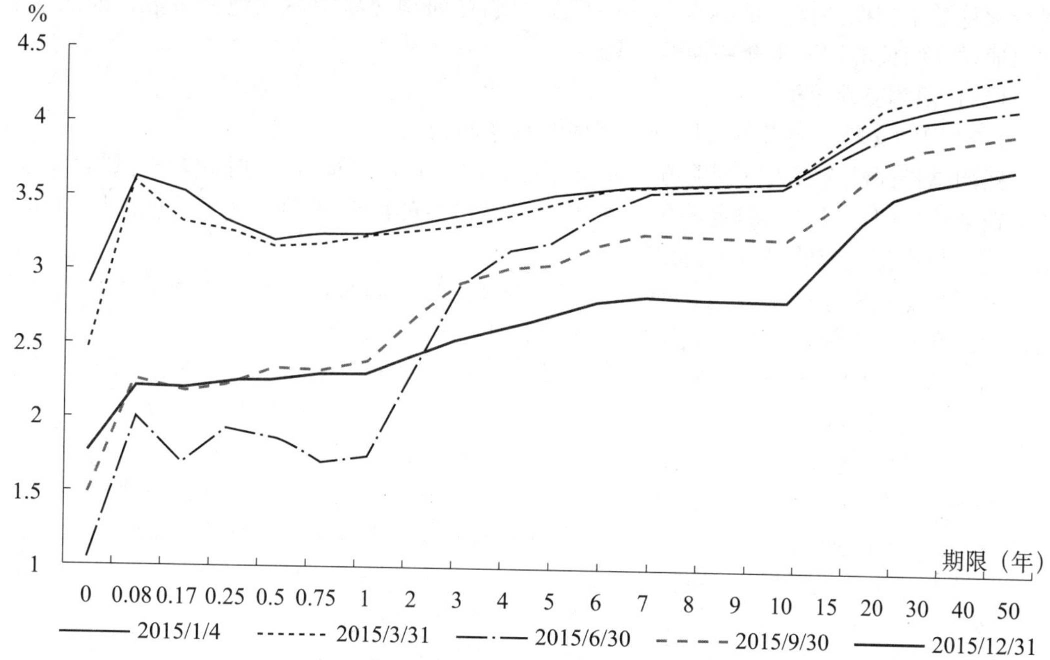

图5-2 2015年国债收益率曲线

资料来源：中国债券信息网。

第六节 回购市场

一、回购交易概述

（一）回购交易的实质

1. 回购交易的概念

回购是指证券持有人（回购方）在出售证券的同时，与买方（逆回购方）签订协议，约定在某一时间，以事先确定的价格买回同一笔证券的融资活动。

2. 回购的实质

从形式上看，回购是指两次证券买卖过程，但实质上它是一种短期资金的融通。证券持有人（回购方）是短期资金的需求方，因此我们称其为融资方；资金盈余方（逆回购方）是短期资金的供给者，因此我们称其为融券方。

一方面，证券的持有者在证券持有期间可能会遇到临时性的资金需要，但又不愿意放弃证券长期增值能力而将所有权做永久性转移，那么他就可以根据所需要的临时性资金时间长短选择合适期限的回购交易。这样既满足了短期的资金需求，又保留了证券后期的获利机会。另一方面，短期有资金闲置的投资者可以通过选择合适期限的回购交易在保持资金安全性的前提下将收益最大化。

3. 回购交易的工具

回购交易中买卖所用证券通常是政府债券，但也有商业票据、可转让大额定期存单、银行承兑汇票、抵押担保证券等。其中债券回购在回购交易中占到绝大多数，因此本节主要通过介绍债券回购来介绍回购交易。

（二）回购交易分类

1. 按回购交易方向考察可以分为正回购和逆回购

回购是指证券持有人（回购方）在出售证券的同时，与买方（逆回购方）签订协议，约定在某一时间，以事先确定的价格买回同一笔证券的融资活动。这里所说的回购即为正回购，与之相对应的概念是逆回购。

逆回购是指资金盈余方（逆回购方）在买入证券的同时，与卖方（回购方）签订协议，约定在某一时间，以事先确定的价格卖出同一笔证券的融资活动。

明显地，如同一个硬币的两面，正回购与逆回购是同一交易过程的两个方面，是分别从不同角度观察的结果。

2. 按期限不同可以分为隔夜回购、定期回购和不定期限回购

按国际惯例，回购交易的期限一般在一个月以内，最长不超过一年。回购协议的期限中最短的为隔夜回购，即回购方在卖出证券的次日将证券购回。定期回购是指回购方在卖出证券至少两天以后再将同一证券买回。此外还有期限不确定的回购，即回购协议每日经交易双方同意后进行展期，利率依每日隔夜回购利率调整。

回购的期限不同，其信用风险也不同，一般来说，期限越长，金融市场因素变动的可能性越大，其信用风险也越大。因此在定期回购中，回购方需要缴纳一定比例的保证金以防止违约。

二、我国的债券回购市场

上海证券交易所于 1993 年 12 月、深圳证券交易所于 1994 年 10 月分别开办了以国债为主要交易品种的质押式回购交易。质押式回购交易实质上是一种以债券为抵押品拆借资金的信用行为，是证券市场的一种重要融资方式。2002 年 12 月 30 日和 2003 年 1 月 3 日，上海证券交易所和深圳证券交易所分别推出了企业债券回购交易。

1997 年 6 月 6 日，中国人民银行发布《中国人民银行关于银行间债券回购业务有关问题的通知》，规定全国统一同业拆借中心开办国债、政策性金融债和中央银行融资券回购业务；商业银行间的债券回购业务必须通过全国统一同业拆借市场进行，不得在市场外进行。

目前，我国债券回购市场主要集中在上述两个市场，其中沪、深证券交易所的证券回购券种主要是国债和企业债，全国同业拆借中心的证券和回购券种主要是国债、融资券和特种金融债。两个市场在交易方式等方面的比较见表 5-3。

表 5-3　　国债回购市场交易比较

	银行间债券回购市场	交易所国债回购市场
交易方式	自主询价、自主交易	集中竞价、电脑自动撮合
交易品种	相互协商	标准券
交易对象	自主选择	电脑自动撮合
托管方式	一级托管	二级托管

自 1993 年正式开展以来，我国国债回购市场经过 20 多年的发展实践，市场规模迅速扩大，其中银行间市场主导了我国的国债回购交易，交易规模逐年扩大。图 5－3 显示了 2008—2015 年我国银行间市场回购交易量的变化趋势，可以从中看出 2015 年回购交易量有了爆发性的增长。图 5－4 显示了 2015 年银行间市场 1 天、7 天和 14 天回购这三种主要类型的回购利率变动趋势，可以看出在经济放缓的大背景下回购利率呈现下降趋势。

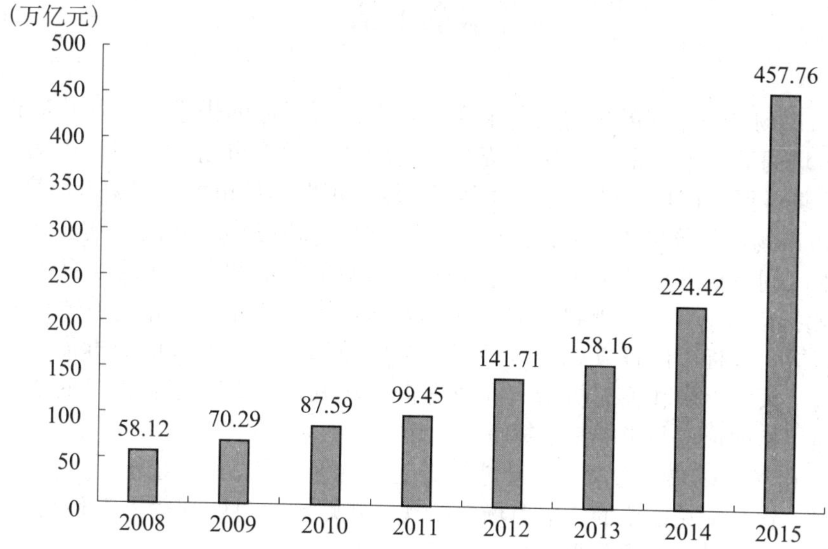

图 5－3　2008—2015 年银行间债券市场回购交易量

资料来源：根据 2010—2015 年中国人民银行年报整理而得。

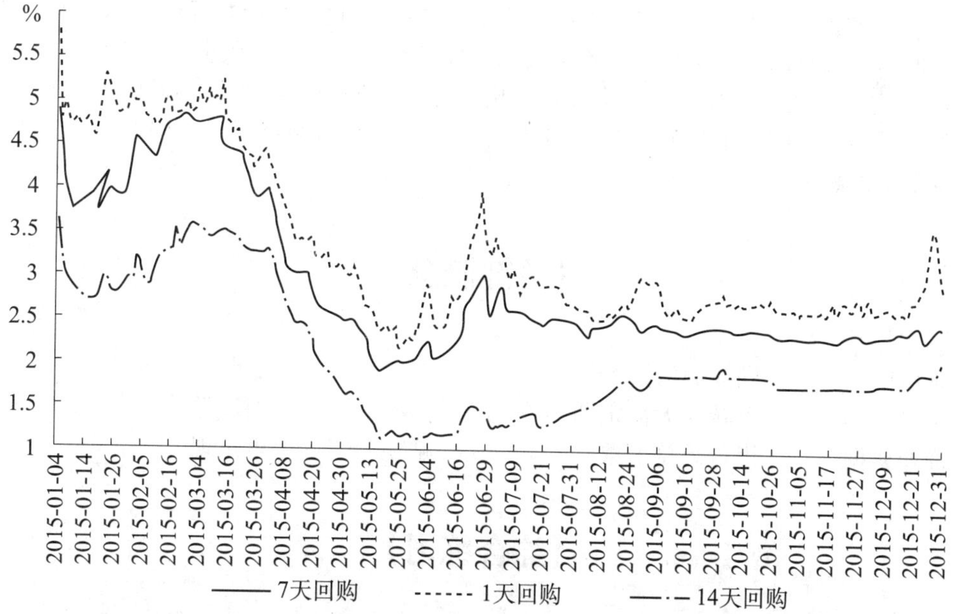

图 5－4　2015 年银行间债券市场回购利率趋势

资料来源：中国外汇交易中心网站。

在回购市场发展的过程中，参与主体类型日益丰富。在市场成立之初仅有16家商业银行，至今已有银行、保险、证券、信托、基金等金融机构和部分非金融机构参与。2015年开始允许境外人民币业务清算行、境外参加银行、境外央行、国际金融组织、主权财富基金参与银行间市场的债券回购。

【本章小结】

1. 货币市场是一年期以内的短期金融工具交易所形成的供求关系及其运行机制的总和。货币市场的活动主要是为了保持资金的流动性。货币市场有众多子市场，主要包括同业拆借市场、票据市场、可转让大额存单市场、短期国债市场、回购市场等。

2. 货币市场工具价格的影响因素包括市场利率、市场供求状况、其他货币市场工具的价格水平（利率水平与之成反比）、货币市场工具的期限和发行人的信用级别。

3. 同业拆借市场是指金融机构之间为弥补短期资金不足、票据清算差额及解决临时性的资金短缺，以货币借贷方式进行短期资金融通活动的市场。同业拆借市场一般有两种交易方式：头寸拆借和临时拆借。同业拆借市场利率是金融市场价格的指示器和风向标，对其他价格的形成与影响都发挥重要作用。

4. 票据市场是以票据为交易媒介进行资金融通活动的总称。票据的种类主要有汇票、本票和支票。银行承兑汇票的二级市场由贴现、转贴现、再贴现等一系列交易行为组成，这些交易行为都须以背书为前提。

5. 可转让大额定期存单是为了规避Q条例的限制、阻止存款外流的新型的金融工具，由花旗银行于1961年首先推出。

6. 短期政府债券是指期限在一年或一年以下的，由政府发行并提供信用担保的债券。短期政府债券具有以下市场特征：流动性强、安全性高、有税收优惠、面额小。

7. 回购是指证券持有人（回购方）在出售证券的同时，与买方（逆回购方）签订协议，约定在某一时间以事先确定的价格买回同一笔证券的融资活动。回购在实质上是一种短期资金的融通。

【关键概念】

货币市场	同业拆借市场	支票	汇票
本票	可转让大额定期存单	回购	国库券
商业票据	银行承兑汇票	贴现	再贴现

【综合练习】

（一）单项选择题

1. 不是同业拆借市场的参与者的是（　）。

A. 商业银行　　　　B. 其他金融机构

C. 银监会　　D. 中介机构

2. 汇票按签发主体不同，可分为（　）。

A. 商业汇票和银行汇票

B. 商业承兑汇票和银行承兑汇票

C. 记名汇票和无记名汇票

D. 商业汇票和商业本票

3. 可转让大额定期存单的发行价格的影响因素不包括（　）。

A. 发行人的信用等级

B. 发行时的市场利率

C. 存单的期限

D. 存单的稳定性

4. 短期政府债券是指期限在（　）的，由政府发行并提供信用担保的债券。

A. 半年或半年以下　　B. 半年到一年

C. 一年或一年以下　　D. 一年到两年

5. 短期政府债券的市场特征不包括（　）。

A. 国库券的流动性很强　　B. 安全性低

C. 税收优惠　　D. 面额小

（二）多项选择题

1. 货币市场工具价格的影响因素包括（　）。

A. 市场利率

B. 市场供求状况

C. 其他货币市场工具的价格水平

D. 货币市场工具的期限

E. 发行人的信用级别

2. 同业拆借市场的功能有（　）。

A. 同业拆借市场为各银行和其他金融机构提供了一种准备金管理的有效机制

B. 同业拆借市场为所有货币市场交易提供高效率和低成本的结算机制

C. 同业拆借市场能及时反映货币市场资金供求变化

D. 同业拆借市场在中央银行货币政策实施中发挥重要作用

E. 同业拆借市场能够促进监管效率

3. 同业拆借市场的支付工具有（　）。

A. 本票　　B. 支票

C. 承兑汇票　　D. 同业债券

E. 转贴现

4. 我国同业拆借市场的基本业务有（　）

A. 头寸拆借　　B. 期权

C. 期货　　D. 资金借贷

5. 银行承兑汇票市场的交易行为有（　）。

A. 背书　　B. 贴现

C. 转贴现　　　　　　　　　　D. 再贴现

E. 转让

（三）思考题

1. 影响货币市场工具价格的主要因素有哪些？
2. 同业拆借市场的支付工具有哪几种？
3. 同业拆借的利息计算方式有哪几种？
4. 票据的特征有哪些？
5. 国库券的发行方式有哪几种？

参考文献

1. 弗兰克·J. 法博齐．金融工具手册．上海：上海人民出版社，2006.
2. 马丽娟．金融市场、工具与金融机构．北京：中国人民大学出版社，2009.
3. 贾玉革．货币市场结构变迁的效应分析．北京：中国人民大学出版社，2006.
4. 彼得·S. 罗斯．货币市场与资本市场．北京：机械工业出版社，1998.
5. 朱忠明．中国货币市场发展新论．北京：中国发展出版社，2002.
6. 李心丹．金融市场与金融机构．北京：中国人民大学出版社，2013.

第六章

资本市场

[导读与学习提示]

相对于货币市场，资本市场是进行中长期资金交易的市场。资本市场主要包括中长期债券市场和股票市场，一般流动性较弱，风险较高。资本市场的一级市场发挥融资的作用，二级市场则是证券流通转让的场所。资本市场与普通人的资产管理、切身利益密切相关，在现实生活中成为众所关注的市场。对于资本市场的学习，既要关注其理论阐释又要特别注意其现实的运行与变化，注意知识的活学活用。以下问题将有助于本章的学习：

1. 债券的种类有哪些？债券作为一种投资工具的主要特点是什么？
2. 债券发行有哪些主要方式以及债券流通市场是怎样构成的？
3. 影响债券价值的若干因素有哪些？债券定价的基本原理是什么？
3. 你愿意持有优先股还是普通股？为什么？
4. 股票定价的基本方法是什么？对于理解股价的波动有帮助吗？
5. 为什么要参与股票发行市场？
6. 参与股票流通市场需要哪些准备知识？

企业通过外源性融资获取资金的融资形式包括两种：直接融资和间接融资。传统上，直接融资是指企业融资行为不通过金融机构，这里的金融机构一般特指商业银行。间接融资是指企业融资行为通过商业银行进行。实际上在理论研究中还有一种划分和界定。格利和肖（1956）提出：直接融资与间接融资的依据是盈余部门取得债权、实现对赤字部门（即企业）融资的方式，直接购买赤字部门发行的融资证券是直接融资；盈余部门先行购买金融中介发行的融资证券，间接实现对赤字部门的融资，是间接融资。相比较而言，格利和肖的划分和界定更为清晰。

在上述界定下，直接融资的金融市场通常以筹集长期资金为主，因而这个市场也被称为资本市场。资本市场有股票和债券两种金融工具。相应地，前一种金融工具所对应的资本市场被称为股票市场，后一种金融工具所对应的资本市场被称为债券市场。狭义的直接融资通常指向是股票市场，狭义的间接融资通常指向是银行融资（银行信贷）。在本章将重点介绍债券市场和股票市场。

第一节　中长期债券市场

在所有的金融工具中，债券属于债务类工具，其性质、交易与定价与其他的金融工具（如股票等）有很大不同。

一、债券的含义与特点

（一）债券的含义

债券是政府、金融机构、公司等机构直接向社会借债筹措资金时，向投资者发行，并且承诺按一定利率支付利息、按约定条件偿还本金的债权债务凭证。由于债券的利息通常是事先确定的，所以，债券又被称为固定利息证券。债券购买者与发行者之间构成一种债权债务关系，债券发行人是债务人，投资者（或债券持有人）为债权人。

（二）债券的特点

债券作为一种债权债务凭证，与其他有价证券一样，也是一种虚拟资本，而非真实资本，它是经济运行中实际运用的真实资本的证书。从投资者的角度看，债券具有以下四个特征：

1. 偿还性

债券一般都规定有偿还期限，发行人必须按约定条件偿还本金并支付利息。但是在历史上，英法等国家在战争期间为了筹措经费发行过的无期公债或者统一公债是例外，这种公债不规定到期时间，债权人也不能要求清偿，只能按期获得利息支付。

2. 流动性

债券一般都可以在流通市场上自由转让，具有较强的流动性，但是债券的流动性一般与发行者的信誉和债券的期限紧密相关。

3. 安全性

债券通常规定有固定的利率，与企业绩效没有直接联系，收益比较稳定；同时，在企业破产时，债券持有者享有优先于股票持有者的企业剩余资产索取权。因此与股票相比，债券的风险较小。但这种安全性是相对的，并不是说债券绝对安全、没有风险。事实上，债券的价格也会因各种因素（如债券信用等级下降、市场利率上升等）的影响而下跌。

4. 收益性

收益性是指债券能为投资者带来一定的收入。这种收入主要表现在两个方面，一是投资债券可以给投资者定期或不定期地带来利息收入；二是投资者可以利用债券价格的变动，买卖债券赚取差价。

债券的偿还性、流动性、安全性与收益性之间存在着一定的矛盾。一般来讲，如果债券的流动性强，安全性就强，人们便会争相购买，于是该种债券的价格就上升，收益率就会下降；反之，如果某种债券的流动性较差，安全性低，那么购买的人就少，债券的价格就低，其收益率就高。对于投资者来说，可以根据自己的财务状况和投资目的来对债券进行合理的选择与组合。

二、债券的基本要素

债券通常包括以下几个基本要素：票面价值、票面利率、偿还期限、债券价格。

（一）票面价值

债券的票面价值包括债券的票面货币币种和票面金额两个因素。债券票面货币币种即债券以何种货币作为其计量单位，要依据债券的发行对象和实际需要来确定。票面金额的不同，对于债券的发行成本、发行数额和持有者的分布都有影响。

（二）票面利率

票面利率又称息票利率或票息率，是指债券的利息与债券票面的比率。影响债券票面利率高低的因素主要有银行利率、发行者的资信状况、债券的偿还期限以及资本市场资金的供求状况。一般而言，市场利率水平越高、债券期限越长、筹资者资信水平越低，债券的票面利率就越高。但是这种关系并不是绝对的，例如，在某些市场环境中，可以见到短期债券票面利率高而长期债券票面利率低的现象。

（三）偿还期限

债券的偿还期限是从债券发行日起至偿清本息之日的时间间隔。债券期限的长短主要取决于债务人对资金的需求、利率变化趋势、证券交易市场的发达程度等因素。

（四）债券价格

债券价格包括发行价格和交易价格。债券的发行价格即债券发行时确定的价格，它可能不同于债券的票面金额。当债券的发行价格高于票面金额时，称为溢价发行；当债券的发行价格低于票面金额时，称为折价发行；当二者相等时，称为平价发行。选择何种方式取决于市场供需状况以及利率水平。债券的交易价格是指债券离开发行市场进入交易市场后，投资者之间买卖债券的价格，随着利率以及二级市场上供求关系的变动，交易价格往往会表现出一定程度的波动。

债券的以上四个基本要素可能并不都记载在票面上，同时，票面上除以上四个要素外还可能记载其他一些事项。

三、债券的种类

债券因发行主体、期限、利率以及筹资用途不同，可以划分为不同的种类。目前债券的主要种类有：

（一）按发行人不同，分为政府债券、金融债券和企业债券

1. 政府债券

政府债券是政府发行并负责还本付息的债券。按照政府级别不同，政府债券还可以分为中央政府债券（又称国债）、地方政府债券（又称市政债券）和政府有关机构发

行的证券（如美国政府国民抵押贷款协会发行的债券）。由于政府信用高于一般的企业信用，加上政府债券在市场上流通比例较大，所以政府债券被认为是安全性和流动性比较高的债券种类。我国目前政府债券中只有国债，按照发行方式可以分为凭证式国债、无记名（实物）国债和记账式国债三种。

2. 企业债券

企业债券也称为公司债券，是指由公司发行并负责还本付息的债券。由于存在违约或破产的可能性，企业债券的持有人面临一定的信用风险。一般的企业债券有债券契约，有的企业债券还有抵押。另外，在发行前，企业债券一般还要经过信用评级。这些措施都是为了尽量保护持有人的利益。

3. 金融债券

金融债券是由银行或非银行金融机构发行的债券。发行金融债券的金融机构一般资金实力雄厚，资信比较高，发行债券所筹集的资金有特定的用途。中国人民银行、国家开发银行、中国进出口银行和中国农业发展银行等都曾发行过金融债券。在西方国家，由于金融机构大多属于股份公司组织，故金融债券可纳入公司债券的范围，但它的信用风险要比普通公司债券低。

（二）按债券生命周期长短，分为短期债券、中期债券和长期债券

短期债券是政府或企业为获得短期融资而发行的还本期限在1年以下的债券。

中期债券是指发行人为获得较长时期的融资需要而发行的债券。中期的划分标准各国并不相同。我国规定期限在1年以上5年以下为中期；美国则习惯把1年以上10年以下的债券叫做中期债券。

长期债券是指发行人为获得长期的融资需要而发行的债券。这些债券期限的划分标准在我国一般为5年以上；在美国习惯把10年以上30年以下的债券叫做长期债券。

（三）按是否有抵押，分为信用债券和抵押债券

信用债券是全凭发行者的信用而发行的债券，它不需要特定的财产作为发债抵押。政府债券一般是信用债券。信用好的大企业发行的企业债券很多也是信用债券。

抵押债券是指以特定财产为抵押而发行的债券。在发债人不能按期还本付息的情况下，债券持有人对抵押财产有留置权，即拥有出售抵押财产来获得其未偿债务的权利。一部分公司债券属于抵押债券。

（四）按是否记名，分为记名债券和无记名债券

记名债券是指债券上记有债权人姓名的债券。这种债券在领取本息时除了要持有债券外，还需要持有债权人的身份证和印鉴。在转让时，一般要进行重新登记。记名债券安全性好，但流动性差。

无记名债券不记载债权人姓名，债券持有人仅凭债券本身就可取得债券的权利。这类债券的流动性好，安全性差一些。

（五）按利息支付方式，分为附息债券和零息债券

附息债券是指按照发债时规定的利率标准每年支付利息的债券。

零息债券又称贴现债券，是指按照低于面值的价格发行，到期后按照面值偿还本息的债券。

（六）按本金偿还方式，分为到期还本债券和分期偿还债券

到期还本债券是由发行人在债券到期时一次性偿还本金的债券。

分期偿还债券是发行人在债券到期前分期向债权人偿还本金的债券。

（七）按债券形态来分，有实物债券、凭证式债券和记账式债券

实物债券是一种具有标准格式的实物券面的债券，债券的发行和购买都是通过债券的实体来实现的，是看得见、摸得着的债券。实物债券不记名，不挂失，可上市流通。

凭证式债券是通过银行等金融机构承销后，再向企事业单位和个人推销的债券，同时开出债权人认购债券的收款凭证。凭证式债券可记名，可挂失，不能上市流通，但是持有者可以到原来的购买网点办理提前兑现手续，类似于储蓄存单。

记账式债券即无纸化债券，在电脑账户中以记账形式记录债权，并没有实物的凭证。记账式债券通过证券交易所的记账系统发行和交易，人们事先在证券交易所中的记账系统中开立账户，买进和卖出债券只是记账系统中的变更。无纸化，效率高，成本低，交易安全。

（八）按债券的计息规则，分为固定利率债券和浮动利率债券

固定利率债券在债券存续期间内，债券的票面利率不发生变化。由于其利息水平不发生变动，因此在偿还期内当通货膨胀比较严重时，会有市场利率上升导致债券价格大幅度下降的风险。

浮动利率债券在债券存续期间内，债券票面利率根据市场利率的变动按照事先约定的规则定期调整，因此，债券持有人每期获得的利息支付是不固定的。此类债券通常以一些基准利率如伦敦银行同业拆借利率（LIBOR）作为参照。采用浮动利率形式，有利于减少持有者的利率风险，也有利于债券发行人按照短期利率筹集中长期的资金。

（九）按是否含有各类选择权划分，分为含权债券和非含权债券

含权债券是债券契约中含有期权条款的债券。它可以进一步分为赋予发行者选择权的债券和赋予债券持有者选择权的债券。比如，可转换债券赋予债券持有者一定时期按照一定的条件把债券转换为普通股的选择权，因而是一种含权债券。

非含权债券是债券契约中没有附加以上各类选择权的债券，也叫普通债券。债券市场上流通的大部分债券是普通债券。

四、债券的发行与流通

债券发行市场和流通市场相辅相成，是互相依存的整体。发行市场是整个债券市场的源头，是债券流通市场的前提和基础。发达的流通市场是发行市场的重要支撑，流通市场的发达是发行市场扩大的必要条件。

（一）债券发行市场

债券发行市场又称一级市场，是发行单位初次出售新债券的市场。债券发行的目的多种多样。一般来说，中央政府和地方政府发行债券的目的主要是为了弥补财政赤字和扩大公共投资。金融机构发行债券的目的是为了获得长期稳定的资金来源扩大贷款额和投资。公司发行债券的目的较为复杂，主要包括多渠道筹集资金；调节负债规模，实现最佳的资本结构；维持对公司的控制等。

（二）债券流通市场

1. 债券流通市场的作用

债券流通市场又称二级市场。债券市场是资本市场中极为重要的组成部分，债券交易在资本市场交易活动中占有很大的比重。

2. 债券流通的场内交易市场和场外交易市场

根据市场组织形式，债券流通市场又可进一步分为场内交易市场和场外交易市场。证券交易所是专门进行证券买卖的场所，如我国的上海证券交易所和深圳证券交易所。在证券交易所内买卖债券所形成的市场，就是场内交易市场，这种市场组织形式是债券流通市场较为规范的形式。交易所作为债券交易的组织者，本身不参加债券的买卖和价格的决定，只是为债券买卖双方创造条件，提供服务，并进行监管。在证券交易所申请上市的债券主要是公司债券，但国债一般不用申请即可上市，享有上市豁免权。然而，与非上市债券相比，上市债券在债券交易总量中所占的比重很小，大多数债券的交易是在场外市场进行的，场外交易市场是债券二级市场的主要形态。

场外交易市场是在证券交易所以外进行证券交易的市场。柜台市场为场外交易市场的主体。许多证券经营机构都设有专门的证券柜台，通过柜台进行债券买卖。在柜台交易市场中，证券经营机构既是交易的组织者，又是交易的参与者。此外，场外交易市场还包括银行间交易市场以及一些机构投资者通过电话、电脑等通信手段形成的市场等。目前，我国债券流通市场由三部分组成，即沪深证券交易所市场、银行间交易市场和证券经营机构柜台交易市场。

五、债券价值分析

（一）债券内在价值分析

债券定价通常采用收入资本化法。收入资本化法又称现金流贴现法，包括股息（或利息）贴现法和自由现金流贴现法。作为金融资产定价的最基本方法，收入资本化法认为任何资产的内在价值取决于该资产预期未来现金流的当前价值。而通过对比资产内在价值与市场价格，可以判定该资产是否被高估或者低估，从而有助于投资者进行正确的投资决策。所以债券内在价值的衡量是债券价值分析的核心。

在一个有效的债券市场上，大量投资者的交易行为会使得债券的市场价格与其内在价值基本相等。

1. 零息债券的价值

零息债券以低于债券面值的方式发行，持有期间不支付利息，到期按债券面值偿还。因此，债券发行价格与面值之间的差额就是投资者的利息收入。由于面值是零息债券未来唯一的现金流，所以，这种债券的内在价值为：

$$V=\frac{M}{(1+y)^T}$$

在上述公式中，V 为债券的内在价值；M 为债券面值，即到期支付金额；y 为市场利率，即该债券的到期收益率，也就是未来现金流的贴现率；T 为到期时间或债券距离到期日的时间长度。

【例 6—1】 某零息债券面值为 1 000 元，期限为 10 年，市场利率为 6%，则该债券的内在价值为：

$$V=\frac{M}{(1+y)^T}=\frac{1\,000}{(1+6\%)^{10}}=558.39\text{（元）}$$

2. 附息债券的价值

附息债券按照票面金额和息票利率逐期计算并支付利息，到期偿还本金。投资者不仅可以在债券到期时收回本金（面值），而且可以定期获得固定的利息收入。因此，该类债券的内在价值为：

$$V=\frac{C}{(1+y)^T}$$

其中，C 为投资者每期可以获得的债券利息。

【例 6—2】 某债券面值为 1 000 元，票面利率为 10%，期限为 20 年，每年支付一次利息，市场利率也为 10%，则该债券的内在价值为：

$$\begin{aligned}V&=\frac{C}{(1+y)}+\frac{C}{(1+y)^2}+\cdots+\frac{C}{(1+y)^T}+\frac{M}{(1+y)^T}\\&=\frac{100}{(1+10\%)}+\frac{100}{(1+10\%)^2}+\cdots+\frac{100}{(1+10\%)^{20}}+\frac{1\,000}{(1+10\%)^{20}}\\&=1\,000\text{（元）}\end{aligned}$$

这里，债券价值正好与其面值相等。这并不是巧合，在后面的分析中我们将看到，当债券票面利息率与市场利率相等时，债券内在价值总是等于其面值，也就是债券按平价发行或交易。

3. 统一公债的价值

统一公债是一种没有到期日的特殊附息债券。最典型的统一公债是英格兰银行在 18 世纪发行的英国统一公债，英格兰银行保证对该公债的投资者永久支付固定的利息。[①] 现代公司中的优先股东可以无限期地获得固定的股息，这种收益特征也非常类似于统一公债。不考虑赎回的问题，那么统一公债未来能够获得的利息收入是无限期的，其内在价值为：

$$V=\frac{C}{(1+y)}+\frac{C}{(1+y)}+\cdots=\frac{C}{y}$$

【例 6—3】 假设某统一公债每年的固定利息支付是 100 元，市场利率为 10%，则该债券的内在价值为：

$$V=\frac{C}{y}=\frac{100}{10\%}=1\,000\text{（元）}$$

（二）债券的到期收益率（yield to maturity，YTM）

从前面的债券定价公式中我们可以看到，在给定债券未来现金流的情况下，债券价值与到期收益率之间具有一一对应的关系。因此，计算债券价值与求债券到期收益率就成为债券定价问题的两个方面。已知到期收益率可以求价值，已知价值也可以求解到期

① 直至今日，在伦敦的证券市场上，仍然可以买卖这种公债。历史上，美国政府为巴拿马运河融资时也曾发行过类似的统一公债，但是由于该公债附有可赎回条款，如今已经全部被赎回，退出流通。

收益率。

在计算到期收益率时，前面的公式需要做微小的调整。由于投资者是按照市场价格买卖债券，我们将等式左边的债券价值替换为市场价格，以反映投资者的投资成本。这样，到期收益率就是使债券产生的现金流量等于其市场价格（初始投资）的收益率（或贴现率）。这一收益率同时被看做是债券自购买日保持至到期日为止投资者所获得的平均报酬率。令 P 代表购买债券的价格，则附息债券的到期收益率由下式确定：

$$P=\frac{C}{(1+y)}+\frac{C}{(1+y)^2}+\cdots+\frac{C}{(1+y)^T}+\frac{M}{(1+y)^T}$$

【例 6—4】 某债券的当前价格是 1 036.18 元，距到期日还有 4 年，票面利率是 6%，面值为 1 000 元，求该债券的到期收益率。

根据到期收益率公式，有

$$1\,036.18=\frac{60}{(1+y)}+\frac{60}{(1+y)^2}+\frac{60}{(1+y)^3}+\frac{60}{(1+y)^4}+\frac{1\,000}{(1+y)^4}$$

这个等式里有一个未知数 y，就是我们要求的到期收益率。显然，这个方程存在唯一解，但没有办法直接求出。当然，我们可以利用专门财务计算器或 EXCEL 等工具来计算到期收益率。这里，我们用试错法来求解，得出其值大概为 5%。

到期收益率不仅考虑到了当前的利息收入，而且考虑到了投资者将债券一直持有至到期而获得的任何资本利得或损失。除此之外，到期收益率还将现金流量的时间性考虑在内。但是，到期收益率的计算有一个重要的前提，那就是在整个债券的生命期间市场利率保持不变，这样债券的利息能够以这个“到期收益率”进行再投资。否则，债券的利息的投资收益率不一定与原来的到期收益率相等，也就不能保证投资者投资的实际收益率与到期收益率相等。

除了到期收益率外，债券投资中还常见以下收益率概念。

1. 现金收益率

现金收益率（current yield）是债券年利息与其市场价格之比，计算公式为：

$$现金收益率=\frac{息票利息}{市场价格}$$

例如，期限为 15 年、票面利率是 7%、面值为 1 000 元、售价为 769.4 元的债券的现金收益率是 1000×7%/769.4=9.10%。

2. 持有期收益率

持有期收益率是债券在持有期间内实现的回报率。例如，一种 30 年期，年息票收入为 80 元的债券以 1 000 元购入，它的到期收益率是 8%；如果 1 年后债券的价格上升到 1 050元，那么在这 1 年的持有期内，债券的持有期收益率为［80＋(1 050－1 000)］/1 000＝13%。

3. 税后收益率

部分债券的利息收入要交纳所得税。税后收益率就是在扣除了利息所得税后的收益率。

$$税后收益率=税前收益率\times(1-税率)$$

例如，假设需要课税的债券到期收益率是 9%，投资者面临的税率是 31%，则税后收益率是 9%×(1−31%)=6.21%。另外，我们还可以据此确定免税债券的“课税等值收益率”(equivalent taxable yield)。

$$课税等值收益率=\frac{免税收益率}{1-税率}$$

例如，一位投资者购买了收益率为 6.21%的免税债券，其所适用的税率是 31%，则课税等值收益率是 0.062 1/(1−0.31)=0.09=9%。

4. 总收益率

总收益率是使债券投资额达到投资期末可得未来收入的收益率，其计算公式为：

$$总收益率=\left(\frac{未来总收入}{债券的购买价格}\right)^{1/n}-1$$

式中，n 为投资期数。

未来总收入=债券的购买价格+总收益

总收益=债券利息+债券期满或被赎回或被出售时的资本利得（或资本损失）+定期获得的利息的再投资利息收入（利息的利息）

在总收益的公式中，后两项受到利率变动的影响。因此，计算总收益率的前提是先找到一个使投资者满意的再投资利率。如果再投资利率与债券的到期收益率不同，那么投资者的实际回报率与根据购买价格计算的到期收益率就会不一致。这样的情况是经常发生的，因为市场利率总是处于不断的波动之中。所以总收益率相比到期收益率而言，是一种更现实的收益率指标。

（三）影响债券价值的因素

在债券的定价公式中我们可以看到，债券价值与债券的某些属性密切相关，这些属性主要包括：市场利率、息票利率、到期时间、违约风险和其他方面的特征。

1. 市场利率与债券价值

债券作为固定收益类证券，在债务人不违约的前提下，其未来现金流是事先确定的，而影响债券当前价值的主要可变因素就是收入资本化公式中位于分母上的市场利率或者贴现率。在其他条件不变的情况下，债券的价值与市场利率之间存在反向变动关系：当市场利率上升时，债券价值下降；当市场利率下降时，债券价值上升。见表 6－1。同时，对于同样的利率变化幅度，利率上升对债券价值的影响要小于利率下降的影响。

表 6－1　　债券在不同利率下的价值

市场利率	5%	6%	7%	8%	9%	10%
债券 1 的价值（元）	614	558	508	463	422	386
债券 2 的价值（元）	1 154	1 073	1 000	933	872	816
债券 3 的价值（元）	1 309	1 221	1 140	1 067	1 000	939

说明：债券 1 为 10 年期零息债券；债券 2 为息票利率为 7%的 10 年期债券；债券 3 为息票利率为 9%的 10 年期债券。

对于大多数的普通债券而言，价值与市场利率之间的相关性都可以用一条向下倾斜的凸向原点的曲线来描述，如图 6－1 所示。

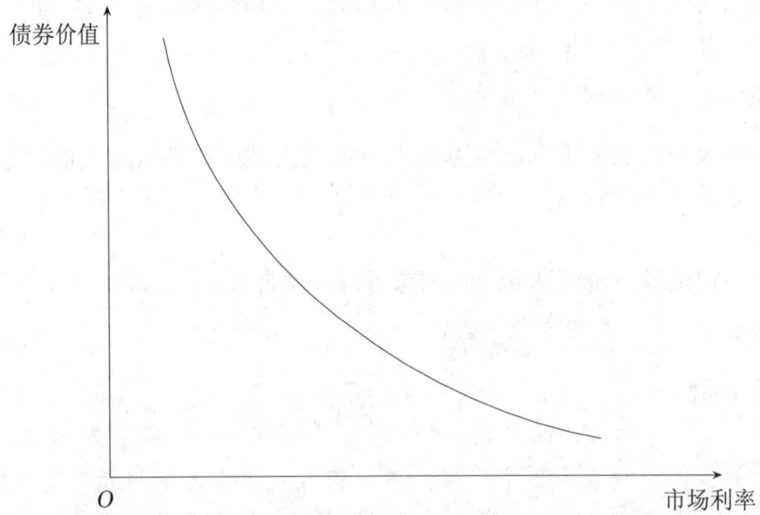

图 6-1　债券价值与市场利率

事实上，债券价值的波动，即主要风险正是由于市场利率变动导致的价格波动风险，也就是通常所说的利率风险。到期时间、票面利息率等债券属性都会影响债券的利率敏感性。利率风险是债券投资分析的核心内容。

2. 息票利率与债券价值

息票利率是印制在债券票面上的固定利率。息票利率是年利息收入与债券面值的比率，它决定了投资者在持有期内可以获得的未来现金流量的大小。因此，在其他属性不变的条件下，债券的息票利率越低，债券的内在价值越小。并且，在其他条件相同的情况下，债券的息票利率越低，市场利率变化引起的债券价格的波动幅度越大，也就是说债券价值对利率的敏感性越大。

考虑 5 种债券，它们的期限均为 20 年，面值均为 1 000 元。唯一的区别在于息票利率不同，分别为 4%，5%，6%，7%和 8%。假设初始市场利率水平为 7%，那么可以运用附息债券的定价公式分别计算 5 种债券的初始内在价值。再假设市场利率发生了变化（上升到 8%或下降到 5%），相应的债券内在价值也会发生变化，但是由于息票利率的差异，相同市场利率变动所带来的债券价值的变动幅度是不相同的，计算结果见表 6-2。

表 6-2　息票利率与债券内在价值

息票利率	不同利率水平下债券的内在价值（元）			内在价值的变化率（%）	
	7%	8%	5%	市场利率由 7%到 8%	市场利率由 7%到 5%
4%	68	60	87	−11.3	+28.7
5%	78	70	100	−10.5	+27.1
6%	89	80	112	−10	+25.8
7%	100	90	125	−9.8	+25.1
8%	110	100	137	−9.5	+24.4

资料来源：刘红忠．投资学．北京：高等教育出版社，2003.

从表 6－2 可以发现，面对同样的市场利率变动，5 种债券中息票利率最低的债券，其内在价值波动幅度最大，而随着息票利率的提高，债券内在价值的波动幅度逐渐降低。所以，债券的息票利率越低，市场利率变动引起的债券内在价值（市场价格）的波动幅度越大。

3. 到期时间与债券价值

到期时间与债券价值之间的关系略微复杂，它依赖于息票利率与市场利率的大小关系。当息票利率大于市场利率时，到期时间越长，债券内在价值越大；而如果息票利率小于市场利率，到期时间越长，债券内在价值反而越小。假设市场利率为 6%，考虑以下两组债券的定价。第一组债券包括到期时间分别为 1 年、10 年、20 年和 30 年的 4 种附息债券，其票面利息率为 4%；第二组债券同样包括到期时间分别为 1 年、10 年、20 年和 30 年的 4 种附息债券，但其票面利息率为 8%。两组债券的内在价值如表 6－3 所示。很显然，第一组债券的价值随着到期时间的增大而减小，第二组债券的价值随着到期时间的增大而增大。

表 6－3　　不同息票利率下到期时间与债券价值的关系

息票利率	不同到期时间下的债券内在价值（元）			
	1 年	10 年	20 年	30 年
第一组（4%）	981	853	771	725
第二组（8%）	1 019	1 147	1 229	1 275

在利率敏感性方面，当其他条件完全一致时，债券的到期时间越长，市场利率变化引起的债券价格的波动幅度越大。但是，当到期时间变化时，市场利率变化引起的债券边际价格变动率递减。

假定存在 4 种期限分别为 1 年、10 年、20 年和 30 年的债券，它们的息票利率都是 6%，面值均为 1 000 元，其他属性也完全一样。如果初始的市场利率与息票利率相同，那么这 4 种债券的初始内在价值都应当是 1 000 元。如果市场利率上升到 8%或下降到 4%，那么这 4 种债券的内在价值将会发生如表 6－4 所示的变化。

表 6－4　　到期时间与内在价值

期限（年）	不同利率水平下债券的内在价值（元）			内在价值的变化率（%）	
	6%	8%	4%	市场利率由 6%到 8%	市场利率由 6%到 4%
1	1 000	981	1 019	−1.9	+1.9
10	1 000	865	1 162	−13.5	+16.2
20	1 000	804	1 272	−19.6	+27.2
30	1 000	774	1 346	−22.6	+34.6

4. 违约风险与债券价值

债券的违约风险也叫信用风险，是指债券发行人未按照契约的规定支付债券的本金和利息，从而给债券投资者带来损失的可能性。一般而言，政府债券不存在违约风险问题，而公司债券的违约风险比政府债券高，因此，公司债券投资者需要较高的利率作为补偿。

违约风险是公司债券的一个主要风险，因此，在债券的公开发行中，发行人要做的一项重要工作就是请专门的债券评级机构对其所发行债券的信用等级进行评定，信用评级的结果反映了债券的安全程度，或该债券风险的大小。债券的违约风险与债券收益率之间的关系表现为：投资者对不同违约风险的债券要求的投资收益率不同。债券违约风险越高，投资者要求的风险补偿越高，即债券为投资者提供的回报率越大。

四、我国债券市场的建立与发展

1981 年 1 月国务院通过《中华人民共和国国库券条例》，开始了国库券的发行，标志着我国债券市场的开始。

金融债券分为政策性金融债和商业性金融债。1985 年中国工商银行和中国农业银行开始发行金融债券。1999 年以后，金融债券的发行主体集中为政策性银行，以国家开发银行为主。1998 年前，政策性金融债券的数量和利率都是由央行决定，后来，开始实行市场化的发行方式。2005 年，中国人民银行颁布了《全国银行间债券市场金融债券发行管理办法》，规范金融债券发行行为。商业性金融债是最近几年产品创新的结果，种类包括商业银行次级债、混合资本债和金融机构普通债，其中商业银行次级债比重最大。

20 世纪 80 年代中期中国开始发行企业债券。1993 年《企业债券管理条例》出台规范企业债券的发行。1996 年后非大型国有企业开始发行企业债。

1989 年，中国人民银行下发《关于发行短期融资融券有关问题的通知》，以文件的形式肯定了各地发行融资券的做法。1997 年以后，由于交易市场暴露出了种种问题，企业短期融资券逐渐退出了市场。2005 年 5 月 24 日，《企业短期融资券管理办法》发布，鼓励业绩好信誉好的大企业在银行间债券市场发行短期融资债券。

2015 年 1 月，证监会发布的修订后的《公司债券发行与交易管理办法》正式施行，该文件涵盖扩大发行主体范围、丰富债券发行方式、简化发行审核流程等七方面内容。公司债的改革促使公司债发行量迅猛增长，尤其是 2015 年 7 月以后，公司债的发行量明显超过中期票据、短期融资等同类企业融资工具。7—12 月公司债月均发行量达 1 500 亿元，全年发行量接近 1 万亿元，创历史新高。受政策利好影响，资产证券化产品、债券衍生品等产品也迅速发展起来。

目前，我国债券的主要交易场所有银行间债券市场、交易所债券市场和商业银行柜台市场，不同的市场交易的债券种类有所差别。银行间债券市场已经成为我国债券市场的主体部分。2015 年，银行间债券市场累计发行各类债券 22.9 万亿元，相当于股票市场总市值的 43%，同比增长 108.3%，主要是地方政府债券、公司债和同业存单发行量增长很快；公司信用类债券中的企业债券发行量较上年减少。其中，国债为 5.94 万亿元，金融债券为 10.21 万亿元，两者合计为 16.15 万亿元，占比超过 70%。年末国内各类债券余额 48.8 万亿元，同比增长 38.1%。2015 年，上海证券交易所国债现券交易 4 018.42 亿元，公司债现券交易 5 790.56 亿元，企业债现券交易 10 223.31亿元，可转债交易 7 426.8 亿元，可分离债券成交 120.09 亿元。表 6 - 5 显示了 2015 年银行间市场各类债券发行情况。图 6 - 2 显示了近年来银行间市场债券发行量变化情况。

表 6-5 **2015 年银行间市场各类债券发行情况**

债券品种	发行额（亿元）	较上年增减（亿元）
国债	21 058	3 311
地方政府债券	38 351	34 351
中央银行票据	0	0
金融债券*	102 095	65 543
其中：国家开发银行及政策性金融债	26 051	2 851
同业存单	53 024	44 827
公司信用类债券**	67 205	15 709
其中：非金融企业债务融资工具	54 326	12 514
企业债券	5 031	−3 229
公司债	7 708	6 680
国际机构债券	115	95
合计	228 824	119 009

注：*金融债券包括国家开发银行金融债、政策性金融债、商业银行普通债、商业银行次级债、商业银行资本混合债、证券公司债券、同业存单等。

**公司信用类债券包括非金融企业债务融资工具、企业债券以及公司债、可转债、可分离债、中小企业私募债等。

资料来源：2015 年第四季度中国货币政策执行报告.

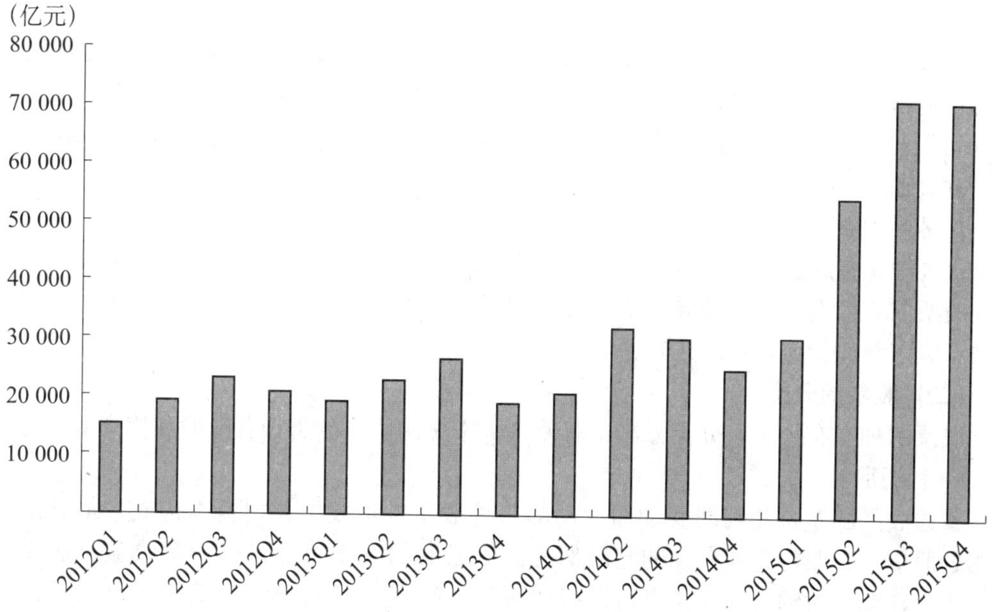

图 6-2 2012—2015 年各季度债券发行量

资料来源：2012—2015 年中国人民银行年报.

第二节 股票市场

一、股票概述

股票是一种有价证券，它是股份有限公司发行的，用以证明投资者身份和权益，并据以获取股息和红利的凭证。

股票一经发行，购买股票的投资者即成为公司的股东。股票实质上代表了股东对股份公司的所有权，这种所有权是一种综合的权利，如参加股东大会、投票表决权、参与公司的重大决策、收取股息和分享红利等。

（一）股票的特征

股票具有以下几个方面的特征：

1. 收益性

收益性是指持有股票可以为持有人带来收益的特性。持有股票的目的在于获取收益。股票的收益包括两部分：一是股息或红利收益；二是资本利得。前者是指投资者认购股票后，对发行公司享有收益权，也即从公司领取股息和分享公司的红利，股息和红利的多少取决于股份公司的经营和盈利水平。后者来源于股票流通转让，即投资者可以获得价差收入或实现资产的保值增值。通过低价买入高价卖出，投资者可以赚取价差利润。

2. 风险性

风险性是指股票可能产生经济利益损失的特性。股票风险的内涵是预期收益的不确定性。尽管股票可能给持有者带来收益，但这种收益是不确定的，认购了股票就必须承担一定的风险。

3. 流通性

流通性是指股票可以依法自由地进行交易的特性。股票持有人虽然不能直接从股份公司退股，但可以在股票市场上随时转让，进行买卖，也可以继承、赠予、抵押，所以，股票也是一种具有很强流通性的流动资产。正是由于股票具有很强的流通性，才使股票成为一种重要的融资工具而不断发展。

4. 永久性

永久性是指股票所载有权利的有效性是始终不变的，因为它是一种无期限的法律凭证。股票的有效期与股份公司的存续期间相联系，两者是并存的关系，这种关系实质上反映了股东与股份公司之间比较稳定的经济关系。

（二）股票的分类

股票的种类有很多，分类方法也有差异。常见的股票分类如普通股和优先股之分。

1. 普通股

普通股是随着企业利润变动而变动的一种股份，是股份公司资本构成中最普通、最基本的股份，是股份企业资金的基础部分。普通股的基本特点是其投资收益（股息和分红）不是在购买时约定，而是事后根据股票发行公司的经营业绩来确定。公司的经营业绩好，普通股的收益就高；反之，若经营业绩差，普通股的收益就低。普通股是股份公司资本构成中最重要、最基本的股份，也是风险最大的一种股份。在我国上海证券交易所与深圳证券交易所上市的股票都是普通股。

2. 优先股

优先股是股份公司发行的在分配红利和剩余财产时比普通股具有优先权的股份。优先股也是一种没有期限的有权凭证，优先股股东一般不能在中途向公司要求退股（少数可赎回的优先股例外）。

优先股的主要特征有三个：一是优先股通常预先设定股息收益率。优先股可以先于普通股获得股息，对公司来说，由于股息固定，它不影响公司的利润分配。二是优先股的权利范围小。优先股股东一般没有选举权和被选举权，对股份公司的重大经营无投票权，但在某些情况下可以享有投票权。三是优先股的求偿权先于普通股，而次于债权人。优先股的优先权主要表现在两个方面：（1）股息领取优先权。股份公司分派股息的顺序是优先股在前，普通股在后。不论股份公司盈利多少，只要股东大会决定分派股息，优先股就可按照事先确定的股息率领取股息，即使普遍减少或没有股息，优先股也应照常分派股息。（2）剩余资产分配优先权。股份公司在解散、破产清算时，优先股具有公司剩余资产的分配优先权，不过，优先股的优先分配权在债权人之后，而在普通股之前。

二、股票的价值和价格

（一）股票的价值

1. 股票的面值

股票的票面价值又称面值，即在股票票面上标明的金额。有的股票有票面金额，叫做面值股票；有的不标明票面金额，叫做份额股票。股票的票面价值仅在初次发行时有一定意义，如果股票以面值发行，则股票面值的总和即为公司的资本金总额。随着时间的推移，公司的资产会发生变化，股票的市场价格会逐渐背离面值，股票的票面价值也逐渐失去原来的意义。

2. 股票的账面价值

账面价值又称股票净值或每股净资产，是指每股股票所代表的实际资产的价值。每股账面价值是以公司净资产除以发行在外的普通股票的股数求得的，它是证券分析师和投资者分析股票投资价值的重要指标。

3. 股票的清算价值

清算价值是公司清算时每一股份所代表的实际价值。从理论上讲，股票的清算价值应与账面价值一致，实际上并非如此简单。只有当清算时的资产实际出售额与财务报表上反映的账面价值一致时，每一股的清算价值才会和账面价值一致。但在公司清算时，其资产往往只能压低价格出售，再加上必要的清算成本，所以大多数公司的实际清算价值总是低于账面价值。

4. 股票的内在价值

股票的内在价值即理论价值，即股票未来收益的现值，它取决于股息收入和市场收益率。股票的内在价值决定股票的市场价格，而市场价格又不完全等于其内在价值，股票的市场价格受供求关系以及其他许多因素的影响，但股票的市场价格总是围绕着股票的内在价值波动。

5. 普通股价值分析指标

普通股价值分析中主要有两个指标：市盈率和市净率。

（1）市盈率。

①市盈率的概念。市盈率（price earning ratio ，简称 PE），又称价格收益比，是估计普通股价值的最基本、最重要的指标之一。

$$\text{市盈率}=\frac{\text{每股市价}}{\text{每股净利润}}=\frac{\text{每股市价}}{(\text{净利润}\div\text{年末普通股股数})}$$

式中，年末普通股股数是指股票在股市上交易的发行量。

②市盈率的意义。市盈率反映了在每股盈利不变的情况下，当派息率为100%以及所得股息没有进行再投资时，经过多少年投资者的投资可以通过股息全部收回。一般情况下，一只股票市盈率越低，市价相对于股票的盈利能力越低，表明投资回收期越短，投资风险就越小，股票的投资价值就越大；反之，结论相反。

一般认为该比率保持在20和30之间较为正常，过小说明股价低，风险小，值得购买；过大则说明股价高，风险大，购买时应谨慎。从国外成熟市场看，上市公司市盈率分布大致有这样的特点：(1) 稳健型、发展缓慢型企业的市盈率低；增长性强的企业市盈率高；周期起伏型企业的市盈率介于两者之间。(2) 大型公司的市盈率低，小型公司的市盈率高。市盈率如此分布，包含对公司未来业绩变动的相对预期。

(2) 市净率。

①市净率的概念。市净率（price book value ratio，简称PB）是股票市价与每股净资产的比率，代表的是投资者愿意用多少价格购买某家上市公司的每股净资产。市净率是另一个估计普通股价值的重要指标。

$$\text{市净率}=\frac{\text{股票市价}}{\text{账面价值}}=\frac{\text{股票市价}}{\text{每股净资产}}=\frac{\text{股票市价}}{\text{净资产}\div\text{年末普通股股数}}$$

说明：在财务管理中通常用每股净资产来代替账面价值。

②市净率的意义。市净率越低意味着风险越低，因此，一般来说市净率较低的股票，投资价值较高；相反，则投资价值较低。但在判断投资价值时还要考虑当时的市场环境以及公司经营情况、盈利能力等因素。因为净资产的多少是由股份公司经营状况决定的，股份公司的经营业绩越好，其资产增值越快，股票净值就越高，因此股东所拥有的权益也越多。

（二）股票的价格

1. 股票的理论价格

股票的理论价格，即股票的内在价值。从理论上说，股票价格应由其价值决定，但股票本身并没有价值，不是在生产过程中发挥职能作用的现实资本，只是一张凭证。股票之所以有价格，是因为它代表着收益的价值，即能给它的持有者带来股息或资本利得，是凭以取得某种收入的证书。股票交易实际上是对未来收益权的转让买卖，股票价格就是对未来收益的评定。可见，股票及其他有价证券的理论价格就是以一定市场利率计算出来的未来收入的现值。股票的理论价格用公式表示为：

$$\text{股票价格}=\frac{\text{预期股息}}{\text{市场利率}}$$

2. 股票的市场价格

股票的市场价格一般是指股票在证券市场上买卖的价格。股票的市场价格由股票的价值所决定，但同时受许多其他因素影响，其中，供求关系是最直接的影响因素，其他因素都是通过作用于供求关系而影响股票价格的，而且这些因素的影响程度几乎是不可预测的。正由于影响股票价格的因素是复杂多变的，所以，股票价格也是经常起伏波动、变化不定的。

股票市场价格具有多层次性，同一只股票在市场交易时，通过多种价格显示：

（1）开盘价格。股票市场开市时第一笔成交价。我国股票市场的开盘价格通过集合竞价产生。

（2）现价。到目前为止最新的一笔成交价。

（3）最高价格。到目前为止已成交的最高价格。

（4）最低价格。到目前为止已成交的最低价格。

（5）买入价格、卖出价格。尚未成交，但已有人下了买入或卖出指令，想在此价位成交的报价。

（6）收盘价格。当天股市闭市之前最后一笔成交价。

（三）影响股票价格的因素

影响股票价格变动的因素多种多样。一般来讲，这些因素可大致划分为两类：来自股票市场以外的基本因素和股票的技术因素。前者对股票市场的长期趋势起决定性作用，后者影响股价的短期波动。

1. 基本因素

基本因素是指在长期趋势中，存在于股票市场以外的，对股票市场价格发生作用的因素。基本因素是股票市场上的投资者或投机者预测股价变动趋势的基本依据。如果大多数入市者断定基本因素是乐观和良好的，就会争相购进股票，使股票价格上涨。反之，则可能会引起股票价格下跌。基本因素涵盖的内容很多，其中主要包括：

（1）政治因素。基本因素中的政治因素是指足以影响股票价格的国际政治活动和本国政府制定的政策措施。

（2）经济周期。经济周期包括衰退、危机、复苏和繁荣四个阶段，一般来说，在经济衰退时期，股票价格会逐渐下跌；到危机时期，股价跌至最低点；而在经济复苏开始时，股价又会逐步上升；到繁荣时，股价则上涨至最高点。

（3）利率。一般来说，当利率下降时，股票的价格会上涨；当利率上升时，股票的价格就会下跌。因此，利率的高低以及利率同股票市场的关系，也成为股票投资者据以买进和卖出股票的重要依据。

（4）货币供应量。货币供应量与股票价格一般成正比关系，即货币供应量增大使股票价格上升；反之，货币供应量缩小则使股票价格下降，但在特殊情况又有相反的作用。

（5）公司的盈利状况。公司的盈利状况和股票价格的变动有着十分密切的关系。当公司盈利增加时，公司会增加派息或者增加公积金，前者直接增加股东的当期收益，后者则会提高股票的价值。两种情况都有可能会提高投资者对该股票的需求量，从而推动股票价格上升。所以，在一般情况下，公司盈利与股票价格成正相关关系，即公司盈利上升，股票价格也随之上涨；公司盈利下降，股票价格也随之下降。当然，由于投资者对股票价格的估计是根据股票未来的收益而不是当期收益进行的，因此，股票价格的升降往往先于盈利的变动而发生。也正因为如此，有时候股票价格和盈利的变动从表面上看是完全脱节的。

2. 技术因素

技术因素是指存在于证券市场内或证券市场本身而又足以影响股票价格的各种因素。基本因素主要对股价变动的长期趋势产生影响，技术因素主要引起股价的短期波动。

影响股价的技术因素主要包括以下几项内容：

(1) 股票的供求。同其他商品的市场价格一样，股票的市场价格也是由股票的市场供求关系决定的。当需求大于供给时，股票价格上升；反之，则股票价格下跌。而股票的供求除了投资性的真实供求关系外，尚有投机性的供求关系。股票投资者看重股票的长期投资价值，所以投资性的股票供求更多地取决于基本因素。而作为纯技术因素的股票供求，则主要取决于股票市场的投机活动。

(2) 操纵。在股票市场上，一些资金实力很强的投机者往往可以凭借自己的资金实力，以人为的力量掀起股价的波动而从中获利，这被称为操纵。股价之所以能被操纵，是因为大部分已发行的股票均在稳定的、分散的持股人手中，而在市场上流通的股票比例较小。一般来说，股票的可流通量越小就越容易被操纵。在股票交易规范和管理措施比较严密的国家，股票被操纵的可能性相对较小，但要完全消除这种现象则是十分困难的。

(3) 公众心理。公众心理也会对股票价格产生影响，特别是中小投资者，他们对信息的掌握不够全面，因而缺乏预期判断能力，心理波动很大，往往容易跟在一些大投资者后面，出现急于抛出或买进的情况，形成抢购风潮或抛售风潮，对股价影响很大，甚至某些传闻或谣言也会使投资者人心惶惶，盲目购进或抛售股票，引起股票的暴涨暴跌。

(四) 股价平均数和股价指数

股价平均数和股价指数是衡量股票市场总体价格水平及其变动趋势的尺度，也是反映一个国家或地区政治、经济发展状况的灵敏信号。

1. 股价平均数

股价平均数采用股价平均法，用来度量所有样本股经调整后的价格水平的平均值，可分为简单算术股价平均数、加权股价平均数和修正股价平均数。

(1) 简单算术股价平均数。简单算术股价平均数是以样本股每日收盘价之和除以样本数计算的，其公式为：

$$\overline{P} = \frac{\sum P_i}{N}$$

式中：$\overline{P}$——平均股价；

P_i——各样本股收盘价；

N——样本股票种数。

简单算术股价平均数的优点是计算简便，但也存在两个缺点：第一，发生样本股送配股、拆股和更换时会使股价平均数失去真实性、连续性和时间数列上的可比性；第二，在计算时没有考虑权数，即忽略了发行量或成交量不同的股票对股票市场有不同影响这一重要因素。简单算术股价平均数的这两点不足，可以通过加权股价平均数和修正股价平均数来弥补。

(2) 加权股价平均数。加权股价平均数又称加权平均股价，是将各样本股票的发行量或成交量作为权数计算出来的股价平均数，其计算公式为：

$$\overline{P} = \frac{\sum_{i=1}^{N} P_i W_i}{\sum_{i=1}^{N} W_i}$$

式中：W_i——样本股的发行量或成交量。

①以样本股成交量为权数的加权平均股价可表示为：

$$加权平均股价=\frac{样本股成交总额}{同期样本股成交总量}$$

②以样本股发行量为权数的加权平均股价可表示为：

$$加权平均股价=\frac{样本股成交总额}{同期样本股发行总量}$$

（3）修正股价平均数。修正股价平均数是在简单算术股价平均数法的基础上，当出现如样本股结构发生变化或样本股的市值出现非交易性因素影响等情况时，通过变动除数使股价平均数保持连贯性的一种股价平均数。

2. 股票价格指数

股票价格指数是将计算期的股价与某一基期的股价相比较的相对变化指数，用以反映市场股票价格的相对水平。

股票价格指数的编制方法有简单算术股价指数和加权股价指数两类。

（1）简单算术股价指数又有相对法和综合法之分。相对法是先计算各个样本股的个别指数，再加总求算术平均数。若设股价指数为 P'，基期第 i 种股票价格为 P_{0i}，计算期第 i 种股票价格为 P_{1i}，样本数为 N，计算公式为：

$$P' = \frac{1}{N}\sum_{i=1}^{N}\frac{P_{1i}}{P_{0i}} \times 固定乘数$$

综合法是将样本股票基期价格和计算期价格分别加总，然后再求出股价指数，其计算公式为：

$$P' = \frac{\sum_{i=1}^{N} P_{1i}}{\sum_{i=1}^{N} P_{0i}} \times 固定乘数$$

（2）加权股价指数是以样本股票发行量或成交量为权数加以计算，又有基期加权、计算期加权和几何加权之分。

基期加权股价指数又称拉氏加权指数（Laspeyre index），系采用基期发行量或成交量作为权数，计算公式为：

$$P' = \frac{\sum_{i=1}^{N} P_{1i}Q_{0i}}{\sum_{i=1}^{N} P_{0i}Q_{0i}} \times 固定乘数$$

式中：Q_{0i}——第 i 种股票基期发行量或成交量。

计算期加权股价指数又称派氏加权指数（Passche index），采用计算期发行量或成交量作为权数。其适用性较强，使用较广泛，很多著名股价指数，如标准普尔指数等，都使用这一方法。计算公式为：

$$\overline{P} = \frac{\sum_{i=1}^{N} P_{1i}Q_{1i}}{\sum_{i=1}^{N} P_{0i}Q_{1i}} \times 固定乘数$$

式中：Q_{1i}——计算期第 i 种股票的发行量或成交量。

3. 中外主要的股票价格指数

（1）国际上主要的股票价格指数。

①道琼斯股票价格指数。道琼斯股票价格指数是世界上历史最悠久的股票价格指数，它的全称为道琼斯股票价格平均数。现在的道琼斯股票价格指数是以 1928 年 10 月 1 日为基期，因为这一天收盘时的道琼斯股票价格指数恰好约为 100 美元，所以就将其定为基准日。而以后股票价格同基期相比计算出的百分数，就成为各期的股票价格指数，所以现在的股票价格指数普遍用点来做单位，而股票价格指数每一点的涨跌就是相对于基准日的涨跌百分数。目前，道琼斯股票价格指数共分四组，第一组是工业股票价格平均指数，它由 30 种有代表性的工业公司的股票组成。第二组是运输业股票价格平均指数，它包括 20 种有代表性的运输业公司的股票。第三组是公用事业股票价格平均指数，是由代表着美国公用事业的 15 家煤气公司和电力公司的股票所组成。第四组是平均价格综合指数。它是综合前三组股票价格平均指数 65 种股票而得出的综合指数，这组综合指数虽然为优等股票提供了直接的股票市场状况，但现在通常引用的是第一组——工业股票价格平均指数。

②标准普尔股票价格指数。除了道琼斯股票价格指数外，标准普尔股票价格指数在美国也很有影响，它是由美国最大的证券研究机构——标准普尔公司编制的股票价格指数。从 1976 年 7 月 1 日开始，改为 400 种工业股票、20 种运输业股票、40 种公用事业类股票和 40 种金融业股票。几十年来，虽然有股票更迭，但始终保持为 500 种。标准普尔公司股票价格指数以 1941—1993 年抽样股票的平均市价为基期，以上市股票数为权数，按基期进行加权计算，其基点数为 10。以目前的股票市场价格乘以基期股票数为分母，相除之数再乘以 10 就是股票价格指数。

③《金融时报》股票价格指数。《金融时报》股票价格指数的全称是“伦敦《金融时报》工商业普通股股票价格指数”，由伦敦证券交易所编制，并在《金融时报》上发布。根据样本股票的种数，《金融时报》股票价格指数分为 30 种股票价格指数、100 种股票价格指数和 500 种股票价格指数三种指数。目前常用的是《金融时报》股票价格指数，其成分股由 30 种代表性的工业公司的股票构成，最初以 1935 年 7 月 1 日为基期，后来调整为以 1962 年 4 月 10 日为基期，基期指数为 100，采用几何平均法计算。而作为股票价格指数期货合约标的的《金融时报》股票价格指数则是以市场上交易较频繁的 100 种股票为样本编制的指数，其基期为 1984 年 1 月 3 日，基期指数为 1 000。

（2）我国主要的股票价格指数。

①上证综合指数。上海证券交易所从 1991 年 7 月 15 日起编制并公布上海证券交易所股价指数，它以 1990 年 12 月 19 日为基期，以全部上市股票为样本，以股票发行量为权数，按加权平均法计算。其计算公式为：

$$本日股价指数=\frac{本日股票市价总值}{基期股票市价总值}\times 100$$

式中：

$$本日股票市价总值=\sum_{i=1}^{N}本日收盘价\times 发行股数$$

$$基期股票市价总值=\sum_{i=1}^{N}基期收盘价\times发行股数$$

随着上市股票品种逐渐增加，上海证券交易所在这一综合指数的基础上，从 1992 年 2 月起分别公布 A 股指数和 B 股指数；从 1993 年 5 月 3 日起正式公布工业、商业、地产业、公用事业和综合五大类分类股价指数。图 6－3 显示了 2015 年上证指数成交量和收盘水平走势。

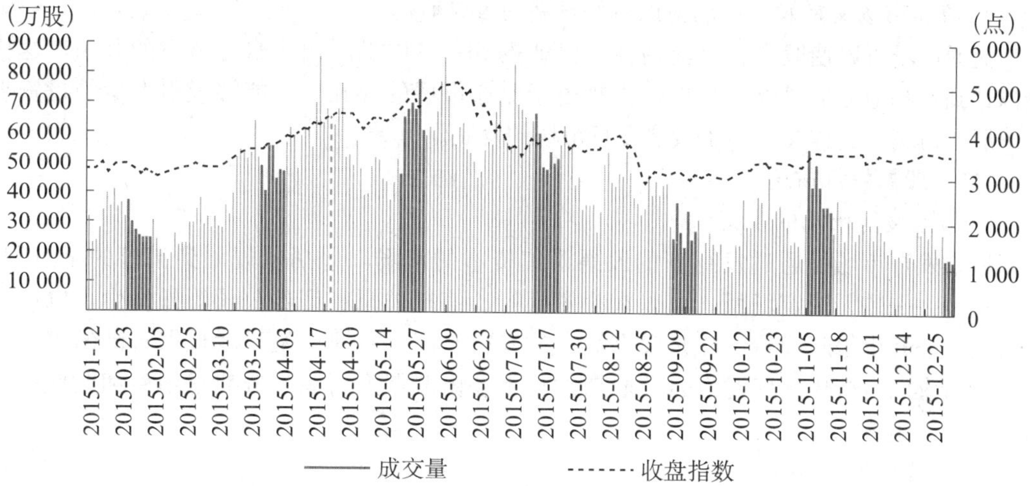

图 6－3　2015 年上证指数成交量和收盘指数走势图

资料来源：通达信。

②深证综合指数。深圳证券交易所综合指数包括：深证综合指数、深证 A 股指数和深证 B 股指数。它们分别以在深圳证券交易所上市的全部股票、全部 A 股、全部 B 股为样本股，以 1991 年 4 月 3 日为综合指数和 A 股指数的基期，以 1992 年 2 月 28 日为 B 股指数的基期，基期指数定为 100，以指数股计算日股份数为权数进行加权平均计算。深证综合指数的基本公式为：

$$即日指数=\frac{即日指数股总市值}{基日指数股总市值}\times基日指数$$

每日连续计算的环比公式如下：

$$今日即时指数=上日收市指数\times\frac{今日即时指数股总市值}{经调整上日指数股收市总市值}$$

式中：今日即时总市值＝各样本股市价×已发行股数；上日收市总市值是指根据上日样本股的股本或样本股变动而作调整后的总值。

三、股票市场

股票市场是指股票发行和流通的市场，两个市场是相辅相成的关系。

（一）股票发行市场与流通市场的关系

1. 发行市场是流通市场的前提和基础

股票发行市场是资金需求者直接获得资金的市场。新公司的成立，老公司的增资或举债，都要通过发行市场，都要借助于发行、销售股票来筹集资金，使资金从供给者手中转入需求者手中，也就是把储蓄转化为投资，从而创造新的实际资产和金融资产，增加社会总资本和生产能力，以促进社会经济的发展。可见，它一方面为资金的需求者提供了筹资的渠道，另一方面为资金的供应者提供了投资的渠道。股票的发行市场又称“一级市场”。

没有发行市场，就不存在流通市场。发行市场的规模决定了流通市场的规模，并在一定程度上影响到流通市场上证券的交易价格。

2. 流通市场又是发行市场得以更好发展的重要前提

流通市场可以使股票具有流通性，保证投资者可以随时出售自己持有的股票，这样可以达到变相地分散风险的目的。正是由于流通市场的存在，才能够吸引大量的投资者进入股票市场，这样又推动了股票发行市场的发展。

（二）股票发行市场

1. 股票发行市场的含义

股票发行市场是通过发行新的股票筹集资本的市场，包括从规划到销售的全过程。其特点是：一是无固定场所，可以在投资银行、信托公司和证券公司等处发生，也可以在市场上公开出售新股票；二是没有统一的发行时间，由股票发行者根据自己的需要和市场行情走向自行决定何时发行。股票发行市场由股票发行者、股票承销商和股票投资者三个主体组成。

2. 股票的发行类型

（1）初次发行。初次发行是指公司首次在发行市场上发行股票。初次发行一般都是发行人在满足必须具备的条件并经证券主管部门审核批准或注册后，通过证券承销机构面向社会公众公开发行股票。通过初次发行，发行人不仅募集到了所需资金，而且完成了股份有限公司的设立或转制。

（2）增资发行。增资发行是指股份公司组建、上市以后为达到增加资本金的目的而发行股票的行为。公司增资的方式有向社会公众发行股份、向现有股东配售股份、公司债转换为公司股份等。

（三）股票的发行方式

按照发行对象的不同，股票的发行可以分为公募发行和私募发行两种方式。

1. 公募发行

公募发行又称公开发行，是指发行人通过中介机构向不特定的社会公众广泛地发售股票。在公募发行情况下，所有合法的社会投资者都可以参加认购。为了保障广大投资者的利益，各国对公募发行都有严格的要求，如发行人要有较高的信用，并符合证券主管部门规定的各项发行条件，经批准后方可发行。公募发行的优点是：可以扩大股票的发行量，筹资潜力大；可以申请在证券交易所上市，增加股票的流动性和公司的知名度；无需提供优厚的条件，发行人具有较大的经营管理独立性。其缺点是：发行程序比较复杂，发行费用高；需要向社会公开大量公司信息。

2. 私募发行

私募发行又称不公开发行或内部发行，是指面向少数特定的投资人发行股票的方式。私募发行的对象大致有两类，一类是个人投资者，例如公司老股东或发行机构自己的员工；另一类是机构投资者，如大的金融机构或与发行人有密切往来关系的企业等。私募发行有确定的投资人，发行手续简单，可以节省发行时间和费用。私募发行的不足之处是投资者数量有限，流通性较差，而且也不利于提高发行人的社会信誉。

（四）股票的发行价格

股票的发行价格是新发行股票发售时投资者实际支付的价格。股票的发行价格一般有以下几种：

（1）平价发行。平价发行又称面额发行，是以股票面额为发行价格发行股票。由于股票上市后的价格往往高于面额，以面额发行可以使认购者得到溢价收益，因此投资者愿意认购。平价发行的方式较为简单，但缺点是发行人筹集的资金量较少，多在证券市场不发达的国家和地区实行。

（2）溢价发行。溢价发行是指以高于股票面额的价格发行，高于面额的部分称为溢价，计入股份公司的资本公积金。溢价发行可以使发行人筹集到较多的资金。

（3）折价发行。折价发行是指按照股票面额打一定的折扣作为股票的发行价格。这种方式很少使用，我国《公司法》规定股票的发行价格不得低于股票面额。

股票发行定价的方式是指决定股票发行价格的制度安排，主要有议价法、拟价法、竞价法、定价法等。

（五）股票流通市场

股票流通市场是已经发行的股票进行交易的市场，又称“二级市场”。流通市场一方面为原投资者提供了随时变现的机会，另一方面为新的投资者提供了投资机会。

1. 证券交易所

（1）证券交易所的功能。证券交易所应当创造公开、公平的市场环境，提供便利条件，以保证证券交易的正常进行。证券交易所主要有下列重要功能：

①提供持续性的证券交易的场所。证券交易所交易时间的固定性以及大量交易者的集中，使证券买卖随时可以成交，保证证券交易持续不断地进行。证券交易所内的证券交易成交量大、买卖频繁、进出报价差距小、价格波动小、交易完成迅速，创造了一个具有高度流动性、高效率和连续性的市场。

②形成较为合理的价格。证券交易内的证券交易价格是由买卖双方集中公开竞价形成的，统一的交易规则充分发挥了供求机制、竞争机制和价格机制的自动调节作用，使价格不仅能够充分反映供求关系，也能体现证券的真实投资价值。

③引导社会资金合理流动，优化资源配置。证券交易的价格和成交量实际上体现了市场对某一证券的评价。交易所通过每天公布的行情和上市公司信息，反映证券发行公司的获利能力与发展情况，投资者据此信息选择和调整投资方向。由此，交易所的行情变化可以引导社会资金向最需要和最有力的方向流动，促进经济高效增长。

（2）证券交易所的组织形式。证券交易所按组织形式可划分为公司制和会员制两种。

①公司制证券交易所。公司制证券交易所是指由股东出资组成的，以营利为目的，提供交易场所和服务人员，以便利证券商的交易与交割的证券交易所。交易所的股东可以是银行、证券公司、信托机构及其他各类公司。从股票交易实践可以看出，这种证券交易所要收取发行公司的上市费与证券成交的佣金，其主要收入来自买卖成交额的一定比例，而且经营这种交易所的人员不能参加证券买卖，从而在一定程度上可以保证交易的公平。

公司制证券交易所的特点是：公司制证券交易所是以营利为目的的公司法人，是独立的经济实体。交易所本身不参加证券交易，只是为券商提供集中交易证券的场所、设施和服务，保证证券交易顺利进行。只有经注册的券商才能进入证券交易大厅直接参加证券买卖。券商要与证券交易所签订合同，并缴纳营业保证金。

②会员制证券交易所。会员制证券交易所是指不以营利为目的，由会员自愿出资共同组成，会员自治自律、互相约束，参与经营的会员可以参加股票买卖与交割的交易所。这种交易所的佣金和上市费用较低，从而在一定程度上可以防止上市股票的场外交易。

会员制证券交易所的特点是：会员制证券交易所是不以营利为目的的社团法人，其会员主要有经纪人、自营商和专业券商。由于交易所的会员本身就是股票交易的参加者，因而在股票交易中难免出现交易的不公正性。同时，因为参与交易的买卖方只限于证券交易所的会员，新会员的加入一般要经过原会员的一致同意，这就形成了一种事实上的垄断，不利于提高服务质量和降低收费标准。

（3）证券交易机制。证券交易机制种类可以从不同角度划分。从交易时间的连续特点划分，有定期交易系统和连续交易系统；从交易价格的决定特点划分，有指令驱动系统和报价驱动系统。

（4）国际上主要的证券交易所。

①纽约证券交易所。纽约证券交易所（New York Stock Exchange，NYSE）成立于1792年5月17日，24个从事股票交易的经纪人在纽约华尔街和威廉街西北角的一个咖啡馆门前的梧桐树下签订了《梧桐树协议》，这是纽约交易所的前身，1863年改为现名。自20世纪20年代起，它一直是国际金融中心，这里股票行市的暴涨与暴跌，都会在其他国家的股票市场产生连锁反应，引起波动。

纽约证券交易所原采取会员制，自1972年7月起改组为公司制，并于2006年在自家交易所上市。在二百多年的发展过程中，纽约证券交易所为美国经济的发展、社会化大生产的顺利进行、现代市场经济体制的构建起到了举足轻重的作用。到目前为止，它仍然是美国全国性的证券交易所中规模最大、最具代表性的证券交易所，也是世界上规模最大、组织最健全、设备最完善、管理最严密、对世界经济有着重大影响的证券交易所。

②伦敦证券交易所。作为世界第三大证券交易中心，伦敦证券交易所是世界上历史最悠久的证券交易所。它的前身为17世纪末伦敦的露天市场，是当时买卖政府债券的"皇家交易所"，1773年由露天市场迁入室内，并正式改名为"伦敦证券交易所"。与世界上其他金融中心相比，伦敦证券交易所具有三大特点：①上市证券种类最多，除股票外，有政府债券，国有化工业债券，英国及其他外国政府债券，地方政府、公共机构、工商企业发行的债券，其中外国证券占50%左右；②拥有数量庞大的投资于国际证券的基金，对于公司而言，在伦敦上市就意味着自身开始同国际金融界建立起重要联系；③它运作着四个独立的交易市场。

（5）中国的证券交易所。

①上海证券交易所。上海证券交易所成立于1990年11月26日，同年12月19日开业，为不以营利为目的的法人，归属中国证监会直接管理。其主要职能包括：提供证券交易的场所和设施；制定证券交易所的业务规则；接受上市申请，安排证券上市；组织、监督证券交易；对会员、上市公司进行监管；管理和公布市场信息。上海证券交易所市

场交易采用电子竞价交易方式，所有上市交易证券的买卖均须通过电脑主机进行公开申报竞价，由主机按照价格优先、时间优先的原则自动撮合成交。

②深圳证券交易所。深圳证券交易所成立于1990年12月1日，是为证券集中交易提供场所和设施、组织和监督证券交易、实行自律管理的法人，由中国证监会直接监督管理。深圳证券交易所致力于多层次证券市场的建设，努力创造公开、公平、公正的市场环境。其主要职能包括：提供证券交易的场所和设施；制定本所业务规则；接受上市申请，安排证券上市；组织、监督证券交易；对会员和上市公司进行监管；管理和公布市场信息；中国证监会许可的其他职能。

(6) 证券交易所的发展趋势。电子计算机的广泛应用、网络技术普及以及金融全球化浪潮正在对金融服务领域产生越来越大的影响，其中证券交易所也在发生前所未有的变革。

①公司制将取代会员制，从共同所有的会员制走向产权为股东所有的公司制。传统的共同所有制缺陷在于缺乏效率，因为它的决策必须符合全体成员的利益，而一旦改为股东所有制的公司，交易所就可以在为顾客提供更优质的服务和低廉的金融产品方面做出更迅速的决策和行动。

②网络交易取代固定场所交易。网络交易取代固定场所交易，交易厅逐渐变得不那么重要。电子通信网络的发展正在使许多顾客告别他们钟情已久的交易大厅。

③直接交易取代间接交易。直接交易取代间接交易，使股票交易摆脱了中间人。网络交易的普及化使得投资机构更青睐于不依靠交易所的经纪人发出指令的直接交易、直接撮合方式。这种“电子交叉网络”虽然刚刚兴起，但其优越性却非常明显。

2. 场外交易市场

场外交易市场，是指在证券交易所以外由证券买卖双方直接议价成交的市场。狭义的场外交易市场仅指证券交易商柜台市场，广义的场外交易市场由三个部门组成：柜台交易市场、第三市场和第四市场。

(1) 柜台交易市场。柜台交易市场又称店头市场，是指在证券公司开设的柜台上进行交易活动。柜台交易市场是证券流通最早形成的市场，早在股票、债券等有价证券产生之时就有了柜台交易市场。柜台市场的交易对象主要是按照证券交易法公开发行但未在证券交易所上市的证券，一些联邦政府债券、地方政府债券、市政债券和公司债券等也是柜台市场的交易对象。

证券交易所产生并迅速发展后，柜台交易市场之所以依然能够存在并进一步发展，其原因有以下几点：①证券交易所的交易容量有限，而且存在严格的上市条件，使许多证券不能进入证券交易所内买卖。但在客观上，这些证券需要流通，需要有可以进行买卖的交易场所，这就要求柜台交易市场作为证券交易所的一种补充而存在。②柜台交易市场的交易比较方便、灵活，既没有交易所那样烦琐的上市程序，也不需填写复杂的委托书，而且在很大程度上弥补了证券交易所市场的不足，满足了投资者的需要。③随着现代技术的发展，柜台交易市场的交易方式、交易设备、交易程序也在不断改进，其交易效率与证券交易所不相上下。

美国的纳斯达克是一个场外交易市场，诞生于1971年，隶属于1939年建立的全美证券交易商协会。纳斯达克依靠协会的自动报价系统来运作，接受美国的证券交易委员会的监督。纳斯达克分为两个层次的市场，即全国市场和小型资本市场。规模较大的公司在全国市场挂牌交易，规模较小的新兴公司则在小型资本市场挂牌交易，相比之下，后者的上市条件要比前者宽松得多。近年来，纳斯达克发展极为迅速。在美国，纳斯达克已成为独立于纽约证券交易所这一主办市场，并能与之相抗衡、强有力的竞争对手。

做市商制度是纳斯达克市场的核心之一，也是纳斯达克市场不同于其他交易所市场的主要区别所在。在纳斯达克做市商制度下，买卖双方无须等待对方的出现，只要有做市商出面承担另一方的责任，交易便算完成。这对于市值较低、交易次数较少的证券尤为重要。做市商为每只股票的买卖提供报价，有别于传统交易中由买卖双方出价通过竞争形成交易价格的方式。做市商制度造就了一大批机构投资者，并且增进了市场的稳定性。

（2）第三市场。第三市场是指已经在证券交易所上市交易的证券在证券交易所以外进行交易而形成的市场。它原属于柜台交易市场的范围，近年来由于交易量增大，其地位日益提高，以致许多人都认为它实际上已变成独立的市场。

第三市场主要是为适应大额投资者的需要而发展起来的，它的出现是与证券交易所采取的固定佣金制度相联系的。20世纪70年代以前，美国各大交易所要求它的会员公司买卖所有在交易所上市的股票要支付固定的佣金。这样，大的机构投资者进行大批量交易要付出很高的佣金。然而，由于场外交易市场的交易商不是交易所的会员，场外交易收取的佣金是通过磋商确定的，最低佣金制对它们没有限制，这些交易商就与交易所的会员公司竞争，减少交易差价和交易成本。因此，机构投资者纷纷转向第三市场，形成以大额上市证券为主要交易对象的场外交易市场。

（3）第四市场。第四市场是指买卖双方不通过经纪人，而是通过电子计算机网络直接进行大宗证券交易的场外交易市场。在这个市场上，投资者和筹资者直接协商交易，不用通过任何中介机构。第四市场是近年来国际上流行的交易方式，它也是适应机构投资者的需要而产生的。由于机构投资者进行的股票交易一般都是大量的，为了保密，不致因大笔交易而影响价格，也为了节省经纪人的手续费，一些大企业、大公司在进行大宗股票交易时，就通过电子计算机网络直接进行交易。

第四市场的最大吸引力，首先在于交易成本很低，因为省去了中介人费用。即使有时通过第三方来安排，佣金也比其他市场少得多。当然，这要以大宗交易为前提。其次，第四市场的交易可以保密，不会为第三者所知，因而不致因某几笔大额交易而影响股价行市。不过，也正因为这一点，第四市场的交易规模几乎无法统计，难以掌握。

第四市场的兴起反映了机构投资者在股票流通市场地位的提高，同时也对股票流通市场产生了巨大的竞争压力和监管的挑战。

四、我国股票市场的建立与发展

1986年9月，上海建立了第一个证券柜台交易网点，办理股票的代购代销业，拉开了我国正规化股票市场的开端。1990年12月，全国第一家证券交易所上海证券交易所成立，1991年7月，深圳证券交易所成立。1992年，中国证券监督管理委员会成立，标志着中国证券市场开始逐步纳入全国统一监管框架，全国性股票市场开始由此发展。2004年5月，证监会批准深交所设立中小企业板市场。2005年4月，中国证监会发布《关于上市公司股权分置改革试点有关问题的通知》，推进非流通股问题的解决。2009年10月，创业板在深交所启动。2013年年底，证监会批准全国中小企业股份转让系统（“新三板”）试点扩大到全国。2016 年 6 月，新三板分层制度开始实施，初步将挂牌公司分为创新层和基础层。

目前，我国股票市场主要包括主板市场、中小企业板市场、创业板市场和新三板市场。除此之外还有区域性股权市场和券商柜台市场。这些市场互相补充、互相配合，服务于多元化国民经济发展需求和多层次投资者投资需求，共同构成了我国多层次的资本市场体系。

主板、中小企业板、创业板、新三板构成我国的 A 股市场。A 股的正式名称是人民币普通股票，是指由我国境内公司发行，供境内机构、组织或个人（不含台、港、澳投资者）以人民币认购和交易的普通股票。在 A 股市场中，主板市场是规模最大、交易最活跃的市场，是各层次市场中最具有代表性的市场。主板市场的服务对象为大型蓝筹企业。我国 A 股的主板市场即指上交所和深交所。中小企业板是相对于具有大型成熟公司的主板市场而言的，是指主板内流通盘 1 亿元以下的创业板块，服务的对象主要是中小型企业和高科技企业。中小企业板是为设立创业板的过渡板块。创业板是对主板市场的重要补充，服务对象为暂时无法在主板上市的创业型企业、中小企业和高科技企业。新三板即全国中小企业股份转让系统，为全国性的非上市股份有限公司股权交易平台，服务对象为创业型、成长型的中小微企业。

截至 2015 年年底，我国 A 股上市公司已从早期的 100 多家发展为 11 000 家左右。其中，在深交所主板上市的公司有 478 家，创业板有 492 家，中小板有 776 家。新三板的挂牌公司有 5 129 家。图 6－4 显示了 2006—2015 年沪、深两市上市公司数量和市值变化情况。图 6－5 显示了近年新三板挂牌公司数和总股本变化情况，可以看出在各种重大政策利好的背景下，新三板市场发展迅速。

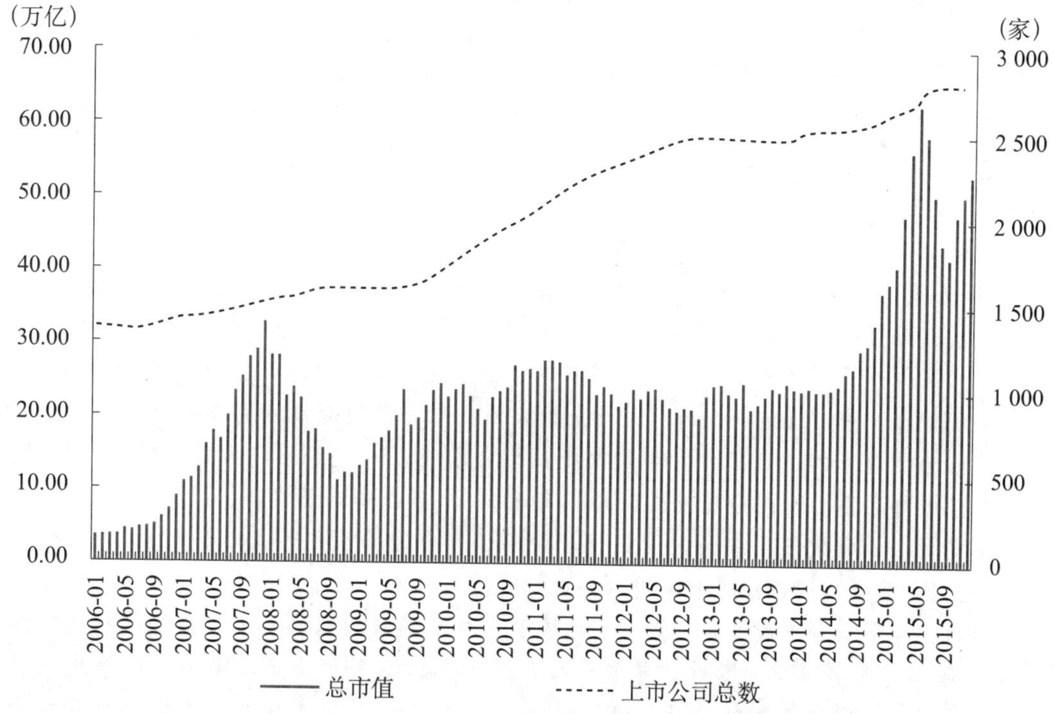

图 6－4　2006—2015 年沪、深两市上市公司数量和市值变化情况

资料来源：wind 资讯。

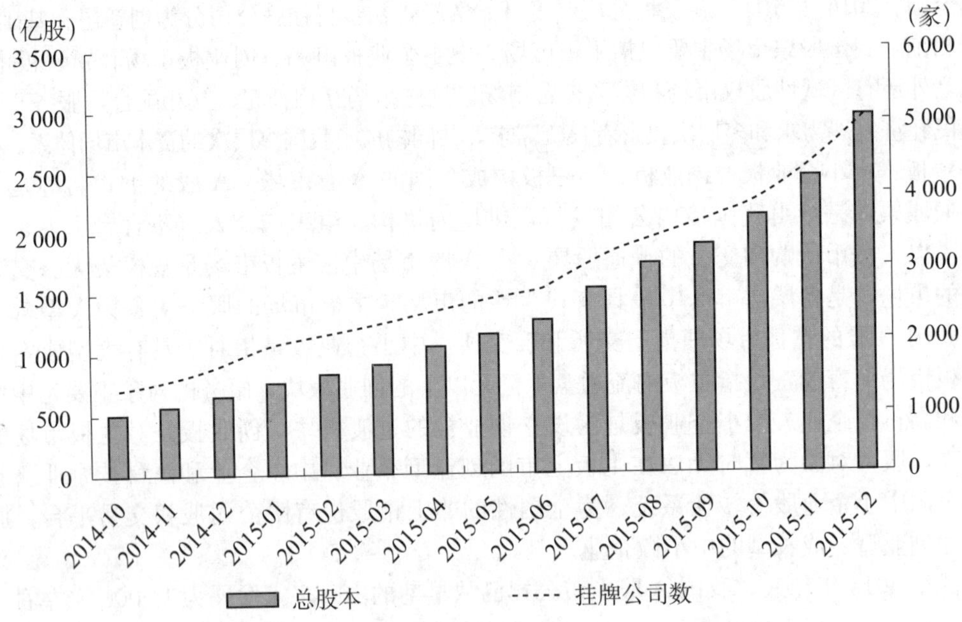

图 6-5　近年新三板挂牌公司数和总股本变化情况

资料来源：wind 资讯。

专栏 6-1

我国股权分置改革

按照上市地点和投资者群体的不同，我国的股票可以分为 A 股、B 股、H 股。由于历史原因，我国证券市场存在股权分置现象。股权分置是指 A 股市场上的上市公司股份按能否在证券交易所上市交易，被区分为非流通股和流通股，这是我国经济体制转轨过程中形成的特殊问题。股权分置不能适应资本市场改革开放和稳定发展的要求，必须通过股权分置改革，消除非流通股和流通股的流通制度差异。

《国务院关于推进资本市场改革开放和稳定发展的若干意见》明确指出，应“积极稳妥解决股权分置问题”，提出“在解决这一问题时要尊重市场规律，有利于市场的稳定和发展，切实保护投资者特别是公众投资者的合法权益”的总体要求。2005 年 4 月 29 日，经国务院批准，中国证监会发布《关于上市公司股权分置改革试点有关问题的通知》，启动了股权分置改革的试点工作。经过两批试点，取得了一定经验，具备了转入积极稳妥推进的基础和条件。经国务院批准，2005 年 8 月 23 日，中国证监会、国务院国有资产监督管理委员会、财政部、中国人民银行、商务部联合发布《关于上市公司股权分置改革管理办法》，我国的股权分置改革进入全面铺开阶段。

上市公司股权分置改革是通过非流通股股东和流通股股东之间的利益平衡协商机制，消除 A 股市场股份转让制度性差异的过程，是为非流通股可上市交易做出的制度安排。上市公司股权分置改革遵循公开、公平、公正原则，由 A 股市场相关股东在平等协商、诚信互谅、自主决策的基础上进行。中国证监会依法对股权分置改革各方主体及其相关活动实行监督管理，组织、指导和协商推进股权分置改革工作。证券交易所根据中国证监会的授权和有关规定，对上市公司股权分置改革工作实施一线监管，协调指导上市公司股权分置改革业务，办理非流通股份可上市交易的相关手续。

公司股权分置改革的动议，原则上应当由全体非流通股股东一致同意提出。非流通股股东提出改革动议，应委托公司董事会召集A股市场相关股东举行会议，审议公司股权分置改革方案。改革方案应当兼顾全体股东的即期利益和长远利益，有利于公司发展和市场稳定，并可根据公司实际情况，采用控股股东增持股份、上市公司回购股份、预设原非流通股股份实际出售的条件、预设回售价格、认沽权等具有可行性的股价稳定措施。

股权分置改革是为了解决A股市场相关股东之间的利益平衡问题而采取的举措，对于同时存在H股或B股的A股上市公司，由A股市场相关股东协商解决股权分置问题。截至2006年年底，沪、深两市已完成或者进入股权分置改革程序的上市公司共1 301家，占应改革上市公司的97%，对应市值占比98%，未进入改革程序的上市公司仅40家。证券监督管理机构将根据股权分置改革进程和市场整体情况，择机实行“新老划断”，即对首次公开发行公司不再区分流通股和非流通股。

专栏6-2

追溯资本市场理论的发展

资本市场理论源于对资本市场的分析。20世纪20—40年代，对资本市场的分析以基本面分析派和技术分析派为代表。基本面分析是从经济运行周期、宏观经济政策、产业生命周期以及上市公司本身这四个角度出发，分析证券市场和特定的股票行市。技术分析是分析市场过去的行为，从而对未来价格变化趋势进行预测的研究活动。

20世纪50年代，数量分析出现，并逐渐占据主导地位。1952年，马科维茨(Markowitz)在其《投资组合选择》一文中提出了均值—方差投资组合理论，在研究方法上首创了衡量效用和风险程度的指标，确定了资产组合的基本原则，即投资者总是追求风险水平一定条件下的收益最大化或收益一定条件下的风险最小化。马科维茨的资产组合理论被认为是现代资本市场理论诞生的标志。

资产组合理论产生后，在现代资本市场理论中占据核心地位的有效市场理论逐步形成。肯德尔（M. G. Kendall）于1953年，罗伯茨（H. V. Roberts）于1959年均发现股票价格序列类似于随机漫步，价格变化相互独立。他们对这种现象的解释是：在给足所有已知信息后，这些信息一定已经被反映于股价中了，所以股价只对新信息做出上涨或下跌的反应。由于新信息是不可预测的，那么随新信息变动的股价必然是随机且不可预测的。1970年，尤金·法玛（Eugene Fama）在前人研究的基础上正式提出有效市场假说（efficient market hypothesis，EMH），并把有效市场分为三种类型：一是弱式有效市场（weak-form），认为股价已反映了全部能从市场交易数据中得到的信息；二是半强式有效市场（semi-strong form），认为股价已反映了所有公开的信息；三是强式有效市场(strong-form)，指股价已反映了与公司有关的全部信息，包括所有公开信息及内部信息。

1970年威廉·夏普（William Sharpe）在马科维茨资产组合理论的基础上建立了资本资产定价模型（capital asset pricing model，CAPM），这一模型揭示了多样化投资组合中资产的风险和收益的关系。他指出，投资组合可以消除市场中的非系统性风险，使投资者只需要承担系统性风险。投资组合的期望回报率 $E(r_i)$ 的计算公式为：

$$E(r_i)=r_f+\beta_i[E(r_m)-r_f]$$

其中，r_f 是无风险资产回报率；β_i 是投资组合的 β 系数；$E(r_m)$ 是市场期望回报率；$E(r_m)-r_f$ 是股票市场风险溢价。β 系数是用来衡量一种证券或者一个投资组合相对总的市场波动性的指标，反映系统性风险。如果一个证券的价格波动性与市场一致，那么它的 β 系数就是 1；如果一个证券的 β 系数是 1.2，意味着当市场价格上升 10%时，该证券价格上升 12%，反之亦然。

1976 年，斯蒂芬·A. 罗斯（Stephen A. Ross）提出了套利定价理论（arbitrage pricing theory，APT），可以视为对 CAMP 模型的进一步扩展。该理论认为风险资产的收益与多个共同因素之间存在线性关系，从而将单因素 CAMP 发展为多因素模型。多因素套利模型认为现实生活中存在多种宏观经济因素影响证券的期望回报率，远非系统性风险一种。他指出，投资收益率的影响因素来自发行公司特有因素和宏观经济因素如通货膨胀率和失业率等。投资组合的期望回报率 $E(r_i)$ 的计算公式为：

$$E(r_i)=r_f+\sum_{j=1}^{k}\beta_{ij}[E(r_{Fj})-r_f]+e_i$$

其中，r_f 是无风险资产回报率；F_j 表示影响资产收益率的第 j 种因素，$j=1,2,\cdots,k$；β_{ij} 表示第 i 种证券的收益率对因素 F_j 的敏感性，e_i 为第 i 种证券的发行公司引起的收益波动。

1973 年，在上述理论的基础上，费雪·布莱克（Fish Black）与迈伦·斯科尔斯（Myron Scholes）发表了一篇关于期权定价的开创性论文《期权定价和公司债务》，运用随机微分方程理论推导出期权定价模型即布莱克-斯科尔斯（Black - Scholes）模型。此后，莫顿（Merton）、考克斯（Cox）和鲁宾斯坦（Rubinstein）等相继对这一理论进行了重要的推广并使之得到广泛应用。至此，现代资本市场理论已发展成熟，具备了一个比较完备的理论框架。

【本章小结】

1. 债券市场的内容涵盖了债券和债券市场的内涵及主要内容、影响因素以及债券定价。

2. 债券是一种代表债权债务关系的有价证券，又被称为固定利息证券。债券的偿还性、流动性、安全性与收益性之间存在着一定的矛盾。债券通常包括以下几个基本要素：票面价值、票面利率、偿还期限、债券价格。

3. 债券有多种划分方法，按发行人不同，分为政府债券、金融债券和企业债券；按债券生命周期长短，分为短期债券、中期债券和长期债券；按是否有抵押，分为信用债券和抵押债券；按是否记名，分为记名债券和无记名债券；按利息支付方式，分为附息债券和零息债券；按本金偿还方式，分为到期还本债券和分期偿还债券；按债券形态，分为实物债券、凭证式债券和记账式债券；按债券的计息规则，分为固定利率债券和浮动利率债券等；按是否含有各类选择权划分，分为含权债券和非含权债券。

4. 债券定价多采用收入资本化法，而定价问题本身包括债券价值评估与到期收益率计算两个方面。影响债券价值的因素很多，最重要的有市场利率、息票利率、到期时间和违约风险。

5. 股票是一种用以证明投资者身份和权益，并据以获取股息和红利的凭证。它有多种不同的分类方法，其中比较常见的是分为普通股和优先股。股票的价值有多种表现形式，最重要的是股票的内在价值。它取决于股息收入和市场收益率。

6. 股票发行市场是通过发行新的股票筹集资本的市场，股票流通市场是已经发行的股票进行交易的市场。证券交易所是股票流通最主要的市场，除此之外，还有场外交易市场。

【关键概念】

间接融资	直接融资	债券	凭证式债券	记账式债券
普通股	优先股	场内交易市场	场外交易市场	收入资本化
到期收益率	公募发行	私募发行	证券交易所	第三市场
第四市场				

【综合练习】

（一）单项选择题

1. 按照发行人不同，债券可分为（　）。

A. 记名债券和无记名债券

B. 政府债券、金融债券和企业债券

C. 短期债券、中期债券和长期债券

D. 信用债券和抵押债券

2. 股票价格=（　）。

A. 每股市价/每股净利润

B. 股票市价/账面价值

C. 每股市价/（净利润÷年末普通股股数）

D. 预期股息/市场利率

3. 股市中的最高价格是指（　）。

A. 到目前为止已成交的最高价格

B. 到目前为止已成交的最低价格

C. 尚未成交，但已有人下了买入或卖出指令，想在此价位成交的报价

D. 当天股市闭市之前最后一笔成交价。

4. 按照债券形态来分，有（　）。

A. 实物债券、凭证式债券和记账式债券

B. 固定利率债券和浮动利率债券
C. 含权债券和非含权债券
D. 到期还本债券和分期偿还债券
5. 股票发行价格类型不包括（ ）。
A. 平价发行　　B. 估价发行
C. 溢价发行　　D. 折价发行

（二）多项选择题

1. 债券的特点有（ ）。
A. 偿还性　　B. 流动性
C. 安全性　　D. 收益性
E. 稳定性
2. 影响债券价值的因素有（ ）。
A. 市场利率　　B. 监管制度
C. 息票利率　　D. 到期时间
E. 违约风险
3. 股票的特征有（ ）。
A. 收益性　　B. 风险性
C. 流通性　　D. 暂时性
E. 永久性
4. 市盈率＝（ ）。
A. 每股市价/每股净利润
B. 股票市价/账面价值
C. 每股市价/（净利润÷年末普通股股数）
D. 股票市价/每股净资产
5. 市净率＝（ ）。
A. 每股市价/每股净利润
B. 股票市价/账面价值
C. 每股市价/（净利润÷年末普通股股数）
D. 股票市价/每股净资产

（三）思考题

1. 简述债券的特点和分类。
2. 到期收益率这一指标的优点和缺陷是什么？
3. “市场利率下降，债券价格上升；市场利率上升，债券价格下降”这一说法在任何情况下都成立吗？为什么？
4. 简述股票的特征和分类。
5. 请说明普通股价值分析中的两个基本指标。
6. 简述股票发行方式。
7. 影响股票价格的因素有哪些？

参考文献

1. 张亦春，郑振龙．金融市场学．北京：高等教育出版社，2003.
2. 刘力．公司财务．北京：北京大学出版社，2007.
3. 刘红忠．投资学．北京：高等教育出版社，2003.
4. 马丽娟．金融市场、工具与金融机构．北京：中国人民大学出版社，2009.
5. 李心丹．金融市场与金融机构．北京：中国人民大学出版社，2013.

第七章

存款类金融机构

［导读与学习提示］

存款类金融机构因其产生的历史久远和重要作用成为金融机构体系中的核心内容。从发挥资源配置作用的角度而言，存款类金融机构担负着重要的信用中介、支付中介的功能；从管理不确定性以实现风险与收益的匹配而言，存款类金融机构也担负转移、分散与管理风险的责任；从金融创新的多元化要求而言，存款类金融机构在其业务、组织制度以及经营管理等诸多方面都不断力求创新。此外，随着信息技术在金融业的广泛应用以及互联网金融的发展，存款类金融机构面临更多的机遇与挑战，其变革与转型是此类机构得以持续发展的必然选择，也在一定程度上昭示着金融机构发展的前景。因此，存款类金融机构的学习是探索金融运行与发展的重要视角。以下问题将促使你积极参与本章的学习。

1. 什么是存款类金融机构？这类机构的特点是吸收存款吗？
2. 存款类金融机构是风险的创造者还是科学的管理者？
3. 存款类金融机构能解决信息不对称问题吗？
4. 作为最古老的金融机构，商业银行为何能够发展至今？
5. 商业银行的性质与作用决定了它的不可替代吗？
6. 商业银行是如何开展业务与进行经营管理的？
7. 如何理解中央银行是特殊的银行？其功能是什么？
8. 中央银行的业务安排能够体现出其作为宏观金融调控者的能力吗？
9. 政策性银行在现代经济条件下有存在的必要性吗？
10. 为何将信用合作社划为存款类金融机构？其与商业银行的区别是什么？

第一节 存款类金融机构概述

存款类金融机构是接受个人和机构存款并发放贷款的金融机构。其共同的特征是以吸收存款为主要负债，以发放贷款为主要资产，以办理转账结算为主要中间业务，直接参与存款货币的创造过程。因为商业银行是最早产生的、最具存款类金融机构特点的机构，所以也有人将此类机构称为银行类金融机构。

一、存款类金融机构的特点与作用

（一）存款类金融机构的特点

存款类金融机构是一种高杠杆企业，其自有资本低，所需的资金来源主要依靠负债获得，而负债业务的主要形式是各类存款和借入资金，其中存款规模的大小和稳定与否是其业务开展的重要保证。20 世纪 60 年代以前，存款类金融机构一直以吸收各类存款作为其主要的负债业务，随着金融市场的发展，主动借入资金也逐渐成为其不可或缺的负债形式。存款类金融机构的资金运用主要表现为各类贷款和证券投资。由于通过负债业务的积少成多、聚短成长，存款类金融机构在资金上具有一定的实力，在资金的使用上也没有太多时间与方向上的限制，因此能够开展较大规模或较长时间的贷款业务，但同时又因为资金来源的负债性特点，存款类金融机构在资金运用上会特别注重信用原则，资产质量的好坏关乎机构的存续。

在开展资产负债业务的同时，存款类金融机构还承担着提供金融便利的表外业务，这类业务大都属于收取手续费、服务费的项目。自 20 世纪 70 年代以来，表外业务伴随金融市场的深化与经济的发展呈现品种多样、潜力巨大的局面。时至今日，许多大银行收入来源的六成以上都是表外业务带来的。概括存款类金融机构的业务运作特点，体现为：

1. 信用性

存款类金融机构无论负债业务还是资产业务都遵循信用原则，即以还本付息为条件进行借贷，强调偿还性、期限性和盈利性。因此，获得存款者的信任与挑选信用合格的贷款者是存款类金融机构正常运营的基础。

2. 风险性

风险性首先体现在其高杠杆经营方式上，自有资本低，资金来源主要通过负债获得，负债又往往多是短期的、波动性大。这样条件下的资产运营具有较大的风险压力。一方面只有获得抵补负债成本的资产收益，才能维持机构的正常运营；另一方面要保证资产的安全，收益又往往不尽如人意。其次基于业务开展的信用性和高杠杆性，信用风险、流动性风险、市场风险等复杂多样的风险成为其必然面对的问题。

3. 服务性

存款类金融机构的业务体现其为实体经济发展提供金融服务便利的宗旨，不仅表现在资产负债业务的金融中介服务，大量的表外业务也体现出各种服务便利，这也是存款类金融机构今后发展的方向之一。只有提供更多便利、满足更多的服务需求，才可能有机构的生存与发展。

（二）存款类金融机构的职能与作用

1. 充当信用中介，实现对全社会的资源配置

信用中介是存款类金融机构最基本、最能反映其经营活动特征的职能，是指存款类金融机构通过负债业务把社会上的各种闲散货币资金集中起来，再通过资产业务投向需要资金的各部门，充当资金闲置者和资金短缺者之间的中介人，实现资金融通。通过信用中介职能，存款类金融机构将社会闲置资金积少成多、续短成长，并使其充分发挥作用，实现全社会储蓄对投资的转化，而这种转化决定着资源配置和经济效率。

2. 充当支付中介，对经济稳定和增长发挥重要作用

支付是金融交易完成的方式，存款类金融机构通过存款在其账户上的转移、代理支付和兑现等，成为经济运行过程中支付链条的中心。通过支付中介职能的发挥，大大减少了现金的使用，节约了社会流通费用，尤其是电子支付系统和银行卡的使用，进一步加速了结算和货币资金周转的效率，对经济稳定和增长具有重要的意义。

3. 承担信用创造，在宏观经济调控中扮演重要角色

存款类金融机构在信用中介职能和支付中介职能的基础上，又形成了信用创造职能。从中央银行的货币发行，到商业银行等机构通过借贷活动创造存款货币，存款类金融机构承担着货币供给的重要任务，在实现信用创造的同时也能够直接影响货币供给的增减，成为宏观经济调控中不可或缺的力量。

4. 转移与管理风险，实现金融、经济的安全运行

存款类金融机构在承担着可分割的、低风险的短期负债的同时也投资于不可分割的、高风险的长期资产。因此，通过各种组合或业务创新，运用专业技术与管理方法进行分散、转移、控制与降低风险已成为存款类金融机构的重要内容。随着金融、经济发展的日益深化，各种风险的成因更为复杂化，相互间的传染性也日益加强，存款类金融机构对转移与管理风险的重视度与能力也不断提高，这无疑有利于金融、经济的安全运行。

5. 提供各种服务便利，满足经济发展的各种金融服务需求

商业性和政策性存款类金融机构的不同业务既符合市场选择，满足了市场需求，又能够符合公共需要，实现对国家政策的支持。不同类型机构的业务开展满足了经济发展的不同金融服务需要，在促进经济均衡、协调发展方面起到了积极的作用。

当然，存款类金融机构的业务运作可能存在的负面作用也不可忽视。首先，其发挥信用中介的积极作用是建立在市场化条件的基础上，倘若其对资金运用缺乏有效的市场选择，不仅自身出现不良资产，而且导致社会资源配置失当。其次，因其自有资本低、负债经营，业务的开展遵循信用原则，在实现转移与管理风险的同时其自身也存在较大的风险。风险一旦成为现实往往会对金融体系和经济社会造成极大的损害。

综上所述，存款类金融机构的业务运作具有其他金融机构无法替代的作用。也正因如此，存款类金融机构成为金融体系中最重要的机构类型之一。

（三）存款类金融机构业务运作的内在要求

存款类金融机构能够开展业务并发挥作用基于两个必要的前提。

1. 具有公信力

只有公众对存款类金融机构有信心，存款类金融机构才能获得资金来源，否则业务的开展无从谈起。前面提到存款类金融机构是负债经营的企业，其自有资本低，资金来

源主要依靠吸收存款和借款，而公众选择是否存款主要依赖于对此类机构的信任。实际上，这种信任相对脆弱，因为公众为了存款的安全会通过观察机构的经营行为和可知信息，不断进行对信任的修正。其他存款者的挤提、相关指标的变动等都会影响公众的判断。一旦此种信任丧失，公众就会倾向提取存款，而这种行为成为主流时，存款类金融机构将会陷入危机。

2. 具有信息收集、辨识、筛选的能力

存款类金融机构通过收集、筛选潜在借款人的信息来确定他们偿还贷款的能力。但相对于机构，借款人更清楚他们的现状与前景，这就使得机构与借款人之间存在信息不对称。信息不对称导致两个问题：一是逆向选择，即一些信用水平低于平均风险水平的借款人相对于其他人而言更能成为签订合同的一方。这意味着差的借款人比好的借款人更可能获得贷款，尤其在高利率的条件下。逆向选择的产生是因为差的借款人比好的借款人更有可能申请贷款。二是道德风险。在合同签订后，合同的存在改变了一方的行为，从而损害了另一方的利益。借款人得到贷款以后改变约定，尝试高风险的投资或无效益的投资，贷款也可能成为损失。因此，对于存款类金融机构，避免由信息不对称产生的问题需要尽可能地收集信息、辨识信息、筛选信息，只有拥有越多的信息、越强的辨识、筛选信息的能力，才越有可能减少信息不对称的风险，才越有可能保证资产的优质品质。

二、存款类金融机构的种类

存款类金融机构在各国的设置与称谓虽不尽相同，但大体从几种角度可以将其描述清楚。

（一）按照业务活动的目标来划分

按照业务活动的目标不同，可以将存款类金融机构分为管理性、商业性和政策性三类。其中，管理性存款类金融机构是指中央银行。中央银行通过监管金融机构的存贷业务展开对经济、金融运行的调控与管理，其业务活动的目标不是营利而是宏观调控和金融稳定。商业性存款类金融机构主要是指商业银行、信用合作社、财务公司等。商业银行等商业性机构主要通过对个人和企业的存贷业务实现获利，其业务活动的目标是企业价值的实现。政策性存款类金融机构主要是指政策银行，政策银行有自己专门的业务范围，与政府政策意图密切相关，虽也办理存贷，但更多是为了支持政策而非获利。

（二）按照投资者的国别或业务的地理范围来划分

按照投资者的国别或业务的地理范围不同，可将存款类金融机构分为国际性、全国性和地方性机构三类。国际性机构主要是指跨国银行，此外，国际货币基金组织、世界银行以及区域性的开发银行也可归为此类。跨国银行的业务范围跨越国境。随着经济全球化的不断推进，跨国银行已成为存款类金融机构的一个发展方向，在全球范围内吸收存款并开展贷款业务以获得更大的市场和更强的竞争力。比如花旗银行、汇丰银行、德意志银行等都属于这类机构。全国性机构是指主要投资者和业务范围属于本国的存款类金融机构，比如我国的工、农、中、建四大银行。这类银行一般在一国银行体系中是中坚力量，其网点遍布、分支广泛，在一国银行业具有一定的市场垄断性。地方性机构主要是指社区银行以及城市、农村信用合作社和小额储贷机构。它们一般服务地方，有专门的社区和客户，规模较小。

（三）按照业务种类与范围来划分

按照业务种类与范围来划分，可将存款类金融机构分为职能分工型和全能型机构。职能分工型机构主要是指传统意义上的存款类机构，其业务以存贷为主体，利润的来源主要依靠存贷差。在存款类金融机构相当久远的发展历史中，传统意义的商业银行存在了相当长的时间，但是随着金融业竞争的加剧以及信息技术的迅速发展与普及，一部分传统意义上的存款类金融机构通过一系列组织创新和业务创新，从过去的职能分工型的相对简单的业务种类和组织模式转化成了银行控股公司或金融控股公司的全能型模式。比如商业银行业务与投资银行业务的混合；电子计算机与网络技术所赋予的电子银行和网络银行等，这些变化为传统型存款类金融机构注入了新鲜的血液，使其再次焕发出了生机。

伴随着经济全球化与金融发展的深入推进，进入 21 世纪的存款类金融机构更清晰地勾勒出了其类型发展的轮廓：中央银行在国内宏观调控和国际金融合作方面越发呈现重要的作用；商业性机构则呈现国际化、信息化、复合化的发展特点；政策性机构在一定时期内成为商业性金融的必要补充。同时，通过兼并重组而实现的全球范围内的超级机构也将协同一些细分市场的中小机构共同发展。无论怎样，与银行将要消亡的论调相反，存款类金融机构将在金融体系中承担重任。

第二节　商业银行

商业银行是存款类金融机构中最具代表性和比重最大的机构。传统意义上的商业银行专门是指吸收存款并发放贷款的直接参与存款货币创造的金融机构。随着商业银行业务的扩展，现代的界定强调商业银行是经营货币信用商品和提供金融服务的特殊的现代企业组织。

一、商业银行的特性

商业银行是经营货币信用商品和提供金融服务的特殊的企业组织，是特殊的金融机构。

（一）商业银行是特殊的企业

1. 商业银行首先是企业

商业银行符合一般企业的特点，一是追求利润最大化。如同一般企业，商业银行业务的开展以利润最大化为目标，其所实现的市场占有率、业务的创新、新技术的使用以及吸引人才的激励机制等都是为了获取更强的竞争力、更多的利润。二是企业化管理。企业化管理即在追求利润的过程中必须坚持独立核算以及责、权、利的匹配。同时，企业化管理强调企业自身在市场竞争中的市场选择，不受政府干预。

2. 商业银行又是特殊的企业

其特殊性表现在：一是经营对象的特殊。与一般企业经营普通商品不同，商业银行经营的是货币和各种金融工具，由于其是以负债为主要资金来源，因此公信力程度是其正常运营的关键。二是经营关系的特殊。与一般企业与客户的商品买卖关系不同，商业银行的经营关系是一种以借贷为核心的信用关系。这种关系在经营活动中不是表现为等价交换，而是表现为以还本付息为条件的借贷关系。三是经营风险的特殊。基于商业银行经营对象与经营关系的特殊性，商业银行的经营风险也表现出与一般企业的经营风险的不同。一般企业的经营风险多表现为滞销和商品积压，而商业银行的风险多体现为信用风险和市场风险。与一般企业经营风险影响范围窄不同，商业银行的风险一旦形成，因其受众广泛而范围大，严重时还会引发金融危机、经济危机，甚至社会危机。

（二）商业银行是特殊的金融机构

与其他金融机构不同，商业银行的特殊表现为其以较少的自有资本，通过吸收存款为资金来源进行放贷并以利差收入为利润。这种特殊性也决定了其所具有的两个特点。

1. 商业银行具有内在的脆弱性

商业银行内在的脆弱性取决于其资本的高杠杆率以及由此产生的以负债为重要资金来源的特点。其脆弱性主要表现为：一是挤兑的出现。在经营的过程中，商业银行不需要投入很多的自有资本即可进行经营，资本的财务杠杆率很高，一旦存款人对商业银行的清偿力产生怀疑，就会出现挤兑。商业银行一方面自有资本太少，另一方面以负债为资金来源，资产运用也很难迅速收回，所以面对挤兑商业银行往往无法应对，从而导致破产。二是不良资产的产生。商业银行的资产运用只有成本较低质量较高时才能保证良好的回报。但商业银行在资产业务的开展中信用风险无时不在，一旦出现较高的不良资产率，直接影响商业银行的声誉，从而也会加强挤兑的可能性。由于不良资产与挤兑的产生无法取决于商业银行的主观愿望，因此商业银行的内在脆弱性很难消除。

2. 商业银行具有较强的风险传染性

商业银行在一国的金融体系中具有重要的地位，作为投融资的中介，承担资源配置的重要功能。商业银行的平稳运行对于一国金融运行尤为关键。因为商业银行业务的相似性以及其所面对的经营对象的普遍性，公众往往视商业银行为一个整体，因此一家银行出现信用危机，会直接影响公众对其他商业银行的判断，从而导致风险的迅速传染。

商业银行的上述特点勾勒出商业银行运营中存在天生的桎梏，能否有效避免问题的发生或者出现问题妥善处理是商业银行在激烈的市场竞争中拥有一席之地的关键。

二、商业银行的类型

按照不同的依据，商业银行可以划分为不同的类型。

（一）依据商业银行的组织形式划分

依据商业银行的组织形式，商业银行可分为总分行制、单一银行制、控股公司制、连锁银行制等数种。这些类型在不同的国家因各国政治经济制度不同而有不同的选择，而不同的类型也各有利弊。

1. 总分行制

总分行制是银行在大城市设立总行，在本市及国内外各地普遍设立分支行并形成庞大银行网络的制度。采取总分行制的优点是：经营规模大，分工细，资金调度灵活，能够分散风险，具有较强的竞争力。缺点是经营管理可能不灵活、效率不高。目前，世界各国的商业银行普遍采用这种制度。

2. 单一银行制

单一银行制又称单元制，是不设任何分支机构的银行制度。推行单一银行制的理由是地方性强，经营自主灵活，便于鼓励竞争，限制银行垄断。但由于只是单体银行，其整体实力在经济发展和同业竞争中常会处于不利的地位。为防止垄断，美国曾法律规定只允许银行采用单一银行制模式，但随着经济的发展，从 20 世纪 70 年代以来禁止开设分支机构的限制逐渐有所放松。目前，美国越来越多的州放弃了这个限制，但还有一些州继续实行。从总体讲，美国的单一银行制度正在逐步解体，大多数州在规定一些限制条款后，允许银行设立分支机构。

3. 控股公司制

控股公司制是指由一家控股公司持有一家或多家银行的股份，或者是控股公司下设多个子公司的组织形式。控股公司控制下的各银行具有互补性，使整体经营实力增强。控股公司制是美国银行业规避管制的一种创新，通过控股公司这种安排可以解决银行业务发展中的两个问题：一是规避跨州设立分支机构的法律限制；二是通过设立子公司来实现业务多元化。控股公司成为 1999 年《现代金融服务法案》颁布以前绕过《格拉斯-斯蒂格尔法》（该法限制混业经营）的重要银行组织形式，有利于实现银行的综合经营。近些年来，美国银行兼并大都采用这一形式，如美国花旗银行是花旗集团的全资附属机构，花旗集团以控股公司的形式出现。

4. 连锁银行制

连锁银行制是指由某一个人或某一个集团购买若干家独立银行的多数股票，从而控制这些银行的组织形式。连锁银行制与控股公司制一样，都是为弥补单一银行制度的不足、规避对设立分支行的限制而实行的。与控股公司制的不同是，在连锁银行制中没有股权公司的形式存在，即不必成立控股公司。同时，连锁银行制下的大银行对其他银行的控制不如控股公司制下的大银行控制力强，因为单个银行的资金实力一般要小于一个股份公司的资金实力。

银行组织形式的不同与银行所处的经济社会环境、法律规定和银行自身发展的要求密切相关，对银行组织形式的选择既有自然演进的诱致性原因，也有人为主导的强制性原因，无论如何最终都要归结为该种模式是否能给银行带来真正的效益和持续发展的空间。

（二）依据商业银行的业务运营范围划分

依据商业银行的业务运营范围，商业银行可分为职能分工型商业银行和全能型商业银行。职能分工型又称分业经营模式，是指在金融机构体系中，各个金融机构从事的业务具有明确的分工，各自经营专门的金融业务。在这种模式下，商业银行主要经营银行业务，特别是短期工商信贷业务。与其他金融机构相比，只有商业银行能够吸收使用支票的活期存款。全能型模式又称混业经营模式，在这种模式下的商业银行可以经营一切银行业务，包括各种期限的存贷款业务，还能经营证券业务、保险业务、信托业务等。

职能分工型商业银行专营银行业务（存贷为主），有利于资金安全，减少混业带来的连带影响，但业务面窄不利于竞争；而全能型商业银行业务领域广阔，通过为客户提供全面多样化的业务，可以对客户进行深入了解，减少贷款风险，同时银行通过各项业务的盈亏调剂，有利于分散风险，保证经营稳定，但各业务间的风险传染性也较大。可见两种类型各有利弊。商业银行究竟采用何种模式是由一国金融体制决定的。近 10 年来，随着金融业竞争日趋激烈，商业银行在狭窄的业务范围内利润率不断降低，越来越难以抗衡其他金融机构的挑战，为此其经营不断趋向全能化和综合化；同时，许多国家金融管理当局也逐步放宽了对商业银行业务分工的限制，在一定的程度上促进了这种全能化和综合化的趋势。

除上述两大类型以外，商业银行还可以有多种划分，见表 7-1。这些不同的依据有交叉，应该说，一种商业银行往往具有多种分类属性。

表 7-1　　商业银行的类型

划分的依据	种类	
产品类型	提供产品的创新性	传统银行、具有银行性质的新型金融机构如货币市场基金
买方类型	买方的规模	批发银行、零售银行
	买方的地域差异	城市银行、农村银行
	买方的需求差异	储蓄银行、私人银行
销售渠道	销售载体	有形银行、电子银行
	销售的纯粹性	直销银行、兼营银行
未来发展趋势	支付功能强化型银行、信息技术型银行、顾客细分型银行、协作型银行	
地理范围	跨国商业银行、全国性商业银行、区域商业银行、社区商业银行	

三、商业银行的业务

商业银行的业务大体包括负债业务、资产业务、表外业务。商业银行的业务反映商业银行的资金来源与资金运用，是商业银行收支活动的具体项目，体现出商业银行的具体作用和组织管理的能力。

（一）商业银行的资产负债业务

商业银行的资产负债业务具体见表 7-2。

表 7-2　　简化的商业银行资产负债表

资产	负债和资本
贷款	存款和借款
投资	其他负债
其他资产	银行资本

1. 负债业务

负债业务是指形成商业银行资金来源的业务。商业银行的负债业务主要有三种形式：

（1）被动负债。被动负债即通过被动地吸收存款来筹集资金。存款是商业银行最主要的负债业务，一般分为活期存款、定期存款和储蓄存款三类。其中：活期存款是一种随时存取并可直接开立支票账户的存款，也称为支票账户存款或往来账户存款。活期存款如同现金，其作用主要为了方便结算。活期存款一般不付利息。定期存款是存期固定且较长、利息较高的存款。储蓄存款是为了便于居民个人积累货币资金而开设的计息存款，也分活期储蓄存款和定期储蓄存款，但一般不签发支票。储蓄存款是商业银行吸收社会零散资金的一种重要方式。

（2）主动负债。主动负债是商业银行通过发行各种金融工具主动吸收资金的业务。

20世纪五六十年代，西方商业银行为应对激烈的市场竞争、稳定资金，开始不断创新一些金融工具进行筹资，比如金融债券、大额可转让定期存单等。这类工具期限较长，有利于商业银行资金来源的稳定，同时又能够在市场上流通转让，既能满足投资者对流动性的要求又有较好的利息收入，为市场所接受。

（3）其他负债。包括借入款和临时占用两类。借入款主要是商业银行向中央银行、同业银行或其他金融机构的借款，以弥补暂时性的资金不足。临时占用是商业银行在为客户提供服务的过程中临时占用的那部分客户资金。

2. 资产业务

资产业务是商业银行的资金运用项目，包括贷款、投资和其他活动的业务。商业银行的资产业务是其取得收入的基本途径。

（1）贷款。贷款业务是商业银行资产业务中最重要的业务。按照期限长短可以分为长期贷款（3年以上）、中期贷款（1～3年）和短期贷款（1年以内）；按照贷款对象可分为工商贷款、农业贷款、消费贷款等；按照贷款担保形式可分为贴现贷款、抵押贷款、担保贷款、信用贷款等。无论怎样划分，贷款的质量都是最重要的。因此，贷款风险管理是商业银行经营管理的重中之重。

（2）证券投资。投资业务是商业银行购买有价证券求得增值的业务。商业银行进行投资业务的目的有二：一是增加收益来源；二是实现资产多样化，保持流动性。商业银行投资的证券主要包括政府债券和公司债券。其选择的标准是风险较低、信用较强、流动性较强。至于企业股票，一般银行较少涉足，有些国家更是以法律限制。这主要都是考虑商业银行的安全性和流动性。

（3）其他资产。主要包括库存现金、存放中央银行和同业的存款等。其中，库存现金是为应付客户取现和日常业务开支及收付需要而存放在银行金库中的现钞和硬币。存放在中央银行的超额存款准备，银行可随时用作支付或清算，是银行的一般性账户，有如商业银行吸收的活期存款，流动性非常强。存放在同业的存款是为了同业间往来及清算的方便而在其他行开设的往来账户，具有活期存款性质，流动性强。这些资产都是为保持商业银行必要的流动性而保留的。随着货币市场、证券市场的发展，现金作为保持流动性的唯一办法被打破，银行只保留少量现金资产，较多地采用持有国库券等短期债券或票据的办法。

3. 银行资本

银行资本即自有资本，其数量的多少能够反映银行自身经营实力以及御险能力的大小。各国的中央银行均规定商业银行开业时的注册资本金必须要达到一定数额，如我国中央银行目前规定，设立商业银行、城市合作银行的注册资本最低数额分别为10亿元、1亿元，而设立城市信用合作社的注册资本金最低数额为100万元。在此基础上，商业银行在业务经营过程中还通过各种方式补充资金，如股份制银行通过发行股票、债券增资，国家银行通过由国家财政注入资金等。银行资本有两项基本功能：一是商业银行开展各项业务的基础；二是发生意外损失时起一定的缓冲、保障作用。

银行资本包括核心资本和附属资本两类。核心资本包括普通股、不可收回的优先股、资本盈余、留存收益、可转换的资本债券、各种补偿准备金等。核心资本是银行真正意义上的自有资金。因此，核心资本在资本总额中所占的比重直接影响银行的经营风险。

依据《巴塞尔协议》，商业银行资本充足率不能低于8%，在银行资本比例中，核心资本不能低于50%。

（二）商业银行的表外业务

表外业务包括传统的中间业务和创新业务，也被称为商业银行的服务业务。商业银行的表外业务的概念有狭义和广义之分。狭义的表外业务是那些虽未列入资产负债表内，但同表内的资产业务或负债业务关系密切的业务，按照与资产、负债的关系，这种表外业务又可称为或有资产业务、或有负债业务，如贷款承诺、担保、互换、期货、期权、远期合约等。广义的表外业务除包括上述狭义的表外业务外，还包括结算、代理、咨询等风险小或无风险的经营活动，也就是说广义的表外业务包括银行所从事的所有不反映在资产负债表中的业务。

（三）商业银行业务发展趋势

1. 强调业务创新和多元化

商业银行的业务创新大体分为三类：一是为规避金融管制，巩固并开发资金来源，实现最优的资金运用的业务创新，比如大额可转让定期存单、货币市场共同基金、可转让支付命令等。二是为实现银行有效的风险管理，获得收益与风险的匹配的业务创新，比如资产证券化、金融期货与期权、利率互换等。三是为实现可持续收入和多选择的利润来源渠道而开展的业务范围和品种的创新，比如网络银行业务、电子货币等。

2. 业务电子化

银行前台的交易系统和后台的清算支付系统的电子化程度对于银行成本的控制具有较强的影响力；而电子银行服务和网络银行的迅速发展已成为银行新的竞争热点。实践证明，凡是在银行业务组织和设计中最先使用并充分使用电子信息技术的银行，其发展都很迅速，实力也不断强大。

3. 以客户中心理念发展业务

通过强调客户中心理念，银行在业务调整中会真正以客户所需为产品设计的基础，金融服务更趋人性化，开发的是针对个人投资者的特色产品，也使银行提供的此类产品具有高附加值的倾向。

4. 强调银行监管对银行业务调整的重要意义

银行监管的限制往往成为银行在竞争重压下不得不规避和突破的束缚，监管的放松对于银行业务的灵活性、多样性至关重要，同时监管的简化也决定了银行业务在控制交易成本和信息成本方面的空间。

专栏7-1 “大资管”改变商业格局 银行理财的五大转型策略

当前，随着利率市场化改革、汇率形成机制改革、人民币国际化、互联网金融的兴起，传统商业银行以利差收入为支柱的盈利模式面临巨大挑战。与此同时，创新成为划分商业银行版图的核动力，商业银行正在逐步迈向全资产经营的大资管时代。机遇总是与挑战并存，银行资产管理业务也面临一些亟待解决的挑战和问题，主要体现在信用风险逐渐积聚。在“资金池运作”及“刚性兑付”的大环境下，银行资产管理产品作为利率市场化的代替品，并未真正将风险传递至投资者手中，而是在银行内部不断积聚，使得银行资产管理业务成为了“银行的影子”；银行资产管理业务自身模糊的定位，为日后的长远发展埋下了隐患。打破“刚性兑付”，回归代客理财业务本质，具体而言，要重点推进以下五方面的转型：

1. 产品转型。产品形态的转型，关键是要实现信用风险可传递，产品募集期限与投资资产期限相吻合。预期收益率型产品转型可转向以下方面：开放式净值型产品；封闭式净值型产品；项目融资类产品；结构性产品；股权投资及另类投资产品。在产品设计中，同样需要进行变革转型，树立“以客户为中心”的产品设计理念。按照投资主体划分，客户可分为零售客户、高净值客户、机构客户。对于零售客户，产品设计应以低风险、低门槛、高流动性的标准化产品为主，突出产品的安全性与便捷性。对于高净值客户，产品的设计应提供“全方位、一体化、定制型”的资产管理服务。对于机构客户，产品的设计应着重关注客户所处监管环境、公司治理模式、业务办理流程三个方面，真正做到产品设计以客户为中心。

2. 销售转型。银行要打造线上线下一体化的营销渠道，不断扩大客户覆盖范围，提升客户体验，逐步实现“线上批量化营销，线下个性化服务”。加强线上建设，实现标准化产品的销售与交易。第一，要加大对信息系统的投资力度，简化业务办理流程，为客户提供良好的产品购买体验。第二，要加强与电商平台、社交网站、网络支付机构等第三方平台的合作，通过信息共享提高数据挖掘能力，实现客户的精准定位。第三，要建立标准化产品的内部交易平台，为客户提供撮合交易服务，实现产品的线上可流转。同时提升线下专业化能力，建立科学的考核机制。

3. 投资转型。一是打造“资管投行”。银行资产管理部门要转变固有的买方思维，向产业链上游的投行业务逐渐渗透，从被动接受卖方产品转为主动获取资产，通过满足不同生命周期企业的融资需求，形成与银行信贷差异化的项目来源，实现与资金的无缝对接。二是加强组合管理。首先，要转变“资金池—资产池”式的管理模式，通过产品的独立建账与单独核算实现产品与资金的一一对接，解决长久以来的“期限错配”问题。其次，要借鉴基金行业的FOF（基金中的基金）管理模式，通过自主管理的上层主动型产品投资于下层被动型产品（直接对接资产），实现对组合的主动管理和对资产的大类配置。最后，要对原有的投资组合管理工具进行升级改造，与新型组合管理模式相匹配。

4. 管理转型。过去，资产管理业务管理模式主要仿照表内信贷业务，资产管理产品“资金池—资产池”的运作模式使其成为“银行的影子”。银行要将资产管理业务与自营业务严格分离开来，通过对组织架构、绩效考核、业务审批、风险管理、系统建设进行改革，防止风险的跨部门扩散，促进资产管理业务实现真正的“卖者尽责，买者自负”。

5. 盈利模式转型。转向以“固定管理费＋业绩分成”为主要收入来源，以“交易手续费”为次要收入来源的盈利模式。其中，“固定管理费＋业绩分成”是指在以固定比例向客户所持产品净资产收取管理费的同时，与客户约定一个业绩标准和分成比例，对超过标准的部分，由银行与客户按照事先约定按比例分成，获取业绩分成收入。需要说明的是，银行应当在自身会计核算系统以及产品估值体系受到监管的前提下，才能采取此种盈利模式，避免银行通过隐瞒真实利润侵害客户利益。“交易手续费”是指在客户提出交易需求的基础上，银行通过标准化产品的内部交易平台，为客户提供撮合交易服务而收取的费用。在为客户提供撮合交易服务时，银行须秉承客观、公正、自主的原则，不得偏向任何交易一方，也不得为获取手续费而诱导客户进行交易。

资料来源：罗苓宁．“大资管”改变商业格局银行理财的五大转型策略．金融界，2016（5）．

（四）商业银行业务经营原则

对于商业银行业务经营原则确切的表述应是：安全性、流动性和盈利性，简称“三性”原则。

1. 安全性原则

安全性原则是指商业银行在经营中要避免经营风险，保证资金的安全。安全性是银行资产正常运营的必要保障，它要求商业银行在经营活动中尽可能防范和降低各种风险。安全性是商业银行实现盈利性和流动性的基础。

2. 流动性原则

强调流动性是由银行这种特殊金融企业的性质所决定的。流动性是指商业银行能够随时满足客户提取存款及应对客户获得贷款要求的能力。流动性能力是商业银行所具备的一种不损失价值情况下的变现能力，一种能应付各种责任的资金可调用能力。流动性能力实际能够反映商业银行经营状况的好坏，也能体现商业银行管理能力的高低。

3. 盈利性原则

盈利性原则是指追求盈利最大化，这是商业银行的经营目的。商业银行只有追求盈利，才能有效地充实资本、强化激励，获得持续发展。但若一味强调盈利而忽略风险和长期发展，盈利也只能是暂时的。

商业银行经营的三个原则既是相互统一的，又有一定的矛盾。其中，流动性与安全性是相辅相成的，流动性强、安全性高，而盈利性与流动性、安全性存在冲突，高盈利性往往伴随高风险性。由于三个原则之间存在矛盾，商业银行在经营中必须统筹考虑三者的关系，综合权衡利弊，不能偏废其一。一般应在保持安全性、流动性的前提下实现盈利的最大化。

四、商业银行管理的发展与创新

（一）商业银行的经营管理理论的变迁与发展

商业银行的经营管理理论经历了一个演变过程：从最初的资产管理、负债管理到资产负债管理以及目前的一些新发展。商业银行管理理论的变迁与商业银行的发展和社会经济金融发展密不可分。

1. 资产管理理论

资产管理是商业银行的传统管理办法，该理论的重点是流动性的管理。资产管理理论主要经历了三个不同的发展阶段：一是真实票据理论，即主张商业银行以真实票据为根据主要发放短期和商业性贷款；二是可转换理论，即商业银行的资产运用范围扩大到可以投资于具有一定流动性和盈利性的有价证券上；三是预期收入理论，即商业银行不仅能对短期商业性需要发放贷款，投资于有价证券，而且只要借款人具有可靠的预期收入用于归还贷款，银行就可以对其发放贷款。

2. 负债管理理论

商业银行的负债管理是从 20 世纪 60 年代开始商业银行采取的一种管理方式，即通过负债业务创新，主动吸引客户资金，扩大资金来源，并根据资产业务的需要调整或组织负债，让负债去适应和支持资产业务。负债管理的实施扩大了银行的资金来源，进一步拓宽了银行的业务规模和范围。但与之并行，也在负债运营的成本与风险上带来一定程度的压力。

3. 资产负债综合管理理论

该理论强调将资产和负债综合考虑，统筹安排，这样才能实现盈利性、流动性和安全性的统一。资产负债管理的重点是对利率敏感性的分析，最普遍采用的方法是缺口分析，即利率敏感性资产与利率敏感性负债之间的差额。在管理中，商业银行可采取防御型战略，注意平衡利率敏感性资产与负债之间的数量，使净利息收入免受利率波动的影响；或采取主动战略，预测利率变化和调整组合，比如要在预测利率上升时建立一个正缺口（利率敏感性资产大于利率敏感性负债），在预测利率下降时建立一个负缺口，在预测正确的情况下获得净利息收入的增加。

（二）商业银行经营管理的核心内容：风险管理

当然，在现代商业银行的经营管理中，由于风险的加大和危害的加重，风险管理日显重要。商业银行经营中面临许多风险，如信用风险、市场风险、流动性风险和操作风险等，有效地防范、控制和管理风险是银行经营管理中的核心。

1. 商业银行风险管理的主要内容

商业银行风险管理的内容主要包括三方面：风险识别、风险衡量、风险控制。①风险识别是商业银行风险管理的基础。风险识别准确与否，直接关系到能否有效地防范和控制风险损失。②风险衡量是风险管理的第二阶段，主要是估算损失风险发生的概率，预测风险损失程度及其相关损失的大小。③风险控制。商业银行用以防范和控制风险的方法很多。传统风险管理集中在信用风险上，但随着市场发展以及金融创新的深入，商业银行更加注重综合性的风险管理，并通过多种新兴的风险管理方法对风险进行控制。

2. 商业银行风险管理的方法

20 世纪 90 年代以后，世界金融业的经营风险出现了新特点。巴林银行事件、大和银行事件、1998 年美国长期资本管理公司事件以及 2008 年以来美国次贷危机等类似事件，都是由于过度投机而对业绩评价不合理所致，只考察其盈利能力及水平，没有考虑在获得盈利的同时进行的经营活动所承担的风险。这些事件使银行业深刻领悟到在经营中所遭遇的是信用风险、市场风险、操作风险等共同的风险组合，于是各银行开始重视各种风险的综合影响，并采用新型的风险管理方法。新型的风险管理方法包括：风险价值法、信贷矩阵、风险调整的资本收益法等。

五、互联网金融与商业银行

（一）互联网金融的界定及其与传统商业银行的比较

1. 互联网金融的界定

互联网金融从服务的形式而言可分为三种模式：一是传统金融服务的互联网延伸，即广义的互联网金融，包括网上银行、电子银行以及手机银行等；二是金融的互联网居间服务，典型的应用模式有第三方支付平台、P2P 信贷、众筹网络等；三是互联网金融服务，即网络形式的金融平台，包括网络小额贷款公司、互联网基金、保险销售平台等，这一模式也多为电商向金融行业的渗透。其中，互联网居间服务是我们目前议论较多的模式。

2. 互联网金融与传统金融的比较

（1）拥有大数据的信用评价体系。互联网金融基于电子商务平台和第三方支付平台积累了海量的客户交易信息与信用数据，并据此构建起互联网信用评价体系和信用数据库。与传统银行基于用户资产、抵押品等数据建立起来的信用评级体系相比，基于消费行为大数据建立起来的或二者结合建立起来的信用评级体系似乎更灵活、更全面，也更合理。

（2）交易成本大幅度降低。商业银行在进行间接融资过程中会产生很大的市场交易成本，如贷款信息收集成本、签约成本、信用评级成本、贷后风险管理成本以及坏账处置成本等。而在互联网金融模式下，交易成本将会大大降低，资金供求双方完全依赖于互联网和移动通信网络进行联系和沟通，并可以实现对方对多方同时交易。

（3）信息不对称得以改善。中小企业融资难的问题长期以来就难解决，其中一部分原因是由于在传统的融资模式下，商业银行或其他金融机构与有资金需求的小微企业之间信息不对称，银行获得小微企业的成长信息的成本较高，成本、风险与收益不相匹配。但是在互联网金融模式下，信息较易获取且成本低廉，同时基于大数据建立的信用评级体系以及其信用信息公开的机制，使得企业的违约成本提高，因此信息不对称的问题得以改善。

（4）人性化的用户体验。互联网技术的发展使网络支付及移动支付功能不断完善，这在极大程度上满足了人们的支付需求，真正做到了随时、随地完成支付，同时，用户可以使用第三方支付终端实现诸如缴费、转账、代购等功能，这对于传统银行而言，不仅使其支付中介的功能边缘化，更使其中间业务很大程度上被替代。此外，通过互联网平台进行融资，不仅申请操作流程便捷，审批效率更是大大提高，最快的当天就可以获得贷款，这对于大多以筹集短期小额生产周转资金为主的中小企业而言，是极大的福音。

正是基于上述这些优势，相较传统商业银行，互联网金融机构更容易基于客户日常消费行为，不断完善提升客户体验，使其形成一种良性循环，从而提高客户黏性。传统商业银行具有政策红利、资金成本、信用成本以及作业成本四大绝对优势，但是随着互联网金融的出现，其信用成本及作业成本优势已不再明显，而假如互联网金融机构未来可以取得银行牌照，独立吸存揽储，那么传统银行业的资金成本及政策红利优势也将不复存在。

（二）互联网金融对传统商业银行的挑战

1. 挑战传统银行的中介地位和角色

金融中介存在两大重要功能：一是它可以显著地降低市场上的交易成本，并能享受到规模经济的好处；二是它能减少由于大量存在于借贷双方的信息不对称而导致的逆向选择和道德风险所带来的损失。商业银行作为典型的存款类金融机构，在其三百多年的发展历程中，其作为资金供需双方之间的桥梁和纽带长期以来在间接融资模式下发挥着举足轻重的作用。然而，互联网技术很可能使这一金融业的传统格局发生变化。互联网金融的出现和兴起更是进一步降低了交易成本，同时使信息不对称程度变得非常低，从而接近一般均衡理论中的无金融中介状态，在加速推进金融脱媒的同时，对银行垄断的霸主地位进行冲击。具体而言，可能从两个方面挑战传统银行的中介角色。

一是信用中介角色面临挑战。在互联网的覆盖下，信息变得透明并难以藏匿，互联网技术改变了信息的传递方式和传播途径，降低了信息获取成本和交易成本。目前，中国人民银行已经开通了北京等九省市个人信用报告网上查询功能，可以预见不远的未来，个人或企业等微观经济主体的信用状况将在互联网技术的支持下变得公开并容易获得，投融资双方将借助互联网平台直接建立借贷关系，商业银行融资中介服务需求面临威胁。

二是支付结算中介角色面临挑战。在互联网金融模式下，移动支付作为主要的支付方式，其功能正在不断完善加强。目前，多家电商都在积极拓展业务，向移动支付领域进军，试图分享到该领域的第一块蛋糕。例如，拥有大量客户群基础的新浪微博、腾讯微信客户端已经推出可用于支付的微钱包、安全支付等业务，而支付宝也通过客户端转账无手续费等一系列的优惠手段，主推移动支付业务。互联网金融模式下的支付系统未来将会不断发展完善，企业间的部分资金业务往来也很可能通过移动支付完成，而对于移动支付结算能力的质疑，云计算技术则进行了很好的补充，它保障了移动支付的存储和计算能力。互联网技术改变了支付渠道，打破了时间与空间的限制，使人们的生产生活变得更加便捷，这在某种程度上直接冲击了商业银行的支付中介地位。

2. 挑战银行体系现有的信用评价体系

以电商金融为例，其基于消费者消费行为大数据而建立的全新的信用评价体系是一大特色。在信用支付业务中，在考虑给用户授信额度的时候除了其消费行为数据，还会综合多方面的因素进行评价，如某客户的手机号码为“139＋区号”开头，则认为该用户为较早一批手机使用用户，经济状况应该不错，应该予以最高的授信额度等。这些看似难以量化的因素经过精密的计算和数据处理，形成的信用评价体系，恰恰弥补了传统银行业在做信用评级时仅考虑客户的资产、收入、抵押物等僵化、硬性条件的不足，也将可获得授信额度的群体范围扩大，使一些虽无稳定收入或大额资产抵押物但有真实信用支付需求的群体（如学生）也可以在一定限额内获得授信额度，这样的评价体系显得更灵活、更人性，也更全面合理。当然，电商金融有其独立的信用评价体系，但由于其无法进入正规的征信系统获得消费者资产收入信息，并且由于整个社会的征信体系建设和覆盖并不完善，这种信用评价模式在实际运行过程中究竟会如何发展尚不得而知。不过其全新的评级方法和理念无疑会对现有商业银行的信用评级体系建设和完善带来冲击。

3. 挑战鲶鱼效应下商业银行的转型发展能力

互联网金融是一种新兴的商业模式与盈利方式，在商业银行未来长期发展中扮演鲶鱼的角色。传统商业银行在互联网时代来临下将不得不重新思考自身的定位与转型发展，在互联网金融带来的鲶鱼效应下，商业银行转型过程中的创新能力、服务水平及资源整合能力都将受到挑战。

（1）银行的创新能力和服务水平受到了挑战。商业银行并不像互联网金融“船小好调头”，后者在面对市场多变的需求时能及时敏锐地捕捉到市场的变化，并以最快的速度做出调整，同时，由于互联网金融尚处于监管的灰色地带，很多业务创新可以巧妙地避开监管，而银行要想继续保持其垄断的主导地位，面对这样的形式，银行是否具有发展的战略眼光、合理的角色定位、高适应性的业务、产品创新能力，都将成为银行未来发展走向的重要影响因素。此外，在向“以客户为中心”的经营战略转变过程中，银行还要不断提升自身的服务水平，注重客户多元化、个性化的需求和业务定制。金融行业说到底是服务行业，过去银行一家独大的局面如今面临动摇，新时期下银行的服务水平和能力未来很可能成为制约其发展的又一重要因素。

（2）银行的资源整合能力也将受到挑战。商业银行不仅要适应互联网金融等新兴事物的创新发展思路，更应考虑在未来如何与互联网金融良好地合作。此二者在某种程度上并不是完全竞争的关系，还可以相互融合。换句话说，银行在转型发展的过程中应该思考如何有效利用自身和互联网的优势，巧妙地进行资源整合，将互联网作为技术手段整合到自身的业务框架之下，使其金融服务更完善、更全面、更人性化以及更能适应市场的变化和外部因素（如科技）的冲击。

4. 挑战商业银行在互联网时代接受舆论监督的能力和自身信用

在互联网高度密集覆盖的时代，虽然互联网作为新的技术手段和媒介加入到银行业竞争格局中来，但是不容忽视的是，商业银行自身作为金融机构或金融体系中的一个元素，其同样也要暴露在互联网之下，接受舆论的监督和检查，面临舆论的压力。从这个角度出发，随着互联网金融的出现和发展，很多基于市场需求而推出的创新业务和产品，无论在人们的观念上还是社会舆论上，都形成了非常大的影响力，这就使得人们对金融产品和服务提出新的要求。银行作为传统金融的代表，一方面，其应对互联网舆论监督的能力，或称危机公关能力受到了考验；另一方面，随着存款保险制度的建立和完善，银行在没有政府作为强大后盾的情况下，自身信用问题将变得更加敏感，这对商业银行而言是另一种巨大的挑战。

第三节　中央银行

一、中央银行的产生与发展

中央银行是指在一国银行体系中居于主导地位，负责制定和执行国家的货币政策，对国民经济进行宏观调控，维护金融稳定，实行金融监管的特殊金融机构。这种特殊性是其地位的特殊、业务的特殊和作用的特殊的统一，是其历史演进的必然结果。

中央银行的产生有两条途径：一是信誉好、实力强的大商业银行借助政府的赋权逐渐发展演变而成；二是政府直接组建。前者更多地反映出经济运行与发展对中央银行的客观要求；后者则反映出中央银行对于政府的重要。

中央银行的起源可以追溯到17世纪后半期，迄今为止已经历了300多年的历史。概括起来可以划分为三个阶段。

（一）17世纪中后期到20世纪初第一次世界大战结束，中央银行基本上处于初步形成和发展时期

在这一阶段产生的中央银行一般称为自然演进的中央银行，它与以后特别是20世纪一些国家自主建立的中央银行有明显区别。其特点如下：

（1）初期阶段的中央银行开始行使的职能是政府的银行和发行的银行，后来才逐渐成为银行的银行。中央银行的建立是基于政府的需要而建立的，如为政府筹措经费、支

持战争需要、代表政府管理金融市场、发行货币等。在中央银行制度发展到一定阶段之后，中央银行才成为银行的银行。

(2) 初期的中央银行一般都是私人股份银行或私人和政府合资的股份银行。实际上是所在国的大商业银行，具有私人企业性质。但由于其实力强、作用大、影响广泛，便开始与政府建立特殊关系，并逐渐垄断了货币发行权，从而加强了它们对银行体系的影响力和控制力。

(3) 初期阶段的中央银行一般都兼营一部分商业银行业务，并不完全具备调控国内金融市场以及干预和调节整个国民经济的功能。

(二) 第二次世界大战结束至20世纪八九十年代，中央银行制度不断规范、中央银行职能得以进一步完善与强化

基于战后经济金融秩序重建的需要，在凯恩斯主义的影响下，各国加强了对中央银行的控制，逐步对中央银行实行国有化改造。国家干预经济理论的盛行，使中央银行成为国家干预和调节经济的主要工具。于是，稳定币值、维护金融安全和国家干预经济的客观需求构成了中央银行制度进一步发展完善的社会背景。各国中央银行之间的交流与合作也逐渐规范化和经常化。这一时期的特点表现为：

(1) 政府创设中央银行和国家强化对中央银行的控制，推进了世界范围内的各国中央银行制度的确立和规范。

(2) 专门行使中央银行职能。1945年以前的中央银行一般都经营部分商业银行业务。第二次世界大战后，随着中央银行职能作用的发展与完善，原来已成立的一些中央银行逐步放弃其商业银行业务，专门行使中央银行的职能；而新成立的多数中央银行则一开始就不办理商业银行业务，专门行使中央银行的职能。

(3) 中央银行宏观调控和金融监管职能也不断增强，货币政策和财政政策并列成为两大主要宏观经济政策，中央银行成为干预和调节经济的工具。

(4) 各国中央银行的国际合作不断加强。随着世界经济全球化的发展，各国之间的相互依赖关系更紧密了，期间国际货币基金组织、世界银行等世界性、区域性的国际金融机构的建立使国际金融活动空前活跃，使国际金融合作日益加强，各国中央银行都成为了国际金融活动的参与者，各国中央银行代表本国政府积极开展国家间的金融合作活动。

(三) 20世纪90年代以来，中央银行的理论与政策也得到前所未有的重视与探讨

随着金融化、全球化的深度推进，中央银行在一国或地区乃至世界范围的宏观调控与金融稳定中的地位与作用获得更多的认可，中央银行的理论与政策也得到了前所未有的重视与探讨。一方面，政府更加依赖和信任中央银行，对其在调控国内经济和协调国际关系所起的积极作用给予基本肯定；另一方面，微观经济主体对经济持续稳健发展的渴望成为了推动中央银行发展的巨大力量。人们相信具有专业素养和超然地位的中央银行能够在经济运行中发挥修正偏差和补救损失的重要作用，而与此同时，人们也更加关注中央银行的一举一动，对中央银行的问责与质疑也不绝于耳。可以说，中央银行地位与作用的凸显，是此阶段经济、金融发展的必然选择，也是政府更为客观真实地遵循经济、金融运行规律的必然结果。

二、中央银行的性质与职能

作为特殊的银行，中央银行的特殊性具体体现在其职能上。中央银行的职能可以概括为发行的银行、政府的银行和银行的银行三大职能。

（一）发行的银行

作为发行的银行，中央银行统一控制管理全国的货币发行，垄断银行券的发行权。目前世界上除了少数国家（如美国、日本等）的铸币由财政部发行外，大都由中央银行担任货币发行的职责。许多国家的中央银行法中都有限制财政发行的条文，如中央银行不得向财政透支。

1. 在现代经济的货币供给中，发行的银行使中央银行居关键地位

虽然中央银行只发行银行券，但在信用货币创造的过程中，中央银行是源头，信用货币的扩张或收缩都受制于中央银行的基础货币创造。中央银行通过其政策工具的运用实现对基础货币的调控，从而影响货币供应量的变化，是中央银行进行宏观调控的依据。

2. 货币发行坚持经济发行的原则

货币的经济发行是指中央银行的货币发行量应与经济发展的客观需要相适应。可以说，经济发行是对信用货币的“信用”的保证，也是对纸币发行理论上无约束的一种限制。在经济发行的条件下，货币投放与流通中的货币需求量基本适应，既可以避免货币投放过多，又能确保一定的经济增长。

（二）政府的银行

政府的银行是指中央银行不论其表现形式如何，都是管理全国金融的国家机关，是制定和贯彻国家货币政策的综合部门，为国家提供信用，并代理执行国库出纳职能，代表国家参加国际金融活动，其具体表现如下：

1. 代理国库

中央银行收受国库存款，代理国库办理各种货币收付和结算业务，成为国库的总出纳。

2. 代理发行政府债券

政府为了筹措资金，经常需要发行债券，但政府债券的发行、推销以及发行后的还本付息等事项，一般都由中央银行承担。

3. 为政府提供信用

中央银行为政府提供的信用往往是短期的，主要用于弥补财政收支暂时的不平衡，一般不承担向政府提供长期借款或无限额贷款（或透支）的责任。总之，中央银行向政府提供信用一般是采取国库券贴现或是以国家有价证券为抵押的方式进行。

4. 管理国家的黄金和外汇储备

黄金、外汇是国家间清算债权债务的手段，也称为国际储备。中央银行负责实施外汇管理制度，集中保管黄金和外汇，并代表国家对外进行黄金外汇交易，以稳定货币，防止信用过度扩张，应付国际收支差额。

5. 提供政策咨询与经济、金融信息

中央银行还充当政府财政金融政策的顾问，为政府提供咨询服务。同时，中央银行作为经济、金融信息汇集的中心，为政府提供相关统计资料与数据，也代表政府向有关

的世界性金融机构与组织报送信息。

（三）银行的银行

中央银行是银行的银行，是指中央银行不经营商业银行的业务，不与工商企业和社会公众发生信用关系，只与商业银行和其他金融机构发生业务往来，并负有为商业银行和其他金融机构提供金融服务和监督管理双重职责。其具体表现在：

1. 集中管理商业银行的存款准备金

按照法律规定，商业银行和其他金融机构都要按规定比例向中央银行存放存款准备金。中央银行集中保管存款准备金的最初目的是加强银行的清偿能力，增加货币供给的弹性，以保障存款人的安全，防止银行发生挤兑而倒闭。但随着中央银行作用的强化，存款准备金制度成为了中央银行控制商业银行信贷规模，调节货币供应量的手段。

2. 充当最后贷款人

在生产与流通过程中，当工商企业需要资金时，可以向商业银行取得贷款，但如果商业银行资金周转困难，在同业中又难以拆借融通时，只能向中央银行申请贷款。中央银行凭借其发行银行的地位，充当了商业银行所需资金的最后贷款人。中央银行的最后贷款人职能还充分体现在银行危机爆发时的救助方面。

3. 中央银行是银行等金融机构间的最后清算人

中央银行作为最后清算人，是指中央银行通过票据交换作为各商业银行及金融机构相互间应收付的票据进行清算的中心。这一职能是在中央银行货币发行和集中保管准备金的基础上发展起来的。由于中央银行掌握有货币发行权，集中保管准备金，所以各银行和金融机构都在中央银行开设存款往来账户，这为中央银行主持银行间票据交换和差额清算提供了条件。中央银行将结算轧差直接增减各银行的准备金，手续简便，有利于加速资金周转，使中央银行成为全国的票据清算中心。

三、中央银行制度的类型

各种类型的中央银行制度，在法律上规定了体制结构，使其符合中央银行制度的特点和需要。目前各国通行的中央银行制度大致可以归纳为四种类型，即单一型、复合型、准中央银行型和跨国型。

（一）单一型中央银行制度

单一型中央银行制度是指国家单独建立中央银行机构，使之全面、纯粹行使中央银行职能并领导全国金融业的制度。

1. 一元式中央银行制度

这种体制是在一国之内只设立一家统一的中央银行，机构设置一般采取总分行制或总行领导下的分支行制。目前，绝大多数国家的中央银行都实行这种体制。

2. 多元式中央银行制度

这种体制是在一国之内建立中央和地方两级独立的中央银行机构。地方级中央银行虽也受中央级中央银行的监督管理，并执行统一的货币金融政策，但它们在各自所辖地区内有较大的独立性，与中央级中央银行并非总分行关系。

（二）复合型中央银行制度

复合型中央银行制度是指一个国家没有设立专门行使中央银行职能的银行，而由一家大银行集中中央银行职能和一般存款货币银行的经营职能于一身的银行体制。

这种“大一统”的体制主要存在于苏联和东欧实行高度计划管理体制的国家。1983年以前，中国也一直实行这种银行体制。严格地讲，在“大一统”银行制度下不会存在真正意义上的中央银行，商业银行也不是真正意义上的银行，它充其量只是实施国家计划的工具和各级财政部门的会计与出纳。

（三）准中央银行型中央银行制度

准中央银行型中央银行制度是指国内没有真正专业化的、具备完全职能的中央银行，而是由几个履行有限中央银行职能的机构组成一个准中央银行体系的制度形式。采取这种形式的有新加坡、中国香港等国家和地区。

（四）跨国型中央银行制度

跨国型中央银行制度是把同一个货币联盟联系在一起，由参加这个联盟的国家共同建立中央银行，执行中央银行的职能和作用。目前世界上实行这类制度的有西非货币联盟、中非货币联盟和东加勒比海货币管理局、欧洲中央银行等。

欧洲中央银行是欧洲联盟（以下简称欧盟）国家根据《欧洲联盟条约》建立的成员国共同的中央银行。欧洲中央银行的基本任务是：制定和执行欧盟的货币政策；从事外汇业务；持有和管理欧元区成员国的官方外汇储备；促进支付制度平稳运行；为平稳运行由主管当局制定的有关信贷机构监管和金融体系稳定方面的政策做出贡献。

一个国家实行何种类型的中央银行制度取决于各国的具体国情与实际需要，单纯地从中央银行制度本身出发评价某种类型的优劣，显然是不可取的。

四、中央银行的业务

中央银行的业务主要有资产业务、负债业务和其他业务三大类别，如表 7 - 3 所示。

表 7 - 3　　简化的中央银行资产负债表

资产	负债
黄金、外汇储备资产	货币发行
证券资产	存款
信贷资产	其他负债
其他资产	资本
资产总额	负债与资本总额

（一）中央银行的资产业务

中央银行的资产是指中央银行在一定的时点上所拥有的各种债权。具体业务包括再贴现业务、贷款业务、证券买卖业务和国际储备资产业务。中央银行通过资产业务的开展来实现货币投放。

1. 信贷资产

信贷资产包括再贴现业务和贷款业务，其业务主要面向以商业银行为主的金融机构。

（1）再贴现业务。

中央银行的再贴现业务是指商业银行将通过贴现业务所持有的尚未到期的商业票据向中央银行申请转让，中央银行据此以贴现方式向商业银行融通资金的业务。中央银行开展再贴现业务的目的是提供短期资金融通，因此，许多国家都规定只有在中央银行开设账户的商业银行等存款货币银行才能成为再贴现业务的对象。

（2）贷款业务。

中央银行的贷款业务是指中央银行采用信用放款或抵押放款的形式，对商业银行等金融机构和政府进行的贷款。中央银行发放贷款的基本原则有：一是不以营利为目的，主要为了实现货币政策目标。二是以短期贷款为主。这是因为中央银行必须保持其资产的高度流动性，以便灵活而有效地调节和控制货币供应量。三是保持中央银行的相对独立性。中央银行的贷款业务主要有两大类：一是对商业银行等金融机构的贷款。作为“银行的银行”，为商业银行等金融机构融通资金，保证商业银行等金融机构的支付能力，是中央银行最重要的职责之一。一般来说，中央银行贷款都是短期贷款，采取的形式大多是以政府债券或商业票据为担保的抵押贷款。二是对政府的贷款。鉴于向政府直接提供大量贷款往往造成通货膨胀的教训，中央银行一般严禁对政府透支，同时严格控制对财政的贷款额度和期限。

2. 证券买卖业务

中央银行的证券买卖业务是指一国中央银行在金融市场上买卖有价证券，主要是政府短期公债和中央银行票据，目的在于改变商业银行等金融机构的存款准备金，进而调节和控制货币供应量或市场利率等宏观经济指标，以实现一定的货币政策目标。中央银行在公开市场上买进证券就是直接投放了基础货币，增加了货币供应；而卖出证券则是直接回笼了基础货币，减少了货币供应。虽然在公开市场有价证券的买卖过程中，中央银行会获得一些价差收益，但作为中央银行，其目的在于通过对货币量的调节，影响各种金融指标，进而调控整个宏观经济，而不是为了盈利。

中央银行的证券买卖业务一般都是在公开市场上进行的，其买卖的对象主要是流动性非常高、随时都可变现的有价证券，如政府公债、国库券等。这主要是由中央银行的资产必须保持高度流动性这一特点决定的。需要指出的是，中央银行一般不在一级市场上买卖证券，只可以在证券的交易市场（即二级市场）上进行公开市场业务的操作，这主要是为了保持中央银行货币政策的相对独立性。

3. 国际储备资产业务

国际储备是指一国货币当局能够随时用来干预外汇市场，支付国际收支差额的资产，主要是货币、黄金、外汇资产、在 IMF 的储备头寸（又称“普通提款权”，general drawing rights）和特别提款权（special drawing rights，SDR）。其中，黄金、外汇储备是一国国际储备的主要构成部分。作为国际储备资产必须具备以下三个特征：一是官方持有性。作为国际储备的资产必须是一国货币当局完全有能力获得的资产。二是充分流动性。国际储备应有充分的变现能力，在一国出现国际收支逆差或干预外汇市场时可随时动用。三是普遍可接受性。国际储备必须在外汇市场和政府间清算国际收支差额时能够得到普遍认同和接受。

（二）中央银行的负债业务

中央银行的负债是指一定时点上中央银行对金融机构、政府、个人和其他部门的各种债务。中央银行的负债业务主要由货币发行业务、存款业务、其他负债业务等构成。中央银行的资本项目列在中央银行资产负债表的负债方。

1. 中央银行的货币发行业务

货币发行是中央银行最重要的业务特权。由于中央银行垄断货币发行，因此流通中的现金都是中央银行通过货币发行业务从中央银行流向社会的。中央银行通过货币发行业务，一方面满足社会商品流通扩大和商品经济发展的需要；另一方面筹集资金，满足履行中央银行各项职能的需要。为保证货币按经济需要发行，各国一般都建立健全了货币发行制度，其中包括：货币发行的程序、货币发行的最高限制、货币发行准备制度等。

货币发行的实现是通过中央银行资产业务的开展来进行的。中央银行通过再贴现、贷款、购买证券、购买金银和外汇等业务将货币投入流通领域，并通过上述业务的反向运动组织货币回笼。通过上述业务循环，来满足国民经济发展、商品生产和流通的扩张（收缩）对货币的需求。各国一般都有法律规定的货币发行和回笼程序，以确保货币发行与回笼的及时、安全、准确和严密，实现货币政策意图。

2. 中央银行的存款业务

（1）准备金存款。准备金存款是中央银行存款业务中最为主要的一项，准备金存款业务与存款准备金制度直接相关。存款准备金制度是中央银行依据法律规定，根据金融宏观调控的客观需要，规定商业银行等金融机构交存中央银行存款准备金的比率和结构，并根据货币政策的需要对存款准备金的比率和结构进行调整，从而调节货币供应量的制度。存款准备金制度的建立，一方面有利于中央银行调节信用规模和调控货币供应量；另一方面有利于保障存款人的资金安全和银行等金融机构的经营安全。

（2）其他存款。其他存款包括政府存款、非银行金融机构存款、外国存款、特定机构和私人部门存款以及特种存款。其中，政府存款是指中央政府或各级地方政府存放中央银行的款项；非银行金融机构存款是指各种非银行金融机构缴存中央银行的款项，其不具有法律强制性，其目的主要是便于清算；外国存款是指外国中央银行或外国政府存放中央银行的款项；特定机构和私人部门存款是指非金融机构和特定的私人部门存放中央银行的款项，特定机构存款往往是所发放的特定贷款形成的，私人存款多数国家是不允许的，有少数允许也要限定对象；特种存款则是中央银行依据宏观调控和银根松紧的需要，向商业银行等金融机构集中一定数量的资金而形成的存款。

3. 中央银行的其他负债业务

中央银行的业务除了存款、货币发行等主要业务以外，还有一些业务也可以形成中央银行的资金来源，如发行中央银行债券、对外负债等。其中，发行中央银行债券是中央银行的一种主动负债业务。中央银行债券发行的对象主要是国内金融机构，通常是在商业银行或其他非银行金融机构的超额储备过多，而中央银行不便采用其他政策工具进行调节的情况下发行的。中央银行的对外负债业务主要包括从国外银行借款、对外国中央银行的负债、对国际金融机构的贷款、在国外发行的中央银行债券等。各国中央银行对外负债的目的主要是为了平衡国际收支、维持本币汇率的稳定以及应付货币危机或金融危机。

（三）中央银行的资本业务

所谓中央银行的资本业务实质上就是筹集、维护和补充自有资本的业务。中央银行的股本结构决定了其补充自有资金的渠道和方法。中央银行自有资本主要有三种来源：政府出资、地方政府或国有机构出资、私人部门和私人银行出资。

由于各国法律对中央银行的资本金来源和构成都有规定，因此中央银行在资本业务方面并没有多大的作为，仅仅在需要补充自有资本时按照有关规定进行。全部由政府出资的中央银行通常从中央财政支出中补充自有资本；由各种股份构成自有资本的中央银行在补充自有资本时，通常按照原有股份比例追加资本，以保持增资以后股权结构不变。

最后需要指出的是，由于中央银行拥有特殊的地位和法律特权，其资本金的作用实际上比一般的金融机构要小得多，有的国家中央银行甚至没有资本金。因此，中央银行资本业务的重要性不能与一般金融机构相提并论。

（四）中央银行的其他业务

1. 中央银行的支付清算业务

提供支付清算服务也是中央银行的重要职责，在中央银行的职能活动中占有重要位置。中央银行支付清算职责的有效实施，对中央银行制定与执行货币政策、实施金融监管、维护金融稳定、提供金融服务等职能具有重要影响，对经济和社会的发展具有重要的促进作用。

有鉴于支付清算活动的重要性，许多国家以立法形式明确规定中央银行负有维系国家支付清算体系稳定运行的法律责任，从而在制度安排的基础上，构建了中央银行支付清算职责的法律基础。

中央银行的支付清算服务定位于行间清算领域。鉴于行间清算金额巨大，一旦出现运行障碍，将会危及金融稳定，所以各国对行间清算的制度建设、系统设计、操作规则等予以高度重视，并赋予中央银行管理、监督行间清算的职权。中央银行不仅主持制定行间清算制度、设计行间支付安排、审核支付系统操作规程等，还提供支付清算服务，并对有关清算机构及支付系统的运行实施政策指导与监督。为利用中央银行的支付清算服务，金融机构需要在中央银行开立账户。

中央银行运行的支付系统多为大额支付系统。运行大额支付系统有助于中央银行及时掌握金融机构资金头寸的增减变化趋势，为制定货币政策和金融宏观调控提供信息资源和决策依据。

2. 中央银行的金融调查统计业务

中央银行的调查统计体系是其获取经济金融信息的基本渠道，在中央银行的职能履行及业务活动中发挥着不可或缺的信息支撑功能，是国民经济统计核算体系的重要组成部分。在中央银行的统计信息体系中，主要包括金融统计和经济调查统计，其中金融统计处于核心位置，是中央银行调查统计活动的最主要内容。而金融统计又重在对货币量和货币流通的统计分析上。

第四节　其他存款类金融机构

其他存款类金融机构主要介绍政策性银行和信用合作社。

一、政策性银行

政策性银行是指由政府投资建立，按照国家宏观政策要求在限定的业务领域从事信贷融资业务的政策性金融机构，其业务经营目标是支持政府发展经济，促进社会全面进步，配合宏观经济调控。

（一）政策性银行的特点

1. 不以营利为经营目标

政策性银行的设立本身的经济根源在于商业性融资机制的失灵，因此，政策性银行的产生是政府干预的产物。设立政策性银行的目的是实现政府既定的经济政策目标，由政策性银行的特殊融资来弥补商业性融资机制的不足，以使那些利润低、投资期限长、投资数额大而社会需要发展的领域获得资金支持。政策性银行业务的开展是为实现社会整体效益，而不是微观效益，因此经营中不以自身盈利为发展动力。

2. 资金运用有特定的业务领域和对象

政策性银行只面对那些国家社会经济协调发展急需支持，而又不能通过商业银行等商业性金融机构获得融资的领域，或是对国民经济发展有较大现实意义，或是国民经济薄弱环节，或是对社会稳定、经济均衡协调发展有重要作用，如农业、中小企业、进出口贸易、经济开发、住房业等领域。即使是进出口业，也不包括所有的项目，而是只同特定产业的产品或技术的进出口业相关。因此，政策性银行一般不同商业银行竞争，只是补充后者信贷的不足。

3. 不以吸收存款作为主要资金来源

资金来源主要是国家预算拨款、发债集资或中央银行再贷款。而资金运用以发放长期贷款为主，贷款利率较同期商业银行贷款利率要低。

（二）政策性银行的种类

1. 按业务范围划分为全国性和地方性政策性金融机构

从政策性银行业务经营的范围看，各国全国性政策性金融机构所占比例较大，如中国、美国、日本、德国、法国等国家的政策性金融机构大多数是全国性的。地方性政策性金融机构一般设在比较偏远的地区，如日本北海道东北开发金融公库、冲绳振兴开发金融公库等。

2. 按业务领域可划分为农业、进出口、住房政策性金融机构

政策性金融机构按业务领域可划分为农业、进出口、住房、经济开发、环境等，其中以农业、进出口、住房和中小企业金融机构比较普遍。

（三）中国的政策性银行

1994 年以前，我国没有专门的政策性金融机构，国家的政策性金融业务，分别由当时的四家国有专业银行（中国工商银行、中国建设银行、中国农业银行、中国银行）承担。1994 年，为适应经济发展需要以及遵照把政策性金融与商业性金融相分离的原则，相继建立了国家开发银行、中国进出口银行和中国农业发展银行三家政策性银行。

1. 国家开发银行

国家开发银行是 1994 年 3 月正式成立的中国第一家政策性银行。国家开发银行对其安排投资的国家重点建设项目，如国家基础设施、基础产业和支柱产业的大中型基本建设，在资金总量和资金结构配置上负有宏观调控职责，以提高投资效益，促进国民经济持续、快速、健康地发展。国家开发银行注册资本为 500 亿元人民币，总部设在北京，同时设有武汉分行和成都、西安、深圳 3 个代表处。

2. 中国农业发展银行

中国农业发展银行是主要承担国家规定的农业政策性金融业务的政策性银行。1994年4月29日由中华人民共和国国务院决定成立。1994年11月18日，中国农业发展银行正式投入运营。除在成立之初的国拨资本及中国人民银行的再贷款外，中国农业发展银行还可发行金融债券、吸收办理业务范围内开户企业的存款。迄今为止，中国农业发展银行已经在全国29个省、自治区、直辖市设立了分支机构。

3. 中国进出口银行

中国进出口银行是承担机电产品和成套设备等资本性货物进出口金融业务的政策性银行。它于1994年5月成立，资金来源主要是向国内外发行债券，总部设在北京，并设有大连、上海、武汉、广州、西安5个国内代表处及西非科特迪瓦1个国外代表处。注册资本金总额为33.8亿元人民币。

与1994年政策性银行成立之初相比，当前我国宏观经济环境、产业结构、市场需求以及文化基础都发生了许多变化，带有补贴性、政府指令的政策业务逐渐减少，而自营开发性业务逐渐增多，政策性银行的业务不断市场化，面临继续发挥政策性银行作用和向市场转轨的任务。2006年，国务院明确提出深化并推进政策性银行改革的战略，由中国人民银行和财政部具体负责，三家政策性银行研究设计符合各自特点的改革方案。经过改革，三家政策性银行将突显三个作用，即大力支持农业、进出口贸易和基础建设；促进区域协调和产业机构调整；加强对中小企业及教育、医疗的资金支持。目前，国家开发银行已改革转制为股份制商业银行，主要开展长期信贷业务和股权投资金融业务。

二、信用合作社

（一）合作金融机构

合作金融机构是指按照国际通行的合作原则，以股金为资本、以入股者为服务对象、以基本金融业务为经营内容而形成的金融活动以及随之发展起来的金融合作组织。现代合作金融的实践，始于19世纪中叶的德国，历经100多年在西方国家的广泛发展，逐步形成商业金融、政策性金融和合作金融并立的现代金融制度格局。

1. 合作金融机构的特点与作用

（1）共有自治的特点。合作金融机构的所有权归成员即存款人共同所有，成员有选举董事的投票权，实行自主经营、自负盈亏，独立于政府部门和私营企业，不受单位和个人的干预。

（2）联合性的特点。一方面，合作社由社员集资组成，社员股属私有性质，积累部分属社员集体共有；另一方面，联合既可是自然人，也不排斥法人，由合作社决定。

（3）自愿性的特点。该特点表现为入社自由，退社自由。当然，这种自由是在承认合作社章程、符合章程规定的条件下才能实现。

（4）为成员服务的特点。合作金融机构是满足社员共同的经济和社会需求的组织，体现为社员服务的特点。

基于上述特点，合作金融机构所发挥的作用主要体现在两个方面：一是增强个体经济在市场竞争中的生存能力。除通过市场竞争淘汰一些不具备发展能力的个体经济外，通过必要的资金支持来扶持农民或小生产者的生产，保护其生产积极性，将是支持个体经济或小规模经济的途径。二是降低个体经济获取金融服务的交易成本。合作机构在相对较小的社区空间提供金融服务，牵扯面小，人们之间容易了解，使因防范风险而产生的金融服务的交易成本和管理成本大大降低。

2. 信用合作社与商业银行、政策性银行

合作金融机构的特点和作用决定了它与商业银行、政策性银行不同。首先，商业银行与借款者之间是纯粹的借贷关系，而合作金融机构与其成员之间，不仅是借贷关系，更重要的还是利益同享、风险共担、互助互利的合作关系。美国的合作金融是在20世纪初经济大萧条时兴起的，当时社会的中下阶层难以从商业银行取得贷款，为了维持生计，获得资金上的帮助，人们按照自愿、平等、互利的原则，在社区内结成了合作性质的信用合作社，为入社成员提供低利率贷款和信用服务。其次，商业金融机构在小规模的个体经济或农村经济中进行营业的交易成本过高，没有比较优势。分散的零售市场而不是集中的批发市场往往使商业银行无利可图甚至亏本，而合作金融机构则可以及时获得信息，并提供有效服务，充分发挥其交易成本方面的比较优势。最后，政策性银行是为支持国家政策而开展业务活动，不能满足零散市场小规模经济的各种商业性的服务需求。因此，合作金融机构、商业银行以及政策性银行在满足金融服务需求方面主要是相互补充的关系。

以中国农村金融体制改革为例来分析三者的关系。我国农村金融体制改革的方向是在农村建立农业发展银行、农业银行和农村信用合作社分工合作、功能互补的农村金融体系。具体而论，就是农业发展银行作为政策性银行，主要负责粮、棉、油等主要农产品的收购和储备资金以及农业综合开发贷款和扶贫贷款，即主要发放政策性贷款，发挥政策性的金融供给功能；农业银行主要负责农村内部工商企业规模较大及使用期限较长的生产性贷款，即主要发放商业性贷款，发挥商业性的资金融通功能；农村信用合作社负责为一般农户提供日常性信贷服务，主要发放小额、短期贷款，发挥合作性的资金融通功能。

（二）信用合作社的种类

信用合作社是由个人集资联合组成的以互助为主要宗旨的典型的合作金融组织，简称“信用社”。信用合作社在世界各国相当普遍，但一般规模不大，而且在发展中不仅满足自身的资金融通需求，也开始满足其他方面的金融服务需求。以金融业务的地域范围为标准可分为农村信用合作社和城市信用合作社。

1. 农村信用合作社

农村信用合作社由农民或农村的其他个人集资联合组成，是以互助为主要宗旨的合作金融组织。农村信用合作社创办时主要办理种植业的短期贷款，随着农村结构的调整和非农业人口的增加，发展到综合办理农牧副渔业和农村工商业及社员消费性的短期贷款。由于其以扶持农业生产发展为主要任务，各国都对其实行各种鼓励政策，有些国家的农村信用合作社还集中在一定领域从事业务，如渔业生产信用合作社、农牧业生产信用合作社以及土地信用合作社。

2. 城市信用合作社

城市信用合作社在城市中按一定社区范围划分，是由城市居民和法人集资入股建立的合作金融组织。城市信用合作社是城市合作金融的基层组织，是具有独立法人地位的经济实体。

进入20世纪80年代后中国加快改革开放步伐，为适应大量个体、私营及小集体企业急剧增长的金融服务需求，在城市地区陆续建立了大量取名城市信用合作社的金融机构。从一开始城市信用合作社定位没有严格遵循合作金融的性质，而是发挥对国家银行难以顾及的业务领域“拾遗补阙”的作用。因此，城市信用合作社基本上是按股份制商业银行的模式发展组织起来的。1994年开始金融体制深化改革之后，全国大城市把城市信用合作社纳入了中国商业银行体系建设的改革轨道，具体做法就是把这些城市的城市信用合作社组建成股份制商业银行，成立的新机构仍采用合作银行的称谓，但实际上不具有合作金融的内涵。1996年国家明确了新的政策导向，将没有建立城市商业银行的城市中存在的城市信用合作社逐步纳入合作金融的改革轨道，按照合作金融原则加以改造和规范。

（三）信用合作社在经营和管理上的特点

信用合作社经营管理具有经营目标的自主性、组织上的互助性、管理上的民主性、经营上的灵活性、业务上的专门性及区域性的特点。具体而言，信用合作社业务经营手续简便灵活、利率较低。其主要资金来源是合作社成员交纳的股金、公积金和吸收的存款；贷款主要用于解决其成员的资金需要。信用合作社起初主要发放短期生产贷款和消费贷款，后来开始为解决生产设备更新、技术改造等提供中长期贷款。经营管理的人选是在民主基础上由社员选举指定人员并对社员负责。其最高权力机构是社员代表大会，负责具体事务的管理和业务经营的执行机构是理事会。

【本章小结】

1. 存款类金融机构是接受个人和机构存款并发放贷款的金融机构。其共同的特征是以吸收存款为主要负债，以发放贷款为主要资产，以办理转账结算为主要中间业务，直接参与存款货币的创造过程。按照业务活动的目标不同可以将存款类金融机构分为管理性、商业性和政策性三类；按照投资者的国别或业务的地理范围不同可分为国际性、全国性和地方性机构三类；按照其业务种类与范围可分为职能分工型和全能型机构。

2. 存款类金融机构是一种高杠杆企业，其自有资本低，所需的资金来源主要依靠负债获得，而负债业务的主要形式是各类存款和借入资金。存款类金融机构的资金运用主要表现为各类贷款和证券投资。概括存款类金融机构的业务运作特点，其体现为信用性、风险性、服务性。存款类金融机构能够开展业务并发挥作用基于两个必要的前提：具有公信力和有信息收集、辨识、筛选的能力。

3. 商业银行是经营货币信用商品和提供金融服务的特殊的现代企业组织。依据商业银行的组织形式，商业银行可分为总分行制、单一银行制、控股公司制、连锁银行制等数种；依据其业务运营范围，商业银行可分为职能分工型商业银行和全能型商业银行。商业银行的业务大体包括负债业务、资产业务和表外业务。商业银行的业务反映商业银行的资金来源与资金运用，是商业银行收支活动的具体项目，体现出商业银行的具体作用和组织管理的能力。商业银行的业务经营遵循盈利性、流动性、安全性的三性原则。

4. 中央银行是特殊的银行，具有管理和服务的两重性。中央银行是发行的银行、政府的银行和银行的银行。中央银行的业务运营不以营利为目的，而是执行货币政策和实施货币供给调控，以实现一个稳定的货币环境。

5. 政策性银行是指由政府投资建立，按照国家宏观政策要求在限定的业务领域从事信贷融资业务的政策性金融机构。政策性银行发挥对商业性融资的补充性作用、倡导性作用和提供特殊领域的金融服务作用。

6. 合作金融机构的特点是共有自治、联合性、自愿性和为成员服务的特点。合作金融机构所发挥的作用主要体现在两个方面：一是增强个体经济在市场竞争中的生存能力；二是降低个体经济获取金融服务的交易成本。

【关键概念】

存款类金融机构	商业银行	总分行制	控股公司制
全能型商业银行	银行资本	表外业务	资产管理
负债管理	资产负债综合管理	缺口分析	风险管理
中央银行	发行的银行	银行的银行	政府的银行
政策性银行	合作金融机构	城市信用合作社	农村信用合作社

【综合练习】

（一）单项选择题

1. 强调流动性为先的管理理念的理论是（　）。

A. 资产管理理论　　B. 负债管理理论

C. 资产负债综合管理理论　　D. 资产负债外管理理论

2. 相对于活期存款，定期存款以较高的利率吸收存款，但其最大的弱点在于（　）。

A. 安全性差　　B. 盈利性差

C. 主动性差　　D. 流动性差

3. 在商业银行的组织形式中，（　）是指总部负责管理下属分支机构的业务活动，自身并不经营具体的银行对外业务。

A. 总分行制　　B. 单一银行制

C. 连锁制　　D. 管理处制

4. 根据我国《商业银行法》规定，在改革开放后逐步建立起来的我国现行的商业银行体系目前采用的是（　）模式。

A. 全能型　　B. 混业经营型

C. 单元型　　D. 职能分工型

5. 商业银行从事的不列入资产负债表但能影响银行当期损益的经营活动是商业银行的（　），且其有狭义和广义之分。

A. 资产业务　　B. 负债业务

C. 表外业务　　D. 中间业务

（二）多项选择题

1. 在下列选项中，属于中央银行“银行的银行”职能的内容是（ ）。

A. 充当最后贷款人

B. 代理国库

C. 全国票据清算中心

D. 集中管理商业银行的存款准备金

E. 向政府提供融资

2. 商业银行的经营方针包括（ ）。

A. 盈利性　　B. 社会性

C. 流动性　　D. 安全性

E. 合理性

3. 下列哪些属于存款类金融机构业务运作的特点（ ）。

A. 信用性　　B. 主动性

C. 风险性　　D. 服务性

E. 盈利性

4. 下列有关政策性银行的说法，正确的有（ ）。

A. 不以营利为目的

B. 服务范围广，没有特定的对象

C. 资金来源主要是存款

D. 不依赖存款，主要靠国家拨款、再贷款等获得资金

E. 一般由政策投资建立

5. 商业银行的资产业务是指其运用资金的业务。对商业银行来说，其资产一般包括现金、信贷和投资。其中商业银行的现金资产主要包括（ ）。

A. 库存现金　　B. 存放在中央银行的超额准备金

C. 存放同业的款项　　D. 贴现

E. 托收中的现金

（三）思考题

1. 存款类金融机构有哪些种类？其共同的业务特点是什么？

2. 在一国金融机构体系中，为什么存款类金融机构的作用十分重要？在金融混业经营的趋势下，存款类金融机构的作用发生变化了吗？

3. 如果你能够开设一家存款类金融机构，你认为这家机构正常运行和长远发展的基本要求是什么？你最关注的问题是什么？

4. 简述商业银行资产负债表，说明商业银行的主要业务类型。

5. 简述商业银行经营原则，如何准确把握其内在的关系？

6. 简述商业银行经营管理的历史变迁，这种变迁说明商业银行发生了怎样的变化？

7. 中央银行是如何产生与发展的？如何理解中央银行的特殊性？

8. 结合中央银行的业务，分析中央银行如何履行其职能？

9. 结合政策性银行的目标与特点，试分析我国为何要设置政策性银行？

10. 合作金融机构的特点与作用是什么？其主要类型有哪些？

参考文献

1. 王广谦．金融中介学．北京：高等教育出版社，2003.

2. 弗雷德里克·米什金．货币金融学．北京：中国人民大学出版社，1998.

3. 弗雷德里克·米什金，斯坦利·埃金斯．金融市场与金融机构．北京：北京大学出版社，2006.

4. 富兰克林·艾伦，道格拉斯·盖尔．比较金融系统．北京：中国人民大学出版社，2002.

第八章

非存款类金融机构

[导读与学习提示]

你所生活的当代是一个经济市场化、信息化、国际化的时代，在这样的背景下，人们之间的经济关系越来越复杂，各种形式的经济往来不断增加，对金融服务的需求也愈加多元化、专业化。除去你已有所了解的存款类金融机构，如果细数当代金融机构的种类，你或许会被五花八门的机构名称所迷惑：投资银行、基金公司、保险公司、信托公司、金融租赁公司、金融资产管理公司、金融担保公司以及资信评估公司等等。本章就将揭开这些非存款类金融机构的面纱，将非存款类金融机构的主要种类展示给大家。以下问题有利于本章的学习：

1. 从当代经济特点出发，你觉得金融机构体系应提供哪些金融服务？有没有现实中金融机构还没有提供的服务？

2. 非存款类金融机构的共性是什么？主要的差异在哪里？

3. 非存款类金融机构大体可分为哪几大类？每一大类又有哪些不同的机构？

4. 投资银行（证券公司）为何引人注目？它究竟是做什么的？为何美国次贷危机中五大投行先后破产？

5. 投资基金为何受到大众的青睐？投资基金的类型与特点是什么？

6. 保险公司为何会出现？保险公司能够持续发展的理由是什么？

7. 信托公司为何会存在？它能够为我们做什么？

第一节 非存款类金融机构概述

经济的深入发展对金融服务的多元化、专业化要求越来越高，与之相应，各种类型的金融机构也不断涌现出来。它们或是在证券市场提供投融资服务；或是提供各种保险保障服务；或是提供资信评估、信息咨询服务，与存款类金融机构共同推进金融的成长与发展。这些金融机构称为非存款类金融机构。

一、非存款类金融机构的种类与业务特点

（一）非存款类金融机构的种类

依据非存款类金融机构所从事的主要业务活动和所发挥的作用，可以划分为投资类、保障类和其他非存款类金融机构三大类别。

1. 投资类非存款类金融机构

这类机构是指为企业和个人在证券市场上提供投融资服务的金融机构。主要包括投资银行或证券公司、基金管理公司。

2. 保障类非存款类金融机构

这类机构是指为投保人或投保人指定的受益人提供某类风险的保障。主要包括各类保险公司和社会保障基金。

3. 其他非存款类金融机构

这类机构种类多样，业务差异较大，很难进行归纳，因此统称为其他非存款类金融机构。主要包括信托公司、金融租赁公司、金融资产管理公司、金融担保公司、资信评估机构以及金融信息咨询机构等。随着金融创新的深化，此类金融机构的发展空间还很大。

（二）非存款类金融机构的业务特点

非存款类金融机构的业务特点可以概括为以下三个方面：

1. 业务的专业化程度高，业务之间存在较大的区别

非存款类金融机构业务的专业化程度高，比如投资银行证券承销和经纪业务、保险公司对保险产品的设计与管理以及基金公司的投资组合等，都需要专门的金融人才进行操作，不是简单的业务培训就能够完成的。同时，这些机构具有特定的服务对象和市场，各自业务的运作大不相同，即便在可归为一类的机构中比如保障类机构，其相互间的业务差异都较大。这一特点与业务具有较多共性的存款类金融机构存在较大的差异。

2. 业务承担的风险不同，相互的传染性较弱

因为非存款类金融机构的业务差异较大，其所承担的金融风险也不相同。相比风险较高的投资银行和证券公司，基金公司的风险较低，而保险公司和社会保障基金的风险更低。而因其承担的风险不同，相互的传染性也较存款类金融机构小得多。但是这一点在当前监管放松、混业经营的背景下也发生了一些变化。比如美国次贷危机中投资银行、对冲基金、保险公司之间的业务往来导致相互风险的加剧，最终谁都在劫难逃。

3. 业务的开展与金融市场密切相关

非存款类金融机构的业务开展依赖于金融市场的健全与发达程度。一个国家或地区

非存款类金融机构种类的多少，往往代表着其金融市场的成熟程度。没有发达的证券市场，投资银行、证券公司、基金公司很难有存在的意义，更别提有业务可做。没有健全的货币市场、保险市场，保障基金、保险公司也很难发展，相应的资信评估与信息咨询等机构就更没有用武之地了。

二、非存款类金融机构发展的条件

在经济全球化、金融混业化的发展趋势下，金融机构的未来会是全能机构的天下吗？应该说大规模、全能化经营的金融机构一定是一个方向，但专业细化、有特定服务需求的金融机构也必将存在，因此非存款类金融机构的发展也符合这样的潮流。一方面，大型的非存款类金融机构会朝向多元化经营发展；另一方面，许多专业特色突出的非存款类金融机构也会在自己的细分市场上大有作为。无论如何，非存款类金融机构的发展有赖于所属经济体系的市场化程度、信息技术的发达程度、金融创新能力以及相关法律规范的完善程度。

（一）非存款类金融机构发展与经济、技术条件

非存款类金融机构的发展与经济、技术的发展密切相关。

1. 经济的发展对非存款类金融机构的发展起决定作用

随着经济市场化程度的提高，商品生产和流通不断扩大，交换关系日益复杂，不断产生多样化的金融需求。除去基本的货币流通、资金融通和支付清算等需要，利用投融资活动实现保值增值、规避风险、专家理财等要求越来越成为主流，这些复杂的金融新需求决定了金融机构的专业化分工与合作，促使非存款类金融机构各种市场规模化发展。比如随着经济的发展，在股份公司成为经济组织的普遍形式后，以债券、股票等有价证券为工具的投资性金融活动日益活跃，出现了许多与证券相关的投资性需求和技术服务需求，由此产生了投资类金融机构。比如随着经济的深入发展，经济活动的种类不断增加，相应的经济关系更加复杂、风险更加多样。当个体的力量很难抵御和承受风险的危害时，大量规避风险、管理风险的需求就产生了，而这些需求直接导致和带动了保险保障类机构的发展。

2. 技术进步与普及强化了非存款类金融机构的业务能力和工作范围，大大提高了经营效率

与存款类金融机构相比，非存款类金融机构往往因为网点单一、信息成本高而受到业务能力和工作范围的限制。随着信息技术的进步与普及，电子网络可以将触角伸到经济生活的方方面面，大量的金融、经济信息都可以借助电子技术进行传递、储存、显示、分析，各种金融交易可以利用计算机报价、撮合以及支付清算。这些好处显然为非存款类金融机构的发展带来更为广阔的市场与空间，同时也节约了信息成本、交易成本，提高了机构的运营效率。

（二）非存款类金融机构的发展与金融创新

金融创新使得非存款类金融机构与金融市场的融合更为密切，大大拓展了其业务范围，提升了市场竞争力。比如货币市场共同基金的出现，对存款类金融机构的负债业务提出了挑战，而债券与票据市场的工具创新又使得那些原来依赖银行贷款的公司获得新的融资渠道，进而削弱了存款类金融机构的资产业务。特别是融资证券化的创新对于投

资银行等投资类金融机构而言不仅在业务上得以扩展，而且也获得了丰厚的利润。总之，各种金融市场的创新为非存款类金融机构提供了更大的业务范围和更强的业务实力。

（三）非存款类金融机构的发展与法律规范

非存款类金融机构的发展与完善的法律规范密切相关。没有科学的法律规范要求和有效的法律制约，非存款类金融机构的发展就缺乏正确的方向与行为约束，其业务的可信度和持续性往往难以为继。比如在金融法律规范中提出的诚信原则、保密原则、资格认定原则、有效监管原则以及自律机制，对非存款类金融机构而言都是必需的，因此非存款类金融机构的发展需要相关的法律规范配合与监督，鉴于非存款类金融机构各自业务的相对独立性，非存款类金融机构的立法应注意各类机构的特点，使其有法可依、合法经营、违法必究，从而促进其健康持续地发展。

第二节　投资类金融机构

投资类金融机构是指以提供投资服务为主要业务的金融机构，包括证券公司（投资银行）、投资基金管理公司等机构，它们主要服务资本市场，作为直接融资的中介人，通过各种证券、票据等债券、产权凭证将资金供求双方联系起来。

一、投资类金融机构概述

（一）投资类金融机构的种类

投资类金融机构主要包括证券公司、投资基金和其他投资类金融机构。

1. 证券公司

证券公司是指由政府主管机关依法批准设立的在证券市场上经营证券业务的金融机构。证券公司是证券和股份制制度发展到特定阶段的产物，是发达证券市场的主体机构之一，发挥着联系资金供求、构造证券市场、推动企业并购、促进产业集中和规模经济形成、优化资源配置的作用。

2. 投资基金

投资基金是指以金融资产为专门经营对象，以投资即以资产的保值增值为根本目的，把具有相同投资目标的众多投资者的资金集中起来，实行专家理财，通过投资组合将资金分散投资于各种有价证券等金融工具，投资者按出资比例分享收益、承担风险。

3. 其他投资类金融机构

其他投资类金融机构主要是指按揭证券公司、投资咨询公司和证券结算公司。其中，按揭证券公司是指专门从事购买商业银行房地产按揭贷款，并通过发行按揭证券募集资金的金融机构。它是第二按揭市场的资金提供者，它的存在有利于增加按揭贷款的资金、降低按揭贷款利率、分散银行风险，促进债券市场发展。投资咨询公司是指证券投资的职业指导者，为适应证券市场专业化发展要求，向顾客提供参考性的证券市场统计分析资料，对证券买卖提出建议，帮助投资者建立投资策略，确定投资方向。投资咨询公司可以包括机构和个人。证券结算公司是指专门为证券与证券交易办理存管、资金结算交收和证券过户业务的服务机构。

（二）投资类金融机构的业务特点

1. 以各种金融工具为业务活动的载体，特别与有价证券有着密切的关系

投资类金融机构的业务活动以金融市场为中心，围绕着各种金融工具的发行和流通进行。这些金融工具主要包括票据、股票、债券以及各种金融衍生工具。

2. 业务的专业性要求高，风险较大

由于投资类金融机构主要为证券市场提供投资服务，其所开展业务或是促进证券发行与经营的承销、经纪或自营买卖，或是提供资本运营服务，或是基金管理、资产证券化和风险投资等，这些业务的开展都需要专门的金融知识、熟练的交易技能和金融创新能力，专业性要求很高。同时，这些业务以各种有价证券为载体，有价证券本身具有较多的风险，加之又都是围绕资本市场进行，一旦业务出现问题，投资类机构的安全就受到影响，对资本市场的稳定也会有不利影响。

3. 业务活动必须遵循公开、公平和公正的原则

投资类金融机构所提供的各种投资服务具有信息密度高的特点，定期对外公布与传递信息是投资类金融机构的重要工作。因此遵循公开、公平和公正的原则，依据法律规范发布准确信息，帮助投资者正确进行投资决策是投资类金融机构业务活动的基本原则。

（三）投资类金融机构的作用

投资类金融机构的作用主要表现在三个方面：一是促进证券投资活动的顺利进行；二是降低投资者的交易成本和信息搜寻成本；三是通过专业技术与知识为投资者规避风险、分散风险和转移风险提供可能。

二、证券公司

在证券公司的称谓上，各国有所不同，美国和欧洲大陆称其为投资银行，英国称其为商人银行，日本则称其为证券公司。现代意义的证券公司产生于欧美，主要是由18世纪众多销售政府债券和贴现企业票据的金融机构演变而来。随着20世纪以来金融创新的推进，证券行业成了变化最快、最富挑战性的行业之一。在我国，证券公司作为独立的非存款类金融机构，在概念上与投资银行无严格的区分，既经营零售业务也经营批发业务。

（一）证券公司的类型与主要业务

证券公司的类型主要有四种：一是独立的专业性证券公司。这种形式的证券公司广为存在，有各自专长的专业方向。二是商业银行拥有的证券公司。这种形式主要是商业银行通过兼并、收购、参股现存的证券公司来从事投资银行业务。三是全能型银行直接经营证券公司业务。四是一些大型跨国公司的财务公司也从事证券业务。

在我国证券公司主要分为两种：一是经纪类证券公司。这类公司是指接受客户的委托，以自己的名义从事证券买卖，收取一定佣金的经济组织。公司通常提供交易的基本条件和服务。二是综合类证券公司。这类公司既可从事经纪业务，又可开展自营、承销及其他业务，因而是同时为本人或客户从事证券买卖、为客户提供服务的经济组织。

证券公司的主要业务包括：证券承销，包括代销、包销、余额包销等业务；经纪业务，即接受客户委托，代理买卖证券；自营业务，用自有资金投资于证券市场，进行证

券买卖；咨询业务，即充当客户的投资顾问、财务顾问、金融顾问等，为客户的融资、财务管理、投资选择、公司购并中介等提供服务；开发业务，即研究和开发新业务，争取市场份额；以及其他业务，如证券的登记、代保管、过户、鉴证，代理证券还本付息或支付股利等。

（二）证券公司的特点与作用

现代证券公司的特点在于：具有较强的金融创新意识和金融研发能力；提供的是与资本市场有关的智力服务，为客户提供可供选择的证券投资、资产组合、公司购并等方面的融资方案；依靠信用、经验、客户网络等占领市场；主要收入来源是各种服务的手续费（或佣金）。

证券公司在现代社会经济发展中发挥着沟通资金供求、构造证券市场、推动企业购并、促进产业集中和规模经济形成、优化资源配置的作用。作为资金需求和资金供给者相互结合的中介，证券公司以最低成本实现资金所有权和经营权的分离。

三、投资基金

（一）投资基金的特点与作用

投资基金是一种专门为投资者服务的投资机构，它汇集众多分散的个人或企业的闲置资金，并通过多元化的资产组合进行投资。证券投资基金最早产生在英国，20 世纪 20 年代出现在美国的波士顿，并在其后得以充分发展。而且投资基金在不同国家和地区有不同叫法，美国称其为“投资公司”或“共同基金”，英国和中国香港称其为“单位信托基金”，日本和中国台湾称其为“证券投资信托基金”。

投资基金通过集中零散资金形成基金规模，依托专业化管理进行投资组合，实现分散投资风险，获得相对稳定收益。投资基金的主要特点是积少成多、资本要求较低、专业化水平高、分散个人投资者风险、收益相对稳定。对投资者特别是居民个人和家庭投资者来说，与自己进行有价证券的投资相比较，购买投资基金份额是一种具有很多好处的集合投资方式。概括投资基金管理公司的作用主要表现在：

1. 提供高效的投资途径

在投资活动中，个人投资者要面对时间和投资专业知识方面不足的问题，并直接影响投资效果。而投资基金的经理人学有专长，在投资领域有丰富经验，对国内外的经济形势以及各公司营运和潜力有深入了解，因此由专业经理人所做出的投资决策以及投资绩效一般都会优于投资者个人。

2. 能够更有效地分散投资风险

在投资中有一个重要的投资原则就是分散风险，即不要把所有的钱全部投资于某个特定的股票上，但是分散投资需要有足够的资金。由于一般的个人投资者财力有限，因而投资者自身无法有效地实现风险分散，而投资基金管理公司可以集中巨额资金投资多个品种，能够较充分地分散投资风险。不仅如此，投资基金对资金的运作还能够获得规模经济效益，降低单位资金交易成本。

（二）投资基金种类

依据不同的标准，投资基金可以划分为不同的种类，见表8-1。

表 8-1　　投资基金的种类

依据的标准	投资基金的类型
依据组织形态的不同	公司型投资基金和契约型投资基金
依据基金发行的单位数是否可增加或赎回	开放型基金和封闭型基金
依据投资风险与收益的不同	成长型投资基金、收益型投资基金、平衡型投资基金
依据投资对象的不同	股票基金、债券基金、货币市场基金、期货基金、期权基金、指数基金和认股权证基金等
依据投资货币种类	美元市场基金、日元市场基金和欧元市场基金等
依据基金发行方式是否公开	公募基金和私募基金

在上述划分种类中，开放型基金和封闭型基金是一种重要的分类。封闭型基金发行在外的单位数（规模）是固定的，一旦完成发行计划，就封闭起来不再追加发行，若需要扩大规模，只能等封闭期满，重新申请创设新的基金（这将依靠主管部门的批准）。而开放型基金发行在外的单位数（规模）可以变动，投资者可以依基金的净值情况随时向基金经理人申购或要求赎回基金份额。可见，封闭型基金经理人经营时的压力小，因为投资者在二级市场的交易不会直接影响基金规模，单位数量不会变。开放型基金压力大，一旦投资者失去信心就会要求赎回，经理人要减少单位换取现金，要注意保持基金的流动性。封闭型基金常常存在于不完善的金融市场中，开放型基金存在于发达的金融市场中。

（三）投资基金的业务经营

投资者在购买投资基金份额时，非常希望自己的权益能够充分得到保障，而且事实上这种顾虑已经被考虑到，政府的有关主管机构为此设立相应的法律规章，其中有一条原则专门用来规范基金运作，即"经理与保管分开"的原则，负责基金操作的管理公司，不经手或保管投资人的资产。由于契约型基金是以委托契约为依据成立，所以应该绝对遵循"经理与保管分开"原则。

投资基金的运作主要是通过发行基金单位的受益证券（即基金份额），集中投资者的资金，由基金托管人（通常是银行、信托公司等金融机构）托管，并由基金管理人负责基金的操作，即下达买卖指令，管理和运用资金，从事股票、债券、外汇、货币等金融工具投资，以获得投资收益和资本增值。同时基金资产在托管人那里拥有独立账户，即使基金管理公司或保管机构因经营不善倒闭，债权人也不能清算基金的财产；此外，资金的操作情况必须在季报中或年报中披露，并接受相应的监督，所以除行情波动或经理人操作优劣会有盈亏外，投资者的钱是安全有保障的。

第三节　保障类金融机构

保障类金融机构主要是指各类保险公司和社会保障机构。保险公司与商品经济发展水平相适应，而社会保障机构的产生与国家政治有关。作为保障类金融机构，它们的运作原理是相同的，都是集中投保人特定范围的风险，为投保人提供风险损失的补偿。同时，在对保险资金运作的过程中，促进了储蓄资金向投资的转化，充当了金融中介。

一、保障类金融机构概述

（一）保障类金融机构的产生

保险公司具有久远的历史。早在公元前5世纪至公元前4世纪就存在为个体和群体利益而采用的救灾和损失补偿方法，属于人寿保险和意外保险的原始形态。到公元14世纪前后，有关损失保障的保险经营逐渐开展起来。15世纪以来，贸易与海运促进了英国海上保险的发展，同时由于海上贸易中商人的生命与货物运输联系在一起，因此人身保险业务也随之发展起来。到18—19世纪，英国的工业革命使社会分工更为深入，在新兴工业发展的同时，风险种类也在不断增加，除各种海险、人身险以外，火险及其他意外险种相继出现，形成了以多种保险标的为内容的现代保险业。而社会保险和社会保障机构是在商业保险的基础上出现的。伴随社会经济的发展，除了对意外的不幸事件进行防范的保险需求外，预防失业、退休和生病等事项的保险需求也在不断强化，相应产生了养老保险、失业保险和医疗保险等保险种类，这些保险类型称为社会保险。20世纪50年代，社会保险迅速发展，最终形成了以向特殊的劳动者人群提供基本生活保障为核心的社会保障制度。

（二）保障类金融机构的运作特点

保障类金融机构通过提供风险管理服务获取保费收入，并依据约定承担保险赔付和按照规定运用管理保险基金。

保障类金融机构依据风险的大数定律实施独特的风险管理技术，通过收取保费，集合大量分散的储蓄资金，进行充分、安全的投资运作，既可增强偿付能力，又能有所获利。保障类金融机构的运作特点可以概括为以下三个方面：

1. 业务经营符合大数定律

保险公司之所以愿意集中并承保某种风险，因为它深谙该风险是大量标的都可能遭遇的，却只有少数标的才可能出险，专业精算人员可以计算出出险概率。基于这种特殊的经营规律，保险公司先将个体的风险集中，再运用自己特有的风险管理技术进行分散和转移，将少数人的风险损失由具有同种风险的一大群人共同分担。

2. 业务具有独特的风险管理技术和要求

保险公司在运用专业的风险管理技术对承保的风险进行集中和分散管理时，需要对承保过程中所面临的风险进行概率计算，掌握出险概率（也称出险或然率，是在一定时间内一定数量的保险标的可能出险的概率），以确保采用怎样的保险分摊补偿方法。同时，保障类机构业务的投资范围也较其他金融机构不同，其运作的基本原则更为强调保险基金的增值建立在流动性和安全性的基础上。

3. 通过收取保费集合大量分散的储蓄资金

通过对资金进行充分、安全的投资运作，既可增强偿付能力，又有利可图。保险费、保险公司的资本以及保险盈余构成了保险公司的保险基金，作为补偿投保人损失及给付要求的后备基金。保险公司对于所形成的保险基金除了用于对约定范围的事故所造成的损失补偿外，还要对这部分资金进行积极的投资运作，提高保费的盈利水平，一方面用于加强自身的偿付能力，另一方面使保险公司有利可图，得以扩大保险经营，提高在市场中的生存发展实力。

（三）保障类金融机构的作用

1. 积聚风险，分散风险，降低个体损失

这是保障类金融机构的基本作用，这种作用使保险公司与其他金融机构之间形成明确的产业分工。保障类金融机构作为风险的管理者，使投保人个体在经济运行中所承担的风险降低，也使经济运行整体承担的风险降低。

2. 融通长期资金，促进资本形成，重新配置资源

保险公司、社保基金与长期资金信贷、资本市场融资之间保持密切联系，特别是保险公司通过在资本市场上对保险资金的投资运作，使其成为金融市场中重要的机构投资者，不仅为市场融通了大量资金，还对资本市场融资发挥了重要影响。

3. 提供经济保障，稳定社会生活，促进货币回笼

保障类金融机构充当了社会经济与个人生活的稳定器，稳定器作用具体表现在为企业、居民家庭和个人提供预期的生产和生活保障，解决企业或居民家庭的后顾之忧，同时促进货币的回笼，调节货币流通，保证货币政策的平稳实施和国民经济有序发展。

二、保险公司

保险公司是收取保费并承担风险补偿责任，拥有专业化风险管理技术的机构组织。各类保险公司构成了保障类金融机构的主体。

（一）保险公司的种类

依据不同的划分标准，保险公司可以划分为不同的类型：

（1）根据保险的基本业务可以划分为人寿保险公司、财产保险公司、再保险公司。其中，人寿保险公司的保险产品是基于对受保人寿命或健康状况预期而提供的健康保险、伤残保险。此外人寿保险公司还提供年金、养老基金、退休金等产品。财产保险公司主要针对一定范围的财产损失提供保障。再保险是保险公司（让与公司）对承担的来自投保人的风险进行分散的一种方法。在再保险中，让与公司通过购买再保险可以把部分或全部的偿付责任转移给作为再保险人的保险公司，而再保险公司为让与保险人提供再保险协议中所包括的赔偿支付项目进行偿付。没有再保险，多数保险公司将只能承做最安全的保险业务，对于许多有风险但有利可图的商业冒险机会无法进行承保。除少数公司在人寿保险和财产保险、再保险领域都很活跃（通常一家大保险公司设有寿险子公司和财产意外险子公司），多数保险公司都专于某一类保险业务，每类公司都有自己的一套产品。

（2）依据经营目的不同可以划分为商业性保险公司和政策性保险公司。商业性保险公司是经营保险业务的主要组织形式，其多是按照股份制设立，如各种人寿保险公司、财产保险公司、海事险保险公司等，任何有保险意愿并符合保险条款要求的法人、自然人都可投保。政策性保险公司则是指依据国家政策法令专门组建的保险机构，这种保险公司不以营利为经营目的，且风险内容关系到国民经济发展与社会安定，如出口信用保险公司、投资保险公司、存款保险公司等。政策性保险是保险市场中特殊的发展形式，往往是出于国家对某个领域的保护意图而发展的。

（3）依据不同保险经营方式可以划分为互助保险、行业自保、个体承办保险。互助保险是由一些对某种危险有相同保障要求的人或单位，合股集资积聚保险基金，组织起互助保险合作社经营保险。行业自保是指某一行业为本系统企业提供保险保障，行业自

保的组织形式一般是成立自营保险公司。自保公司主要承保本系统企业的风险业务，并通过积累一定的保险基金作为损失补偿的后备。个体承办保险，主要是通过成立社团性质的集合体组织进行承保。英国劳合社，全称为“劳埃德保险人协会”（Lloyd's Underwriters Association），是最著名也是最古老的这类保险组织。劳合社保险和英国的公司保险共同构成了英国保险业。劳合社不是保险公司，而是类似于股票交易所，为参加交易的成员和承保人提供交易场所和交易服务，大量的个人承保人成员分属若干个组合（辛迪加）。投保人不能与保险人直接洽谈，必须通过劳合社批准的经纪人从中联系，实际上劳合社是一种专业的分保组织。

（二）保险公司的主要业务与管理

从保险公司的经营活动看，基本业务运作包括筹集资本金、出售保单、给付赔偿款、证券投资等。具体情况是：

1. 筹集资本金

资本金是保险公司根据国家保险管理机构的规定，在申请营业时必须拥有的开业资本，能够反映出保险公司的经营实力。资本包括法定盈余以及规定的资本，保险公司注册资本最低限额必须为实缴货币资本。各国对资本金额的要求有相当大的差别。英国最低需要 2 万英镑，而美国最低需要 300 万美元，日本是 10 亿日元。根据《中华人民共和国保险法》（2015 年修正）第三章第六十九条规定，设立保险公司，其注册资本的最低限额为人民币 2 亿元。

2. 出售保单

保险公司通过出售保单获得保费收入，这是保险公司的主营业务。依据保险业务不同，保单可具体分为多种类型，例如人寿保险、财产保险、海上保险、农业保险、责任保险、保证保险、再保险等。在业务管理上，各国一般都实行寿险与财险分业经营，同时在经营保险业务以外不能过多兼营其他业务。

3. 给付赔偿款

保险公司在售出保单的同时就相应承担了保险责任。与其他金融机构按一定利率支付利息或红利的负债不同，保险责任是根据用户需要定制的，它向那些遭受火灾、伤残、疾病或死亡等意外事故的投保人或受益人直接支付赔偿。值得注意的是，所有保险公司在经营业务时都面临逆向选择和道德风险问题，因而保险公司要积极收集信息，筛选投保人，确定以风险为依据的保险费率，制定限制条款，防止欺诈，努力降低经营风险。

4. 证券投资

证券投资是保险公司保险资金的主要运作方向。在对保险资金的投资运作上，监管部门要求保险公司必须加强投资组合管理，防止投机性投资危及保险公司自身清偿能力，损害投保人权利。各国为防止保险公司从事不可靠的投资，往往对保险公司投资类型、质量、比例做出规定。如美国对寿险公司的投资，法律规定了投资的类型和各类投资占总资产或总盈余的最大比例，还规定了投资对象的质量标准；在产险方面，各州一般都要求产险公司的投资重点放在短期证券和政府债券之上，要在确保足够流动性的基础上安排投资结构。各国保险公司在其资产投向上更多的是持有各种债券。我国保险公司的投资主要在国债以及证券投资基金上。2000 年中国证监会批准保险资金进入股市，允许保险资金由试点的保险基金管理公司运作，直接进入证券市场从事证券投资活动。

就不同的国家而言，保险公司管理运作的客观环境，诸如经济环境、人文历史、法规法律等方面存在差异，公司管理运作的水平也不尽相同，因此，保险公司业务发展的能力、经营发展的状况、发挥作用的程度就会有很大区别。由于保险公司在经济运行中具有非常重要的作用，其业务运作效果好坏直接关系到保险市场以及宏观经济运行的稳定，因此，各国政府都十分重视依托本国的保险法，对保险公司进行必要的管制。在各国对保险公司的监管中，一般均成立专门的监管机构。在1998年以前，我国的保险公司和保险业务的监管及有关法规的制定主要由中国人民银行负责。1998年11月18日成立中国保险监督管理委员会，成为全国商业保险的主管机关和独立监管机构，保险公司也不再受中国人民银行监管。中国保险监督管理委员会的主要职责是根据国务院授权履行行政管理职能，依照法规统一监管保险市场。

（三）保险公司的发展

在保险公司的发展历史上，银行与保险公司的业务各有侧重，但是进入20世纪60年代以后，银行和保险公司之间的界限开始被打破，形成金融业务一体化的趋势。与此同时，大保险公司为获得更大的市场，开始从事各种跨国保险业务，业务的国界限制也日益被突破。在具体业务领域，寿险公司在养老金领域非常活跃，并与商业银行、信托公司展开竞争。在激烈的市场竞争中，保险公司针对寿险业务不断开拓许多具有投资特征的产品，扩大了发展空间。

伴随世界政治局势的变化，影响保险业经营的因素变得复杂起来。随着世界政治局势变化、宗教及民族冲突以及其他国与国、地区与地区之间冲突的爆发，全球保险业开始承受与国家政治、民族矛盾、经济利益紧密结合的非自然灾害带来的损失。

专栏8-1　我国保险业转变发展方式刻不容缓

在2010年1月21日召开的保险业情况通报会上，保监会主席吴定富披露，2009年全行业实现投资收益2 141.7亿元，收益率6.41%。保费收入首次突破1万亿元，达到11 137.3亿元，同比增长13.8%。保险公司利润总额达到530.6亿元。

对于2010年保险业监管，吴定富将防范风险放在第一位，“2010年中央在维持财政政策和货币政策不变的同时，更强调了货币政策的灵活性和针对性，这对保险业当前的发展现状提出警示——保险公司仅靠投资收益维系发展的方式不可持续。一些公司片面抢规模、揽保费，试图拿着保费到资本市场赌一把，这种操作风险很大，也是今年监管部门的监管重点”。

吴定富指出，2009年全行业实现投资收益2 141.7亿元，收益率6.41%，比上年提高4.5个百分点，整体实力明显增强。截至2009年年底，保险公司总资产突破4万亿元，达到4.1万亿元。保险资金运用余额3.7万亿元。

2010年年初以来，保险业坚持风险可控、循序渐进原则，调整投资政策，增加投资品种，扩大资产配置空间，较好防范了低利率带来的错配风险。不过由于目前市场利率仍处在历史低点，债券市场收益较低，金融市场波动较大，2009年新增保费与到期再投资资金较多，加上积压的未有效运用的资金，预计超过1.5万亿元。

吴定富指出，2010年将继续加强保险资产管理监管。一是加强制度建设。制定实施

《保险资金运用管理办法》和保险资产配置、股权投资、不动产投资以及保险资产托管规定，进一步完善监管政策法规体系。二是调整投资政策。顺应市场变化，进一步完善债券、股票和基金投资政策，稳步扩大基础设施投资，逐步开展股权投资和不动产投资，改善资产配置管理，支持资产管理产品创新，促进投资收益持续稳定。三是强化风险管控。完善投资资产认可标准，加强资本对风险的约束作用，实行资产管理动态风险监管。四是加强基础建设，强化产品资产配置和投资组合监管，开发资产管理信息系统，提高监管能力。

2009年保险业结构调整成效显著。从财产险看，投资型产品的资金余额为506.4亿元，较上年末减少426.5亿元。从人身险看，新单业务中，期交保费占比25.2%，同比上升5.4个百分点，其中10年期及以上保费占新单业务比重上升1.7个百分点；银邮代理业务占比47.7%，同比下降1.2个百分点。从投资收益来源看，固定收益资产实现收益1 029.5亿元，占比48.1%，权益资产实现收益1 035.8亿元，占比48.4%，两个方面的收益基本相当，收益结构更加均衡。

对当前保险业的发展模式，吴定富直陈不足，粗放的发展方式没有得到根本转变，集约经营和内涵式增长能力不强，产品结构单一，非理性价格竞争突出。“粗放的发展方式，既是当前保险市场面临的突出问题，也是制约行业长远健康发展的关键因素。”吴定富说。

吴定富指出，2010年首先要研究确定多层次的市场准入标准，深入推进国有保险公司改革。一是鼓励和支持中小保险公司、外资保险公司走差异化的发展道路，促进各类市场主体优势互补、共同发展。二是优化业务结构，鼓励和支持保险产品创新，开发竞争有优势、市场有需求、社会有需要的保险产品，尤其鼓励发展长期储蓄型和风险保障型保险产品。三是优化渠道结构，引导公司合理配置销售渠道资源，重点推进银保渠道调整，积极稳妥地推进保险营销体制改革试点，鼓励保险公司探索符合自身实际的营销模式。

2009年银保股权合作的推进引人关注。对此形势，吴定富指出，综合经营下业务和风险结构趋于复杂，关联交易增多，风险交叉传递的可能性加大。下一步将按照国务院要求，对综合经营坚持审慎态度和稳步试点原则。

吴定富透露，目前有关部门正在研究制定相关规章制度，规范金融综合经营试点。从保险业来看，很多公司还不完全具备综合经营条件。金融保险机构要切实转换经营机制，一心一意搞好主业。保监会将加强对保险集团的监管，规范保险集团市场准入，严把入口关，健全保险集团公司资金运用的风险隔离机制，重点防范非保险子公司风险向保险公司传递，加强与其他金融监管机构的监管协调，形成监管合力。

资料来源：丁冰．保监会主席：保险业转变发展方式刻不容缓．中国证券报，2010-01-22.

三、社会保障机构

社会保障是保证社会安定的重要机制。社会保障制度是一种具有政策性、强制性的计划安排，旨在保障生存有困难的社会成员的基本生活需要，包括为劳动者提供基本生活保障、最低生活保障和一些特殊保障等。

社会保障通常被认为有三个最重要的功能：一是保障的功能，即保障遭遇到与劳动及收入相关的风险的公民最基本的生活需求，通过国家和社会的帮助，使他们不致被社会发展的进程所抛弃。二是互济的功能，特别是社会保险这种形式，通过按照同一比例缴纳保险费建立基金，使个别社会成员遭遇或可能遭遇的严重风险被全体社会成员分担，从而降低了风险程度。三是调节收入分配关系的功能，无论是社会保险计划，还是社会援助计划，都是一种社会再分配形式，实际存在着高收入者向低收入者的转移支付，从而达到社会公正和稳定的目标。

社会保险是社会保障制度的核心内容。社会保险针对满足基本需求和基本生活保障可以设置为养老保险、医疗保险、失业保险等，一般均由政府出面干预实施，而且投保时，有些种类需要个人和企业缴纳，有些种类政府还要给予财政支持。目前世界各国都通过政府参与来解决失业、退休养老等社会问题。在我国，与用人单位建立劳动关系的企事业职工，只要按规定缴纳各项社会保险费，就可以享受相应的保障。

一般情况下，各国都会设立专门的社会保障机构来负责各种社会保险的管理事务，而社会保险资金的运作则由专业投资机构负责以实现保值增值。从社会保险资金运作机构的形式看，许多国家是由政府社会保障机构委托保险公司或基金管理公司运作。我国唯一一家统筹管理运作全国社保基金的机构是全国社会保险基金理事会，简称全国社保基金，按照“规范、稳健、专业化、市场化”的运作要求，在《全国社会保障基金投资管理暂行办法》的规定范围内管理和运营全国社会保障基金。目前理事会已初步建立了直接投资运作制度，尝试引入专业的投资基金公司或保险公司运作社保基金。

第四节　其他非存款类金融机构

金融服务需求的多样化催生了非存款类金融机构的多元化和专业化发展，除去投资类金融机构和保障类金融机构，非存款类金融机构还包括一些满足特定服务需求和特定行业发展的金融机构，虽然它们在整体金融机构体系中的比重不大，却发挥着不可或缺的作用。这里介绍目前存在的几种主要类型。

一、信托公司

（一）信托与信托公司

从经济范畴考察“信托”，需要从委托人和受托人两方面来理解。从委托人角度讲，信托就是委托人为收受、保存、处置自己的财产，在信任他人的基础上委托他人按自己的要求管理和处置归己所有的财产；从受托人角度讲，信托就是受托人受委托人委托，并根据委托人的要求，替其本人或由其指定的第三者谋利益。在西方国家，信托制度是遍及社会各个领域的一种重要的财产管理制度，而且信托关系作为法律关系建立并普遍存在，几乎人人都与信托业务有某种联系。在我国还没有作为法律关系普遍存在。

从事信托业务的机构包括各种信托公司、各种银行或非银行金融机构的信托部。其中，信托公司的专业性强，是专门从事信托业务的机构。信托公司是指从事信托业务、充当受托人的非存款类金融机构，其职能是财产事务管理，即接受客户委托，代客户管理、经营、处置财产。信托公司具有财产管理和运用、融通资金、提供信息与咨询以及社会投资等功能。

各国信托历史发展的情况不同，如英国作为信托最早发展的国家，与其发展相适应，以个人受托为主；美国的信托是在独立战争之后由英国引入的，但从一开始就以公司法人受托的形式发展起来；日本的信托是在明治维新后从美国引入的，也是从法人受托开始；中国的信托是1920年从日本引入的，也是以法人受托开始的。

（二）信托公司的特点

信托公司在其经营中表现出以下特征：

1. 具有非常明显的服务特征

信托业在经营中以“受托人”或“中间人”的身份出现，为委托人或受益人利益着想，并为他们提供各种投资服务，收益来源为手续费。基于此经营特点，有关法律严格限制信托机构利用信托财产为自己牟利，而且必须把信托财产与信托机构本身的财产加以区分管理。

2. 与资本市场关系非常密切

信托机构通过为委托人提供再投资方面的专业性经验和技术，将社会闲置资金导向正确的投资方向，而且信托机构对受托资金的管理主要通过与资本市场相关的特定信托业务来实现。由于信托机构与资本市场有如此密切的关系，因而成为社会闲置资金与企业对投资资金需求之间的金融中介，有利于充分实现储蓄向投资的转化，促进国民经济的健康发展。

3. 服务对象范围相对广泛

具备法律行为能力的法人或个人都可成为委托人，而且在委托人信用方面没有特殊要求。

4. 在经营中不需要支付准备

信托机构作为受托人（而非债务人）在一定信托目的的前提下，从容运用资金，不存在作为债务人对到期债务的支付需求要求。

二、金融租赁公司

（一）租赁与金融租赁公司

租赁机构是在一定时期内以收取租金为条件将某项物资财产交付承租人使用的法人机构组织，依据租赁的发生是否直接以融资为目的的标准，可以将租赁机构分为经营性租赁公司、融资性租赁公司。金融租赁公司就是后者，是指专门为承租人提供资金融通服务的长期租赁公司，它以商品交易为基础将融资与融物相结合，既有别于传统租赁又不同于银行贷款。其所提供的融资租赁服务是所有权和经营权相分离的一种新的经济活动方式，具有投资、融资、促销和管理的功能。

从微观看，融资租赁有利于解决企业更改设备与资金不足的矛盾，从而加速企业更改速度，提高市场竞争力。在企业资金来源有限的条件下，融资租赁设备的介入将极大提高企业技术进步的能力。从宏观看，融资租赁有利于调整产业结构。融资租赁的介入恰能使企业解决设备投入以及更新所需资金的问题，最终通过提供融资租赁强化了某类行业或企业在经济发展中的地位，进而推动产业结构的调整及合理构建。此外，融资租赁还有利于引进更多的外资。利用外资有多种形式，借款、发债都可以，但这将受债务规模、配套资金、国内投资环境等制约，而融资租赁是一种很好的利用外资方式，可以在不增加债务总量的同时引进国外的技术。

（二）金融租赁公司的业务特点

1. 面对单一客户

金融租赁公司是以向承租人提供设备的方式来替代提供资金，将融物与融资相结合。融资性租赁公司向承租人提供的是相当于设备全额资金信贷的等价物。融资租赁的租期很长，期限接近设备的经济寿命，当租期至期末时，设备的经济寿命仅剩一些残值，此时承租人可以以象征性价格购进设备并取得所有权，因此融资租赁常是一个对单一客户的租赁过程。

2. 提供的租赁物通常是专用设备

在融资性租赁中，承租人有权选择所需设备及其生产厂家和供货商。出租方只是根据承租方的要求出资购进设备，然后租给承租方使用。因此，对于设备的质量、规格、技术性能的鉴定验收等，都由承租方负责。

3. 长期性

向承租人长期租出设备，租赁物的维修、保养通常由承租人负责或付费；期满后，承租人可享有留购、续租、退租或另订租约等多种选择。

三、金融资产管理公司

（一）金融资产管理公司的目标与合理性

金融资产管理公司是各国主要用于清理银行不良资产的金融机构。金融资产管理公司通常是在银行出现危机或存在大量不良债权时由政府设立。其主要目标是：通过剥离银行不良债权向银行系统注入资金以重建公众对银行的信心；通过有效的资产管理和资产变现，尽可能从所接受的不良资产中多收回些价值；尽量减少对有问题银行或破产倒闭银行重组所带来的负面影响。无论从金融、经济运行还是社会发展稳定而言，成立金融资产管理公司都具有一定的合理性。一方面，银行产生大量不良贷款，如果由自己处理，不仅资金实力不足，而且在法规限制和信息来源方面都有困难，而作为银行的管理者——政府出面组建有关方面人员，由拥有一定行政权力的金融资产管理公司来处理，是有利于降低清理成本、盘活资产的。另一方面，银行一旦出现危机，其传染的速度和力度都十分迅速，金融稳定、社会稳定都受到很大的威胁，而及时地处置与援救，无疑对恢复公众信心、减少负面影响有利。

（二）金融资产管理公司的运作

金融资产管理公司的运作程序包括：组建管理公司，开始初步运作，包括审慎地收购资产，以及执行公司的目标计划，包括有效管理资产和变现资产。其中重要的环节是收购和处置问题银行的不良资产。在收购不良资产后开始处置不良资产，包括清收、拍卖、经营等，是一项涉及面广、技术性强、专业化程度高的工作。除了对参与人员具有较高的专业素质要求以外，更需要政府部门的大力支持。这种支持不仅体现在资金的供应上，还需要政府给予相关法律、法规和行政规章的配合。

我国金融资产管理公司是指经国务院决定设立的收购国有银行不良贷款，管理和处置因收购国有银行不良贷款形成的资产的国有独资非银行金融机构。为处理国有商业银行的不良资产，我国于 1999 年成立了华融资产管理公司、东方资产管理公司、长城资产管理公司和信达资产管理公司四家金融资产管理公司。我国金融资产管理公司的注册资本为人民币100亿元，由财政部核拨，实行经营目标责任制。以最大限度保全资产、减少损失为主要经营目标，依法独立承担民事责任。金融资产管理公司在其收购的国有银行不良贷款范围内，管理和处置因收购国有银行不良贷款形成的资产时，可以从事下列业务活动：追偿债务；对所收购的不良贷款形成的资产进行租赁或者以其他形式转让、重组；债权转股权，并对企业阶段性持股；资产管理范围内公司的上市推荐及债券、股票承销；发行金融债券，向金融机构借款；财务及法律咨询；资产及项目评估；中国人民银行、中国证券监督管理委员会批准的其他业务活动。金融资产管理公司管理、处置因收购国有银行不良贷款形成的资产，应当按照公开、竞争、择优的原则运作。金融资产管理公司转让资产，主要采取招标、拍卖等方式。当金融资产管理公司终止时，由财政部组织清算组进行清算。金融资产管理公司处置不良贷款形成的最终损失，由财政部提出解决方案，报国务院批准执行。

四、金融担保公司

（一）金融担保的发展

金融担保是一种以金融债权为担保对象的担保，包括了直接融资担保和间接融资担保两部分。涉及的担保业务包括借贷市场担保、履约担保和金融创新或衍生产品担保三类。借贷市场担保有企业借款、个人消费借款等；履约担保有工程建设完工、项目融资、房地产借款、设备租赁、信用证和商业票据等；金融创新或衍生产品有债券（主要为企业债券）、信托产品（如信托集合资金计划）、保本基金等。

进入21世纪，金融担保的发展空间越来越大。一方面，现代经济中的金融份额越来越大；另一方面，与此相伴而生的新型担保品种也越来越多。而且现代的新型担保虽然也以债权的实现为基础，但更侧重交易的促成，提供偿债保障并不是其最终目的而是手段。它所起的作用就是分摊和弱化风险，实质是风险管理和风险交易。这更能体现担保的金融本质。担保业务与金融业务特别是金融创新业务的紧密结合，是担保业务的未来发展方向，是担保成熟化、技术化和价值化的标志。

（二）金融担保公司和中小企业发展

从国际范围而言，在中小企业发展中的金融担保需求导致各国从不同路径成立金融担保公司以促进经济发展。这里主要介绍的属于此类，而与金融市场和金融创新产品相结合的金融担保暂不计入。金融担保公司是专业从事信用担保的金融中介组织，在经济生活中提供信用保证，是具有独特的信用增强作用和风险管理特征的特殊的非存款类金融机构。金融担保公司在中小企业与银行之间的融资活动中起着桥梁与纽带的作用，增强了中小企业的信用，防范和化解了银行信贷风险，使融资渠道畅通，引导资金的流向。金融担保公司的建立能解决中小企业融资难与银行放贷难的两难处境，是融资活动不可或缺的主体。建立信用担保机构，缓解中小企业融资难的问题，是各国扶持中小企业发展的通行做法。

五、金融信息咨询服务类机构

（一）金融信息咨询服务类机构的界定与特点

金融信息咨询服务类机构是指集合各种必要的财务收支和经营活动信息，专业化地从事对特定对象进行财务分析、信用调查等经济活动，出具必要的分析报告或文件，为客户提供有关债务人清偿能力明细的专业信息服务机构。这类机构虽未直接参与投融资活动，却为投融资的顺利进行提供必要的信息服务，既是投融资活动的促进者，也是保障金融活动健康发展的重要力量。

金融信息咨询服务类机构的特点体现为所提供的信息产品的专业化、机构的独立性和中立性。其中，向全社会投融资者提供专业化信息服务有赖于其专业化的经营资格和所具备的专业人才与技术条件。其专业化的经营资格能够使其拥有获得广泛经济金融信息的能力并向公众提供具有社会公信力的信息产品，而专业人才和技术条件则使其能够及时有效收集、甄别和处理信息并提供满足特定需要的信息产品。机构的独立性和中立性表现为金融信息咨询服务类机构不直接经营资金，参与投融资活动，较存款类金融机构、投资类金融机构和保障类金融机构具有一定的信息优势，这种机构的独立性和专业性更易使其获得公众的认可和信任。

（二）金融信息咨询服务类机构的类型

金融信息咨询服务类机构主要有三种类型：一是与直接融资活动和保障类金融机构业务活动密切相关的机构，如投资咨询公司、投资与保险代理机构等；二是专门从事信用评级和债券评级的机构，如资信评估公司、征信所等；三是专门从事企业财务信息服务和资格认证的机构，如会计师事务所、律师事务所等。金融信息咨询服务类机构的建立与发展能够反映出一个国家的基本信用环境和金融市场投融资的发达程度。

我国金融信息咨询服务类机构的建设和发展是从 20 世纪 80 年代的中后期逐渐开始的，起步晚、发展缓慢，尤其是服务对象主要是政府主管部门和监管机构，尚未形成广泛的社会效应和经济效应。21 世纪以来，随着我国金融发展的市场化推进，对金融信息咨询服务的市场需求不断增加，这一类机构的发展将具有广阔的市场空间和良好的前景。

（三）互联网时代我国新兴的网络借贷信息中介机构

网络借贷是指个体和个体之间通过互联网平台实现的直接借贷，即大众所熟知的 P2P 个体网贷。网贷业务是以互联网为主要渠道，为借款人和出借人实现直接借贷提供信息搜集、信息公布、资信评估、信息交互、借贷撮合等服务。网贷信息中介机构是指依法设立，专门经营网贷业务的金融信息服务中介机构。网贷信息中介机构为资金供求双方在平台上直接对接，拓宽了金融服务的目标群体和范围，有助于为社会大多数阶层和群体提供可得、便利的普惠金融服务，实现了小额投融资活动的低成本、高效率、大众化，此外也能与传统金融机构相互补充、相互促进，在一定程度上弥补了小微企业融资缺口，有利于缓解小微企业融资难以及满足民间投资需求。

此类机构具有的特点：首先，网贷作为新兴的互联网金融业态，具有跨区域、跨领域的特征；其次，网贷机构定性为信息中介而非信用中介，归属于民间借贷范畴。因此，该类机构不得吸收公众存款、不得设立资金池、不得提供担保或承诺保本保息、不得发售金融理财产品、不得开展类资产证券化等形式的债权转让等。同时，网贷机构要将自身资金和客户资金实行分账管理，由银行业金融机构对客户资金实行第三方存管，明确责任边界。

不可否认，受资本实力及自身经营管理能力限制，当借贷大量违约、经营难以为继时，此类机构存在“卷款”“跑路”等情况，而且部分机构销售不同形式的投资产品，规避相关金融产品的认购门槛及投资者适当性要求，在逃避监管的同时，加剧风险传播。部分机构甚至通过假标、资金池和高收益等手段，进行自融、庞氏骗局，碰触非法集资底线。有鉴于此，对此类机构的监管尤为重要。网贷行业监管总体原则包括：强调机构本质属性，加强事中、事后行为监管；坚持底线监管思维，实行负面清单管理；创新行业监管方式，实行分工协同监管。

【本章小结】

1. 依据非存款类金融机构所从事的主要业务活动和所发挥的作用，可以划分为投资类、保障类和其他非存款类金融机构三大类别。非存款类金融机构的业务具有三大特点：业务的专业化程度高，业务之间存在较大的区别；业务承担的风险不同，相互的传染性较弱；业务的开展与金融市场密切相关。非存款类金融机构的发展有赖于所属经济体系的市场化程度、信息技术的发达程度、金融创新能力以及相关法律规范的完善程度。

2. 投资类金融机构是指以提供投资服务为主要业务的金融机构，包括证券公司、投资基金及其他投资类金融机构。它们主要服务资本市场，业务活动具有如下特点：以各种金融工具为业务活动的载体，特别与有价证券有着密切的关系；业务的专业性要求高，风险较大；业务活动必须遵循公开、公平和公正的原则。

3. 投资类金融机构的作用主要表现在三个方面：一是促进证券投资活动的顺利进行；二是降低投资者的交易成本和信息搜寻成本；三是通过专业技术与知识为投资者规避风险、分散风险和转移风险提供可能。

4. 现代证券公司的特点在于：具有较强的金融创新意识和金融研发能力；提供的是与资本市场有关的智力服务，为客户提供可供选择的证券投资、资产组合、公司购并等方面的融资方案；依靠信用、经验、客户网络等占领市场；主要收入来源是各种服务的手续费（或佣金）。其业务主要包括证券承销业务、经纪业务、咨询业务、开发业务以及其他业务。

5. 投资基金管理公司是一种专门为投资者服务的投资机构，它汇集众多分散的个人或企业的闲置资金，并通过多元化的资产组合进行投资，以实现高效的投资和更有效地分散风险。投资基金管理公司的主要特点是资本要求较低、专业化水平高、收益相对稳定。

6. 保障类金融机构主要是指各类保险公司和社会保障机构。作为保障类金融机构，它们的运作原理是相同的，都是通过提供风险管理服务获取保费收入，并依据约定承担保险赔付和按照规定运用管理保险基金。其业务经营符合大数定律、具有独特的风险管理技术和要求。

7. 保险公司是收取保费并承担风险补偿责任，拥有专业化风险管理技术的组织机构。从保险公司的经营活动看，基本业务包括筹集资本金、出售保单、给付赔偿款、证券投资等。保险公司与商品经济的发展相关，而社会保障制度是一种具有政策性、强制性的计划安排，旨在保障生存有困难的社会成员的基本生活需要，具有保障、互济以及调节收入分配关系的三大功能。

【关键概念】

非存款类金融机构	投资类金融机构	证券公司	投资基金
保障类金融机构	保险公司	保险基金	社会保障制度
信托	信托公司	租赁	金融租赁公司
金融担保	金融资产管理公司	金融信息咨询服务类机构	

【综合练习】

（一）单项选择题

1. 金融租赁公司属于（　）。

A. 非金融机构　　B. 非银行类金融机构

C. 政策性金融机构　　D. 投资性金融机构

2. 信托是随着商品经济的发展而出现的一种财产管理制度，其本质是（　）。

A. 吸收存款，融通资金

B. 受人之托，代人理财

C. 项目融资

D. 规避风险，发放贷款

3. 依据（　），保险公司分为商业性保险公司和政策性保险公司。

A. 经营方式　　B. 经营目的

C. 经营范围　　D. 基本业务

4. 投资基金管理公司在不同国家和地区有不同叫法，英国和中国香港称为（　）。

A. “单位信托基金”　　B. “投资公司”

C. “共同基金”　　D. “证券投资信托基金”

5. 租赁业务的种类繁多，按租赁中（　）可分为单一投资租赁和杠杆租赁两种。

A. 业务活动范围　　B. 经营方式

C. 经营内容　　D. 出资者的出资比例

6. 1998 年以前我国负责保险公司保险业务监管及有关法规制定的机构是（　）。

A. 中国证监会　　B. 财政部

C. 中国人民银行　　D. 国务院

（二）多项选择题

1. 根据保险的基本业务划分，保险公司主要有（　）。

A. 人寿保险公司　　B. 商业性保险公司

C. 财产保险公司　　D. 再保险公司

E. 政策性保险公司

2. 保险公司的主要业务包括（　）。

A. 经纪业务　　B. 筹集资本金

C. 出售保单，收取保费　　　　D. 给付赔偿款

E. 资金运作

3. 以服务对象作为分类依据，信托业务分为（　）。

A. 管理信托　　　　B. 个人信托

C. 法人信托　　　　D. 个人和法人通用信托

E. 处分信托

4. 根据中国人民银行公布的《金融租赁公司管理办法》规定，我国金融租赁公司经营的业务主要包括（　）。

A. 融资性租赁业务

B. 经营性租赁业务

C. 向承租人提供租赁项下的流动资金贷款

D. 发行金融债券和同业拆借

E. 有价证券投资、金融机构股权投资

5. 投资类金融中介机构主要有（　）。

A. 证券公司　　　　B. 保险公司

C. 投资基金公司　　　　D. 信托公司

E. 租赁公司

（三）思考题

1. 非存款类金融机构大体可分为哪些种类？它们共同的业务特点是什么？在经济全球化、金融高度发展的背景下，如何理解非存款类金融机构的发展？

2. 简述投资类金融机构的种类与业务特点。联系美国次贷危机中的“华尔街金融风暴”，试分析投资类金融机构在金融市场上发挥的作用。

3. 当你开始证券投资活动，你可能会和哪些机构打交道？主要参与的业务活动将会是哪些？选择的理由是什么？

4. 从保障类金融机构的种类与业务特点出发，说明这类机构的作用。

5. 信托公司的业务特点有哪些？它适应了哪些需求？

6. 金融租赁公司的业务与一般银行贷款的区别是什么？在经济发展中的作用是什么？

7. 联系我国中小企业的发展，谈谈你对金融担保公司的理解。

8. 联系实际分析金融资产管理公司在处理有问题银行及银行危机中的作用。

9. 如何理解金融信息咨询服务类机构在经济、金融发展过程中的作用？

10. 运用你所学的非存款类金融机构的相关知识，针对我国非存款类金融机构的现状，讨论你认为存在的问题与相应的对策。

参考文献

1. 王广谦．金融中介学．北京：高等教育出版社，2003.

2. 弗雷德里克·米什金．货币金融学．北京：中国人民大学出版社，1998.

3. 黄达．金融学（第二版）．北京：中国人民大学出版社，2009.

4. 李健．金融学．北京：中国广播电视大学出版社，2008.

5. 弗雷德里克·米什金，斯坦利·埃金斯．金融市场与金融机构．北京：北京大学出版社，2006.

第九章

货币需求与货币供给

[导读与学习提示]

货币供求既是货币理论的核心内容，也是实际货币运行中特别关注的问题。货币需求是前提，只有准确地理解货币需求，才能有助于提供合理的货币供给。在现代信用经济条件下，中央银行体制所决定的货币供给包含两个层面：既有中央银行通过其资产业务创造的基础货币，也包括商业银行通过存贷转化形成的存款货币。而最终形成的货币供给总量可以理解为由基础货币经过货币乘数的扩张或收缩形成的货币量。正是基于这样的过程，中央银行才可以通过其货币政策工具的变化来影响或调控货币供给量，继而对宏观经济运行产生调控的可能。以下问题将有助于本章的学习：

1. 如何理解货币需求？试着罗列你能想到的考察货币需求的角度。

2. 怎样梳理货币需求理论的脉络？不同学派之间的差异是什么？为何会出现差异？

3. 从货币需求理论中能否得到货币需求的决定因素？

4. 研究货币需求对于货币供给的意义是什么？

5. 我们使用的货币从哪里来？银行体系在货币创造中起什么作用？今天的信用货币创造与金属货币创造的区别在哪里？

6. 从货币供给角度而言，中央银行为何能进行宏观金融调控？

7. 货币供给为何要划分层次？如何划分？货币层次能否发生变化？

8. 如何理解现代市场经济条件下的货币供给调控机制？

第一节 货币需求

一、货币需求的含义

（一）货币需求与货币需求量

货币需求是指宏观经济运行以及微观经济主体对货币的需求。从宏观角度讲，它是指一国拥有多少货币才能满足经济的发展需要。从微观角度讲，则是指微观主体在不同条件下愿意以货币形式持有其拥有的财产的需求。

分析货币需求的目的是为了测算出全社会对货币需要的总量，即货币需求量。它是社会公众在其总体财富中愿意以货币形式保有的那一部分实际量。货币需求量是一种存量指标，但由于货币本身固有的流动性属性，同一张纸币可以多次地发挥交易等职能，所以考察货币需求量要同时考虑存量和流量。货币需求理论与政策所关注的不是某一时点上的货币需求量，而是某一时期货币需求量的大致趋势及变动幅度。

（二）名义货币需求与实际货币需求

名义货币需求是指在物价变动的情况下同一货币单位所能购买的商品和劳务的数量；实际货币需求则是剔除了物价变动因素影响的货币需求量。它们的区别在于是否考虑物价变动的影响。

（三）货币需求的结构

从货币需求的结构来看，不同层次的货币发挥的功能是不同的：货币层次中 M1（现金加活期存款）主要履行交易媒介的功能，准货币 M2－M1（定期存款＋居民储蓄存款＋证券公司客户保证金＋其他定期存款）主要发挥价值贮藏职能。

二、货币需求理论

货币需求理论主要分析影响货币需求量的决定因素以及这些因素如何对货币需求产生影响，是货币经济理论的中心，也是分析货币政策的理论前提。

（一）古典货币需求理论

古典货币需求理论发展于 19 世纪和 20 世纪初，是用货币数量解释货币价值、商品价格的货币理论。古典货币需求理论主要有费雪（Irving Fisher，1911）的现金交易说和马歇尔、庇古的现金余额说。

1. 现金交易说

现金交易说注重研究货币数量与物价之间的关系。美国经济学家费雪在研究经济中总货币需求与总支出的关系后，得出了现金交易方程式：

$$MV=PY \tag{9—1}$$

其中，M 是一定时期内流通中的货币总量，V 是货币流通速度，P 是物价水平，Y 是总产出（或总收入）。PY 代表名义总支出（或总收入）。该式表明，货币数量与流通速度的乘积等于名义收入。

费雪认为，货币流通速度是由货币制度、交易技术、支出习惯等决定的，这些因素在短期内是基本稳定的，因而短期内的货币流通速度 V 可以视作一个常数。同时，总产出（总收入）Y 取决于人口、资源、技术条件及其他社会因素，在一定时期内也不会改变。

在短期内货币流通速度以及总产出是常数的前提下，9—1 式的现金交易方程式就转化为货币数量方程（又称费雪方程式）：

$$M=\frac{PY}{V} \tag{9—2}$$

9—2 式表明，一定时期内，流通中所需要的货币量由商品价格、总产出与货币流通速度决定。

货币数量论认为，由于 V 和 Y 都是常量，因此价格水平完全由经济中的货币存量决定，名义货币需求完全由名义收入决定，不受利率影响。

2. 现金余额说

现金余额说由剑桥学派的马歇尔、庇古等人提出，强调人们持有货币的动机是基于货币的两个属性——交易媒介和贮藏功能。

作为交易媒介，货币的需求量与交易水平有关，货币需求中用于交换的那部分与名义总收入成正比，这一点与费雪的货币数量论基本一致；同时，剑桥学派认为，人们持有货币的需求还受到货币贮藏功能的影响，随着财富水平的增加，用于价值贮藏的那一部分货币需求也在增加，这部分货币需求也与名义总收入成正比。

1917 年，剑桥大学的庇古提出了著名的现金余额方程式（又称剑桥方程式）：

$$M=KPY \tag{9—3}$$

其中，M 为货币需求量即现金余额，P 为同时期价格水平，Y 为总收入，K 表示总收入中以货币形式持有的比例，通常被看做是一个常数。该方程决定的货币量 M 是人们持有的用以购买商品或劳务的货币数量，故称为现金余额。

如果用现金流通速度的倒数 $1/V$ 来代替 K，现金余额方程式在形式上与现金交易方程式是相同的，但是二者在经济意义上却有明显的区别。具体来说，现金交易说与现金余额说有以下区别：

（1）现金交易方程式着眼于货币交易媒介的职能，而现金余额方程式则强调货币的资产功能，认为经济主体持有货币的目的不仅限于现时的交易需要，还可能作为财富贮藏起来。

（2）现金交易方程式从支出流量的角度来研究货币需求，强调流通中的货币量对物价的决定作用；而现金余额方程式强调以货币形式持有的资产，从资产存量的角度考虑货币需求。

（3）现金余额方程式中的 K 与现金交易方程式中的 V 有所不同，除制度和技术条件外，人们选择储存的货币数量还取决于对目前和未来消费的偏好、其他资产的收益率和预期回报率以及对价格变动的预期等，因此剑桥学派认为短期内的 K 值并不一定稳定。

（4）剑桥方程式强调经济体的资产选择，不排除利率对货币需求的短期影响。

（二）马克思的货币需求理论

马克思的货币需求理论也称货币必要量理论。马克思分析了货币产生发展的历史，并在研究、总结、批判资产阶级古典经济各学派观点的基础上，从货币的流通手段职能出发，提出了其货币流通规律公式：

$$\text{执行流通手段职能的货币需求量}=\frac{\text{商品价格总额}}{\text{同名货币的流通次数}}$$

这一公式表示，货币需求量与商品价格总额成正比，与货币流通速度成反比。其中，商品价格总额是商品供应量与商品价格水平的乘积。值得注意的是，这一公式的前提是金币（金属货币）的流通，即（1）商品价格取决于商品价值和黄金价值，而商品价值取决于生产过程，所以商品是带着价格进入流通的；（2）商品价格有多大，就需要多少金币来实现它；（3）商品与货币交换后，商品退出流通，黄金却留在流通之中可以与别的商品再次进行交换，所以一枚金币流通几次就可以使相应几倍的商品出售。因此，商品价格总额是一个既定的值，货币需求量公式只能是右方决定左方，不能相反。

马克思还分析了纸币流通条件下货币量与价格之间的关系。纸币是由金属货币演化而来的，它本身没有价值，只有流通才能作为金币的代表，而流通中的纸币只能代表商品流通客观所需求的金属货币量。用公式表示为：

$$\text{单位纸币所代表的金属货币量}=\frac{\text{流通中所需要的金属货币量}}{\text{流通中的纸币总额}}$$

上式表示，在纸币流通条件下，货币供应量对货币币值与商品价格具有反作用力，商品价格水平会随纸币发行数量的增减而涨跌。因此，当纸币的发行量超过流通中所需的同名货币金属量时，每一单位纸币所能代表的价值就会减少，导致纸币贬值，物价上涨。

（三）凯恩斯货币需求理论

1. 凯恩斯的流动性偏好理论

凯恩斯曾是现金余额说的代表，其早年的著作《货币改革略论》是现金余额说的经典著作之一，但书中已对货币流通速度是否为常数表示怀疑。1930 年出版的《货币论》虽然并未完全摒弃古典理论，但已经脱离了从货币总量出发的传统的方法。1936 年，凯恩斯在《就业、利息和货币通论》一书中放弃了古典学派将货币流通速度视为常数的观点，强调了利率的重要性，提出了流动性偏好理论。

（1）货币需求的三种动机。

凯恩斯认为，人们持有货币的需求出于三个动机：交易动机、预防动机、投机动机。

①交易动机，即人们为进行正常的商品交易而持有货币的愿望，又可细分为个人收入动机和企业经营动机。其强度主要取决于收入的数量以及从收入到支出的时间间隔的一般长度。基于交易动机而产生的货币需求被称为交易性货币需求。凯恩斯认为，货币的交易需求取决于人们的交易水平，与收入成正比。

②预防动机，又称谨慎动机，即为了预防突发的紧急情况而产生的持有货币的愿望，这类需求被称为预防性货币需求。凯恩斯认为，人们愿意持有的预防性货币余额主要取决于对未来交易水平的预期，因此预防性货币需求也与收入成正比。

③投机动机，即人们根据对市场利率变化的预期，选择有利的投资机会从中获利而持有货币的愿望。出于投机动机而产生的货币需求称为投机性货币需求。凯恩斯认为，投机性货币需求取决于三个因素：当前的利率水平、名义正常利率水平以及对利率变化趋势的预期。

（2）货币需求函数。

凯恩斯认为，交易性货币需求与预防性货币需求主要取决于收入水平，与利率的变动基本无关，以 M_1 代表交易性、预防性货币需求，用 Y 表示收入，货币需求与收入之间的函数关系记为：

$$M_1=L_1(Y) \tag{9—4}$$

由于投机性货币需求主要由利率水平决定，用 M_2 表示投机性货币需求，i 代表利率，投机性货币需求与利率之间的函数关系为：

$$M_2=L_2(i) \tag{9—5}$$

在 9—5 式中，货币被当做一种资产，持有货币的机会成本即损失利息收入，利率越高，机会成本越大，投机性货币需求越少。因此，投机性货币需求作为利率的函数，二者呈反方向变动。

将持有货币的三种动机加总，就得到了凯恩斯的货币需求函数：

$$M=M_1+M_2=L_1(Y)+L_2(i)=L(Y,i) \tag{9—6}$$

在 9—6 式中，货币需求与收入呈同方向变化，与利率呈反方向变化。凯恩斯的货币需求理论将货币同投资、就业、利率和国民收入等实体经济因素联系起来。货币供给是由货币当局决定的外生变量，货币需求则取决于人们的流动性偏好，货币供求共同决定了利率水平。在流动性偏好一定的情况下，中央银行增加货币供给会降低利率，刺激投资。凯恩斯认为，当货币供应量增加，利率下降到一定程度时，货币需求会变得无限大，形成“流动性陷阱”，此时货币政策失效，无论增加多少货币，人们都会选择储存起来，具体见图 9-1。

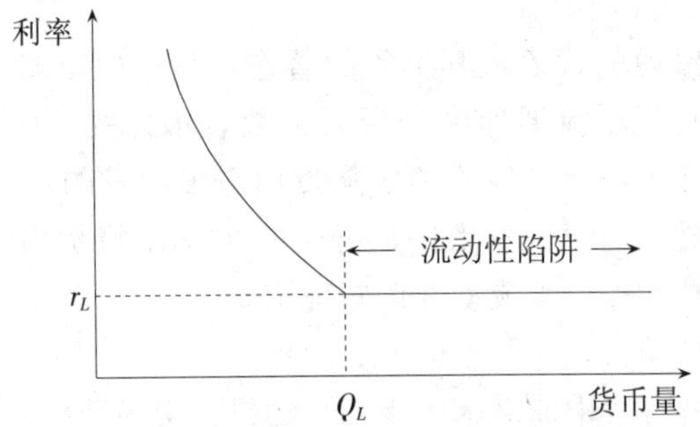

图 9-1　流动性陷阱

2. 凯恩斯货币需求理论的发展

20 世纪 50 年代后，一些西方学者对凯恩斯的货币需求动机做了进一步的研究，补充和修正了凯恩斯的流动性偏好货币需求理论。

（1）平方根定律（鲍莫尔-托宾模型）。

凯恩斯认为，交易性货币需求由收入水平决定，与利率基本无关。20 世纪 50 年代初，美国经济学家鲍莫尔、托宾分析了交易性货币需求与利率的关系，将管理科学中最适度存货控制技术运用于货币理论，得出既满足日常交易支出需要，又将持有货币的机会成本最小化的最佳货币持有量。他们的模型被称为“货币需求的存货管理模型”（或“鲍莫尔-托宾模型”）。

鲍莫尔假设，人们在一定的时间内连续、均匀地获得一定量的收入（Y），并采用购买短期债券的形式贷出现金，未来预期支出量为 T，每次变现的现金量为 K，买卖债券的手续费为 b，市场利率为 i，持有货币的总成本为 C，现金余额为 M。

总成本 C 由交易成本和机会成本构成，持有现金越多，所需兑现次数越少，交易成本越低；同时，持有现金是没有利息收入的，因此持有现金越多，机会成本越大。因此，交易成本是现金量的增函数，而机会成本是现金量的减函数，用公式表示：

$$C=b\frac{T}{K}+\frac{K}{2}i \tag{9—7}$$

要使总成本 C 最小，对 9—7 式进行一阶求导：

$$K^{*}=\sqrt{\frac{2bT}{i}} \tag{9—8}$$

K^{*} 就是使总成本 C 最小时的货币量水平。以实际现金余额的形式来表示，则保持现金成本最小的平均交易余额应为：

$$\frac{M}{P}=\frac{1}{2}\sqrt{\frac{2bT}{i}} \tag{9—9}$$

9—9 式就是著名的平方根公式。其中，M 为名义交易性货币需求量，P 为一般价格水平。根据平方根公式，当交易量或手续费增加时，最适现金余额将增加；当利率上升时，最适现金余额将下降。也就是说，交易性现金需求与收入的平方根成正比，而与利率的平方根成反比。

（2）立方根定律。

在凯恩斯看来，预防性货币需求也与利率无关。1966 年，美国经济学家惠伦（Whalen）、米勒（Merton H. Miller）和奥尔（Daniel Orr）先后论证了预防性货币需求也同样与利率呈反方向变动关系，其中最有代表性的是惠伦模型。

惠伦认为，预防性货币需求产生于事物的不确定性，人们无法保证某一时期的货币收入和货币支出与预期水平完全一致，不能排除实际支出超过实际收入或者发生意外情况时需要货币的可能，因此，人们实际持有的货币往往比预期所需的要多一些，其中超额部分就是预防性货币需求。惠伦认为，影响最适度预防性货币需求的因素主要有三个：一是非流动性成本，即少持有或不持有预防性货币余额可能带来的损失；二是持有现金余额的机会成本；三是收入和支出的平均值和变化状况。惠伦模型可用公式表示为：

$$M=\sqrt[3]{\frac{2S^{2}b}{i}} \tag{9—10}$$

9—10 式即立方根公式。其中，M 表示预防性货币的平均持有量，i 代表利率，S 为净支出分布的方差，b 为非流动性成本。惠伦模型证明了预防性货币需求同样与利率呈反方向变动。对于惠伦模型，西方经济学界认为其基本结论比较符合现实经济中的一般情况。根据鲍莫尔-托宾模型和惠伦模型，凯恩斯的货币需求函数被修正为：

$$M=L_1(Y,i)+L_2(i) \tag{9—11}$$

9—11 式表明，交易性货币需求与预防性货币需求均受利率和收入两个因素共同影响。

（四）弗里德曼货币需求理论

现代货币数量论的代表人物弗里德曼（M. Friedman）在 1956 年发表的《货币数量论：一种新的阐释》中，对货币数量说提出了新的解释。弗里德曼一方面采纳了剑桥学派和凯恩斯学派把货币看做是一种资产的思想，另一方面又承袭了传统货币数量说的结论，即货币量的变动反映在物价的变动上。按照这种思路，他提出了一个多元函数来表示货币需求：

$$\frac{M_d}{P}=f(y_p,r_b,r_e,r_m,\frac{1}{P}\times\frac{dP}{dt},w,u) \tag{9—12}$$

9—12 式中，M_d/P 代表实际货币需求；y_p 代表永久性收入；r_m 是货币收益率；r_b 是债券收益率；r_e 是股票收益率；$1/P\times dP/dt$ 代表预期通货膨胀率；w 代表非人力财富同总财富的比率；u 代表主观偏好、客观技术与制度等因素的综合变数。

弗里德曼的货币需求函数表明，影响货币需求的因素主要有三类，即收入或财富的变化、持有货币的机会成本和持有货币的效用。

弗里德曼货币需求理论的一个主要特点是，强调实际货币余额需求主要受永久性收入影响，因此长期中货币需求的上升趋势是收入增长趋势的必然结果。当经济扩张时，当期收入高于实际永久性收入，因此货币需求相对于当期收入水平是下降的；当经济萧条时，当期收入低于实际永久性收入，因此货币需求相对于当期收入水平是上升的。

弗里德曼认为，通货膨胀率、债券收益率、股票收益率和货币收益率（活期存款利率、定期存款利率等）都会对货币需求产生影响。由于各种利率之间存在正相关性，同时短期内通货膨胀率和利率是负相关的，利率变化对货币需求的影响较小。

弗里德曼货币需求理论的另一个特点是强调货币需求通过货币数量影响总支出和实际产量，他认为现金余额的变化对广义的资产和利息率产生影响，将货币数量的变动传导至对产成品的需求上，因此弗里德曼主张采取稳定货币供应的货币政策，以防止货币本身成为经济波动的原因。

三、货币需求理论的发展脉络与思考

人们对货币需求的研究已经有 100 多年的历史，涉及货币需求的理论十分庞杂，但人们对它的认识还在进一步加深。从重商主义开始，许多西方经济学家就探讨了货币需求问题。西方货币需求理论沿着货币持有动机和货币需求决定因素这一脉络发展到现在，先后出现的最具有代表意义的货币需求理论有：古典经济学派的货币需求理论、马克思的货币需求理论、凯恩斯的货币需求理论以及弗里德曼的货币需求理论。

古典学派的货币需求理论是英国古典政治经济学的一个重要组成部分。在斯图亚特的著作中，古典货币理论第一次得到了比较系统的论述。斯密和李嘉图发展了前人的研究成果，完善了英国古典货币理论。马克思的货币需求理论继承并发展了古典学派的货币需求理论。

货币数量论可以追溯到 18 世纪，其基本观点是认为经济中货币供给的变动会引起价格水平成比例地变动。直到 19 世纪末，货币数量论在货币需求研究领域中一直占据主导地位。20 世纪初，货币数量论有了进一步的发展，出现了两种论断——现金交易说和现金余额说。

19 世纪末 20 世纪初，资本主义社会由自由竞争阶段向垄断阶段转变。20 世纪 30 年代，资本主义垄断由私人垄断向国家垄断转变。这个时期发生的重大经济和政治事件，促使凯恩斯从正统的自由放任学说转向创立国家干预的凯恩斯经济学。凯恩斯提出了以收支学说为中心的货币理论，取代了原来占统治地位的传统货币数量论，是西方货币理

论的重大突破和发展。他于1936发表的《就业、利息和货币通论》被看做是当代经济理论和金融理论的分界线。第二次世界大战以后，一些西方学者对凯恩斯的货币需求动机做出了进一步的补充和发展，修正了凯恩斯的货币需求理论。其中，鲍莫尔-托宾模型对西方货币理论产生了很大的影响。他提出交易性和预防性货币需求在很大程度上受利率变动的影响，不仅间接地说明了商品价格水平的变化与货币需求的关系，而且为凯恩斯主义的利率传导机制作了进一步的证明。

货币需求理论的发展呈现出以下特点：

(1) 各学派的货币需求理论在形式上有着密切的联系。如将费雪方程式$M=\frac{PY}{V}$简单变形，即与现金余额方程式$M=KPY$在形式上完全相同；而凯恩斯的货币交易性需求函数$M_d=L_1(Y)$是对现金余额方程式的继承和发展，其中Y是名义国民收入，即现金余额方程式中的PY，描述的也是总收入与货币需求量之间的函数关系；而弗里德曼的货币需求函数引入了诸多影响货币需求的因素，但他重点强调永久性收入的作用，认为Y是影响货币需求最主要的因素。

(2) 由单纯的经济理论发展成为直接或间接为制定货币政策服务的理论。传统的货币数量理论并不涉及明确的政策主张，而凯恩斯以后的货币需求理论却大都具有鲜明的政策主张。如凯恩斯主张国家对经济生活的干预，以财政政策为主，货币政策为辅，二者相互配合；而弗里德曼却反对相机抉择，主张以货币供应量作为唯一的控制因素，即“单一规则”的货币政策。

(3) 分析方法由定性分析发展为定性和定量相结合、以定量为主的分析。古典货币需求理论以及马克思的货币需求理论强调货币量与价格水平之间的变动关系，但对于二者间具体的数量关系并未深入研究；而平方根模型、立方根模型均属于定性、定量分析相结合的分析方式。

四、货币需求的影响因素

(一) 非人力财富和收入

非人力财富和收入对货币的需求影响是不同的。非人力财富拥有的越多，则对货币的需求越少。人力财富越多，则对货币的需求越多。收入水平是决定社会各经济主体进行各种交易、储藏财富的首要因素。一般而言，经济主体的收入水平越高，其以货币形式保有的资产总量就越多，从而对货币的需求就越大。

(二) 利率和金融资产的收益率

这两个因素可视为持有货币的机会成本。当利率上升或者金融资产收益率上升时，人们手中的货币机会成本上升，将会减少货币持有量，从而转为其他非货币资产。

(三) 价格和预期价格变动率

对商品和劳务的货币支付总是在一定的价格水平下进行的，价格水平越高，流通中所需要的货币量越多；反之则越少。当人们预期物价会上涨时，就会纷纷以实物替代货币，从而减少持有货币资产的需求；反之当人们预期物价下跌时，会增加对货币的需求。

(四) 信用制度的状况

货币信用制度的发展对人们手中的货币持有量有很大影响。一是由于转账制度的发展，许多债权债务得以抵消，资金周转加速，使货币的交易需求减少。二是储蓄机构的发展，如网点的增加、工作效率的提高、服务态度的改善等，使人们存取变得便利，货币持有量也就减少。三是信用工具的发展，使人们有多重资产选择的可能，人们的储蓄部分不再仅是在货币与存款之间的选择，而是在更广阔的范围内选择，所以货币在金融资产中所占的比例呈缩小的趋势。

（五）金融系统的稳定程度

金融系统越稳定，人们对于货币的需求相对越少。在金融危机中，人们手中持有的有价证券会缩水贬值，人们希望其变现，获得安全的货币资产，严重时会出现银行挤兑现象。如果金融危机频发，人们将不再愿意持有有价证券而是持有货币。

除上述因素外，社会风尚包括国民的生活习惯、消费与储蓄观念、勤俭风尚等，也对于一国的货币需求有一定的影响。

五、我国货币需求的研究

（一）我国货币需求的经验公式

早在20世纪50年代，我国的货币必要量公式指的是现金必要量公式，它源于马克思的货币必要量公式。马克思的货币必要量公式为：流通中所需的货币量＝商品总额/货币流通速度。20世纪50年代，我国按照这个公式确定货币必要量进行货币供给，使商品流通顺利进行，并把价格上涨幅度控制在一个较低的水平上。后来随着经济的发展，该理论逐渐不适用于中国的实际，决策层和学术界开始探索新的货币供给理论。

我国社会主义改造基本完成以后，根据货币流通的实践经验提出一种简便易行的方法，即货币流通量对社会商品零售额要保持1∶8的比例，即每8元零售商品供应需要1元人民币实现其流通。如果能够保持1∶8的比例，那么货币流通的规模和结构就是正常的，反之将出现货币供求的失衡。经验公式法是在特定历史条件下形成的，它是根据第一个五年计划时期的情况总结出来的。那时，我国实行高度集中的经济管理体制，国家对生产资料和主要消费资料实行统购统销。商品流通渠道主要是国营商业和供销合作商业。货币的投放主要是农副产品收购和工资性支出，然后再由国营、合作商业通过商品销售回笼现金。城乡居民持有现金量较少，货币流通渠道单一，同时物价受到严格管制，商品流转额容易准确掌握。经济中的一些情况往往表现在货币流通速度的变化上，所以用货币流通量和社会商品零售额的比例关系来考察市场货币流通是否正常。

20世纪80年代以前基本符合这个经验公式，但改革开放以后，这一经验公式受到挑战。年末货币流通量对社会商品零售额的比例，1980年为1∶6.8，1981年为1∶5.93，1983年为1∶5.85，1984年为1∶4.24，特别是1984年，比例数值比困难时期的1961年的1∶5.5还低。原因是十一届三中全会之后，经济体制发生了重大改革，计划经济逐步向市场经济靠近，市场变得更加活跃，现金流通量比以前增加，各经济体对货币的需求增加，现金在人们手头的沉淀增加，导致货币流通速度放缓。由于简单的经验公式已无法解释或说明我国货币需求量的状况，有些经济学家开始借鉴西方货币需求实证分析的思路，提出我国的货币需求量的回归方程。

为了取代业已过时的“1∶8”，人们期望寻找一个简明而又易于度量的公式。其中影响较大的是：货币供给增长率等于预期（或计划）物价上涨率加经济增长率。这个公式与“1∶8”一样，旨在解决如何确定年度计划货币供给增长率的问题，但与“1∶8”公式相比，该公式（增长率计算法）的思路要宽阔得多，主要考虑了 P 的变化。所以，这一公式从 20 世纪 80 年代中期提出后流行颇广。

但这个公式也存在问题，具体表现在：

第一，在以计划价格为主时，选用计划价格上涨率可能是适当的，但在开放价格的条件下，物价上涨率的求证是一个复杂而不易解决的问题。

第二，改革开放后影响货币需求的因素增加，决定货币量的除 Y 和 P 外，还有其他因素，这些因素叠加和消长，往往会使货币需求增长率距公式测算值很远。所以，运用这种简单的方法测算货币需求量，已经很难得出对实践具有指导意义的结果。

（二）经济计量方法在我国货币需求量计算中的运用和发展

经济计量方法是一种常用的测算货币需求量的方法。这种方法能用数学语言描述货币需求量同某些经济指标之间的数量关系。采用这种方法进行预测，比单纯凭经验的预测更为科学。回归分析法是运用数理统计和线性回归分析的方法。在测算时，可以采用多元回归方程，也可以采用一元回归方程。

20 世纪 80 年代计量方法主要采取的是一元回归方法，确定自变量和因变量及它们之间的关系，建立数学模型。用比较简单的公式 $Y=a+bX$，根据历史统计数字，求出 a、b 两个参数的数值，就大体预测出我国的货币需求量。我国的实证研究也得出与弗里德曼针对美国数据一样的结论，V 并不是常数，而是变数。但由于我国历史数据的完整性和可信度不甚理想，所以这一时期运用回归分析方法也存在困难，得到的结论还不是太准确。

20 世纪 90 年代以后，随着我国各项改革的不断深入，多元回归及更多计量经济学方法被采用。国内许多学者和专家对中国货币需求问题进行深入探讨，从收入变量、利率变量、其他变量等不同角度进行实证分析。迄今为止，关于收入及价格变量对货币需求的影响分析较为一致，对其他变量如何影响货币需求的结论存在分歧。这种情况与西方学者的研究现状颇为相似。

还有一些学者就我国货币需求对利率变动的敏感性进行了实证分析，结果表明交易性货币需求在居民收入水平越过温饱线后才对实际利率产生反应；预防性货币需求当收入水平越过温饱线的差额大于一定量且收入到达一定高度时才与利率变动存在反向关系。

我国 20 世纪 90 年代以来股票市场成长较快，股票价格对长期实际货币需求量具有显著的、正的财富效果，货币化进程已不再是影响货币需求量的主要因素。相关研究还表明，中国货币需求量波动的主要原因是利率结构变化和通货膨胀冲击的结构变化。

（三）我国货币需求量的新兴影响因素

1. 电子支付方式

近年来，电子支付工具在我国得到了普遍应用，不仅品种越来越丰富，交易规模也不断扩大，并呈现出更快更成熟发展的趋势。电子支付可以提高货币的流通速度，减少对不支付利息的现金的需求，并且使其他收益率较高的资产很容易转化为可以作为支付手段的货币，从而降低货币的需求量、改变货币的需求结构。

2. 数字货币

随着信息科技的发展以及移动互联网、可信可控云计算、终端安全存储、区块链等技术的演进，全球范围内支付方式发生了巨大的变化，数字货币如比特币等已经迅速发展起来了。数字货币是非实物流通，通过加载信息的数据在系统网络各参与者之间传输完成，没有毁损，不需要回收、清点、销毁，不存在假币，同时其流通不需要第三方做交易信用背书。发行数字货币可以有效降低传统纸币发行、流通的高昂成本，提升经济交易活动的便利性和透明度；可减少洗钱、逃漏税等违法犯罪行为；还有助于建设全新的金融基础设施，进一步完善支付体系，提升支付清算效率，推动经济提质增效升级等。目前世界范围尚无国家层面正式发行的数字货币，我国于 2014 年成立专门研究团队，并于 2016 年 1 月召开数字货币研讨会，对数字货币发行和业务运行框架、数字货币的关键技术等进行了深入研究；周小川行长 2016 年接受财新网专访，详细阐述了央行发行数字货币的思路和原则。数字货币一旦正式发行，将对货币需求和供给产生深远影响。

第二节　中央银行体制下的信用货币创造

在中央银行体制下，信用货币创造过程分两个阶段：第一阶段是中央银行投放基础货币；第二个阶段是商业银行创造存款货币。基础货币由银行准备和流通中的现金组成，它的变动取决于中央银行。商业银行能够通过贷款等资产业务在原始存款基础上创造派生存款，从而创造出多倍于基础货币的存款货币。货币供给可以表达为货币乘数与基础货币的乘积，因此影响货币供给的因素可以归结为影响货币乘数和基础货币的因素。

一、商业银行的存款货币创造

（一）存款扩张倍数

商业银行的一个重要功能是通过信贷供应影响货币供给，从而对产出、就业、物价水平等宏观经济变量产生影响。

我们用一个例子来分析银行信贷行为对货币供给的影响。假设某企业将10 000元现金存入当地的 A 银行，则 A 银行的资产负债表变化如下：

A 银行

准备金存款	+10 000	活期存款	+10 000

假设法定准备金率是 10%，银行为实现盈利而将其所持有的全部超额准备金贷出，那么 A 银行的初始超额准备金为9 000元。A 银行将这部分超额准备金贷给当地另一家企业用于扩大生产，该企业未提取这笔贷款，而是将其存入支票账户中，在购买新机器时，从 A 银行的账户签发一张9 000元的支票转给机器制造商的开户行 B 银行。两家银行的资产负债表账户显示如下：

A 银行

1. 准备金存款	+10 000	活期存款	+10 000
2. 贷款	+9 000	活期存款	+9 000
3. 准备金存款	−9 000	活期存款	−9 000

B银行

准备金存款	+9 000	活期存款	+9 000

当这三笔业务完成后，银行A的准备金增加了1 000元，贷款增加了9 000元，同时活期存款增加了10 000元。这只是存款扩张的第一个阶段。B银行的活期存款增加了9 000元，因此就有了8 100元的超额准备金。[①] 同样，假设B银行将这部分资金全部购买了证券，向证券公司开出8 100元支票，证券公司又将其存入C银行。此时两家银行的资产负债表账户如下：

B银行

1. 准备金存款	+9 000	活期存款	+9 000
2. 有价证券	+8 100		
3. 准备金存款	−8 100		

C银行

准备金存款	+8 100	活期存款	+8 100

此时，银行体系的存款已由最初的10 000元增加到27 100元（=10 000+9 000+8 100）。

如果C银行像A、B银行一样将其超额准备金7 290元（=8 100×(1−10%)）也用于提供信贷或者购买证券，这个过程重复下去，银行体系存款货币创造过程如下表所示：

银行	存款（元）	准备金（元）	贷款（元）
A	10 000（原始存款）	1 000	9 000
B	9 000	900	8 100
C	8 100	810	7 290
D	7 290	729	6 561
E	6 561	656	5 905
…	…	…	…
合计	100 000	10 000	90 000

在银行体系中，商业银行最初接受的现金所形成的存款成为原生存款，通过发放贷款等资产业务创造的存款成为派生存款。在本例中，原生存款为10 000元，派生存款为100 000元，其倍数刚好是存款准备金率的倒数，用公式表示为：

$$K=\frac{1}{r_r} \tag{9—13}$$

其中，K 代表存款扩张倍数，r_r 是法定存款准备金率。法定存款准备金率越低，扩张倍数越高，商业银行的存款创造能力就越强；反之，法定存款准备金率越高，扩张倍数越低，商业银行的存款创造能力就越弱。

（二）存款的乘数收缩

与存款扩张相似，商业银行存款创造的原理在存款收缩上同样适用，即原始存款的

① B银行的活期存款增加了9 000元，准备金率为10%，法定准备金增加了900元，超额准备金为9 000−900=8 100（元）。

减少可引起存款总额的成倍减少。在上例中，假设该企业取出其在A银行活期账户上的10 000元用于扩大生产，A银行的资产负债表变化为：

A银行

准备金存款	−10 000	活期存款	−10 000

假设法定存款准备金率仍为10%，A银行的法定准备金将减少1 000元。但由于实际准备金减少了10 000元，因此A银行的准备金缺口为9 000元，即超额准备金为−9 000元。① A银行需要通过出售证券或收回贷款的方式弥补这一准备金缺口。假设A银行通过出售证券的方式，在证券市场上卖出9 000元的证券，收到证券买主由B银行签发的9 000元支票。此时两家银行的账户为：

A银行

1. 准备金存款	−10 000	活期存款	−10 000
2. 有价证券	+9 000	准备金存款	+9 000

B银行

准备金存款	−9 000	活期存款	−9 000

假设B银行将此过程持续下去，那么A银行存款减少10 000元，B银行存款减少9 000元，C银行存款减少8 100元……整个银行系统的存款额将减少100 000元，是初始存款减少额的10倍，仍为法定存款准备金率的倒数。

二、中央银行与基础货币

（一）基础货币

基础货币（B）又称强力货币、高能货币，是流通于银行体系之外的现金（C）和商业银行在中央银行的存款准备金（R）的总和，是商业银行创造存款货币的基础：

$$B=C+R \tag{9—14}$$

基础货币直接表现为中央银行的负债。其中，现金C是中央银行对社会公众的负债，存款准备金R是中央银行对商业银行的负债。

一般地，中央银行资产负债表（见表9-1）上资产项目余额的增加和负债项目余额（基础货币除外）的减少，都会增加基础货币存量。相反，中央银行资产项目余额的减少和负债项目余额（基础货币除外）的增加，则会减少基础货币存量。

表9-1　　中央银行资产负债表（简化版）

资产	负债
再贴现及贷款	政府债券
政府部门借款	黄金外汇储备
其他资产	流通中的现金
银行准备金存款	财政存款
外国存款	其他负债（包括资本项目）

① −10 000−(−1 000)=−9 000（元）。

（二）中央银行控制基础货币的方式

在中央银行体制下，一国货币由中央银行独揽发行，因此中央银行有能力增加经济中的通货数量，以此来控制基础货币。具体来说，中央银行控制基础货币的方式主要有：

1. 公开市场操作

这是中央银行改变基础货币最常用的方式。如果中央银行在公开市场上从商业银行那里购入政府债券，以支票或现金方式支付给商业银行，那么商业银行无论是将这笔资金存入中央银行账户上，还是将其存放在自己的金库中，都增加了银行储备；如果中央银行从工商企业或个人手中购入政府债券，那么债券卖方将所获资金存入银行则增加了银行储备，若不存入银行则增加了流通中的货币。总之，中央银行在公开市场买入政府债券，收兑黄金、白银、外汇等资产，就意味着基础货币的增加；相反，央行在公开市场上出售债券等资产，则意味着基础货币的减少。

2. 再贴现和再贷款

对银行等金融机构的再贷款是我国中央银行投放基础货币的主要渠道之一。中央银行对商业银行等金融机构提供贷款时，中央银行的资产项目中增加了一笔贷款，同时负债项目中增加了同等数额的一笔银行存款，使得银行体系的储备增加了，从而增加了基础货币量；相反，当中央银行减少对金融机构的再贷款、再贴现，则减少了基础货币量。因此，中央银行可以通过改变有关融资条件，提高或降低再贴现率、再贷款率，或者规定再贴现票据的种类来控制基础货币量，从而实现其货币政策目标。

3. 中央银行票据

除了在公开市场买卖有价证券、向金融机构提供再贴现、再贷款外，中央银行还可以通过自己创造负债来控制基础货币，那就是发行央行票据。央行票据是中央银行为了调控基础货币的需要而发行的债务凭证，在中央银行的资产负债表上反映为中央银行债券。例如，商业银行购买了1亿元的央行票据，会使中央银行负债项目中减少1亿元的银行准备金，同时增加1亿元的央行票据。而商业银行的资产项目中则增加了1亿元的央行票据，资产项目中减少了1亿元的准备金存款。因此，发行央行票据会减少基础货币供应量。反之，中央银行赎回央行票据则会等额增加基础货币供给。

总之，中央银行通过调整自身资产与负债结构，对商业银行的准备金存款施加影响，可以直接影响基础货币量，进而调整货币供应量，以达到宏观调控的目标。

三、货币乘数与货币供应量

（一）货币乘数的定义

货币乘数又称货币扩张倍数或货币扩张系数，是货币供给量与基础货币之间的一种对应关系，表示为货币存量与基础货币存量之比。在现代信用货币制度下，流通中的货币M包括现金C和存款D，货币乘数m可以表示为：

$$m=\frac{M}{B}=\frac{C+D}{C+R} \tag{9—15}$$

其中，商业银行在中央银行的准备金R又分为两部分：法定存款准备金和超额准备金。那么：

$$B=C+R_r+R_e \tag{9—16}$$

将此式代入 9—15 式，可以得出：

$$m=\frac{M}{B}=\frac{C+D}{C+R_r+R_e} \tag{9—17}$$

分子、分母同时除以 D，得到：

$$m=\frac{1+\frac{C}{D}}{\frac{C}{D}+\frac{R_r}{D}+\frac{R_e}{D}} \tag{9—18}$$

其中，C/D 为现金存款比率（currency ratio），为简便起见，我们用 k 来表示；R_r/D 为法定存款准备金率，用 r_r 表示；R_e/D 为超额存款准备金率，用 r_e 表示，那么 9—18 式可以表示为：

$$m=\frac{1+k}{r_r+r_e+k} \tag{9—19}$$

9—19 式就是货币乘数的一般表达式。从式中可以看出，货币乘数 m 是由三个变量决定的，这三个变量分别是现金存款比率 k、法定存款准备金率 r_r 以及超额存款准备金率 r_e。在这些因素中，法定存款准备金率 r_r 由中央银行决定，而超额存款准备金率 r_e 则取决于商业银行行为，现金存款比率 k 由社会公众的持币动机和行为决定。

需要注意的是，货币乘数与存款扩张乘数是不同的，二者存在着明显的差别。存款扩张倍数是法定存款准备金率的倒数，反映的是商业银行原始准备金与活期存款之间的倍数关系，即一定单位的准备金可以产生多少倍数的活期存款。其假设是：活期存款的增减不会影响公众对现金的需求（即 $k=0$）和银行对超额存款准备金的需求（即 $r_e=0$）。在假设条件成立的情况下，存款扩张倍数是有效的，然而现实中这些假设条件并不成立，因此存款扩张倍数的作用是有限的。相比之下，货币乘数比存款扩张倍数更加复杂，它考虑了公众、商业银行以及中央银行的行为对货币供给产生的影响。

（二）货币乘数的决定因素

1. 现金存款比率（k）

现金存款比率也称现金比率、通货比率，是指社会公众持有的现金（通货）与商业银行活期存款的比率。现金比率由公众的偏好决定，一般来说，受到以下因素的影响：

（1）利率水平。活期存款利率是持有现金的一个机会成本。在其他因素不变的情况下，利率的提高会降低现金比率。

（2）公众的消费习惯。一般来说，城市居民比农村居民更习惯使用银行，而后者则更信赖现金；青年人比老年人更倾向于持有现金；消费超前的人群倾向于使用支票、信用卡结算，而比较保守的消费者则习惯使用现金。

（3）可支配收入。一般来说，人们通常用现金购买普通消费品，而通过支票账户来购买昂贵的耐用消费品或金融资产。因而，在其他因素保持不变的情况下，可支配收入的增长会降低现金比率。

（4）银行体系的现代化及结算系统的发展。高效安全的银行转账与结算系统使得活期存款转账交易更加便利快捷，从而促使更多的人通过银行进行结算，因而降低了现金比率。

2. 法定存款准备金率（r_r）

法定存款准备金率是指中央银行规定的、商业银行必须保有的存款准备金与其存款负债总额的比率，包括活期存款和定期存款的法定准备金率。在其他因素不变的情况下，提高法定存款准备金率降低了货币乘数。法定存款准备金率是中央银行控制货币供应量的手段之一。中央银行提高法定存款准备金率，意味着银行必须收缩贷款，从而减少了货币供给；相反，存款准备金率的下降意味着中央银行实行宽松的货币政策，商业银行贷款增加，从而增加了货币供应量。图 9-2 是 1985—2008 年间我国法定存款准备金率变动的折线图。从 2008 年开始，央行规定的存款准备金率开始区分大型金融机构和中小型金融机构，如图 9-3 所示。

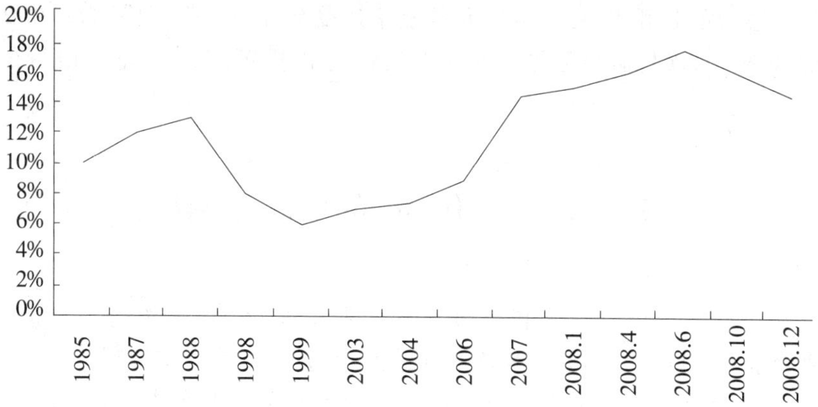

图 9-2　1985—2008 年我国法定存款准备金率

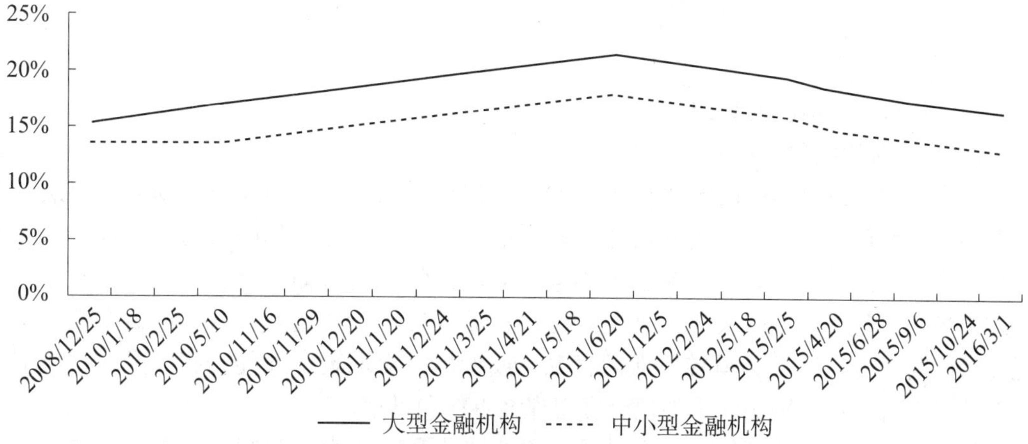

图 9-3　2008—2016 年我国法定存款准备金率

3. 超额存款准备金率（r_e）

超额存款准备金是指商业银行在中央银行存款账户上的实际准备金超过法定准备金的部分。超额存款准备金率的高低取决于商业银行的行为。理论上说，从降低成本的角度来看超额准备金的数量最好是零。但商业银行在追求利润的同时，还必须考虑资产的流动性与风险性，因而银行持有的实际准备金一般会高于法定准备金数额。在其他因素不变的情况下，当银行增加持有的超额准备金时，银行的贷款规模将缩小，其派生的存款也将收缩，因而货币乘数下降。货币乘数与超额存款准备金率呈反方向变动关系。

具体地，银行超额存款准备金率受到以下因素的影响：

（1）市场利率或证券收益率。商业银行持有超额准备金的机会成本是将准备金贷出或用于购买证券的收益，即市场利率。银行贷款利率或市场利率越高，银行持有超额准备金的机会成本就越大，因此超额准备金率与市场利率呈反方向变动关系。

（2）银行同业拆借率。当准备金不足时，商业银行通常会在同业拆借市场上借入资金来保证及时支付。当同业拆借率上升时，银行借入资金相对困难、成本较高，因此商业银行会选择适度增加超额准备金。

（3）中央银行的货币政策。超额准备金率还受到银根松紧的影响。中央银行收缩银根时，商业银行的超额准备金减少，中央银行放松银根时，商业银行的超额准备金增加。

第三节　货币供给的层次与调控

货币供给包括货币供给行为和货币供给量两方面。货币供给行为是指银行体系通过自己的业务活动向货币需求主体提供货币的全过程。货币供给是一个动态的概念，反映的是货币的流量。货币供给量是指银行系统根据货币需求量，注入流通中的货币量。它研究银行体系向流通中供应了多少货币，货币流通与商品流通是否相适应等问题。

一、货币供给层次的划分

（一）货币供给层次的划分标准

各国货币发行机构在确定货币供给的统计口径时，都以流动性作为划分货币层次的标准。流动性程度不同的货币在流通中转手的次数不同，形成的购买力也不同，从而对商品交换和商品流通活动的影响程度不同。流动性强的货币如现金、活期存款可以直接进入市场，引起市场供求关系的变化；流动性差的货币，如定期存款、储蓄存款，虽然也能形成购买力，但是必须转成活期存款，或者提前支取现金才能购买商品。这类流动性差的货币对市场的影响就不如现金来得那么直接和迅速。

从20世纪70年代开始，货币供给量逐渐取代利率成为一些国家货币政策的中介目标，对货币供给内容的约定则是执行货币供给量政策的前提。货币当局要明确控制哪一层次以及这一层次与其他层次的界限。根据不同流动性划分货币层次，中央银行就可以掌握货币政策怎样在不同流动性的货币层次中传递，将主要对哪一层次的货币量产生影响，将以怎样的方式和程度影响经济。通过货币层次之间的数量变化，中央银行还可以分析市场动向和经济变化趋势，正确估计前期货币政策的效果，做出今后货币政策的决策。

尽管各国中央银行或货币管理部门都以流动性作为划分货币层次的标准，然而货币层次的具体划分却不尽相同，存在多重统计口径。为了适应本国的需要，各国中央银行通常依据本国的特点划分货币层次。

（二）美国货币层次的划分

美国联邦储备委员会将货币供给层次划分为M1、M2、M3、L和Debt。

（1）M1包括：①国库、联邦储备系统和各存款机构金库之外的通货；②非银行发行的旅行支票；③商业银行的活期存款，不包括存款机构、美国政府、外国银行和官方机构在商业银行的存款；④其他各种近似商业银行活期存款账户的存款，如可转让支付命令账户（NOW）、自动转账服务账户（ATS）。

（2）M2包括M1加上以下各项：①存款机构发行的隔夜回购协议存款、美国银行海外分支机构对美国居民开办的隔夜欧洲美元存款；②储蓄存款和小额定期存款；③货币市场存款账户（$MMDA_S$）；④货币市场共同基金（$MMMF_S$）等。

（3）M3包括M2加上以下各项：①大额定期存款；②商业银行和储蓄机构发行的定期回购协议；③由美国居民持有的美国银行海外机构的欧洲美元定期存款等。

（4）L包括M3加上非银行的社会公众持有的美国储蓄债券、短期国库券、商业票据和银行承兑票据、货币市场互助基金中上述资产的净额。L是大于货币的一种口径，意味着货币口径之上的直接延伸。

（5）Debt是一个更大的口径，但不与货币供给的统计直接联系，它不再是在L基础上再加上些什么，而是指国内非金融部门在信用市场尚未清偿的债务总量，包括：国内非金融机构持有的美国联邦政府、州和地方政府债务、私人非金融部门在信贷市场上的债务（私人债务包括法人债券、抵押债券、消费信用、其他银行票据、银行承兑票据和其他债务工具）。

（三）国际货币基金组织货币层次的划分

由于各国公布货币供给量统计口径各不相同，不利于比较和分析国际经济和金融发展态势，为此国际货币基金组织制定和公布了自己的货币层次统计口径。按照国际货币基金组织的标准定义，货币供给量是指不包括银行和政府部门所保有的通货及存款货币。银行是创造信用货币的机构，所以银行本身所持有的通货即相互间的同业存款不计算在货币供给量之中。国际货币基金组织将货币划分为“货币”和“准货币”两类。

货币＝通货＋私人部门的活期存款

准货币＝定期存款＋储蓄存款＋外币存款

（四）我国的货币层次划分

自2010年至今，中国人民银行将货币供给量划分为三个层次：

M0＝流通中现金

M1＝M0＋企业存款（扣除单位定期存款和自筹基建存款）＋机关团体存款＋农村存款＋信用卡类存款(个人持有)

M2＝M1＋企业存款中具有定期性质的存款＋外币存款＋城乡居民储蓄存款＋信托类存款＋证券公司客户保证金

M3＝M2＋金融债券＋商业票据＋大额可转让定期存单

M2－M1一般被称为准货币。

二、信用货币的调控机制

多年来，我国对于信用规模从而货币供给规模的控制主要采取行政性的手段。中央银行直接对商业银行的贷款规模进行管理，根据金融市场状况分别对各个商业银行的信用规模——或就其信用规模总量，或就其某种或某几种贷款业务规模——限制其最高数量。有时还直接对商业银行的放款范围加以限制。

20 世纪末中央银行对货币供给量的调控开始转向间接调控，其主要通过公开市场操作、再贴现和再贷款、存款准备金制度、利率政策等工具调节货币供给量。前面已讲述过存款准备金制度，随着我国金融市场的发展，变动法定存款准备金率的敏感性越来越强，因此该工具不会成为被频繁采用的主要调控工具。公开市场操作已实行多年，仍将起主要作用。由于我国目前与利率市场化机制还存在一定差距，利率政策的作用力度非常有限。

上述调控工具除影响基础货币或货币乘数以外，还影响微观主体的预期。当中央银行实行一项货币政策时，微观经济主体会立即根据可能获得的各种信息预测货币政策的效果，很快做出对策。但这种公众的预期会增强还是会抵消货币政策的效果仍存在争议。

以再贴现或再贷款政策来说明中央银行的调控机制，假如中央银行实行紧缩的货币政策，提高银行再贴现率或再贷款率，商业银行将减少向商业银行再贴现或再贷款，并会为满足法定存款准备金率的要求保留较多的超额存款准备金，而不是将其贷给客户，从而紧缩信贷。商业银行的贷款利率上升，社会公众向银行获取贷款的成本上升，则社会的总产出和总需求将会减少。但如果随着社会总需求减少，物价下降，雇佣者根据预期降低工资，从而企业成本减少，扩大经营，则社会的总产出会增长，一定程度上抵消了调控政策的效果。

总的来说，中央银行的货币调控机制应遵循间接调控的方式，更多地通过市场机制发挥传导作用，而不是直接控制社会资源的配置。

三、我国货币供给的研究

（一）货币供给口径研究

随着信用制度的完善、金融市场的发展、信息技术在金融业中的应用、金融创新的日益活跃，货币形式日趋多样化，货币的外延不断扩大，除了传统的流通中的现金、活期存款核准货币之外，还有大量的有价证券和金融衍生工具。需要对货币进行科学的划分，才能对形形色色的货币进行准确计量和有效管理，因此随着货币形式的丰富，对货币供给的层次的研究也持续不断。我国货币层次的划分始于 1994 年。

M0＝流通中现金（货币供应量统计的机构范围之外的现金发行）

M1＝M0＋企业存款（扣除单位定期存款和自筹基建存款）＋机关团体部队存款＋农村存款＋信用卡类存款（个人持有）

M2＝M1＋城乡居民储蓄存款＋企业存款中具有定期性质的存款（单位定期存款和自筹基建存款）＋外币存款＋信托类存款

M1 即狭义货币；M2 即广义货币；M2－M1 即准货币。

从 1999 年下半年以来，随着我国资本市场规模的扩大，资本市场从储蓄存款中分流出大量资金，而且分流扩大趋势日益明显。证券公司客户保证金数量迅速增加，其主要来自居民储蓄和企业存款。保证金数额随着新股发行和股市升降，在存款账户和保证账户之间大量流动，造成货币供应量统计数据波动，影响对货币供应量的监测，很容易给中央银行的货币调控形成误导。从 2001 年 7 月起，中国人民银行对现行的货币供应量统计口径进行了修订，将证券公司客户保证金计入广义货币供应量 M2。2002 年年初，中央银行第二次修订货币供应量，将在中国的外资、合资金融机构的人民币存款业务，分别计入不同层次的货币供应量。

2003 年年底，中央银行开始谋划货币供应量统计框架的进一步变化，在一份中央银行的研究报告中，M3 在货币供给层次中正式出现。

尽管我国货币供应量的统计口径在 1994 年的基础上进行了两次修改，就目前金融的发展速度而言，货币供应量统计仍需考虑许多现实因素，如国内金融机构外汇存款、外资金融机构存款、资本市场上的交易保证金、银行承兑汇票、短期政策金融债券、债券回购协议、保险公司和证券投资基金管理公司在银行的存款、住房公积金存款、跨境流动的人民币资金等。近年来学术界对货币供应量的统计口径产生疑问并出现许多分歧，更有利于对货币有效管理的口径划分仍有待于进一步研究。

（二）我国货币供给的内生性与外生性研究

在现行体制条件下，中国的货币供给到底是内生变量还是外生变量？这一问题在中国是直接从货币供给能否由中央银行有效控制这一角度提出的。

1. 货币供给可由中央银行有效控制的观点

（1）经济体系中的全部货币都是从银行流出的，从本源上说，都是由中央银行资产负债业务决定的。只要控制住每年新增贷款的数量，货币供给就可以控制。

（2）中国的中央银行拥有控制货币供给增长的有效手段，只要利用好，而无论来自各方的压力有多么强大，中央银行都能按照稳定通货、稳定物价的政策严格执行信贷计划，那么货币供给就不会增长过快。这是较为明确的货币供给外生论观点。

2. 货币供给不能由中央银行决定的观点

（1）一种意见从“倒逼机制”角度出发，即由于国有企业投融资功能不足，引起政府投融资行为对其进行强制替代，进一步导致银行信贷资金经由财政流向国有企业，形成倒逼的贷款，基层行施加压力突破了基层银行的信贷配额防线，国有银行的基层行又层层向自己的上级行乃至总行提出扩张要求迫使总行增加额度甚至资金，各国有银行总行最后又向中央银行申请再贷款，迫使中央银行不得不扩张规模。中央银行本身是难以左右的，很明显，这种倒逼机制说明货币供给的变动事实上是内生的。

（2）另外一种比较有代表性的是认为在中国目前的条件下，中央银行没有独立的决策地位，货币宽松或紧缩政策大都是由更高的决策层做出的。因而，只能认为货币政策的执行权在中央银行，但决策权并不在中央银行。

（3）也有的观点认为随着市场经济的发展，货币供给是由经济体本身的各变量相互作用、相互影响决定的，政府对货币数量从而对整个经济活动水平的支配能力逐渐降低，货币的内生性越来越强。

专栏 9-1　　外汇占款对我国货币供给的影响

一国的基础货币是中央银行的负债，它必须等于中央银行的资产。央行的资产由两部分构成：国内信贷和国外净资产，即基础货币＝国内信贷＋国外净资产。因此，基础货币是通过国内信贷和国外净资产两条途径投放的。我国中央银行所持有的国外净资产包括外汇、货币黄金和其他国外资产三部分。中央银行收购的外汇资产在资产负债表中主要表现为外汇。根据历年数据显示，我国外汇在国外净资产中占了绝大部分，其他两种仅占很小一部分。所以，我国的基础货币主要是通过外汇占款和国内信贷投放的。外汇占款的增加直接造成了基础货币投放量增加，通过 $M=B\times m$ 中的货币乘数效应，使得货币供应量成倍上升。因此我国外汇储备增长越快，表明人民币的投放量增加就越多。

外汇占款是指中央银行收购外汇资产而相应投放的本国货币。1994 年 1 月 1 日，我国进行汇率改革，实行以市场为基础，单一的、有管理的浮动汇率制度；同年 4 月，中国外汇交易中心正式成立并运营，中央银行开始了真正意义上的外汇市场干预。近年来，由于我国长期经常账户和资本账户双顺差，外汇流入急剧增加，央行用人民币买进的外汇增加，外汇占款越来越多，截至 2009 年 5 月，我国外汇占款已达 157 638.26 亿元，是 1993 年（875.5 亿元）的 180 倍，占货币供给量 M2 的 28.75%。

长期以来，我国外汇占款和外汇储备一直处于增长状态（见图 9-4），但是，从 2015 年开始，二者均出现下降势头，如图 9-5 所示。

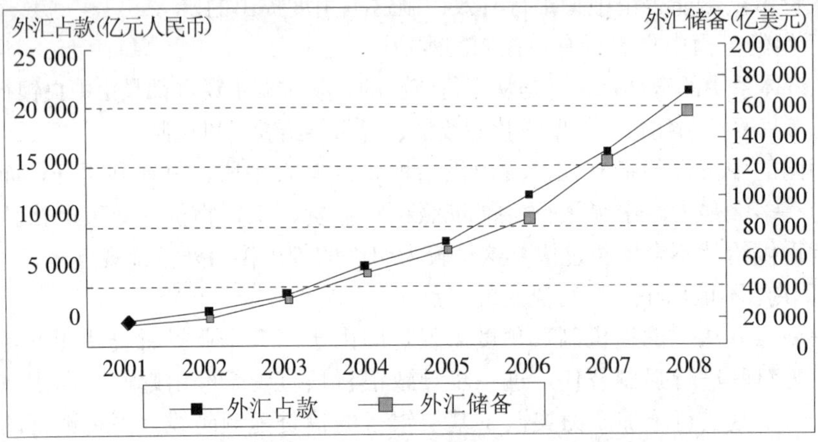

图 9-4　2001—2008 年我国外汇占款与外汇储备趋势图

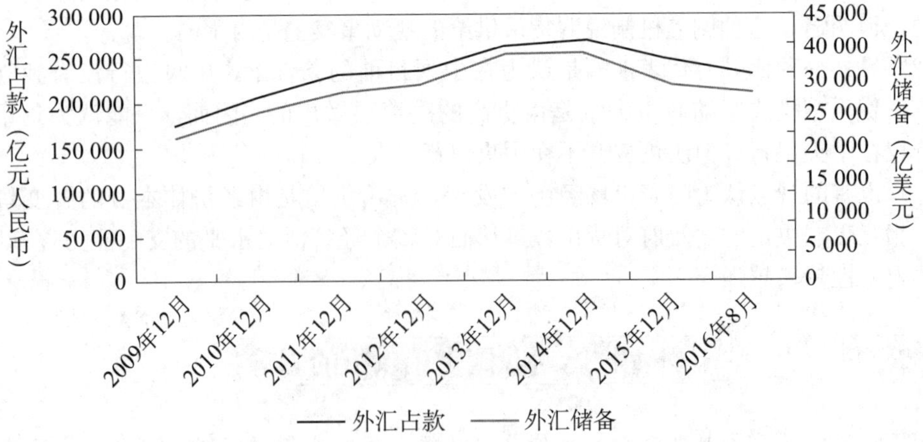

图 9-5　2009—2016 年我国外汇占款与外汇储备趋势图

由于外汇占款是基础货币投放渠道之一，在大部分情况下，其下降会带来一定程度的流动性紧缩，但是，我国货币政策随之做出了相应调整，央行仍有能力通过其他政策工具尤其是创新政策工具来调节货币投放量。除了传统的降准政策外，央行接连创新各种工具，例如根据调控需要和市场环境变化，创设了短期流动性调节工具（SLO，本质为超短期的逆回购）、常备借贷便利（SLF）、中期借贷便利（MLF）、抵押补充贷款（PSL）等新工具，这些创新政策工具都可以用来补充基础货币的投放，抵消外汇占款下降造成的流动性问题。此外，外汇占款减少可以降低被动使用提高准备金率等数量型工具来控制流动性的必要，增加央行货币政策独立性。这意味着央行货币政策调控框架的改变，从以数量调节为主转向以价格调节为主。

资料来源：谢金枚．外汇占款对我国货币供给的影响．中国经贸导刊，2009（16）；中国人民银行网站。

【本章小结】

1. 货币需求是指宏观经济运行以及微观经济主体对货币的需求。货币需求可从不同角度理解：货币需求有名义货币需求与实际货币需求之分；从功能和结构角度来讲，货币具有特定的功能，且不同层次的货币发挥不同的功能。

2. 传统的货币需求理论主要有：费雪的现金交易说、剑桥学派的现金余额说。马克思提出了货币必要量理论。凯恩斯的流动性偏好理论分析了人们持有货币的三大动机，即交易动机、预防动机和投机动机。弗里德曼货币需求理论的最主要的特点是强调货币需求与决定的因素之间存在稳定的函数关系。

3. 经济社会中，众多因素影响着货币需求，主要有：非人力财富和收入、利率和金融资产的收益率、价格和预期价格变动率、信用制度的状况、金融系统的稳定程度、社会风尚等。

4. 在中央银行体制下，中央银行控制基础货币的投放，通过公开市场操作、再贴现和再贷款、中央银行票据等手段直接影响基础货币量。商业银行能够通过贷款等资产业务扩张或收缩存款影响货币供给。货币供给除了受基础货币的影响外，还受到货币乘数的影响。而现金存款比率、法定存款准备金率、超额存款准备金率会影响货币乘数。

5. 我国中央银行对货币供给量的调控经历了由直接控制向间接调控的转变，这种调控机制也影响微观主体的经济行为。

6. 各国依据具体情况对货币供给层次作相应划分，划分的标准是货币供给的流动性。

【关键概念】

货币需求	货币需求量	货币替代性	货币供给
货币供给量	基础货币	货币乘数	法定存款准备金
超额存款准备金	原始存款	派生存款	

【综合练习】

(一) 单项选择题

1. 下列不属于货币需求机会成本因素的是（ ）。

A. 利率　　B. 债券收益率

C. 股票收益率　　D. 预期价格变动率

2. 货币学派由稳定的货币需求函数推导出货币政策应该是（ ）。

A. 适度从紧　　B. 相机抉择

C. 单一规则　　D. 适度从宽

3. 货币供给层次的划分标准是（ ）。

A. 盈利性　　B. 安全性

C. 流动性　　D. 可控性

4. 中央银行的下列行为中，（ ）会减少基础货币的供给。

A. 降低再贴现率

B. 调高法定存款准备金率

C. 买入政府债券

D. 在公开市场上出售黄金、外汇

5. 超额准备金率的大小主要取决于（ ）的行为。

A. 中央银行　　B. 商业银行

C. 非银行金融机构　　D. 社会公众

(二) 多项选择题

1. 货币层次中（ ）主要履行交易媒介的功能，准货币（ ）主要发挥价值贮藏职能。

A. M0　　B. M1

C. M2　　D. M3

E. M2－M1

2. 凯恩斯的货币需求理论认为（ ）。

A. 人们持有货币的目的仅仅是为了交易

B. 在有效需求不足的情况下，扩大货币供应量可以降低利率，增加就业和产出

C. 在流动性陷阱出现时，增加货币供给，不能降低利率，货币政策失效

D. 货币需求量与名义国民收入和市场利率是存在联系的

E. 人们的心理因素是影响货币需求的重要原因

3. 弗里德曼认为影响货币需求量的因素包括（ ）。

A. 各种金融资产

B. 恒久收入和财富结构

C. 各种资产预期收益率和机会成本

D. 财富持有者的偏好

E. 各种有价证券

4. 基础货币包括（　）。

A. 通货　　B. 存款货币

C. 存款准备金　　D. 原始存款

E. 派生存款

5. 下列资产负债项目中，属于中央银行资产的有（　）。

A. 流通中的通货

B. 央行的外汇储备

C. 对商业银行的贷款

D. 财政借款

E. 商业银行的存款准备金

（三）思考题

1. 影响货币需求的主要因素有哪些？
2. 简述货币需求的替代性。
3. 我国货币供给层次划分是如何演进的？
4. 简述现代信用货币的供给机制。
5. 比较分析凯恩斯和弗里德曼的货币需求理论，并分析其理论的政策含义。
6. 什么是流动性陷阱？
7. 什么是货币乘数？简要分析影响货币乘数的因素有哪些。
8. 简述商业银行的存款创造机制。

参考文献

1. 陈利平．货币理论．北京：北京大学出版社，2003.
2. 黄达．金融学（精编版）．北京：中国人民大学出版社，2004.
3. 李健．当代西方货币金融学说．北京：高等教育出版社，2006.
4. 刘玉平．金融学．上海：复旦大学出版社，2007.
5. 彭兴韵．金融学原理．北京：三联书店，2002.
6. 伍海华．西方货币金融理论．北京：中国金融出版社，2002.
7. 本杰明·M. 弗里德曼，弗兰克·H. 哈恩．货币经济学手册．北京：经济科学出版社，2002.
8. 劳埃德·B. 托马斯．货币银行学．北京：机械工业出版社，2008.

第十章

货币均衡与经济均衡

［导读与学习提示］

在现代信用货币经济条件下，货币均衡与经济均衡紧密相连，货币均衡是经济均衡的表现，经济均衡是货币均衡的实质。如何实现经济均衡已成为全球范围共同关注的重要内容。货币均衡反映的是货币供求关系，经济均衡代表的是社会总供求的关系，因此货币供求与社会总供求之间存在相互影响与制约的各种关系。货币均衡与经济均衡不是经济运行的常态，失衡似乎更为经常地出现，而失衡的两个突出问题便是通货膨胀和通货紧缩。如何理解、预防与治理通胀与通缩也就成为经济调控的焦点。当然，现代经济也是开放经济，开放条件下经济均衡的实现需要从国际收支与汇率波动展开更为细致的研究。本章内容重要，既有理论的分析又有现实的要求，需要投入极大的热情与较多的时间进行学习。以下问题有助于本章的学习：

1. 何为货币均衡？为什么要追求货币均衡？
2. 如何解读货币供求与社会总供求的方框图？
3. 货币失衡是经济运行的常态吗？如何调节？
4. 通货膨胀的判断依据是什么？有哪些类型？根源在哪里？
5. 通货膨胀有益还是有害？如何治理？
6. 回忆 1929—1933 年的经济大萧条，对比亚洲金融危机以及 2008 年以来的次贷危机，你认为通货紧缩存在吗？为什么？
7. 国际收支平衡表如何解读？怎样理解国际收支平衡？
8. 开放条件下的货币均衡与经济均衡如何来实现？

第一节 货币均衡与非均衡

一、货币均衡与非均衡

在经济学中，均衡一般是指市场供求的一种对比关系。而货币均衡则用来描述货币供给和货币需求的一种对比状态，从供求总体上研究货币运行状态变动的规律。简言之，货币均衡是指在一定时期社会的货币供应量与客观经济对货币的需求量的基本适应，即$M_s=M_d$；货币非均衡是指在一定时期社会的货币供应量超过或者满足不了客观经济对货币的需求量，即$M_s\neq M_d$。本节讨论的货币均衡与非均衡为浅层次的货币均衡，即不涉及社会总供求的货币均衡。

1. 货币均衡的特征

（1）货币均衡是一种状态，是货币供给与货币需求的基本适应，而不是指货币供给与货币需求在数量上的相等。

（2）货币均衡是一个动态过程，是一个由均衡到失衡，再由失衡恢复到均衡的不断运动的过程。货币均衡的实现具有相对性，它并不要求在某一个时点上货币供给量绝对等于货币需求量，而是具有一定弹性的，在这个弹性范围之内，货币供给量与货币需求量发生偏离也是货币均衡。

（3）货币均衡在一定程度上反映了国民经济的平衡状况。在现代商品经济条件下，货币不仅是商品交换的媒介，而且是国民经济发展的内在要素。货币收支把整个经济过程有机地联系在一起，一定时期内的国民经济状况必然要通过货币的均衡状况反映出来。

2. 实现货币均衡的条件

（1）货币均衡与物价水平。分析货币供求均衡与否，仅从名义的货币供求状况是难以做出判断的，必须深入分析实际的经济过程，才能弄清问题的实质，这就需要把物价水平置于视野之内。假设物价水平的波动只会引起名义货币需求的增减变化，而实际货币需求并不会因之改变。这时，如果货币供给量不变，当物价水平提高时，意味着实际货币供给量M_s/P减少；当物价水平下降时，则M_s/P增大。对应着并未改变的实际货币需求量，如果货币当局不相应调整名义货币供给量，则货币非均衡的局面就会出现。但是，物价水平反应货币供需对比的时滞有时很长，往往要经过几个月，而且在这一过程中，其他因素的变化往往会把它们之间的相互作用冲淡甚至抵消。另外，实际生活中还有不少其他因素影响价格水平。所以，除了价格水平的波动极其剧烈从而可以据此做出货币均衡遭到破坏的结论外，幅度不大的波动，至多可以说明货币供需的对比发生了变化，但要做出较为准确的判断则不太可能。

（2）货币均衡与利率。市场经济条件下货币均衡的实现有赖于三个条件，即健全的利率机制、发达的金融市场以及有效的中央银行调控机制。在完全市场经济条件下，货币均衡最主要的实现机制是利率机制。

就货币供给而言，当市场利率升高时，一方面社会公众因持币机会成本加大而减少现金提取，这样就使现金比率缩小，货币乘数加大，货币供给增加；另一方面，银行因贷款收益增加而减少超额准备金来扩大贷款规模，这样就使超额准备金率下降，货币乘数变大，货币供给增加。所以，利率与货币供给量之间存在着同方向变动关系。就货币需求来说，当市场利率升高时，人们的持币机会成本加大，必然导致人们对金融生息资产需求的增加和对货币需求的减少，所以利率同货币需求之间存在反方向变动关系。当货币市场上出现均衡利率水平时，货币供给与货币需求相等，货币均衡状态便得以实现。当市场均衡利率变化时，货币供给与货币需求也会随之变化，最终在新的均衡货币量上实现新的货币均衡。如图 10 - 1 所示，在利率水平 r_0，货币供给和货币需求达到了均衡状态。

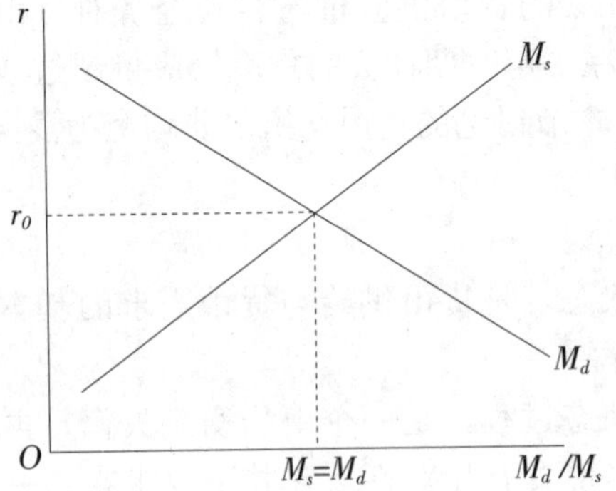

图 10 - 1　均衡利率下的货币供求

如果设想货币供给是外生变量，那么货币供给曲线就成了一条垂直于横轴的直线，如图 10 - 2 所示。此时货币需求只对利率有影响，但不能通过利率机制影响货币供给。

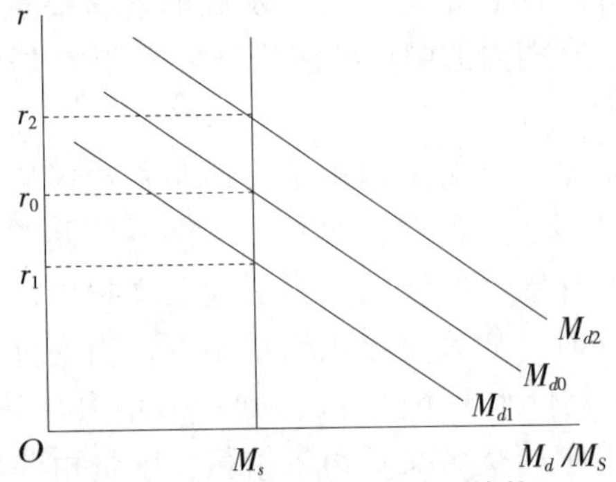

图 10 - 2　货币供给无弹性下的状况

虽然在完全市场经济条件下，利率机制是实现货币均衡最主要的机制，但是历史的、现实的诸多因素对于利率的形成均有作用，所以利率状况只是判断货币是多还是少时应予以考虑的一个极其重要的方面，并不具有决定性意义。

二、中国的货币供求状况及均衡问题

1. 计划经济体制下的货币供求状况及均衡问题

在计划经济体制下，我国货币均衡最大的特征就是其实现是通过政府部门的行政行为。货币需求的决定性指标是收入，而利率对货币供求起不了什么作用。从中国统计年鉴的相关资料可以得出在计划经济体制下，贷款增长速度超过国民收入增长速度的有 14 个年份，大体相当的有 5 年，低于收入增长速度的有 8 年。

除了以上现实数据外，人们根据实际感受也可以判断出在计划经济体制下，货币供给始终过多：（1）在销售消费品的商店中，商品数量少，质量拉不开档次，花色品种单一；（2）大多数必需消费品，或限量供应，或计划供应；（3）产品不采取市场销售方式，而是按计划分配；（4）无论是消费品还是生产品都是"卖方市场"。

2. 市场经济体制下的货币供求状况及均衡问题

在市场经济条件下，利率不仅是货币供求是否均衡的重要信号，而且对货币供求具有明显的调节功能。因此，货币均衡便可以通过利率机制的作用而实现。此外，在市场经济中，一个阶段中可能以货币供给过多为主要面，也可能以货币供给不足为主要面，但其间总有供给过多与供给不足的经常交替。

3. 不同经济体制下货币均衡问题的差异

在计划经济体制与市场经济体制中，货币均衡和货币非均衡在表现方面有明显的差异，这些差异分别从主要矛盾、失衡表现和均衡实现机制三个方面表现出来：

（1）主要矛盾不同。市场经济体制下货币供大于求或供小于求的现象可以交替出现；计划经济体制下货币均衡问题的主要矛盾是供大于求。

（2）失衡表现不同。市场经济体制下货币供求均衡与否主要表现在价格和利率的变动上；如果货币增长过快，在商品市场上，引起物价上涨，在货币资金市场上，利率下跌也是必然的。计划经济体制下货币失衡主要通过商品供不应求、票证配给、排队、黑市猖獗等扭曲地表现出来，并不直接表现为价格利率的变动。

（3）均衡实现机制不同。市场经济体制下货币均衡的实现主要依赖于健全的利率机制和发达的金融市场。价格、利率不仅是货币供求均衡与否的信号，而且在货币供求由失衡向均衡的调整过程中还有调节功能。

专栏 10－1　　中国货币供求机制的特殊性研究

改革开放以来，中国逐步从计划经济过渡到市场经济，货币的供求机制渐渐发挥日益重要的作用。在中国的货币供求机制发挥作用的过程中，中国的货币问题有了三个衍生性的怪象：一是中国货币供给量非常庞大，截至 2013 年年底，我国 M2 与 GDP 的比率已上升至 195%；二是中国通货膨胀率非常低，经济转轨时期的物价水平基本可控；三是中国中小企业融资利率较高，多重努力之后仍不奏效。上述三个怪象的源头是中国特殊的货币供求机制。中国货币供求机制非常复杂，其特殊性可以总结为：中国旺盛的货币需求、以间接融资为主的货币供给渠道、中国货币供给的"挤出效应"、中国货币流通速度变慢。中国旺盛的货币需求是中国货币总量膨胀和融资利率高的根本原因。正是经济体旺盛的投资需求催生了中国货币派生机制的加速运转，同时让民营中小企业保持着较高的融资意愿。而以间接融资为主的货币供给渠道和货币供给的"挤出效应"是中国货币总量膨胀和融资利率高企的推动因素。学术研究证明，以间接融资渠道创造信用的能力较强，最终派生的社会总货币量也居于高位。以间接融资为主的货币供给渠道封堵了民营中小企业通过直接融资渠道获得融资的可能性。货币供给的"挤出效应"使得民营中小企业可获得的信贷总量较小，从而降低了该部分企业主体的贷款可得性和融资利率中枢。至于日益变慢的中国货币流通速度，恰好可以解释为什么中国如此大的货币总量，却多年来保持着较低的通胀水平。根据费雪方程式“$MV=PT$”，当总量M的提高被速度V的降低和交易量T的提高抵消时，价格便没有了上升压力。

资料来源：纪泓宇．中国货币供求机制的特殊性研究．西南金融，2014（12）．

三、货币均衡与社会总供求平衡

（一）社会总供求平衡的含义及实现条件

社会总需求是指一国在一定的支付能力条件下全社会对生产出来供最终消费和使用的商品和劳务需求的总和，也就是社会的消费需求和投资需求的总和。

社会总供给是指一国在一定时期内提供给市场的全部供最终消费和使用的商品和劳务的总和，也就是消费品供应和生产品供应。

社会总供求平衡是指一国经济在运行过程中社会总需求等于社会总供给，所以平衡实现的条件是：消费需求＋投资需求＝消费品供应＋生产品供应。

实际中，社会总供求平衡是货币形态的、市场总体的、动态的平衡。

（二）货币供求与社会总供求的关系

从形式上看，货币均衡不过是货币供求相互平衡的一种货币流通状态，但从实质上说，则是社会总供求平衡的一种反映。货币均衡与社会总供求平衡有着紧密的联系：社会总供给决定货币需求；货币需求引出货币供给；货币供给成为总需求的载体；总需求对总供给会产生巨大的影响。如果用图形来表示，货币供给（M_s）、货币需求（M_d）、社会总供给（AS）、社会总需求（AD）之间的相互关系如图10-3所示：

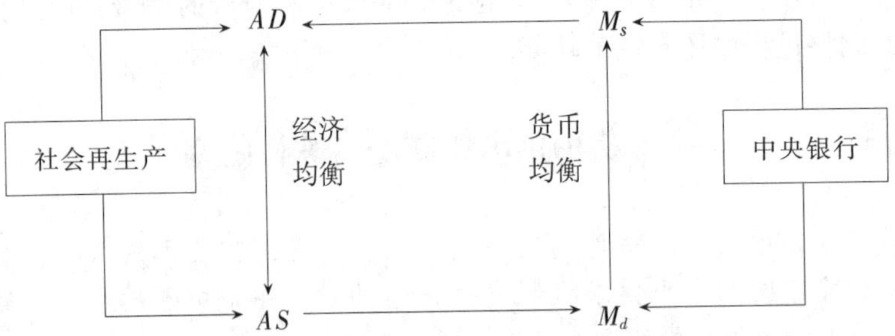

图10-3　社会总供求与货币供求的关系

从图10-3中可看出，如果$AS=AD$，则会有$M_d=M_s$；如果$AS<AD$，则有$M_d<M_s$，即存在通货膨胀；如果$AS>AD$，则有$M_d>M_s$，即存在通货紧缩。社会总供求的均衡与否与货币供求的均衡与否有密切关系。

1. 货币供给与社会总需求

任何需求都是以一定的货币量作为载体的，故社会总需求决定于货币的总供给。总需求指的是有效需求及有支付能力的需求，如果没有货币供给，有效需求就无从产生。因此，货币供给决定并制约社会总需求。货币供给增加，社会总需求增大；货币供给减少，社会总需求减少。货币供给量的变化在保持国民经济持续、稳定发展和社会总供给与社会总需求的平衡中起重要作用。如果货币供给过多，就会造成消费需求和投资需求的膨胀，从而导致通货膨胀；如果货币供给不足，则消费需求和投资需求就不能实现，致使经济萎缩。

2. 社会总供给对货币的需求

在当今商品货币经济条件下，社会总供给的实现表现为商品的生产和销售，在商品的生产过程中，货币作为交易媒介，必然会形成对货币的需求。货币不仅是社会总供给实现的媒介，也是社会再生产连续不断进行的条件。经济体系中到底需要多少货币，从根本上说，取决于有多少实际资源需要货币实现其流转并完成生产、交换、分配和消费相互联系的再生产流程。总而言之，社会的总供给形成了对货币的需求。

（三）货币供给的产出效应

货币供给的产出效应是指货币供应量变动对实际产出量发生影响的一种反映。货币供给的产出效应有早期的“面纱论”、马克思的“第一推动力论”、现代经济学的“三阶段论”等各种学说。其中“面纱论”认为货币对实际产出水平不产生影响，只会对价格产生影响，就像罩在人脸上的“面纱”。马克思的“第一推动力论”对货币的估价是积极的，他认为再生产扩张的起点是企业对实际生产资料和劳动力的购买，而企业只有掌握足够的货币才能利用客观上存在的资源进行规模扩张。

“三阶段论”是现在已被广泛认可的，认为货币扩张对总供给的影响分为三个阶段：

第一阶段：当资源充分闲置时，M_s 增加，总供给增加，但价格不变。只要经济体系中存在着可用作扩大再生产的资源，且其数量又比较充分，那么在一定时期内增加货币供给就能够提高产出水平而不会推动价格总水平的上升。

第二阶段：当潜在资源仍可利用时，M_s 增加，总供给继续增加，但价格陆续上升。在这一阶段，对潜在的资源利用已经持续一段时间，而且货币供给仍继续增加，此时由于资源数量不是十分充分，因而将会出现实际产出水平和价格水平都提高的现象。

第三阶段：当资源无闲置时，M_s 增加，总供给不变，而价格直线上升。在这一阶段，资源已经被充分利用，没有可以用来进行扩大再生产的潜在资源，因此货币供给继续扩张只能引起价格总水平的上涨，而实际产出水平不会有变化。

这三个阶段可用图 10-4 表示，横轴代表产出增长率，纵轴代表物价上涨率，A 和 B 两个拐点分别代表货币供给增加形成的产出率和物价上涨率不同组合阶段的界限。

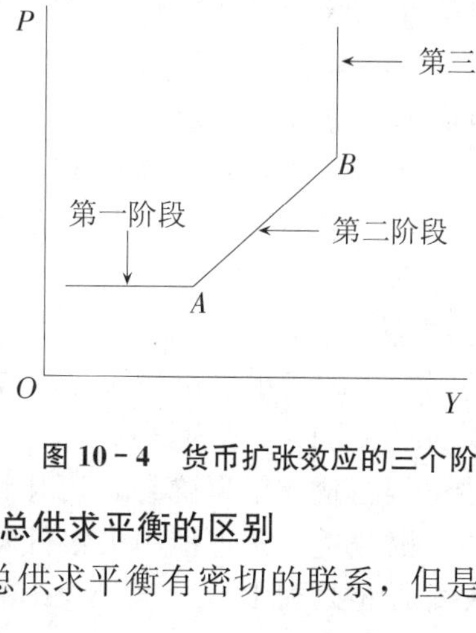

图 10-4　货币扩张效应的三个阶段

（四）货币均衡与社会总供求平衡的区别

虽然货币均衡与社会总供求平衡有密切的联系，但是货币均衡并不必然意味着市场均衡，二者之间又有明显的区别。

（1）社会总需求是以一定的货币量为载体，但并非所有的货币供给都构成社会总需求。能够满足交易需求的现实流通的货币形成社会总需求，而作为保存价值的现实不流通的货币则不构成社会总需求。这种差别可表示如下：

货币供给＝现实流通的货币×现实不流通的货币

社会总需求＝现实流通的货币×货币流通速度

（2）社会总供给要求货币作为媒介使之出清，因此提出对货币的需求。但这方面的货币需求也并非对货币的全部需求，人们用于积蓄财富的货币大部分都是多年积累的，而这类货币需求并不单纯地取决于社会总供给，或至少不单纯取决于当期的社会总供给。这种差别可以表示如下：

社会总供给＝对现实货币流通的需求×货币流通速度

货币需求＝对现实货币流通的需求＋对现实不流通货币的需求

根据以上分析得出，社会总供求平衡与处在现实流通状态的货币供求存在着一一对应的关系。但也应该注意现实流通中的货币与现实不流通的货币之间是可以而且事实上也是在不断转化的。这意味着现实不流通的货币对这个均衡也有作用。

第二节　货币失衡的成因及其调节

一、货币失衡的成因

货币失衡主要分为两种，一种为货币供给大于货币需求，另一种为货币供给小于货币需求，其形成原因各具特色。

（一）货币供给量小于货币需求量

从货币均衡的观点出发，货币供给量小于相应的货币需求量的原因可能有以下几点：

（1）由于经济的发展以及商品生产和交换规模的扩大，货币供给量并没有及时地增加，从而导致经济运行中货币供给小于货币需求，在金属货币流通条件下，这种情况不止一次地出现。这种情况在纸币流通的条件下出现的概率较小。

（2）在经济运行中的货币供给量与货币需求量大体一致的情况下，货币管理当局紧缩银根，减少货币供给量，从而导致流通中的货币紧缺，国民经济的正常运行受到抑制，从而使得本来均衡的货币走向供应小于需求的失衡状态。

（3）在经济危机阶段，由于经济运行中信用链条断裂，正常的信用关系遭到破坏，社会经济主体对货币的需求急剧增加，中央银行的货币供给量却相对地滞后于货币需求的增加，从而导致了货币供给的失衡。

（二）货币供给量大于货币需求量

在纸币流通的条件下，经济运行中的货币供给量大于相应的货币需求量是一种经常出现的失衡现象，造成这种现象的原因可以归结为：

（1）政府财政赤字通过向中央银行透支予以弥补。政府财政收支如果发生赤字，在中央银行没有事先准备的条件下，财政透支是迫使中央银行增加货币发行，导致货币供给量增加过重，造成货币供求失衡的重要原因。

(2) 在经济发展的过程中，政府的高度经济增长政策迫切地需要货币资本来支撑，在中央银行没有足够货币资本实力的情况下，银行信贷规模的不适当扩张也是导致货币供给大于需求的原因之一。

(3) 从实际分析的观点看，假设前期货币供应量相对不足，产品积压和再生产过程受阻，为促成经济运行的正常运行，中央银行实施扩张性的货币政策，但如果力度把握不适当，导致银根过度放松，货币供给的增长速度超过经济发展的客观需要，也会形成过多的货币供给，诱发高通货膨胀。

(三) 货币供求的结构性失衡

货币供求的结构性失衡是指在货币供给与需求总量大体一致的总量均衡条件下，货币的供给结构与需求结构不相适应的状况。货币结构性失衡往往表现为短缺与过剩并存，经济运行中的部分商品和生产要素供过于求，而另一部分商品和生产要素又供不应求。造成这种货币失衡的原因在于经济结构的不合理以及由此导致的结构刚性。近几年我国处于经济转型时期，经济结构失衡明显，由此也造成了一定程度上的货币供求的结构性失衡。从 2015 年起，我国开始推进实施供给侧结构性改革，并形成了自身独特的经验。2016 年 9 月，在杭州 G20 峰会上，中国在结构性改革方面的经验得到了其他成员国家的肯定。

二、货币失衡的调整

从货币失衡到货币均衡，是货币均衡的恢复过程。货币从失衡到均衡，可以通过两种方式：

(一) 货币均衡的自动恢复

货币均衡的自动恢复是指凭借货币流通本身的内在机制进行自动调节。货币均衡的自动恢复有前提条件，即政府对经济生活不加干预，中央银行继续执行既定的货币政策，不改变货币供应量。

(1) 货币供应量不足时货币均衡的恢复。由于货币供应量不足，必然会引起生活消费和生产消费的相应减少，使企业存货增加，开工不足，社会资源大量闲置，结果必然促使商品价格下跌，货币流通速度加快。由于商品价格下跌，造成决定货币需求量的交易总值减少，进而使人们的交易性货币需求减少。同时由于货币流通速度加快增加了货币流量，这样，货币需求量的下降和货币供给量的相对增加，促使货币达到新的均衡。

(2) 货币供给量过多时货币均衡的恢复。我们假定社会的物质资源、劳动力资源、技术资源均达到了充分就业水平，人们的投资性货币需求已处于饱和状态。在此种情况下，过多的货币会被全部用于交易。因此，必然引起商品价格的普遍上涨和币值的同比下降。商品价格的上涨和币值的下降，必然使人们的交易性货币需求增加，从而货币在新的价格水平上达到均衡。

在物价受到严格控制的国家，过多的货币量不会通过物价上涨表现出来，而是通过货币流通速度减慢表现出来。货币流通速度的减慢，意味着货币供应量的相对减少，货币需求量的相对增加，从而使货币供求恢复均衡。

(二) 货币均衡的人为调整

货币均衡的自动恢复是要付出很大代价的。所以，政府一般不会袖手旁观，任其自流，而是加强干预，主动调节，设法使货币均衡在短期内尽快恢复。而从货币失衡到货币均衡的人为调整，一般有四步工作要做。第一步是分清失衡的类型，即货币供给量究竟是大于还是小于货币需求量；第二步是分析失衡的原因所在；第三步是制定不同的对策；第四步是采取行动。

专栏 10－2 金融危机后中国经济中存在的流动性过剩问题

自金融危机爆发后，以美国为代表的主要西方国家奉行宽松货币政策，全球货币供应量增长速度明显超过了实际 GDP 增长速度，这使得全球资本的流动性过剩问题表现得尤其明显，流动性过剩成为全球经济的一个重要特征。在这样一个大背景下，中国经济中存在的流动性过剩问题也受到了前所未有的重视。

流动性过剩会导致严重的结果，首先是大量的资金追逐房地产、基础资源和各种金融资产，形成资产价格的快速上涨。而上游资源价格的上升，必然会推动下游消费品价格的上升。如果在一些因素的刺激下，部分流动性开始追逐消费品，就会引起物价的较快上涨。流动性过剩容易引发信贷膨胀、投资膨胀，最终导致通货膨胀，从而引发经济过热、产生经济泡沫。面对流动性过剩问题，各国是否应采取相应措施以及应采取怎样的措施来防止其所带来的各种严重后果?

2008—2009 年间，关于是否退出宽松货币政策的讨论非常激烈。在 2009 年的 20 国集团峰会上，各国形成了一个共识，那就是积极的财政政策和货币政策现在还没有到退出的时候。若各国政府的货币政策不发生大的变动，全球流动性过剩的潜在影响便会继续存在。流动性过剩会通过两个途径被消化，即通货膨胀或资产价格上涨。而大宗商品兼具一般商品和金融产品双重特点，所以无论是流动性过剩带来通货膨胀还是资产价格上涨，都可能会推动包括油价在内的国际大宗商品价格持续走高。

中国的流动性过剩主要表现在以下几个方面：

表现之一是居高不下的信贷规模。2005 年的时候，新增信贷规模是 2.2 万亿元，2006 年的时候是 3.18 万亿元，2007 年的时候是 3.63 万亿元，2008 年的时候是 4.9 万亿元，2009 年 1—11 月是 9.21 万亿元，全年估计 10 万亿元左右，信贷规模的增长有刚性的特点，上去了就下不来，尤其 2009 年的新增贷款中 51%是中长期贷款，这意味着今后几年都有延续的惯性。

表现之二是银行存款搬家。根据 2007 年 7 月的数据，居民存款下降了 147 亿元，8 月份已经达到 800 亿元，而 2007 年 10 月的时候，居民存款流出银行的规模达 5 900 亿元左右，在信贷规模持续扩张、通胀预期不减的情况下，居民存款寻找保值增值途径，投资理财的需要急剧增长。

表现之三是人民币形成升值预期。由于国内外对人民币升值的预期较高以及所预期的美元储蓄利率依然保持低位，国际上的过剩资金和流动资本纷纷看好人民币升值，因此会大量涌入中国市场。2009 年前三季度热钱涌入规模达到 2 190 亿美元，折合人民币相当于 1.5 万亿元左右。这样大规模的热钱涌入中国市场，加重了中国货币的流动性过剩，这些热钱在中国首选进入房市和股市，催生了中国“两市”的大幅度上扬，也积累了两市的泡沫风险。

从中国的实际情况看，以 2009 年以来广义货币月平均增长 24.77%为基准，扣除

2009 年 8%的经济增长，差额约为 16%，这个 16%如果不表现为通货膨胀，那么主要会以三种渠道分流：一是股市、楼市形成资产泡沫；二是奢侈品消费非理性上升；三是政府投资基础设施。如果让你在通货膨胀和股市泡沫两者中选一，你会做怎样的选择呢？两权相利取其重，两权相害取其轻，更何况流动性向股市分流某种程度上为直接融资创造条件，减轻的也是金融系统贷款过度从而加剧的间接融资的压力，这是两全其美的事情。正因如此，中国人民银行上海总部的货币执行报告把存款下降和 IPO（首次公开募股）联系起来。

资料来源：和讯网。

第三节　通货膨胀与通货紧缩

一、通货膨胀的概述

（一）通货膨胀的定义

目前，学界对于通货膨胀的解释不一，对通货膨胀也没有统一的定义。但在各种说法中有两类观点占据着主流位置：一类侧重通货膨胀引起的结果，表述为一般物价水平持续性普遍上涨的现象即通货膨胀。对于这种定义，需要注意以下两点：第一，价格水平持续性上涨才是通货膨胀，而不是物价水平一次性地或者间断性地上涨；第二，一种或少数几种商品价格的上涨不是通货膨胀，通货膨胀是一般物价水平的上涨，是多种商品价格的普遍上涨。另一类立足于引发通货膨胀的原因，表述为货币量增长速度超过生产增长速度的现象就是通货膨胀。

（二）通货膨胀的度量

度量通货膨胀可以利用多种指标，最常用的指标有三种：消费者价格指数、生产者价格指数、GDP 缩减指数。

1. 消费者价格指数

消费者价格指数（consumer price index，CPI）是对一个固定的消费篮子价格的衡量，主要反映消费者支付商品和劳务的价格变化情况，以百分比变化为表达形式。CPI 的计算公式如下：

$$\text{CPI}=\frac{\text{一组固定商品按当期价格计算的价值}}{\text{一组固定商品按基期价格计算的价值}}\times 100$$

CPI 篮子中消费商品的选取以及权重的大小与一国居民的消费习惯休戚相关。在我国，CPI 篮子里共有 8 大类商品与服务，又分为 251 个基本类，约 700 个规格品种的商品和服务项目（如表 10－1 所示）。

表 10－1　　我国 CPI 篮子的构成及其权重（%）

食品	34
娱乐、教育、文化用品及服务	14
居住	13
交通通信	10
医疗保健个人用品	10

续前表

衣着	9
家庭设备及维修服务	6
烟酒及用品	4

近十几年来，一些国家采用“核心消费者物价指数”（core consumer price index, Core CPI）作为分析价格水平和总体经济形势的重要指标。在消费者物价指数中，有些项目的价格波动剧烈，因而遮掩了物价的长期变动趋势，例如食物和能源价格容易受自然气候或国际政治经济因素的影响而出现剧烈的、非正常的波动，从而使价格水平出现较大波动，但这种波动并不代表市场的总供需发生实质性变动。扣除这些价格波动剧烈的项目而重新计算的消费者物价指数，称为核心消费者物价指数。核心消费者物价指数有助于决策者对总体形势做出比较准确的判断，进而做出符合实际的政策选择。

2. 生产者价格指数

生产者价格指数（producer price index, PPI）是衡量企业购买的一篮子物品和劳务的价格变动的指标。由于生产者价格指数衡量了处于生产阶段的原材料、半成品、最终商品等的价格变化，随着商品生产过程的结束和流通过程的开始，价格变化沿着产业链向下扩散，最后影响到消费者，反映在消费者价格指数上。因此，该指数的变化往往对消费者价格指数的变化有着预示作用，通常也被称为 CPI 的先行指数。目前，我国 PPI 的调查产品有 4 000 多种（含规格品9 500多种），覆盖全部 39 个工业行业大类，涉及调查种类 186 个，如电力、煤炭、钢铁等。

3. GDP 缩减指数

GDP 缩减指数（GDP deflator）是按当年价格核算的国内生产总值与按基期价格核算的国内生产总值的比值。

GDP 缩减指数纳入计算的商品和服务种类比 CPI 要广得多，除涉及消费外，还包括生产资料和资本、进出口商品和劳务等。因此，这一指数能够更加准确地反映一般物价水平的走向。

4. 通货膨胀率

通货膨胀率是指从一个时期到另一个时期价格水平变动的百分比。

$$\pi_t = \frac{P_t - P_{t-1}}{P_{t-1}}$$

这一概念是将通货膨胀更为精确地描述为经济社会在一定时期价格水平持续地和显著地上涨。

（三）通货膨胀的类型

1. 通货膨胀按照价格上升的速度分类

（1）温和的通货膨胀。温和的通货膨胀是指通货膨胀率在 10%以内。目前，许多国家都存在着温和的通货膨胀。这样的通货膨胀并不用恐惧，相反，这种缓慢而逐步上升的价格对经济和收入的增长有积极的刺激作用。

（2）奔腾的通货膨胀。奔腾的通货膨胀是指年通货膨胀率在 10%以上和 100%以内。这时，货币流通速度提高而货币购买力下降均具有较快的速度。当奔腾的通货膨胀发生之后，由于价格上涨率高，公众预期价格还会进一步上涨，因而采取各种措施来保护自已，以免受通货膨胀之害。

(3) 恶性通货膨胀。恶性通货膨胀是指通货膨胀率在100%以上。发生这种通货膨胀时，价格持续猛涨，人们都尽快地使货币脱手，从而大大加快货币流通速度。结果必然使货币体系完全失去信任，货币购买力猛降，各种正常的经济联系遭到破坏，导致货币体系和价格体系最终完全崩溃。

2. 按通货膨胀的表现形式分类

(1) 开放型通货膨胀，又称公开的通货膨胀，是指政府对物价水平不加管制，价格在自由浮动条件下，货币供应量过多，完全可以通过物价变动表现出来的通货膨胀。

(2) 抑制型通货膨胀，又称隐蔽的通货膨胀，是指在物价受抑制条件下，货币量过多，但不能直接、完全地通过物价反映出来，从而导致货币流通速度减缓，被强制减慢下来的货币流通速度使物价长期迂回曲折、缓慢上升的通货膨胀。

3. 按通货膨胀发生的原因分类

(1) 需求拉动的通货膨胀，即由总需求过度增长引起的，由于太多的货币追逐太少的货物，从而使总需求超过了按现行价格得到的总供给，因而引起物价上涨的现象。

(2) 成本推动的通货膨胀，是指由于商品成本上升，为保持一定利润水平而使物价水平普遍上涨的一种货币经济现象。

(3) 结构型通货膨胀。由于对某些部门的产品需求过多，虽然经济的总需求并不过多，但最初由于某些经济部门的压力使物价和工资水平上升，使得需求跟不上那些部门的物价和工资趋于上升的水平，便出现全面的通货膨胀。

(4) 混合型通货膨胀。由于需求、成本和社会经济结构等共同作用形成的一种一般物价水平持续上涨的货币经济现象。

(四) 通货膨胀的危害

通货膨胀不利于一国经济的正常运行，影响社会的安定团结，给国民的生产和生活带来了极大的危害。通货膨胀对整个社会的影响可以从以下四个方面进行分析：

(1) 从生产的角度来讲，通货膨胀使得厂商收益不足以购买生产要素以保持生产规模，从而破坏了社会再生产的进行，使得厂商数量减少和生产规模萎缩，不利于整个生产部门的长期发展。

(2) 从流通的角度来讲，通货膨胀的发生导致了市场上价格体系的崩溃。由于价格在引导资源优化配置上起着至关重要的作用，一旦价格体系失灵，资源就得不到最优化利用。同时，通货膨胀破坏了流通领域的供求均衡。当发生通货膨胀时，由于对物价上涨的预期，经济中往往会出现对物资疯狂抢购的现象，进而引起社会动荡。

(3) 从收入分配的角度来讲，通货膨胀扭曲了分配制度，使得那些依靠固定性收入的群体真实收入明显降低，而那些将收入与通货膨胀相联系的群体则受通货膨胀的影响较小。在现实生活中，固定收入群体通常是职工、农民等收入处于中下水平的居民，而可变收入群体一般是收入较高的那部分人，由此导致贫富差距的进一步扩大。

(4) 从消费的角度来讲，通货膨胀会减少社会总需求，一方面，价格的上涨使得部分实际需求转化为潜在需求；另一方面，通货膨胀减少了居民的实际收入，从而使居民的消费水平下降。社会总需求的不足又进一步影响生产部门，并一步一步将这种影响传递下去。

二、通货膨胀的成因

（一）需求拉动的通货膨胀

需求拉动的通货膨胀是从总需求的角度解释通货膨胀产生的原因，认为通货膨胀源于总需求的扩大。无论是消费、投资还是政策支出的增加都可以使总需求增加，当总需求大于充分就业时的总供给时，形成通货膨胀缺口，引起通货膨胀，具体见图 10－5。

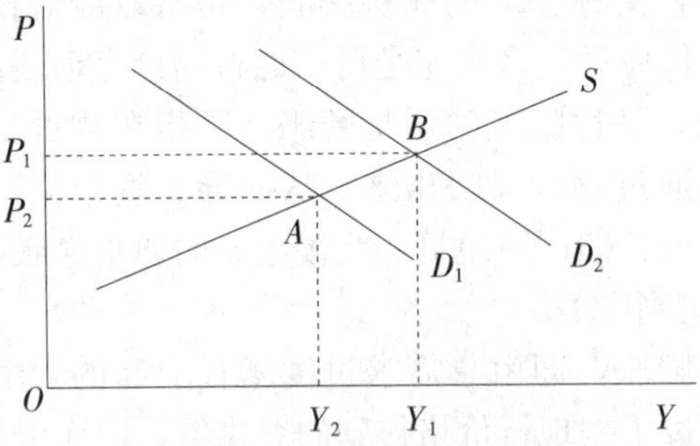

图 10－5　需求拉动的通货膨胀

如图 10－5 所示，A 点是充分就业时的均衡点，价格为 P_2，产出是 Y_2，当政府实施扩张性的财政政策和宽松的货币政策时，导致总需求曲线从 D_1 向 D_2 移动，价格上涨至 P_1，同时产生 Y_1-Y_2 的缺口，引起通货膨胀。

（二）成本推动的通货膨胀

成本推动的通货膨胀是从总供给的角度分析通货膨胀产生的原因，由于总供给取决于供给函数，而供给函数又主要受成本的影响。因此，成本推动的通货膨胀就是从生产成本的角度解释通货膨胀现象。根据成本增加原因的不同，又可以将该理论大致分成几大类。

1. 工资推动的通货膨胀

工人工资是主要的生产成本之一，随着工资的增长，生产成本也随之增加，厂商为了维持或者扩大原有的利润水平，就会相应地抬高产品的价格。虽然对于工人而言，名义的货币工资增加了，但由于物价水平的提高，其实际工资水平并没有提高，甚至有可能下降了。因此，工人为保持原有的购买力就会继续向厂商施压，要求提高工资水平，这时厂商又会将工资增加转移到产品的价格中去，从而形成工资水平和物价水平的螺旋式上升，引发通货膨胀现象。

2. 垄断价格推动的通货膨胀

在不完全竞争的市场上，垄断厂商出于垄断地位，控制了产品的销售价格。为了提高利润，垄断厂商利用自身的垄断力量，抬高产品价格，从而导致该垄断行业价格水平的上涨。由于受产业链的影响，垄断行业价格水平的上涨又会沿着产业链向下游产业传导，进而影响非垄断行业，最终导致全社会一般价格水平的上涨，引发通货膨胀。

3. 进口成本推动的通货膨胀

在开放经济条件下，国际贸易变得非常普遍，这时，通货膨胀不仅要受到本国经济运行状况的影响，与之有着密切联系的贸易伙伴国对一国通货膨胀现象的发生也承担一定的责任。由于汇率、贸易国发生通货膨胀等因素的影响，导致进口产品的价格上涨，厂商的生产成本相应随着增加，为维持必要的利润率，厂商不得不提高价格，将增加的成本转移给消费者或是下游厂商，一般物价水平将相应提高。这类通货膨胀源于进口商品价格的上涨，在封闭经济情况下不存在这类通货膨胀，因此它在固定汇率制下又被称为“通货膨胀的国际传递”。

4. 间接成本推动的通货膨胀

这种通货膨胀源于厂商之间的竞争。厂商为了扩大市场，提高市场占有率，增强竞争力，就必须增加许多间接成本，如技术改进费、广告费和研发费等，这部分成本往往被厂商转移到产品的价格中去，从而引起物价上涨。

（三）混合型通货膨胀

混合型通货膨胀是由需求拉动和成本推动共同作用引起的通货膨胀。在现实经济中，很难区分物价的上涨是受成本的影响（如工资的增加）还是需求的作用。因为随着工资的上涨，居民收入增加，消费需求就会增长。因此，经济学家就提出混合型通货膨胀，即需求和成本因素混合的通货膨胀。

单一的成本推动的通货膨胀在现实经济中不可能持续下去，因为当发生成本推动的通货膨胀时，若总需求不做相应的调整，当市场重新达到均衡状态时，产出就会比初始状态低，结果导致更高的失业率。政府作为宏观经济的调控者，不会容忍失业率的大幅上升，它会动用扩张性的财政政策或是货币政策去扩大总需求，从而此时的通货膨胀就包括了需求扩张的因素。

根据混合型通货膨胀的生产路径，可以将这一大类通货膨胀分成两种类型来进行分析，即螺旋型通货膨胀和直线型通货膨胀。

1. 螺旋型通货膨胀

螺旋型通货膨胀生成的初始动因来自生产领域，它与供给型通货膨胀相比有两个基本特征：一是它的价格上升的方式是螺旋状的；二是在这种通货膨胀发生时，经济体的实际产量不会下降或不会下降很多。其生成路径可以用图 10-6 表示。

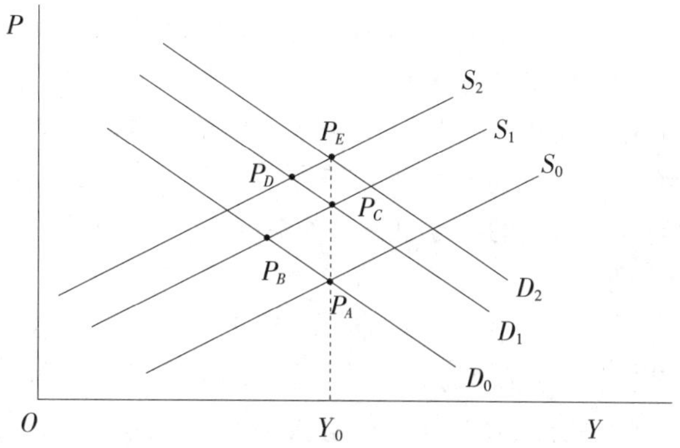

图 10-6 螺旋型通货膨胀

在图 10-6 中（为简便起见，我们假设供给曲线和需求曲线都是直线），随着生产成本的上升，当总供给曲线从 S_0 向 S_1 再向 S_2 移动时，为了不减少实际产出和就业率，政府会通过积极的财政政策和宽松的货币政策，如增加政府支出、增加货币发行量等措施，拉动需求和扩大投资规模。由此引起总需求曲线由 D_0 向 D_1 移动，接着向 D_2 移动。在总需求曲线和总供给曲线分别向右上方和左上方移动的过程中，价格水平沿着 $P_A \to P_B \to P_C \to P_D \to P_E$ 这样的路径盘旋着向上攀升，均衡产出起初偏离 Y_0，随着政策的实施，需求曲线的调整，均衡产出最终又回到 Y_0，与初始状态不同的是价格水平不再是 P_A，而是 P_E，产生了持续性的通货膨胀。

2. 直线型通货膨胀

直线型通货膨胀初始发端于流通领域而非生产领域，从而它的生成路径不同于螺旋型通货膨胀。当政府发行过多的货币或者投资规模过大时，市场上存在对商品的过度需求。这种过度需求一方面表现为通货膨胀缺口；另一方面表现为价格指数的攀升，这将会使生产要素价格和工资均上涨。此时，政府为了维持充分就业时的产出，必然要采取扩张需求的措施，这又将会进一步加剧通货膨胀的压力，如此循环就会形成直线型通货膨胀。其形成过程可以用图 10－7 表示。

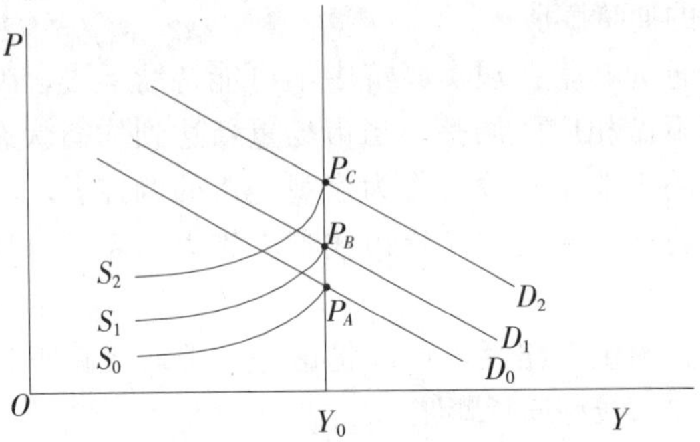

图 10－7　直线型通货膨胀

直线型通货膨胀是从需求曲线向右上方移动开始的，当经济处于充分就业产出水平时，需求曲线由 D_0 向 D_1 再向 D_2 移动，由于此时产出处于最大水平，厂商无法通过增加要素投入来增加商品供给，从而导致商品价格上涨，价格水平的增长诱发了供给价格成本的提高，成本曲线由 S_0 移动到 S_1 再向 S_2 移动。为了维持最大化产出，市场的均衡沿着 $P_A \to P_B \to P_C$ 的路径移动，结果致使价格水平呈现由 P_A 向 P_B 再向 P_C 的直线型增长。

混合型通货膨胀的存在使得单一地针对需求或供给的政策的效果大大降低。政策制定者需要从需求和供给两个方面进行考虑，兼顾需求和供给，这给政策的制定带来了更大的困难，预防和治理通货膨胀的任务也将更为艰巨。

（四）结构型通货膨胀

在现实经济不存在成本增加和需求扩张的情况下，经济结构因素的影响也会引起通货膨胀现象，这就是结构型通货膨胀。

在现实经济中，不同经济成分之间往往有着不同的技术结构、劳动力结构等，由此导致不同经济部门之间有着不同的劳动生产率的增长率。但是，由于工作以及其他因素的作用，不同劳动生产率增长率的部门的工人却要求有相同的货币工资增长率。当劳动生产率增长率较高的部门货币工资增长时，劳动生产率增长率较低的部门也随之增加相同的比率，但是该部门的劳动生产率增长率低于货币工资增长的速度，从而使得该部门生产单位商品的工资成本增加，厂商转移增加的成本又引起商品价格水平的上升，进而引发通货膨胀。结构型通货膨胀的根源在于经济体中部门之间劳动生产率的增长率存在着差异，发展至后期就演变成成本推动的通货膨胀。

当发生结构型通货膨胀时，一般有如下三种情况：一是由于技术的差异，一个国家中一些经济部门的劳动生产率比另一些经济部门的劳动生产率提高得快；二是由于开放程度不同，一个国家中与世界市场联系紧密的开放经济部门的劳动生产率比与世界市场没有直接联系的封闭经济部门的劳动生产率提高得快；三是一个国家中各部门的产品供求关系不同也会造成通货膨胀的发生。

1970 年以后，世界上一些主要工业化国家，如美国、英国、日本、联邦德国、法国等国出现价格和工资水平的迅猛上涨，其中日本在 1974 年的通货膨胀率达到了 24%。这次世界范围的通货膨胀从一定意义上说是一次结构型通货膨胀，因为第二次世界大战后开始的第三次科技革命使得西方国家的产业结构迅速升级，不同产业部门的劳动生产率差距扩大，这种部门结构的差异对价格水平将产生长期的影响。

三、通货膨胀的治理

通货膨胀给经济发展带来了严重的危害，因此各国政府应当高度重视可能发生通货膨胀的隐患，预防通货膨胀的发生。对于已经发生的通货膨胀，政府要积极制定各种有效政策来进行治理，以防止其进一步恶化。目前，治理通货膨胀主要可以从以下几方面入手：

（一）财政政策

财政政策是政府反通胀政策中非常重要的一个措施。政府部门通过调整财政支出结构，减少财政赤字，实施紧缩性的财政政策来抑制总需求，从而减少通货膨胀缺口，缓解通货膨胀压力，尤其对于需求拉动的通货膨胀具有更明显的作用。具体措施包括：(1) 减少政府购买支出，表现在政府在基础设施建设及政府投资方面的减少。我国经济发展中的高速增长在很大程度上归功于政府实施扩张性的财政政策，政府增加财政支出用于公路、桥梁、通信等基础设施的建设极大地扩大了社会总需求，成为经济持续增长的动力。但是高增长也带来了通货膨胀的压力，物价波动较以往更频繁，幅度也更大，为防止物价的结构调节演变成通货膨胀，政府部门需要在财政政策方面进行调节，以实现经济增长和物价稳定的双赢局面。(2) 提高税率，增加税收。政府部门提高税率，减少居民的可支配收入，调节收入分配结构，可以达到抑制总需求的目的。同时，政府部门可以针对特定商品征税的措施，如对烟酒实施消费税，可抑制对特定产品的需求，从而缓解通货膨胀的压力。

（二）货币政策

通货膨胀产生的一个重要原因是货币的发行量大大超过了货币的需求量，从而导致市场中流动性过剩，过多的货币追逐有限的商品。因此，针对这一特点，政府部门应该实施紧缩性的货币政策，严格控制货币的发行量，使货币供应量与货币需求量相适应，稳定币值以稳定物价；严格控制信贷规模，以减少流通中的货币量；提高法定存款准备金率、再贴现率等，提高融资成本，从而减少贷款需求，缓解流动性过剩问题。在世界多数国家，货币发行由中央银行控制，为避免中央银行滥用货币发行权或是错误估计经济发展形势，一些经济学家提出实行货币政策“单一规则”制。所谓“单一规则”就是公开宣布并长期采用一个固定不变的货币供应增长率，比如将货币供应量的增加与经济增长率结合起来。这样长期保持一个固定不变的货币供应增长率，才能确保物价水平和币值的稳定。

（三）收入政策

收入政策是政府实施的工资和价格控制政策，以防止垄断企业为获取垄断利润不断抬高价格，或是对工人工资进行管制以避免工资和物价的轮番上涨。收入政策在实际操作中可以采取以下形式：（1）公布工资—物价指导线，即由政府根据长期劳动生产率来确定工资和物价的增长限度，要求把工资和物价的增长限制在劳动生产率平均增长幅度内。（2）对特定工资或物价进行"权威性劝说"或施加政府压力，迫使垄断企业或是工会组织妥协。（3）实行工资—物价管制，即由政府制定相关法律法规对工资和物价实行管制，如采用限制最高价格等手段以稳定物价。（4）以税收政策对工资增长率进行调整，如制定优惠政策，若工资增长率保持在政府规定的幅度内，政府就以减少个人所得税等各种优惠措施作为奖励，以此来稳定工资水平。

治理通货膨胀的措施不局限于上面提到的财政政策、货币政策和收入政策三个方面，政府部门还可以通过其他有效的手段来解决，如指数化，将工资、利息等各种收入与通货膨胀率挂钩，以弥补由通货膨胀带来的损失；实行浮动汇率制来应对国际商品价格波动带来的"输入型"通货膨胀。政府在面临通货膨胀时，要认清通货膨胀发生的原因以及传导过程，根据特定情况选择合适的政策进行治理。同时，在实施各种政策时也需非常注意，因为不论是货币政策还是财政政策的实施，除达到控制价格水平的目标之外，还会对其他经济层面产生影响。比如实施紧缩性的货币政策，提高利率，减少货币发行量，可以降低流动性，减少通货膨胀压力。但紧缩性的货币政策也会抑制消费、投资等，从而对经济增长带来负面影响。因此，政府在应用各种政策治理通货膨胀时要多方面考虑，权衡各种目标，以达到一个共赢的局面。

四、通货紧缩

（一）通货紧缩的定义

通货紧缩是一个与通货膨胀相反的概念。当市场上货币供应量少于流通领域对货币的实际需求量而引起货币升值，并进一步引起商品和劳务的货币价格总水平的持续下跌，这种现象就被称为通货紧缩。当通货紧缩发生时，一般伴随着物价水平、货币供应量和经济增长率三者同时持续下降。一个经济体是否发生通货紧缩可以用消费者价格指数来衡量。目前一般的观点是，当消费者价格指数连续两个季度下跌，即认为是发生了通货紧缩。

通货紧缩是一把双刃剑，对一国经济的发展有着积极和消极的影响。一般来说，适度的通货紧缩有利于加剧市场竞争，消除经济中存在的泡沫，调整经济结构，刺激企业进行技术创新，提高产品和服务质量。但是，过度的通货紧缩导致物价水平的长时间下跌，货币量紧缺，流动性不足，不利于商品的流通，从而又影响到厂商利润，抑制了生产的扩大，失业率提高，经济走向衰退。因此，鉴于通货紧缩的这两种不同的结果，政府部门要时刻警惕，严防物价的结构调整演变成恶性通货紧缩，对已经发生的紧缩，要采取各种政策措施进行治理。

（二）通货紧缩的成因

造成通货紧缩的因素很多，不同时期的通货紧缩成因也不尽相同。总体而言，可以从三个角度分析通货紧缩的成因：技术进步与生产力的提高，供给过剩，需求不足。

1. 从技术进步和生产力提高的角度分析

技术进步使得劳动生产率大大提高，单位商品的生产成本大幅度下降，产品的销售价格自然而然会随着成本的降低而降低。同时，产品生命周期大大缩短，竞争更加剧烈，又会迫使价格进一步降低。

2. 从供给方面分析

通货紧缩通常表现为供给大于需求产生的供给过剩，因此影响供给的因素也是导致通货紧缩产生的原因，供给过剩主要通过以下两个方面形成通货紧缩：(1) 产品与劳务供大于求，从而形成买方市场，产品价格下降，库存增加，企业开工不足，并导致经济的衰退。(2) 过剩的生产能力抑制了进行技术改造的愿望，对新设备和新厂房的投资减少，企业无需向银行借款，因此社会信贷总额减少，货币供应量增长率下降，进而影响物价水平，引起通货紧缩。

3. 从需求方面分析

需求不足是通货紧缩产生的重要原因之一：(1) 当居民收入减少或者消费者预期未来价格会下跌时，当期的消费会减少，从而总需求不足，物价水平下跌。(2) 当投资者预期未来利率呈下降趋势时，投资者就会减少现在的投资，从而投资需求的减少也会给物价带来降低的压力。(3) 政府削减财政支出，紧缩政府预算，政府支出的减少也降低了政府投资在引导社会导向上的作用，从而导致总需求的降低。(4) 汇率因素有时也可能成为通货紧缩的根源。当一国货币高估，会造成用外币表示的本国出口商品的价格上升，从而导致外部需求降低，出口下降，影响总需求。当总需求不足时，这种变化会传递至生产部门，导致企业生产规模减小，工人收入下降，个人的购买力下降，如此循环下去，迫使物价水平持续下降。

(三) 通货紧缩的治理

通货紧缩后引起的物价持续下跌使得生产者利润减少甚至亏损，继而减小生产规模或者停产，这必然会抑制经济的增长，不利于社会发展。因此，必须采取积极的政策和措施应对通货紧缩。

1. 实施宽松的货币政策

通过增加货币的发行量，降低利率和存款准备金率，放低贷款门槛，从而增加市场流动性，刺激居民的消费，扩大总需求，以缓解由需求不足带来的物价下跌压力。

2. 实施积极的财政政策

通过政府预算，扩大财政投入的范围和数量，采取形式多样的财政支出方式刺激投资和消费，如政府通过转移支付、政府补贴等措施，增加居民的可支配收入，从而提高居民消费。同时，政府投资具有“乘数效应”，能引导私人投资的增加，从而有利于经济的发展。

3. 调整产业结构

由于产业结构的差异，一些产业的市场需求降低，往往造成产能过剩，而一些新兴产业市场需求大，但是对产业投资低，供给能力有限，以此带来了供求水平的失衡。因此，政府部门要积极致力于产业升级，实现产业结构的合理化，解决产能过剩的问题。

4. 采用适当的收入政策，改变收入分配的格局

由于贫富差距的扩大，大量的财富掌握在少数人手中，这不利于社会消费水平的提

高，因为收入高的群体边际消费倾向一般要低于收入低的群体。因此，要通过收入再分配，用经济、法律、政策等综合手段提高中下层群体的收入水平，从而提高全社会的消费水平，刺激总需求。

5. 完善社会保障体系

我国居民收入中用于储蓄的比率远远高于世界上的其他国家，导致该现象的一个重要原因是我国社会保障体系的不健全，居民将收入用于储蓄以保障未来在医疗、养老等方面的支出，从而消费需求不高。因此，通过完善社会保障体系，减少居民对医疗、养老等方面的忧虑，可以达到刺激居民消费，扩大社会总需求的目的。

专栏 10-3 **魏玛共和国的恶性通货膨胀**

第一次世界大战后，德国成立了魏玛共和国。1919—1923 年，德国发生通货膨胀，物价腾飞，犹如脱缰野马，货币流通量和消费物价的增长率达到了天文数字，整个国民经济遭受破坏和停顿，成为历史上最严重的恶性通货膨胀，被称为“德国魏玛式的通货膨胀”。

1914 年到 1918 年的第一次世界大战给德国经济造成了巨大破坏。由于德国战败，1919 年 6 月它与协约国签订了《凡尔赛和约》。《凡尔赛和约》规定，除了领土变动和浩大的实物赔偿外，还有 1 320 亿马克的巨额军事赔款。该赔款超过当时德国实际支付能力的三倍。德国政府并未增加垄断资产阶级在支付赔款上的负担，而是进一步用对全国人民加紧收税，大量发行公债，特别是滥发纸币等压榨劳动人民的办法来筹措赔款。

1919 年德国国家银行的货币发行量为 500 亿马克，活期存款为 280 亿马克，当时的工业生产指数为 37.8（以 1913 年的工业生产指数为 100）。1920 年这三项分别为 810 亿马克、430 亿马克和 55.1；1921 年为 1 220 亿马克、780 亿马克和 66.3；1922 年则为 12 950亿马克、13 290 亿马克和 71.4；1923 年货币发行量高达 4 965 850 000 000 亿马克的天文数字，而工业生产指数下降为 46.9。1923 年年底，德国境内的货币流通量竟高达 77 358亿亿马克。

滥发纸币导致物价猛涨。在这种情况下，马克的币值也随之急剧下跌，1920 年 10 月，1 美元合 76.5 马克，到 1923 年 10 月，1 美元合 72.5 亿马克，到 1923 年 12 月，1 美元合 42 000 亿马克。德国马克失去了一切货币功能，成了废纸。

资料来源：吴念鲁．魏玛共和国的恶性通货膨胀．世界知识，1988（12）．

第四节 开放经济下的经济均衡

一、国际收支的含义

（一）什么是国际收支

国际收支是指在一定时期内一个国家和地区的居民与非居民之间的经济活动所产生的全部交易的系统记录。国际收支包括以下几个方面的内涵：

（1）国际收支记录的是一定时期内本国与外国的经济往来，是一个流量的概念；

(2) 国际收支记录的是一个国家的"居民"和"非居民"之间的所有经济交易;

(3) 国际收支记录的是一国与其他国家之间发生的各种交易的货币价值;

(4) 国际收支中的经济交易指的是经济价值在不同经济主体之间的转移,既包括实际转移,也包括金融转移。

(二) 国际收支平衡表

1. 国际收支平衡表的含义

国际收支平衡表又称国际收支差额表,是系统地记录一个国家在一定时期内所发生的国际收支状况的统计报表。国际收支平衡表的记录原则包括:(1) 复式记账原则;(2) 权责发生制;(3) 按市场价格记录;(4) 所有的记账单位一般要折合为同一种货币。

2. 国际收支平衡表的主要项目

(1) 经常项目。经常项目反映本国和外国交往中经常发生的项目,也是国际收支中最重要的项目,它包括货物和服务、收益以及经常转移3个项目。

(2) 资本和金融项目。该项目由资本项目和金融项目构成,其中金融项目又分为直接投资、证券投资、其他投资。

(3) 储备资产。储备资产大多是由中央银行持有的,也有的是由财政部门持有的,包括货币黄金、特别提款权、在基金组织的储备头寸、外汇、其他债权5个项目。

(4) 净误差与遗漏。该项目是统计问题、人为虚报等的抵消性账户。

各个项目之间的关系:4个主要项目的代数和应该为零;每个大项中2级项目是3级项目的代数和。我国2009年上半年国际收支平衡表见表10-2。

表10-2

中国国际收支平衡表
(2009年上半年)

单位:千美元

项 目	行次	差额	贷方	借方
一、经常项目	1	134 459 941	643 376 735	508 916 794
A. 货物和服务	2	102 319 724	576 190 644	473 870 920
a. 货物	3	118 976 618	521 262 315	402 285 697
b. 服务	4	−16 656 894	54 928 329	71 585 222
1. 运输	5	−9 148 812	10 632 325	19 781 137
2. 旅游	6	−2 846 806	18 246 000	21 092 806
3. 通信服务	7	63 967	546 892	482 926
4. 建筑服务	8	1 288 000	3 677 880	2 389 879
5. 保险服务	9	−4 248 751	602 657	4 851 408
6. 金融服务	10	−26 701	158 530	185 231
7. 计算机和信息服务	11	1 579 353	2 876 007	1 296 653
8. 专有权利使用费和特许费	12	−4 435 022	181 204	4 616 226
9. 咨询	13	2 291 165	8 253 302	5 962 137
10. 广告、宣传	14	152 221	1 103 585	951 364
11. 电影、音像	15	−104 943	38 736	143 678
12. 其他商业服务	16	−1 300 352	8 186 771	9 487 123
13. 别处未提及的政府服务	17	79 789	424 439	344 650
B. 收益	18	16 936 295	47 143 272	30 206 978

续前表

项 目	行次	差额	贷方	借方
1. 职工报酬	19	2 662 501	3 775 455	1 112 954
2. 投资收益	20	14 273 794	43 367 817	29 094 024
C. 经常转移	21	15 203 922	20 042 819	4 838 897
1. 各级政府	22	—128 280	23 852	152 132
2. 其他部门	23	15 332 202	20 018 967	4 686 765
二、资本和金融项目	24	60 994 554	342 306 167	281 311 613
A. 资本项目	25	1 348 333	1 448 015	99 683
B. 金融项目	26	59 646 222	340 858 152	281 211 930
1. 直接投资	27	15 561 165	49 222 658	33 661 493
1.1 我国在外直接投资	28	—13 306 810	1 177 898	14 484 708
1.2 外国在华直接投资	29	28 867 975	48 044 760	19 176 784
2. 证券投资	30	20 184 651	42 542 136	22 357 485
2.1 资产	31	7 731 758	30 025 343	22 293 585
2.1.1 股本证券	32	—850 658	7 277 860	8 128 517
2.1.2 债务证券	33	8 582 415	22 747 483	14 165 068
2.1.2.1 (中) 长期债券	34	3 546 925	17 709 179	14 162 254
2.1.2.2 货币市场工具	35	5 035 490	5 038 304	2 814
2.2 负债	36	12 452 893	12 516 793	63 900
2.2.1 股本证券	37	12 453 094	12 516 120	63 026
2.2.2 债务证券	38	—201	673	873
2.2.2.1 (中) 长期债券	39	0	0	0
2.2.2.2 货币市场工具	40	—201	673	873
3. 其他投资	41	23 900 406	249 093 358	225 192 952
3.1 资产	42	29 117 407	70 167 876	41 050 468
3.1.1 贸易信贷	43	—16 307 365	0	16 307 365
长期	44	—1 141 516	0	1 141 516
短期	45	—15 165 849	0	15 165 849
3.1.2 贷款	46	6 437 006	26 814 013	20 377 007
长期	47	—20 214 000	0	20 214 000
短期	48	26 651 006	26 814 013	163 007
3.1.3 货币和存款	49	28 968 413	33 278 498	4 310 085
3.1.4 其他资产	50	10 019 353	10 075 364	56 011
长期	51	0	0	0
短期	52	10 019 353	10 075 364	56 011
3.2 负债	53	—5 217 001	178 925 483	184 142 484
3.2.1 贸易信贷	54	—6 670 160	0	6 670 160
长期	55	—466 911	0	466 911
短期	56	—6 203 249	0	6 203 249
3.2.2 贷款	57	—6 083 623	151 047 587	157 131 210
长期	58	—8 387 786	5 196 860	13 584 646
短期	59	2 304 163	145 850 727	143 546 564
3.2.3 货币和存款	60	4 955 296	24 508 180	19 552 884

续前表

项　目	行次	差额	贷方	借方
3.2.4 其他负债	61	2 581 486	3 369 716	788 230
长期	62	－120 472	0	120 472
短期	63	2 701 957	3 369 716	667 758
三、储备资产	64	－185 941 174	0	185 941 174
3.1 货币黄金	65	0	0	0
3.2 特别提款权	66	－28 637	0	28 637
3.3 在基金组织的储备头寸	67	－336 537	0	336 537
3.4 外汇	68	－185 576 000	0	185 576 000
3.5 其他债权	69	0	0	0
四、净误差与遗漏	70	－9 513 322	0	9 513 322

资料来源：国家外汇管理局。

（三）中国的国际收支状况

中国的国际收支有着自身明显的特征，即不仅经常项目有顺差，而且资本和金融账户也出现顺差，这就是所谓的双顺差。20 世纪 90 年代以来，除个别年份外，中国一直保持着双顺差状态，特别是进入 21 世纪以来，双顺差规模出现增加的趋势。其中，经常项目顺差大幅积累，货物贸易顺差是造成经常项目顺差的主要原因；在资本和金融项目的顺差中，直接投资顺差贡献最大，其他投资项目多为顺差，证券投资逆差呈下降趋势。

我国国际收支双顺差的持续扩大，一定程度上不仅体现了我国经济竞争力提高、对外资吸引力增强的良好态势，而且反映了对外清偿能力的提高和我国正在更大程度地融入经济全球化进程。但持续扩大的双顺差所隐含的负面影响也日趋凸显：人民币升值的压力加大，国际贸易摩擦增加；提高了外汇储备成本，增加了资金流出；导致经济对外依存度过高，民族经济发展空间狭窄，出口结构难以调整，影响了国内金融业利率市场化进程。

2010—2014 年，外汇储备分别为 28 473.38 亿美元、31 811.48 亿美元、33 115.89 亿美元、38 213.15 亿美元、38 430.18 亿美元。关键的节点是 2014 年 6 月，这个月中国的外汇储备达到历史峰值39 932.13亿美元。2015 年央行实行了“8·11”汇改，人民币兑美元汇率从 6.2 开始了跳贬之路，先后经历了四次贬值，累计幅度超过 10%，其中，在 2016 年贬值幅度达 6.6%。2015 年人民币转贬后，外汇储备资产减少 5 126.56 亿美元。以往年份，经常项目大幅顺差，我国是通过储备资产增加也就是储备资产对外投资形式的资本流出来实现国际收支平衡的。2015 年这种情况出现了很大的变化，由以往储备资产大幅增加形成的资本流出转变为由其他民间部门的对外净资产大幅增加而形成的资本流出。民间部门对外净资产的增加，绝大部分是生产性的，例如对外直接投资，是更好利用“两个市场、两种资源”的积极结果。理论和实践都表明，当经济发展到一定阶段后，民间部门在全球范围内配置生产和金融资源将是一个趋势。2016 年，我国国际收支继续呈现“一顺一逆”，即经常账户顺差、资本和金融账户（不含储备资产）逆差。

二、国际收支的平衡与失衡

（一）国际收支平衡与失衡的含义

一国的国际收支平衡表从形式上看总是平衡的，其中某些项目或账户可能出现盈余和赤字，但是总是会由其余项目或账户的赤字或盈余加以抵消。

然而，从国际收支的经济交易的实质来看，收入与支出并不总是平衡的。这是因为国际收支平衡表上的经济交易可划分为性质不同的两大类：一类是自主性交易（或称事前交易），这纯粹是由于某种经济或其他目的而自主、自动进行的交易，如商品、劳务的输出与输入，各种无偿的转让，对外直接投资与证券投资等；一类是调节性交易（或称事后交易），这是为弥补、调节自主性交易所产生的差额而进行的交易，如国际短期资金融通、延期付款权利的取得、国际储备的动用等等。

从这两种不同性质经济交易的区分可看到，一国的国际收支，若其自主性交易收支不能相抵，则必须以调节性交易来弥补以维持平衡。但这种平衡是虚弱的、暂时的和形式上的平衡，不是真正意义的平衡，因为它既无法长期维持，也不一定或不可能解决该国国民经济发展中的不平衡。所以判断一国国际收支是否平衡，主要看其自主性交易是否平衡。如果一国的自主性交易自动相等或基本相等，不依靠调节性交易来调节，则说明这个国家的国际收支是平衡的；否则，就是国际收支失衡。

（二）国际收支失衡的原因

一国的国际收支失衡包括盈余性失衡（顺差）或亏损性失衡（逆差）。无论是顺差还是逆差都会对一国的宏观经济和对外经贸产生重大的影响。造成国际收支失衡的原因是多方面的。概括说来，主要有：

（1）受经济结构制约。因为一国国内生产结构及相应要素配置未能及时调整或更新换代，导致不能适应国际市场的变化，引起本国国际收支不平衡。

（2）受收入变化的影响。一定时期一国国民收入多，意味着进口消费或其他方面的国际支付会增加，国际收支可能会出现逆差。反之，则可能会出现顺差。

（3）受物价和币值的影响。当一国物价普遍上升或通胀严重时，产品出口成本提高，产品的国际竞争力下降，在其他条件不变的情况下，出口减少，与此同时，进口成本降低，进口增加，国际收支发生逆差。反之，就会出现顺差。

（4）受汇率变化的影响。当一国货币的汇率升高时，不利于出口，同时会刺激进口，就会出现逆差。反之，就会出现顺差。

（5）受利率变化的影响。当一国利率降低时，大量资本流向国外，同时流向本国的资本减少，引起国际收支逆差。反之，就会引起国际收支顺差。

（6）受经济周期性变化的影响。与经济周期有关，因经济发展的变化而使一国的总需求、进出口贸易和收入受到影响会引发国际收支失衡。

（三）国际收支的调节方式

一国的国际收支如果经常出现失衡而且收支差额较大、持续时间较长，就必须进行调节。具体来看，调节国际收支的方式主要有：

（1）调整支出，即通过改变社会总需求或经济中支出的总水平来改变对外国商品、劳务和金融资产的需求，以此来调节国际收支失衡。它主要包括财政政策和货币政策。

（2）调整汇率，是指一个国家通过调整汇率改变外汇的供求关系，由此影响进出口商品的价格及资本流出和流入的实际收益，进而达到调节国际收支失衡目的的一种政策。汇率政策的运用受到一些条件的约束，比如进出口商品供给和需求的弹性。

（3）资金融通政策，是指一国通过动用官方储备和使用国际信贷便利而调节国际收支失衡的一种政策。主要用于解决临时性的国际收支失衡。

（4）直接管制政策，是指一国对国际经济贸易直接采用严格的行政管制，主要包括外汇管制和贸易管制。但直接管制会阻碍市场机制的作用，容易受到国际社会的指责，是暂时的政策管制，使庇护者有依赖性，会阻挠将来政策的改变。

（5）国际经济金融合作政策。

（四）国际储备

国际储备是指一国货币行政当局为弥补国际收支逆差和维持汇率稳定所持有的、国际普遍接受的流动资产，表现在一国的国际收支平衡表中，即指储备资产项目中所反映的储备资产。国际储备资产主要包括：货币黄金，特别提款权，在基金组织的储备头寸，外汇。国际储备对于一国的国际收支平衡具有重要的作用：

（1）充作干预资产，即各国用国际储备来干预外汇市场，以维持其货币汇率，国际储备是支持和加强本国货币信誉的物质基础。

（2）平衡国际收支，即一国发生短期的国际收支不平衡，可以通过运用本国的国际储备来平衡。

（3）作为备用的国际支付手段，即一国在必要时以国际储备支付进口净额与对外债务，并有助于提高国际资信。

（4）作为储存资金增加收益，即用以购买外国国库券和大额存单，从而带来收益。

三、开放经济中的经济均衡

内外均衡是改革开放条件下经济均衡的基本要求与目标。内外均衡需要处理好以下关系：国际收支与国内货币均衡的关系和国际收支与社会总供求平衡的关系。

（一）国际收支与国内货币均衡

1. 开放经济下的货币供求

由于汇率制度的不同，国际收支对国内货币供给的影响也必然不同。

（1）在固定汇率制下，中央银行有防止汇率变动超过一定幅度的义务。如果国际收支顺差，则外汇供给过大，本币就会面临升值的压力。为了防止汇率下降，中央银行势必会出面干预，在市场上收购外汇。其结果是会产生外汇占款，引起基础货币量的增加，从而扩大了货币供给量。可见，在固定汇率制下，如果一国的国际收支顺差，则会面临增加货币供给的压力；反之，则会面临减少货币供给的压力。

（2）在浮动汇率制下，汇率主要受市场供求关系的影响，政府不再承担维持某一固定汇率水平的义务。当一国处于国际收支顺差状态时，汇率在市场供求关系的调节下会上升；反之，当一国处于逆差状态时，汇率会下降。在浮动汇率制下，由于国际收支的顺差或逆差可能在市场供求的影响下得到某种矫正，因而从理论上说，不会导致货币供给量的扩张或收缩。但是，政府可能会为了某种政策目标而干预外汇市场，在公开市场收购或抛售外汇，这时就会引起货币供应量的扩张或收缩。

我国自1994年以来，实行有管理的浮动汇率制。在有管理的浮动汇率制下，中央银行也可以对外汇市场进行干预，以使市场汇率朝有利的方向变动。现阶段，我国采用的是结汇售汇制，即企业获得的外汇必须卖给外汇结算银行（如中国工商银行、中国银行等），外汇结算银行取得的多余的外汇头寸卖给中央银行（中国人民银行），形成中国的国家外汇储备。中央银行取得外汇是用本币向商业银行购买的，也就是通过发行本币取得储备外汇，这样发行的人民币也就是外汇占款。因而外汇收支与货币供给量有密切的联系。随着国际收支规模的迅速扩大，我国的基础货币的投放已经不完全取决于国内银行的信贷规模，而在相当程度上取决于涉外因素。

2. 中央银行的外汇操作及其方式

中央银行进行的外汇操作是以外汇储备为支撑的，但是中央银行对汇率的影响并不是单依靠外汇储备的。因为相对于上万亿美元的全球外汇市场日交易额来说，单靠中央银行的外汇储备无疑是杯水车薪。在实际经济中，中央银行很大程度上是通过公布政策从而改变私人市场行为来实现其意图的。

牵涉到国内的货币供给，中央银行的外汇操作方式有两种：冲销性的和非冲销性的。冲销性操作是指中央银行在进行外汇买卖使汇率达到适当水平的同时，又通过公开市场操作购买或出售政府债券等对国内市场进行反向操作，以达到本币供应量不变目的的一种操作。冲销干预可以通过两个渠道影响汇率：改变资产的相对供应量和发出政策意图信号。非冲销性操作是指中央银行在不采取任何抵消措施的情况下在外汇市场上买卖外汇，从而改变国内市场上的货币供应量，以达到调整汇率目的的一种操作。

中央银行在进行外汇操作时，要注重与国内财政、货币政策间的协调，以降低交易成本和汇率风险。人民币汇率操作与货币政策的协调问题，主要表现为如何正确处理人民币冲销干预与基础货币投放之间的关系。关于人民币汇率干预与财政政策的配合，现在可行的办法是发行外币国债，以减轻中央银行在外汇市场上吸纳外汇的压力。

总之，外汇冲销操作不应作为外汇冲销干预政策的副产品，而应是兼顾内外货币收支平衡的工具。应合理地进行汇率、财政、货币等政策的协调配合，以实现国民经济对内、对外的综合平衡。从长远目标看，我国大规模冲销干预最终将逐步淡出，人民币均衡汇率的形成主要还是通过市场机制进行调节，外汇冲销干预的主要目的是防止短期汇率的异常波动。

（二）国际收支与社会总供求平衡

1. 国际收支对社会总供求的影响

国际收支同一国的社会总供求有密切的联系。从理论上来讲，在国民经济系统内部各主体收支关系基本平衡的条件下，国际收支逆差将导致社会总供给大于社会总需求，而国际收支顺差会使社会总需求大于社会总供给。这可以从以下两个方面来说明：

（1）从贸易收支方面来说。商品出口代表国外对国内商品的需求，构成扩大总需求的因素；商品进口则代表国内可增加的商品供应量，构成扩大总供给的因素。如果一国商品的进口大于出口，即处于国际收支逆差状态，则会导致总供给大于总需求；反之，总需求大于总供给。

（2）从资本流出入方面来说。资本流入如同国内投资一样，会扩大总需求；资本流出会使国内投资需求减少，总供给会相对扩大。如果一国资本的流出大于流入，即处于国际收支逆差状态，则会导致总供给大于总需求；反之，总需求大于总供给。

2. 国际收支对社会总供求的调节作用

国际收支是沟通国内外的桥梁，其对社会总供求具有特殊的调节作用：

（1）促进生产的增长和国民收入的增加。通过商品的进出口和对外资的积极利用，可以促进本国经济的增长，提高国民收入。此外，通过国际贸易可以充分发挥本国的比较优势，以达到扬长避短的目的，并从中获得相对利益。

(2) 可以促进本国技术的开发和产业结构的调整。发展中国家可以通过调节外汇收支、扩大出口或利用外资的方法引进国外先进的技术、设备和重要原材料，这样可以以较快的速度提高生产技术水平、调整产业结构。

(3) 促进社会总需求和总供给的结构协调。随着经济发展水平和人民生活水平的不断提高，社会总需求的结构也发生了变化，这就需要相应调整社会商品的总供给情况。可是一国由于资源禀赋、技术水平等条件的限制而使产出成本过高，以致限制了商品供给结构的改善。这时就可以通过对国际收支的调节来缓和社会总供求之间的矛盾。

【本章小结】

1. 货币失衡与货币均衡是一对相对概念，货币失衡即为货币不均衡，当货币的供给量大于货币需求量、货币供给量小于货币需求量时都会造成货币失衡。除此以外，货币的结构性失衡也会造成货币失衡。货币失衡的两个典型状态就是通货膨胀和通货紧缩。

2. 通货膨胀是一种非常普遍的状态，适度的通货膨胀预示着经济的繁荣，还会刺激经济继续向好发展。但是过度的通货膨胀是非常可怕的，对于经济发展和社会安定都有很大的危害。过度的通货紧缩也不利于经济繁荣。在这样的经济现象出现后，政府会使用财政、货币及收入等政策来调整经济，以避免它们带来的危害。

3. 开放经济下的均衡会比封闭经济下的均衡更为复杂，因为在这种情况下要考虑国际收支带来的影响。在开放经济下，国际收支的不均衡会给经济均衡带来很大的冲击。但是国际收支的不均衡是由多种原因造成的，如收入变化、物价、币值、汇率、利率、经济周期等。同时这些因素也相互影响，所以国际收支不均衡形成的原因是非常复杂的。

4. 在不同的汇率制度下，国际收支对于国内货币均衡的影响也都有所不同。比如，在固定汇率制下，国际收支顺差会带来增加货币供给的压力；而在浮动汇率制下，由于国际收支的顺差或逆差可能在市场供求的影响下得到某种矫正，所以不会导致货币供给量的扩张或收缩。通过货币的传递，国际收支的均衡对国内经济的一般均衡也存在着重要的影响和调节作用。

【关键概念】

货币均衡	社会总供求平衡	产出效应
国际收支平衡	国际储备	通货膨胀

【综合练习】

（一）单项选择题

1. 货币均衡的自发实现主要依靠（ ）。

A. 价格机制

B. 利率机制

C. 中央银行的宏观调控

D. 汇率机制

2. 国际收支平衡表根据（ ）编制，每笔经济交易同时在两方反映，原则上借贷方恒等。

A. 复式记账原理　　B. 业务核算

C. 单式记账原理　　D. 统计原理

3. 由于总需求的增加超过了总供给而引起的通货膨胀是（ ）。

A. 需求拉动的通货膨胀

B. 成本推动的通货膨胀

C. 结构型通货膨胀

D. 混合型通货膨胀

4. 在市场经济中，货币均衡主要是通过（ ）来实现的。

A. 政府调控　　B. 汇率机制

C. 利率机制　　D. 央行调控

5. 我国目前主要是以（ ）反映通货膨胀的程度。

A. 消费者价格指数

B. GDP 平减指数

C. 降低再贴现率

D. GNP 平减指数

（二）多项选择题

1. 属于国际收支平衡表中资本和金融项目的是（ ）。

A. 贸易和服务　　B. 收益

C. 经常转移　　D. 直接投资

E. 负债

2. 下列各项中应当计入国际收支平衡表经常项目中的有（ ）。

A. 外国政府的无偿援助

B. 私人的侨汇

C. 支付给外国的工资

D. 战争赔款

E. 对国际组织的认缴款

3. 国际收支出现顺差时应采取的调节措施有（ ）。

A. 扩张性的财政政策
B. 紧缩性的财政政策
C. 鼓励出口的信用政策
D. 降低关税
E. 增加非关税壁垒

4. 货币均衡的实现受（ ）等因素的影响。
A. 利率机制
B. 中央银行的干预和调控
C. 国家财政收支平衡
D. 生产部门结构是否合理
E. 国际收支是否平衡

5. 由供给因素变动形成的通货膨胀可以归结为两个原因（ ）。
A. 工资推进
B. 价格推进
C. 利润推进
D. 结构调整
E. 生产效率

（三）思考题

1. 在现实生活中，货币供求均衡如何判断？是否根据物价和利率就可以判断均衡存在与否？试举几个中国现实中的例子来说明这个问题。

2. 货币均衡是否意味着市场供求均衡？你能否就我国近年来这方面的情况谈谈自己的认识？

3. 什么是国际收支的失衡？失衡是否一定是坏事？

4. 判断货币均衡的标准是什么？

5. 通货膨胀对分配会产生什么样的影响？

6. 你认为“物价稳中有降”是不是理想的经济状态？为什么？

参考文献

1. 戴国强．货币金融学．上海：上海财经大学出版社，2006.
2. 陈雨露．国际金融．北京：中国人民大学出版社，2005.
3. 李星华，韦耀莹．金融学．北京：中国财政经济出版社，2006.
4. 李杰．通货膨胀与通货紧缩．北京：中国财政经济出版社，2003.
5. 多米尼克·萨尔瓦多．国际经济学基础．北京：清华大学出版社，2006.
6. 杰克曼．通货膨胀经济学．上海：上海译文出版社，1991.

第十一章

货币政策

[导读与学习提示]

在现实经济运行中，货币政策已成为各国进行宏观经济调控的重要工具。货币政策的风吹草动都会引起各方关注，与货币政策相关的管理人员的言论也常常为人们津津乐道。据说，当年格林斯潘任美联储主席时，观察家会通过观察其公文包的厚薄来判断政策是否会有调整。货币政策真得如此重要吗？在市场经济条件下，货币政策通过对货币供应量或利率的调节来影响社会总需求，从而在经济均衡的实现中发挥自己的重要作用。为取得良好的货币政策效果，货币政策在目标的制定、工具的选择以及传导机制的完善方面都需要谨慎对待、合理安排。因此，从原理上准确把握货币政策的构建与运用就显得尤为重要。以下问题将有助于本章的学习：

1. 现代市场经济条件下为何要使用货币政策？货币政策为何有用？
2. 同为宏观经济政策，与财政政策相比，货币政策的特点有哪些？
3. 货币政策为何有最终目标、中介目标和操作目标？
4. 货币政策最终目标的制定对货币政策的意义和经济调控的意义是什么？
5. 货币政策中介目标的选择为何重要？不同的国家为何有差异？
6. 货币政策操作目标的选择应该关注什么？
7. 货币政策传导机制是金融宏观调控的全部吗？其传导会影响整体经济的运行吗？
8. 中央银行与货币政策究竟是什么关系？

货币政策作为宏观经济政策的主要组成部分，在整个国民经济宏观调控体系中居于十分重要的地位。同时，货币政策也不是包治百病的良药，它的构成与传导过程客观上会限制其作用的广度与深度。对货币政策的理解，应秉持客观与动态的发展理念，从其目标、工具以及传导机制等方面构建相对准确的框架。

第一节 货币政策概述

一、货币政策的特征

（一）货币政策的含义

货币政策是中央银行为实施既定的宏观经济目标而采取的各种控制、调节货币供应量和信用总量的方针、政策、措施的总称。货币政策是一个国家经济政策的重要组成部分，它服从于国家经济政策的要求。它一般包括三个方面的内容：一是政策目标（包括最终目标、中介目标、操作目标）；二是实现目标所运用的政策工具；三是具体执行的过程与所达到的政策效果。

货币政策是国家宏观经济政策的重要组成部分，涉及整个国民经济运行中的货币供应量、利率、汇率及金融市场等重要方面。货币政策通过对社会总需求的调整间接地影响社会总供给的平衡。国家货币政策制定和执行的结果，对国民经济的影响很大。

（二）货币政策的特征

（1）货币政策是一种宏观经济政策，而不是微观经济政策，它涉及整个国民经济运行中的经济增长、通货膨胀、国际收支以及与此相联系的货币供应量、信用量、利率、汇率、金融市场等问题，而不是单个银行或企业的金融行为。

（2）货币政策是一种调整社会总需求的政策，而非调整社会总供给的政策。任何社会总需求，都是一种有货币支付能力的需求，中央银行通过货币政策对社会总需求进行调整，从而间接地影响到社会总供给的变动并促进整个社会总需求与总供给的平衡。

（3）货币政策是一种间接的控制手段，而非直接的控制措施，中央银行主要是采用经济及法律控制手段，以调整经济当事人的经济行为来实施间接控制。

二、货币政策的类型

实施一定货币政策的根本目的在于通过对社会货币供应量的控制来左右社会总需求水平，以达到社会总供给和总需求之间的协调与平衡。货币政策的类型主要有三种：

（一）扩张性货币政策

扩张性货币政策是指在社会有效需求不足，社会总需求严重落后于总供给状态下，通过增加货币供应量带动社会总需求，以刺激经济的协调增长的一种货币政策。

（二）紧缩性货币政策

紧缩性货币政策是指在社会总需求严重膨胀的经济状况下，通过紧缩货币供应，以抑制社会总需求膨胀的一种货币政策。

（三）均衡性货币政策

均衡性货币政策是指在社会总需求与总供给基本平衡的状况下采取的一种货币政策。

目的在于保持原有的货币供应量与需求量之间的大体平衡关系。

第二节　货币政策目标

一、货币政策目标的含义

中央银行的货币政策目标是分层次的，一般分为最终目标、中介目标和操作目标三个层次。

在市场经济中，货币政策是政府干预经济的主要手段之一。中央银行货币政策的目标要与一国整个经济长期发展的战略目标一致，这是中央银行货币政策的最终目标。一般来说，中央银行货币政策最终目标有稳定物价、经济增长、充分就业和国际收支平衡四个方面。利率水平的变动、银根的松紧会使这些目标朝着预定的方向变动。这四大经济政策目标之间是有矛盾的，有时为了实现某一目标就不得不以牺牲其他目标为代价。因此，在实践中，中央银行往往是确定某一优先考虑的目标，同时最大限度地使其他目标与这一目标相适应。

货币政策的最终目标是一种长期的、原则性的、非数量化的目标，需要经过一个较长的、复杂的传导过程。中央银行需要针对长期最终目标选择货币政策的中介目标来作为货币政策最终目标的行动对象或中介，据以衡量对最终目标所产生的初步影响。它是中央银行能够加以控制的指标，主要有利率、货币供应量、超额储备和基础货币等。中央银行操作目标是接近中央银行政策工具的金融变量，它直接受政策工具的影响，其特点是中央银行容易对它进行控制，但它与最终目标的因果关系不太稳定。操作目标是属于每日每周的短期指标，它作为中央银行日常货币政策的调控对象，能够将政策工具与中介目标相联系。以上货币政策目标的三个层次是相互联系的，操作目标、中介目标与最终目标必须存在一定的传导性才能使得货币政策对经济运行产生作用。因此，一般将货币政策目标又称为广义的货币政策目标。广义的货币政策目标包括货币政策的最终目标、中介目标和操作目标。

二、货币政策的最终目标

货币政策的最终目标即中央银行执行货币政策预期要达到的最终政策效果。一般来说，各国货币政策的最终目标有五个，即稳定物价、充分就业、经济增长、国际收支平衡和金融稳定。

（一）货币政策的最终目标的内涵

1. 稳定物价

鉴于通货膨胀和物价上涨是世界各国经济生活中最严重的问题，稳定物价已成为中央银行货币政策的首要目标。所谓稳定物价即保持物价总水平的基本稳定，使物价水平在短期内没有显著的或急剧的波动。当然，稳定物价并不是冻结物价，不是使其长期停滞在一个水平上，而是使波动限定在一定幅度内。一般认为，如果一年之内物价上涨率低于3%，即实现了物价稳定的目标，也有人认为物价上涨率在5%左右也算物价基本稳定。

2. 充分就业

在第二次世界大战以后，由于战争的破坏，西方资本主义国家出现了大范围失业，失业成为了经济生活中的突出问题。各国为消除过度失业，促进资源的合理利用和经济的正常运转，其中央银行便将充分就业作为货币政策的目标之一。所谓充分就业即指凡是有能力并自愿参加工作者都能找到较适当的工作。就业水平的标准一般是用失业率来衡量的，失业率的高低代表社会充分就业程度的高低。当然，充分就业并不意味着消除失业，因为任何国家在任何时期，即使就业机会与意愿就业人数相等，也会由于工作的转换、职业的挑选等因素使一部分人暂时失业。因此，一般认为当失业率低于某一数值时就处于充分就业状态，该数值的高低取决于各国具体的经济情况。许多国家以 3%～4%为界，也有人认为必须将失业率控制在 3%以内才算充分就业。

3. 经济增长

中央银行货币政策以经济增长为目标，指的是中央银行在接受既定目标的前提下，通过其所能操纵的工具加以协助和促进。保持经济增长是各国追求的最终目标，因此，作为宏观经济政策组成部分的货币政策，也必然会把它作为自己的重要目标之一。经济增长是指使国民生产总值的年增长率保持在一定水平上，避免停滞不前或者负增长。各国一般以人均国民生产总值的增长率来表示经济增长速度的快慢。多数国家一般对计划期的实际 GDP 增长幅度定出指标，用百分比表示，中央银行以此作为货币政策的目标。

4. 国际收支平衡

它有两种含义：一是国际收支的静态平衡，即在一年的周期内国际收支相抵达到平衡；二是国际收支的动态平衡，即以经济实际运行可以实现平衡的时期为平衡周期，在该周期内达到国际收支平衡。静态平衡以一年为周期，强调国际收支数额和国际经贸活动的平衡。动态平衡以在考虑经济增长与波动的基础上确定若干年为周期，不仅要实现国际收支数额的平衡，而且要考虑国际收支结构的合理化。目前西方国家多以静态平衡为主，兼采用动态平衡。

5. 金融稳定

保持金融稳定是防范金融危机的重要前提。货币政策通过一般性政策工具和选择性政策工具的合理使用，可以调控社会信用总量，有利于抑制金融泡沫和经济泡沫的形成，避免泡沫的突然破灭对国民经济，特别是金融部门的激烈冲击，有利于保持金融稳定和防范金融危机。

（二）货币政策最终目标之间的关系

货币政策执行的最佳状态，最理想的是各项政策目标均能实现，但实际上并不容易达到这一状态。虽然各项目标之间具有互补性，存在着同时并进的可能性，但它们之间也存在着矛盾。

1. 稳定物价与充分就业

稳定物价目标与充分就业目标之间存在着矛盾。若要降低失业率，增加就业人数，就必须增加货币工资。若货币工资增加得过少，对充分就业目标无明显促进作用；若货币工资增加得过多，致使工资上涨率超过劳动生产率的增长，便会产生通货膨胀，造成物价与就业两项目标的冲突。物价稳定与充分就业之间的矛盾关系可用菲利普斯曲线来说明。1958 年，英国经济学家菲利普斯（A. W. Phillips）根据英国 1861—1957 年失业率和货币工资变动率的经验统计资料，提出了一条用以表示失业率和货币工资变动率之间交替关系的曲线。这条曲线表明，当失业率较低时，货币工资增长率较高；反之，当失业率较高时，货币工资增长率较低。由于货币工资增长与通货膨胀之间的联系，这条曲线又被西方经济学家用来表示失业率与通货膨胀率此消彼长、相互交替的关系。

2. 稳定物价与经济增长

按理说，稳定物价与经济增长之间并无矛盾，两者的关系是辩证的统一。只有稳定物价，才能为经济的健康发展提供良好的社会经济环境；只有经济增长，物价稳定才有雄厚的物质基础。

但是，稳定物价与经济增长之间也存在着矛盾。就现代市场经济的实践而言，经济的增长大多伴随着物价的上涨。从西方货币政策实践的结果来看，要使稳定物价与经济增长齐头并进并不容易。其主要原因在于，政府往往较多地考虑经济发展，刻意追求经济增长的高速度，有意或无意地以通货膨胀为手段来促进经济增长。譬如采用扩张信用和增加投资的办法，其结果必然造成货币发行量增加和物价上涨，使物价稳定与经济增长之间出现矛盾。

3. 充分就业与经济增长

通常经济增长能够创造更多的就业机会，但在某些情况下二者也会出现不一致。例如，以内涵型扩大再生产所实现的高经济增长，不能实现高就业；再如，片面强调高就业，硬性分配劳动力到企业单位就业，会造成人浮于事，效益下降，产出减少，导致经济增长速度放慢等。

4. 物价稳定与国际收支平衡

例如，当一国国际收支出现逆差时，中央银行通常通过货币贬值来调节，即通过货币贬值刺激出口、抑制进口来平衡国际收支，却放弃了稳定币值的目标。

5. 充分就业与国际收支平衡

在充分就业条件下，工资有上升的压力，从而可能引发价格上涨和货币对内价值下降。若汇率不变，则人们愿意购买价格相对较低的进口商品，从而导致国际收支失衡。因此，充分就业与国际收支平衡存在着一定的矛盾。

6. 经济增长与国际收支平衡

经济增长后，进口需求会增加，若出口不能随之增加，则可能出现贸易逆差，使国际收支失衡。为了恢复平衡，需压缩进口需求，进而抑制国内有效需求，导致经济增长速度放慢。因此，经济增长与国际收支平衡也难以同时兼顾。

7. 物价稳定与国际收支平衡和金融稳定的关系

物价稳定和汇率稳定有利于国际收支平衡。但为了贸易平衡而对外贬值则可能导致国内通货膨胀加剧。有时为拯救濒临破产的银行而增发货币可能导致通货膨胀，破坏金融稳定。国际收支平衡有利于金融的稳定，国际收支失衡，如贸易赤字和资本大量外流，将导致货币危机；金融的稳定也有利于国际收支的平衡，金融动荡将加剧资本外流，加剧国际收支失衡。

由此可见，货币政策的五大目标之间往往是矛盾的，不能同时实现。中央银行只能根据特定时期以及特定的经济条件选择一个、两个或多个目标作为主要目标来制定货币政策。

（三）有关货币政策的最终目标的选择的争议与反思

1. 理论争议

由于货币政策目标之间客观上难以多项兼顾，经济理论界对单目标、双目标和多目标一直存在着较多的争论。单目标论认为，由于各个宏观经济目标之间的矛盾性，货币政策只能以单一目标为己任。在选择什么样的目标为货币政策的唯一目标上又存在两种完全对立的观点：一种从稳定物价是经济正常运行和发展的基本前提出发，主张稳定币值是货币政策的唯一目标；另一种则认为经济增长是稳定物价的基础，主张以经济增长为货币政策的唯一目标。双目标论则认为，货币政策的目标不可能是单一的，而应当同时兼顾稳定币值和经济增长这两重目标。经济增长是币值稳定的物质基础，而币值的稳定又有利于经济的长期稳定增长。二者是互相制约和互相影响的，只偏重某一目标的结果不仅不可能在长期经济运行中实现该目标，对整个国民经济的稳定协调发展也是不利的。多目标论则认为，货币政策作为宏观经济间接调控的主要经济手段之一，对各个宏观经济目标都具有十分重要的影响，不能只以一个或两个宏观经济目标作为其政策目标，而应该在总体上兼顾各个目标，在不同时期以不同的目标作为相对重点。

2. 对多目标的反思：通货膨胀目标制

鉴于货币政策的最终目标之间存在各种冲突，货币政策的多目标制受到了许多质疑。第二次世界大战后，西方主要资本主义国家普遍经历了较大幅度的通货膨胀。美国在1974—1980 年发生了一次严重的通货膨胀，1980 年通货膨胀率高达 13.5%，但从 1982 年开始，通货膨胀率逐步下降，1996 年通货膨胀率为 2.7%。到 1998 年通货膨胀率降到1.6%以下，为 20 年来最低点。其后，美国的通货膨胀率有所上升，据统计，2005 年 9 月通货膨胀率跃居 4%以上，为 1991 年以来最高水平。英国在 1951—1953 年出现了较高的通货膨胀率之后，有一个相对稳定的时期。但在此后的 10 年间，通货膨胀率急剧上升，1974 年的通货膨胀率高达 19.1%，其他西方发达国家也都经历了类似的情形。

不仅西方发达国家，许多发展中国家也经历了严重的通货膨胀，1998 年俄罗斯的通货膨胀率高达 80%。在通货膨胀已成为世界经济现象的情况下，20 世纪 90 年代以后，世界各国的货币政策目标出现高度的一致性，即货币政策的主要目标是价格的稳定，抑制通货膨胀。

通货膨胀目标制作为一种新的货币政策战略在许多发达国家得到了实施。通货膨胀目标制不是一个简单的规则，而是一个货币政策框架，其特点是在一定的时间范围内，由政府和中央银行公布一个通货膨胀目标。该目标不是一个简单的数字，而是一个区间，如 1%～3%。政府和中央银行承诺将低的和稳定的通货膨胀作为货币政策的首要目标。2005 年 9 月七国集团经济体的平均通货膨胀率已升至 3.2%，达到 13 年来最高水平。澳大利亚通胀指数处于澳央行设定的2%～3%的范围之内。21 世纪初至次贷危机前，美联储开始实行以控制通货膨胀为目标的长期货币政策，为经济持续发展创造一个稳定的环境。美联储同意国会立法，取消多重货币政策目标中的“降低失业率”和“保持长期利率的适度增长”，将“控制通货膨胀”作为货币政策的唯一最终目标。

3. 次贷危机后货币政策目标的权益调整

2007 年美国爆发次贷危机后，危机的紧急救助与防范危机的蔓延成为各国货币政策目标的首选，对金融稳定与宏观审慎管理的诉求成为重中之重。全球货币政策目标的选择再次从单目标的热潮转向多目标的安排，其中金融稳定、充分就业、经济增长成为优先组合。危机发生至今已有十年，货币政策扩张偏好的热潮也开始逐渐减弱，货币政策目标将在经济重回日常轨道上再次面临选择，是单目标、双目标还是多目标需要每个国家针对自身经济金融的运行进行安排。

由于宏观经济调控体系的各个组成部分各有其特点，宏观经济环境也在不断变化，不同时期货币政策的相对重点一定是变化的。在经济高涨时期，保持物价和币值稳定是货币政策的首要目标；在经济紧缩时期，保持经济的稳定增长和充分就业就是货币政策目标的相对重点；而在国际收支失衡，汇率急剧波动和金融动荡时期，保持国际收支平衡、保持汇率稳定和金融稳定则成为该时期货币政策目标的相对重点。因此，货币政策目标并非唯一的，其相对重点也会随国内和国际经济环境的变化而变化。

三、货币政策的中介目标和操作目标

货币政策的中介目标又称中间目标，它是实现货币政策的最终目标的中间性或传导性金融变量。中央银行不能直接控制和实现货币政策的最终目标，因为一方面中央银行作为国民经济中的一个部门，它所能控制的只是货币供应量，不是宏观经济目标本身；另一方面货币政策的最终目标是一个长期的非数量化的指标，它只能为中央银行制定货币政策提供指导思想，不能为中央银行提供现实操作依据。所以中央银行必须借助于短期的、数量化的、用于日常操作的中介目标来实现其最终目标。

（一）建立货币政策的中介目标和操作目标的意义

（1）建立货币政策的中介目标和操作目标，是为了及时测定和控制货币政策的实施程度，使之朝着正确的方向发展，以保证货币政策的最终目标的实现。具体来说，因为有关最终目标的统计资料需较长时间汇集整理，即使按年编制，时间上也滞后，与中央银行及时调控货币政策不相适应，因此，中央银行需要经常汇集有关经济数据，作为确定政策实施过程和效果的指标。中介目标就是这些指标在一定时间内（如6个月）所应达到的数值。例如，中央银行为紧缩银根，则中介目标可能是在6个月内将利率从5%升至6.5%。但中央银行尚无法通过政策工具直接作用于中介目标，操作目标则弥补了这个缺陷。操作目标是属于每日每周的短期指标，它作为中央银行日常货币政策的调控对象，能够将政策工具与中介目标相联系。例如，可以把同业拆借利率作为操作目标，以长期利率作为中介目标，这样就可以在改变贴现率这个手段后，通过拆借利率的变动，实现长期利率的变动。

（2）由于货币政策的时间滞后现象，也有必要建立货币政策的中介目标和操作目标。货币政策的作用具有时间滞后现象，而货币政策的中介目标和操作目标作为中介或桥梁，在货币政策的传导中起着承上启下的传导作用，能使中央银行通过货币政策工具更有效地对宏观经济进行调控。

（二）货币政策的中介目标选择的标准

中央银行选择中介目标一般有五个标准：一是可控性，即能为中央银行所控制和调节。二是可测性，即中央银行能迅速准确地得到有关中介目标的数据以便观察分析和监测。三是相关性，即中介目标要与最终目标之间有密切的、稳定的、统计上的数量关系。只有这样，中央银行才能通过对中介目标的控制和调节，实现最终目标。四是抗干扰性，中介目标的选择必须是那些受外来因素和非政策因素干扰程度较低的经济变量。五是适应性，即与经济、金融体制有较好的适应性。

上述五个标准在理论上缺一不可，但实践中各项指标优劣不一，各有缺陷，难以做到十全十美，中央银行只能根据货币政策最终目标实现的客观需要选择其中适宜的工具来使用。常用的货币政策中介目标主要有利率、货币供应量和贷款量。在不同的历史阶段面临不同的经济问题，根据货币政策的不同需要，选择的主要指标各不相同。

1. 利率

西方传统的货币政策一向以利率为中介指标。利率能够作为中央银行货币政策的中介目标，这是因为：(1) 利率不但能够反映货币与信用的供给状态，而且能够表现供给与需求的相对变化。利率水平趋高被认为是银根紧缩，利率水平趋低则被认为是银根放松。(2) 利率属于中央银行影响可及的范围内，中央银行能够及时掌握利率的变动。20世纪30年代以后，西方国家面临经济萧条和有效需求不足的问题。由于利率对需求控制的作用，西方中央银行多数以利率为主要中介指标。

但是，利率作为中介指标的准确性较低。因为利率经常有显著的变动，影响其变动的因素很多，这样，当市场利率发生变动时，中央银行将难以判断。同时，利率作为中介指标还必须考虑一些技术性的问题。例如，利率种类的选择，名义利率和实际利率的差别等。

2. 货币供应量

20世纪70年代以后，为了解决通货膨胀这一经济难题，西方中央银行接纳货币学派的传导理论，确定以货币供应量或其变动率为主要指标。理由是：(1) 货币供应量的变动直接影响经济活动。(2) 货币供应量及其增减能够为中央银行所直接控制。(3) 货币供应量与货币政策联系最为直接。货币供应量增加，表示货币政策松弛；反之则表示货币政策紧缩。(4) 货币供应量作为中介指标不易将政策性效果与非政策性效果相混淆，因而具有准确性优点。

但是，以货币供应量作为中介指标也有几个问题需要考虑：(1) 货币供应量的变动主要取决于基础货币的改变，同时还要受其他种种非政策性因素的影响，如现金漏损率、商业银行超额准备金率等，中央银行不可能完全控制。(2) 货币供应量传导的时滞问题。中央银行通过变动准备金率以期达到一定货币量变动率，此间存在着较长的时滞。

由于货币供应量是一个多层次的概念，因此，以货币供应量为中介指标，还必须确定以哪一个层次的货币量为中介指标。

3. 信贷量

一般而言，在西方发达国家，中央银行信贷控制的作用不大，而且往往作为临时手段运用。在大多数发展中国家都对信贷实行比较严格的控制，并作为经常性的手段来运用，所以在政策的整个传导过程中，无论是对于政策工具还是对政策指标的选择，发展中国家都更重视信贷的因素，这一点有别于发达国家。

以信贷量作为中介目标，其优点是：(1) 与最终目标有密切相关性。流通中现金与存款货币均由贷款引起，中央银行控制了贷款规模，也就控制了货币供应量。(2) 准确性较强。作为内生变量，贷款规模与需求是正相关。作为政策变数，贷款规模与需求也是正相关，中央银行欲抑制需求，必设法缩减商业银行贷款量。因此，不会有误导中央银行的顾虑。(3) 数据容易获得，因而也具有可测性。只是从可控性来看，各国情况不一。如前所述，政府对贷款控制较严的国家，通过颁布一系列关于商业银行贷款的政策及种种限制，自然易于中央银行控制贷款规模，反之则不然。以信贷量为指标，各国采用的计量口径也一致，有的用贷款发生额，有的用贷款增量。

（三）货币政策的操作目标的选择

常用的货币政策操作目标主要有：短期利率、准备金、基础货币等。

1. 短期利率

利率作为中介指标的性能在前文已有叙述。中央银行若以长期利率为中介目标，势必采用短期利率作为操作目标，因为两者联系最为密切。短期利率与政策工具较为接近，中央银行经常通过变动短期利率来影响长期利率。其传导过程是：中央银行若改变准备金率、贴现率或开展公开市场业务，均对商业银行的准备金产生影响，使商业银行扩张或紧缩信贷规模，改变货币供应量，从而影响短期利率水平。短期利率降低后，部分资金会流入长期资金市场，使长期资金供求状况发生变化，从而降低长期利率。

由于利率有不同的期限结构，且同一期限的不同资产又有不同的利率，作为操作目标，中央银行通常只能选用其中一种利率。过去美国联邦储备委员会主要采用的操作目标是国库券利率。近年来转为采用联邦基金利率。日本采用的操作目标是银行同业拆借利率。

2. 准备金

中央银行以准备金作为货币政策的操作目标的主要原因是：无论中央银行运用何种政策工具，必须先行改变商业银行的准备金，以便对中介目标和最终目标产生影响。因此，变动准备金是货币政策传导的必由之路。由于商业银行准备金越多，银行放款与投资的能力就越大，从而派生存款和货币供应量也就越多。因此，银行准备金增加被认为是货币市场银根放松，准备金减少则意味着市场银根紧缩。

3. 基础货币

基础货币又称高能货币，是中央银行经常使用的一个金融指标，是商业银行准备金和流通中通货的总和，即包括商业银行在中央银行的存款，加上商业银行的库存现金，再加上社会公众持有的现金。

多数学者认为，基础货币是较理想的操作指标。因为基础货币是中央银行的负债，中央银行对已发行的现金和它持有的存款准备金掌握着及时的信息，因此依靠管理工具，中央银行对基础货币是能够直接控制的。基础货币比银行准备金更为有利，因为它考虑到了社会公众的通货持有量，而准备金却忽略了这一重要因素，表11-1为美国货币政策目标的历史轨迹。

表11-1　　20世纪美国货币政策目标的变迁

项目	20世纪50—60年代	20世纪70—80年代	进入20世纪90年代
政策背景	经济大危机过后，失业问题严重	经济停滞与通货膨胀并存	经济从停滞到复苏，通货膨胀抬头
政策理论依据	凯恩斯主义理论，货币政策从属于财政政策	货币主义理论，倚重货币政策	强调货币政策与财政政策的协调
最终目标	以充分就业、经济增长为主要目标	以稳定通货为主要目标	以反通货膨胀为唯一目标
中介目标	以利率为主要中介目标	以货币供应量为主要中介目标	放弃以货币供应量为中介目标的做法，改以利率为主要中介目标
操作目标	以短期利率、同业市场拆借利率、储备水平为主要操作目标		

四、中国货币政策目标的选择

（一）货币政策最终目标选择的阶段性

中国的货币政策最终目标的选择经历了三个阶段。

（1）自新中国成立以后至1984年，这一阶段的货币政策目标的选择主要是为支持经济发展，维护社会稳定。

（2）1993年，《国务院关于金融体制改革的决定》明确提出，中国人民银行货币政策的最终目标是保持货币的稳定，并以此促进经济增长。把稳定币值提到一个比较重要的位置，这较第一阶段是一个比较大的发展。但是稳定货币与发展经济二者并无先后之序、主次之分，即把稳定货币与发展经济作为中国货币政策的双重目标。然而，在许多场合两者常常是矛盾的，很难做到两者兼顾，这严重制约着经济的正常运行与发展。

（3）1995年，在总结以往实践经验的基础上，根据国务院关于建立社会主义市场经济体制的总体要求和金融体制改革的方向，1995年3月公布的《中国人民银行法》明确规定了中国货币政策的最终目标是"保持货币币值的稳定，并以此促进经济增长"，又将这一目标以法律形式确定下来。2003年修订的《中国人民银行法》仍保留了该货币政策目标。由原来的双目标转变为单目标，这样就将货币政策的目标法定，为中央银行在国务院领导下制定和实施货币政策确定了方向，可以避免人为的不当干扰，为市场交易主体提供了稳定的预期。

现行的货币政策的最终目标具有以下几个特点：（1）突出了稳定货币币值的首要性、重要性。坚持稳定币值的方针，是保证中国改革开放和发展顺利进行的必要条件，是社会主义市场经济规律的客观要求。（2）指出了中国货币政策的最终目标，即以稳定币值为取向的经济增长。这与中国长期发展的战略目标，以经济建设为中心的指导方针是一致的，体现了"发展是硬道理"的思想。（3）表明了稳定货币币值是经济增长的前提。稳定货币币值的目的是促进经济增长，经济增长的实现有赖于稳定货币币值，并为稳定货币币值创造更良好的环境，二者是相互促进的。

（二）确立以稳定币值为取向的货币政策目标的意义

稳定币值是经济增长的重要保证。从理论上讲，超过经济发展需要增发货币不会增加社会财富，只会引起货币贬值，导致通货膨胀，中国的实际情况也证实了这点。从中国人民银行的性质来看，保持币值稳定是中国人民银行的首要任务和职责。中国人民银行是国家调节和控制社会信用活动的总闸门，是国家发行货币的唯一机关。作为发行的银行，它一方面享有发行货币的独占权，另一方面应该把保持货币的正常流通和币值的稳定作为其宗旨。因此，无论是哪一个国家的中央银行，如果它是真正意义上的中央银行，理应把稳定币值作为自身天职，这是其职能的重要体现。

（三）中国货币政策的中介目标

中国在相当长的计划经济体制下，曾把贷款总规模作为货币政策的中介目标，这符合中国当时的经济体制。由于中国市场经济的发展，经济的间接调控体制逐步完善。从1998年1月1日起，中国人民银行取消了对国有商业银行贷款规模的限制，实行资产负债比例管理和风险管理。因此，贷款总规模已不再是中国货币政策的中介目标。中国人民银行主要以货币供应量、利率、汇率等作为货币政策的中介目标。

1. 货币供应量

年度货币供应量是指年度内由流通中现金和存款等构成的货币量总和。这个指标与货币政策的最终目标有很强的相关度，具有可测性的特点，而且中央银行运用货币政策工具能直接对其加以控制，因此是理想的货币政策中介目标。根据货币流动性和货币功能的强弱，中国一般把货币供应量划分为M0、M1、M2三个层次，M0是指流通中的现金；M1是指M0加商业银行的企业活期存款；M2是指M1加商业银行的定期存款（包括居民储蓄存款和客户保证金）。在日常操作中，目前常用的是M1，即狭义货币供应量。中国控制货币供应的基本做法是：（1）根据国民经济和社会发展计划对国民生产总值增长率的要求、可以承受的通货膨胀率的预期以及测算的货币流通速度，确定一个合理的供应量增长率。（2）根据一定的货币乘数，推算所应提供的基础货币。（3）通过各种货币政策工具，对基础货币进行控制。可以说，年度货币供应量对货币政策的重大影响是由其作为货币政策的中介目标而确立的。

2. 利率

利率是利息与本金的比率，即买卖资金的“价格”，它是衡量资金价格的变化指标。利率政策，包括利率水平政策和利率结构政策。利率水平的变动，由于增加或减少了筹资成本，会引起信用总量的相应变化；而利率结构的变化，则会引起信用期限结构和信用分布状况的变化。所以，利率政策的变化会对信用总量、信贷结构或者同时对两者产生影响。可见，利率与货币政策有着十分密切的关系。中国的利率政策既调整利率总体水平，也调整利率结构。前者如中国人民银行对商业银行和其他金融机构的存贷款利率、金融机构在中国人民银行规定的浮动幅度内以法定利率为基础自行确定的利率等。后者如优惠贷款利率、差别贷款利率以及贴现贷款利率等。

随着商业银行的发展以及现代企业制度的建立和完善，利率的宏观调控作用将变得更为重要、更为灵敏。

3. 汇率

汇率也称汇价，是指两个国家不同货币的比价或者说是一国货币以另一国货币表示的价格，它是衡量本币与外币比的变动指标。正因为汇率是国与国之间货币的交换比率，所以它对于一国居民与另一国居民之间进行的一切经济交易所形成的国际收支的影响是显而易见的。一般来说，高估本国货币的汇价会刺激进口，而不利于出口；而低估本国货币的汇价会刺激出口，限制进口。但从长期来看，无论是高估还是低估，都会导致国际收支的不平衡，从而对社会的总需求与总供给的平衡带来不利的影响。从这个意义上，汇率政策对国民经济稳定、协调发展有着重要意义。中国的汇率政策应有利于吸引外商投资，有利于打击外汇投机活动，从而达到外汇收支平衡、略有结余的目标，为社会主义市场经济的建立和正常运行提供良好的政策服务。

关于中国货币政策中介目标的选择存在不同意见，一种观点认为M2是最合适的中介目标，另一种观点认为M1是最合适的中介目标。此外，还有人认为中国利率还没有实现完全市场化，不能很好地发挥作用；汇率作为中介目标，还受制于汇率形成机制的影响，缺乏灵敏性。随着中国社会主义市场经济的逐步完善，各种新的情况将会出现，实现货币政策的环境和基础也会发生变化。因此，货币政策的中介目标必然要随着市场经济运行情况的变化进行必要的补充和调整。例如，在市场体系比较发达、银行商业化以及存款准备金作用充分发挥、货币乘数作用机制逐步完善的情况下，利率、基础货币、超额准备金等将成为中国货币政策主要的中介目标。

专栏 11-1　央行：2016 年继续实施稳健货币政策

央行发布的《中国人民银行年报 2015》指出，2016 年继续实施稳健的货币政策，保持松紧适度，适时预调微调，增强针对性和灵活性，做好供给侧结构性改革中的总需求管理，为结构性改革营造中性适度的货币金融环境，促进经济科学发展和可持续发展。更加注重改革创新，寓改革于调控之中，把货币政策调控与深化改革紧密结合起来，更充分地发挥市场在资源配置中的决定性作用。针对金融深化和创新发展，进一步完善调控模式，强化价格型调节和传导机制，疏通货币政策向实体经济的传导渠道，着力解决经济金融运行中的突出问题，提高金融运行效率和服务实体经济的能力。

一是综合运用多种货币政策工具，优化政策组合，加强和改善宏观审慎管理，组织实施好宏观审慎评估，保持适度流动性，实现货币信贷和社会融资规模合理增长。二是盘活存量、优化增量，支持经济结构调整和转型升级。三是进一步推进利率市场化和人民币汇率形成机制改革，提高金融资源配置效率，完善金融调控机制。四是完善金融市场体系，切实发挥好金融市场在稳定经济增长、推动经济结构调整和转型升级、深化改革开放和防范金融风险方面的作用。五是深化金融机构改革，通过增加供给和竞争改善金融服务。六是有效防范和化解系统性金融风险，切实维护金融体系稳定。

在金融改革方面，央行表示，2016 年继续深化重点领域改革，持续推出一批具有重大牵引作用的金融改革开放措施，不断释放改革红利，包括培育市场基准利率和收益率曲线，健全市场化的利率形成和传导机制及央行政策利率体系；进一步完善市场化汇率形成机制，促进形成境内外一致的人民币汇率；落实政策性、开发性金融机构改革方案，建立可持续发展的体制机制安排；扎实做好与存款保险制度实施相关的各项工作；继续推进区域金融改革和农村金融改革试点工作，形成可复制、可推广的经验；稳步推进金融业对外开放，以开放促改革等。同时，不断完善金融风险监测、评估、预警和处置体系建设，坚决守住不发生系统性、区域性风险的底线。

资料来源：《中国人民银行年报 2015》。

第三节　中央银行货币政策工具

货币政策工具是指中央银行为实现货币政策目标所采用的各种手段和措施，通常分为五类，即一般性货币政策工具、选择性货币政策工具、直接信用控制、间接信用控制和其他政策工具。

一、中央银行一般性货币政策工具

中央银行一般性货币政策工具是在市场经济条件下中央银行经常运用的传统工具，包括法定存款准备金政策、再贴现政策和公开市场业务，通称中央银行的“三大法宝”。

它们的一般性体现在能够对整体经济运行产生影响。

（一）法定存款准备金政策

法定存款准备金政策主要是围绕法定存款准备金率开展活动的，具体是指中央银行依法通过规定和调整商业银行的法定存款准备金率，控制商业银行的信用创造能力，从而间接调控全社会的货币供应量。英国是最早实行将存款准备金集中于中央银行的国家，而该方式被以法律形式规定下来则始于美国1913年的《联邦储备法》。法定存款准备金建立的初衷是为了保持银行资产的流动性，提高银行的清偿能力。但从1935年美国银行法授权联邦储备委员会可以升降会员银行的法定存款准备金率开始，调整法定存款准备金率就逐渐成为各国中央银行调控货币供应量的重要工具。目前，凡是实行中央银行制度的国家，一般都实行法定存款准备金制度。

1. 法定存款准备金政策的基本内容

虽然法定存款准备金政策在不同的国家、不同的经济环境中不尽相同，但其基本内容是大体一致的。

（1）通过提高或降低法定存款准备金率水平来实现对货币供应量的影响。因为法定存款准备金率的变化可以改变货币乘数从而影响货币总量。具体来看，当经济处于需求过度和通货膨胀的情况下，中央银行可以提高法定存款准备金率，以此缩小货币乘数，迫使商业银行紧缩信贷，从而减少市场货币量；当经济处于疲软或衰退状况时，中央银行可以降低法定存款准备金率，以此扩大货币乘数，从而增加市场上的货币量，刺激投资和消费需求，刺激生产。现实中各国中央银行对法定存款准备金率的确定和调整幅度有着不同的规定，大多数国家规定了变动的最高限和最低限。目前，其数值大体是趋低的。

（2）通过规定差别法定存款准备金率，在影响货币量的同时促进实现银行体系经营的安全。对差别法定存款准备金率的规定，各国的举措不同，有的依据存款类别来规定，如活期存款的流动性高于定期存款，其存款准备金率相应也高；有的依据银行规模、经营环境来规定，如处于发达地区的大银行，其存款准备金率相应较高；有的则认为差别没有必要，对所有存款、所有银行一视同仁，规定统一的存款准备金率。无论如何，差别存款准备金率的安排对不同类型的存款和银行在货币创造和经营安全方面是有一定的约束作用的。

2. 法定存款准备金政策的作用效果分析

（1）法定存款准备金政策作用效果最突出的特点是猛烈性。因为法定存款准备金率是影响货币乘数的主要因素之一，它与货币乘数成反比，一般商业银行为追求利润通常不会保有太多的超额准备，故法定存款准备金率发生微小的变化，都会引起货币乘数的多倍扩张或收缩，商业银行的货币创造自然随之有较大幅度的波动，从而对货币供应量和信贷状况发生强烈影响。人们为强调它的这一作用特点，称其为中央银行工具库里的“一把巨斧”。

（2）告示作用。伴随法定存款准备金率的调整，还会产生潜在调控功能，即告示作用。无论中央银行调高或调低法定存款准备金率，都会使金融机构及社会大众产生一定的预期，认为中央银行货币政策未来将趋向紧缩或扩张，因而会依据预期相应调整各自的行为，进而对经济和金融运行产生一定影响。

此外，即便不调整法定存款准备金率，调控机能也同样存在，因为对此比率的法律规定本身就已有效地限制了商业银行创造信用的能力。

3. 法定存款准备金政策的局限性及其改革

法定存款准备金政策的局限性产生于它的猛烈性特点。因为调整法定存款准备金率引起的货币供应量的猛烈张缩，容易形成对社会大众的心理震荡，使中央银行不敢轻易使用它，即便使用也在调整时机、调整幅度的确定上极为小心谨慎，一般采取保守态度，故此政策较缺乏弹性，易呈固定化倾向。同时，调整法定准备金率也可能会给一些银行带来危机，比如对超额准备金很低的银行，提高存款准备金率可能立即会引发它的流动性问题，使其流动性管理更为困难。

针对上述局限性，许多经济学家提出了若干改革方案。有的认为可以对准备金存款计息并以此利率来调控货币供应量；有的主张在极小幅度内变动法定存款准备金率或者干脆固定此比率；有的则提出完全取消此政策以回避其局限等等。这些建议潜含一种共识，即变动法定存款准备金率作为调控货币供应量的政策工具过于粗笨，最好少用或不用。

（二）再贴现政策

再贴现是指商业银行或存款机构将已贴现的未到期票据向中央银行再次贴现或是以中央银行同意接受的抵押品如政府债券申请抵押贷款的行为。再贴现原来主要作为商业银行弥补短期资金不足，应付客户提存需要，确保银行安全性的一种措施，后来逐渐发展成为中央银行的货币政策工具。所谓再贴现政策是指中央银行通过制定或调整再贴现利率来干预和影响市场利率及货币的市场供求，从而调节货币总量的政策安排。再贴现政策也可以通过规定申请再贴现票据资格来影响商业银行及全社会的资金投向。

1. 再贴现政策的基本内容

（1）制定和调整再贴现率。再贴现率是商业银行将所持有的未到期的已贴现商业票据向中央银行再贴现时所付的利率，表现为再贴现票据金额的一定折扣率。再贴现率具有以下特点：一是短期利率，因再贴现票据一般不超过1年；二是官方利率，由中央银行确定，不随市场供求变化而变化；三是基准利率，是一国利率体系中其他利率赖以变动和调整的基础之一。

再贴现率的制定和调整是中央银行运用再贴现政策的关键。当中央银行提高再贴现率时，商业银行向中央银行贴现或借款的资金成本随之上升，商业银行的准备金则相应减少，若其准备金不足则会自行缩减对客户的贷款和投资规模，从而引起市场上货币量的减少并带动市场利率上升。反之，降低再贴现率可以引起市场货币量的增加和市场利率的下降。

（2）对申请再贴现票据资格的规定，主要是对再贴现票据种类和期限的限制，这方面的规定有利于中央银行对票据的科学管理及影响商业银行和全社会的资金投向。

（3）对再贴现规模的规定，即规划一定时期进行再贴现的总体规模，以资金总量的多少来调节货币供应。比如，当市场货币量过多时，可减少再贴现的资金额度，以此减少对商业银行等金融机构的货币供应，从而影响市场货币量。

因为调整再贴现率需要有利率市场化的配合才能奏效，故发展中国家在运用再贴现政策时多偏重通过规定票据资格和调整规模来进行调节货币金融运行的操作。

2. 再贴现政策的作用效果分析

归纳起来，其作用效果大致有：

(1) 告示作用，即向社会大众宣示中央银行货币政策意向，从而影响商业银行及社会公众的预期。如提高再贴现率意味着中央银行可能采取紧缩银根的举措；反之，调低再贴现率则意味着中央银行可能采取扩张银根的举措。

(2) 通过影响商业银行的信贷成本和超额准备金，影响其贷款和投资活动，从而对市场上的货币量进行调节。如提高再贴现率会使得商业银行融资成本提高，商业银行为保证盈利水平不变可能采取相应提高向客户贷款或贴现的利率；也可能不调整利率，而采取减少再贴现数量或动用超额准备金的方法。无论何种措施都会最终导致金融市场上资金供求状况发生变化。

(3) 可以影响商业银行的资金投向。它主要通过对再贴现票据资格的限定来实现，这一效果对经济结构的调整有所贡献。

(4) 具有充当最后贷款人，防止金融恐慌的作用。在银行危机时期，再贴现是中央银行向银行体系提供资金支持的一种特别有效的方法，不仅对于银行，对于整个金融体系都能发挥同样的作用。比如 1987 年的“黑色星期一”股市风潮，美国联邦储备委员会表明对任何给予证券企业贷款的银行提供贴现贷款，这一及时行动使一场大恐慌得以避免。

3. 再贴现政策的局限性

再贴现政策发挥作用的同时也存在着局限性，主要表现为：一是在告示作用方面，可能会出现信号被误解的情况。比如中央银行提高再贴现率仅是为了保证再贴现额不至于过高，使再贴现率与市场利率较为一致，而并不是意在紧缩，但这一举动却易被市场误解为中央银行可能要实行紧缩性政策的一个信号；二是在影响商业银行融资成本方面，由于行使再贴现的主动权在商业银行手中，商业银行是否愿意到中央银行再贴现或贴现多少金额，中央银行都无法左右，因而可能会出现中央银行采取行动后，商业银行毫无反应的现象，从而政策效果无法显现；三是当中央银行使用再贴现来阻止金融恐慌时，需认识到此种方法忌频繁使用，频繁使用会强化金融机构的道德风险，暂时的阻止可能会招致下一轮更大的风险，因此中央银行实行此政策时需要在暂时防止危机和可能招致更强的道德风险之间做出权衡。

由上述分析可知，再贴现政策并不是十分理想的货币政策工具，目前各国趋于消极地运用它。

(三) 公开市场业务

所谓公开市场业务是指中央银行在金融市场上买卖有价证券和票据（一般为政府债券），直接决定基础货币的变动，从而达到扩张和收缩信用调节货币供应量的目的。早在 19 世纪初，英格兰银行便开展了公开市场业务。其后，许多国家纷纷仿效，公开市场业务得以普遍推行。时至今日，公开市场业务更是广泛地为各国采用，它作为重要的货币政策工具已无争议。

1. 公开市场业务的基本内容

从公开市场政策的理论基础看，公开市场政策依据的是银行体系积累扩张和积累收缩的能力。当中央银行购入证券后，出售者无论是金融机构还是企业或居民个人，经过票据交换清算后，必然导致银行体系准备金增加，从而扩张信贷和货币供应；反之，中央银行出售证券后，也必然会导致银行体系准备金的减少，进而收缩信贷和货币供应。

广义公开市场业务买卖对象种类较多，包括政府债券、银行承兑票据，甚至包括外汇黄金；狭义上讲则种类较少，主要是指政府债券，尤指国库券。一般而言，对中央银行公开市场政策的分析多从狭义角度进行。

2. 公开市场业务的特点

公开市场业务具有“三性”特点，即主动性、灵活性、微调性。一是主动性，表现为公开市场操作是由中央银行主动进行的，其操作时机、规模完全由中央银行自己控制。二是灵活性，表现为中央银行既可以在公开市场上进行经常性、连续性的操作，也可以对经济、金融运行中的突发情况做出迅速反应，还可以在自己操作出现失误时，立即逆向调整进行矫正。三是微调性，表现为中央银行在操作公开市场业务时能恰到好处地把握规模，无论想要商业银行准备金或基础货币发生多么微小的变动，中央银行都可以通过相应量度的证券买卖来实现。从这些特点上可以感受到公开市场业务较其他政策工具所具有的优越性，公开市场业务也因此成为现代中央银行最为青睐的政策工具。

3. 公开市场业务的效果

（1）能够调节银行准备金，从而影响信贷规模和货币供应量。比如在经济萧条，信用、货币感到吃紧时，中央银行可以通过在公开市场上买入证券向社会投放基础货币，商业银行的准备金因之增加，其创造信用、供给货币的能力也得以加强，从而实现货币供应的扩张，对经济产生刺激作用。

（2）能够影响利率水平和结构。中央银行买卖证券客观上是向社会注入或回笼货币，社会货币量一般将发生变化，因此必然引起市场利率水平的波动。此外，中央银行通过操作不同期限的证券还具有调整利率结构的能力。如中央银行买进100万元长期债券同时卖出100万元短期债券，虽然货币总量未发生变化，却使得短期债券价格下降、收益上升，长期债券价格上升、收益下降。

上述中央银行操作公开市场业务的效果也体现出该项政策的目的所在：首先，中央银行希望以此工具的运用实现对信贷总量、货币供应量的间接调控；其次，希望以此工具的运用协助其他政策的开展，如影响市场利率以助再贴现政策的运用；最后，就是希望以此工具的运用来抵消某些因素对金融市场的不良影响。

4. 公开市场业务的局限性

（1）公开市场业务作用的发挥需要有适当的经济金融环境，否则很难奏效。一是对中央银行的要求。首先中央银行必须有强大的资金实力，对整个金融市场能够控制和干预；其次中央银行必须有较强的相对独立性，在业务操作时不受政府干扰。二是对金融市场的要求，包括金融市场上证券品种和数量要适当，以利中央银行不同的选择。金融市场机制要完善，运行必须顺畅，以利中央银行的政策意图可以迅速有效地传递。三是要求一个发达的信用制度，如社会有普遍使用支票等票据的习惯，商业银行十分重视存款准备金等。只有具备这些条件，公开市场业务的运用才能通过银行信用的方式奏效，才能通过对准备金的影响奏效。

（2）其他因素的干扰可能抵消公开市场业务工具的作用。比如商业银行的行为可能与中央银行意愿不一致，中央银行采取行动后商业银行可能毫无反应或反应极小极慢，政策效果则无从谈起；又如受经济周期影响，当经济过热时，商业银行的信贷需求看重的是投资收益率高，故中央银行出售债券引起的利率上升很难使信贷需求随之减少。

二、中央银行其他货币政策工具

一般性货币政策工具主要是数量型控制，用于调节全社会货币供应总量较为有效。除此之外，中央银行还有其他可用的政策工具包括选择性政策工具、直接信用控制、间接信用控制和其他政策工具。其中，选择性政策工具主要是针对某些特殊领域的信用活动进行调节和影响；直接信用控制是从质和量两方面对商业银行的信用活动进行调控；间接信用控制则是强调中央银行通过给商业银行提供指导性意见间接实现对商业银行信用创造的影响；至于其他政策工具主要是指不包括在上述三类的、中央银行利用自己的权威及影响力为货币政策顺利实施所采取的手段或措施。

（一）选择性货币政策工具

选择性货币政策工具主要由消费者信用控制、证券市场信用控制和不动产信用控制组成。

1. 消费者信用控制

消费者信用控制是指中央银行对不动产以外的各种耐用消费品的销售融资予以控制的一种信用管理措施。消费者信用控制的主要内容是在消费者运用消费信用方式购买耐用消费品时，规定首次付款的最低金额、偿还期限以及可购买消费品的种类。此外，对无担保的消费者信用还要提取一定的保证金。以美国为例，其曾规定以分期付款购买消费品时，第一次付款金额不得少于应付货款的1/3，最长期限不超过12～15个月。

中央银行运用此项工具是为了规范和调控消费者信用。因为消费者信用是重要的信用形式，它的总量庞大并且与社会公众紧密相连，如果听之任之，往往会给经济的稳定带来干扰。比如消费者信用大量增加虽然可以刺激消费品的生产和销售，但也会使其他投资随之减少，进而影响社会资源的合理分配，同时也给一部分消费者造成沉重的负担；而消费者信用倘若骤减，又会导致消费者购买力直线下降，从而促使经济萧条。所以中央银行可以抑制消费者信用的过度使用和通货膨胀，对经济的稳定发展、减轻经济周期影响都有重要作用。其调控方法是：当经济处于需求过旺或通货膨胀时期，中央银行可以通过提高首次付款比例、缩短分期付款期限等措施加强对消费者信用的控制；反之，当需求不足或经济衰退时，中央银行可放松管制以刺激消费量的增加。

2. 不动产信用控制

不动产信用控制是中央银行对金融机构发放房地产贷款所规定的某些限制性措施。不动产信用控制的主要内容有：规定不动产贷款的最高额度、分期付款的期限、首次付款的金额及还款条件等。比如美国曾规定第一次付款的最低金额不得少于所购不动产应付款的1/3。

因为不动产领域关系着国计民生，与全国许多经济部门都有着密切的联系；而不动产交易又往往带有投机性，并不完全是实际需求的反映，故中央银行对不动产信用的控制有利于打击不动产投机，保护正常房地产消费、稳定货币和经济。其效应具体表现为：在经济过热、不动产信用膨胀时，中央银行可通过规定和加强各种限制措施减少不动产信贷，进而抑制不动产的盲目生产或投机，减轻通货膨胀压力，防止经济泡沫的形成。在经济衰退时期，中央银行也可通过放松管制，扩大不动产信贷，刺激社会对不动产的需求，进而以不动产的投资扩大和交易活跃带动其他经济部门的生产发展，从而促使经济复苏。

3. 证券市场信用控制

证券市场信用控制是指中央银行对使用贷款进行证券交易的活动加以控制。通过提高购买证券的定金或保证金来影响贷款额占证券交易额的百分比，以此限制对证券市场的放款规模。实施该项工具的主要依据是：最高贷款额度＝（1－法定保证金比率）×证券交易总额。法定保证金比率是指购买人第一次支付的最低出资比率。证券市场信用控制的主要内容是中央银行依据金融市场状况，调高或降低法定保证金比率，以此控制流入证券市场的资金数量。

中央银行运用此项工具能够抑制证券市场的信贷资金供应、规范信贷双方交易活动、平抑证券市场价格和限制证券市场的过度投机，从而有助于证券交易正常地开展，避免引发金融市场剧烈波动。比如，当市场出现股价急剧上升，被中央银行认为是投机所致，即可依据实际情况，将保证金比率由原来的20％提高至40％，其结果是：一笔100万元的证券交易，其最高贷款额由原来的80万元［100×(1－20％)］降低为60万元［100×(1－40％)］。因此，中央银行在此笔交易中通过控制减少了20万元的资金流入。

（二）直接信用控制

直接信用控制是中央银行以行政命令的方式对商业银行或存款机构的信用业务进行的干预和控制，其主要措施有：信用分配、直接干预、流动性比率、利率最高限额、特种存款等。

1. 信用分配

信用分配是指中央银行根据金融市场状况及客观经济需要，对商业银行的信用规模加以分配并限制其最高数量。信用分配主要是为了避免信用过度扩张、保证有限资金运用在最能发挥效能的途径上。具体做法是：中央银行权衡经济建设的轻重缓急程度，直接进行资金分配，对商业银行提出的贷款申请，或予以拒绝，或限制使用金额，或指定资金使用的领域。

信用分配适用于资金供求不平衡的国家，尤其是投资多、资金来源有限的经济欠发达国家。在资金量不充足的前提下，使用信用分配无疑是有效利用资金的良好选择。

2. 直接干预

直接干预是指中央银行以一国金融体系的最高管理者身份，对商业银行的信贷业务直接进行干预的行动。具体措施有：直接限制贷款最高额度，不经批准不准突破。比如对商业银行发放的中期贷款规定最高额度，对储蓄银行的股票投资、住宅融资规定最高额度；直接干涉商业银行对活期存款的吸收，例如对活期存款的增加额另定较高的存款准备金率；对业务经营不当的商业银行拒绝提供贷款，或者给予贷款但采取高于一般利率的惩罚性利率；明确规定商业银行放款或投资的范围，如规定商业银行对不动产投资数量的限制。直接干预这种政策工具在发达的市场经济国家中运用较少。

3. 流动性比率

流动性比率是指中央银行为限制商业银行创造信用的能力，规定流动资产对存款的比重。流动资产即能够较快变现的资产，比如国库券、可转让定期存单、银行承兑汇票等。一般而言，资产的流动性越大、安全性越强，收益率越低。中央银行规定流动性比率，会迫使商业银行为达到标准而调整资产负债结构，比如减少长期性贷款、增加短期性贷款等，这样就可以约束商业银行任意发放长期性商业贷款的行为，从而实现中央银行限制信用扩张的目的。

4. 利率最高限额

利率最高限额是较常使用的直接信用控制工具，由中央银行规定商业银行对贷款的最高利率。这一措施主要是为了防止商业银行因“高利吸储”而进行的恶性竞争和为谋取高利而进行的高风险投资或贷款。因此，采用利率最高限额有利于引导商业银行的正常经营和抑制信贷过度扩张。但必须注意的是，当经济处于通货膨胀或物价上涨状态时，则不能运用这一手段，否则可能会导致存款大量流出金融机构。目前，利率的自由化趋向已使此政策的使用率下降。

5. 特种存款

特种存款是指中央银行依据金融调控的需要，以特定方式向金融机构（以存款类金融机构为主）集中一定数量资金的直接信用控制手段。

（三）间接信用控制

间接信用控制是指中央银行运用各种间接方法对商业银行的信用业务施加影响的一种控制手段，其主要方法有窗口指导和道义劝告。

1. 窗口指导

窗口指导产生于20世纪50年代的日本，它的内容是：中央银行根据经济增长情况、货币政策要求和金融市场动向，规定商业银行每季度贷款的增减额并要求一定执行。倘若商业银行不按规定的增减额对产业部门贷款，中央银行则可削减向该银行贷款的额度，甚至采取停止提供信用等制裁措施。此外，窗口指导也会暗示贷款的使用方向，以保证经济优先发展部门的资金需要。

窗口指导的目的是保持信贷总量的适度增长，有利于经济的发展，该政策虽不具有法律效力，却具有强制性。如果金融机构不遵照窗口指导行事，尽管不承担法律责任，但要承受中央银行因此而施加的各种经济制裁。窗口指导这种虽不是直接干预却具有强制作用的政策工具深受由直接性金融调控向间接性金融调控转变的国家的青睐。

2. 道义劝告

道义劝告是指中央银行凭借其在一国金融体系中的核心地位和威望，对金融机构进行放款数量和投资方向的劝告，从而实现调控信用的目的。这一措施能够起到质和量的双重效果，即中央银行可以让商业银行关注放款和投资的数量，也可以要求它们注意贷款和投资的方向。

道义劝告不具备法律约束力，但中央银行出面的劝说可以产生规范效果和警示效果，促使金融机构自动给予配合。不过这种局面的形成需要一定的条件，即中央银行具有较高威望和地位，与金融机构关系密切；中央银行拥有较充分的信息来源和经济分析能力；同时金融机构体系具有较高的道德水准和自律意识。

间接信用控制较为灵活，其效果良好的保证是：中央银行在一国金融体系中有极高的威望和较强的地位并拥有控制信用的足够的法律权力和手段。

（四）其他政策工具

除上述特点不同、各有所长的政策工具外，中央银行还可凭借其在一国金融体系中的重要地位，安排一些辅助货币政策实施的手段或措施。这里主要介绍较常使用的金融检查和公开宣传。

1. 金融检查

金融检查是中央银行管理金融的一种手段，是指中央银行在不干涉金融机构内部经营管理的条件下，依据各种金融法律、法规所进行的各种检查，既有业务方面的规范检查，也有人事方面的称职检查。金融检查的方式方法多种多样，有现场检查与非现场检查，有定期检查与不定期检查，也有样本检查与随机抽查等。其目的在于规范金融机构行为，维护金融体系安全。金融检查有利于加强中央银行对金融机构的了解与控制。

2. 公开宣传

公开宣传是指中央银行利用各种机会、各种媒介向金融界及全社会公开阐明其货币政策的内容和意义，以求得各方面的理解和支持，从而使金融活动按照中央银行预期的方向发展。具体方式有：以周报、月报、季报、年报形式说明银行活动和金融情况；对一般经济形势、发展趋势进行预测分析；利用各种公开场合宣传货币政策的内容、动向及制定理由等。

（五）特殊时期货币政策工具的创新

特殊时期往往指的是经济处于非正常状态，要么经济疲软、增长乏力，要么经济动荡、危机发生，在这样的背景下，或是常用的政策工具无法发挥作用，或是金融市场瘫痪，导致工具的使用难以奏效。因此，货币政策工具创新主要表现在借贷便利类工具，具体因目标不同大体分为三类，第一类工具主要发挥“最后贷款人”的作用，向更大范围的交易对象在更多样的期限上提供短期流动性；第二类工具则直接将短期流动性注入信用市场，缓解信贷紧张问题；第三类工具则是为了扩展中长期信用。这些工具在使用上也是依据特殊时期变化的特点而组合使用。

按照国际经验，从使用的频率和受重视程度来看，发达国家和发展中国家对这一工具的使用有区别。在发达国家，借贷便利类工具常作为非常规经济形势下临时向市场注入流动性，以缓解资金供求波动的货币政策工具使用。如战后日本央行借贷便利类工具占据相当重要地位；美国 1987 年“黑色星期一”中，美联储利用借贷便利类工具通过银行向证券业提供资金。现今发达国家的债券、票据市场发达，公开业务操作适用性更强，灵活性更高，因而常备借贷便利类工具主要作为公开业务的补充。而在发展中国家，如印度，票据市场尚待发展，金融体系尚需完善，以证券和优质信贷资产作为抵押品的常备借贷便利类工具受到央行的青睐。央行可运用这类工具根据市场资金波动情况向货币体系注入流动性，起到精细化调控的目的。

近年来，随着全球范围内经济形势的日渐复杂，常备借贷便利类工具也产生了一些新变化：一是美国在次贷危机期间对此类工具的创新[①]，如拓展了借款期限和抵押品范

① 美国货币政策工具创新主要类别：定期拍卖信贷（term auction credit）项目，用于反映定期拍卖便利（TAF）所投放的信贷；所持优先负债公司（LLC）的商业票据融资便利净额（net portfolio holdings of Commercial Paper Funding Facility LLC）项目，反映了商业票据融资便利（CPFF）发放的信贷。根据 CPFF 机制，美联储开设一个特殊目的公司（SPV），来向票据发行者购买无担保商业票据和资产担保商业票据，意味着美联储可以绕开金融机构直接对工商企业实施融资支持；新设定期资产支持证券贷款便利（net portfolio holdings of TALF LLC）项目，反映定期资产支持证券贷款便利发放的信贷。定期资产支持贷款便利（TALF）计划旨在向资产支持证券的持有者以这些证券作为抵押品发放贷款，这些抵押品范围比较宽泛，包括学生贷款、消费贷款和小企业贷款支持的证券，目的是提升消费者的贷款量。

围，使得央行可以通过这一工具在各个期限上向市场注入流动性，更好地满足流动性调节的需求；同时还扩展了交易对象，使得央行可以将流动性直接注入实体经济中的企业和法人，起到降低融资成本，拉动总需求的目的。这也使得常备借贷便利有一定的市场预期职能，通过对这一工具利率、期限等要素的改变，体现央行的政策取向，形成市场预期。二是我国从 2013 年以来针对我国经济运行的新常态、新特点对此类工具进行的创新，如创设了一系列主动性、灵活性更强的新型货币政策工具，以期向在市场注入流动性的同时引导经济结构调整。这些创新工具主要有常备借贷便利（standing lending facility，SLF）、中期借贷便利（medium-term lending facility，MLF）、抵押补充贷款（pledged supplementary lending，PSL）、支农支小再贷款等。

除借贷便利类工具的应用，特殊时期中央银行也可能进行一些结构性调整的工具创新，比如针对特殊领域和特殊机构的支持与救助。2013 年 1 月，我国央行创设了短期流动性调节工具（short-term liquidity operations，SLO），将它作为公开市场常规操作的必要补充，在银行体系流动性出现临时性波动时相机使用。该项业务的操作对象为公开市场业务一级交易商中具有系统重要性、资产状况良好、政策传导能力强的部分金融机构。美国在次贷危机期间新设在美国国际保险公司（AIA）和美国人寿保险公司（ALICO）中的优先权益（preferred interests in AIA Aurora LLC and ALICO Holdings LLC）项目，旨在对美国国际投资公司（AIG）和美国国际保险公司（AIA）两家机构进行救助，方式是直接或者间接收购两家公司的普通股；新设央行间货币互换（central bank liquidity swaps）项目，美联储与 14 家外国中央银行签订了双边货币互换协议，这些国家央行可以从美联储获得美元，并贷给国内的金融机构。

总之，种类多样的货币政策工具为中央银行在进行货币政策安排时，提供了实现政策目标的可操作性和可能性。如何正确选择、合理搭配各种政策工具，是一国中央银行在进行政策设计和决策时需要特别注重的方面。

第四节　货币政策的传导机制

中央银行运用货币政策工具影响中介目标，进而影响经济体系内的各种经济变量，从而实现货币政策最终目标的途径和过程，被称为货币政策的传导机制。理解货币政策的传导机制也就是理解货币政策对金融体系和经济体系的作用过程。

一、中央银行货币政策传导机制的主要环节及内容

在一般市场经济条件下，中央银行货币政策的传导机制有四个主要环节，其大致关系如图 11-1 所示。

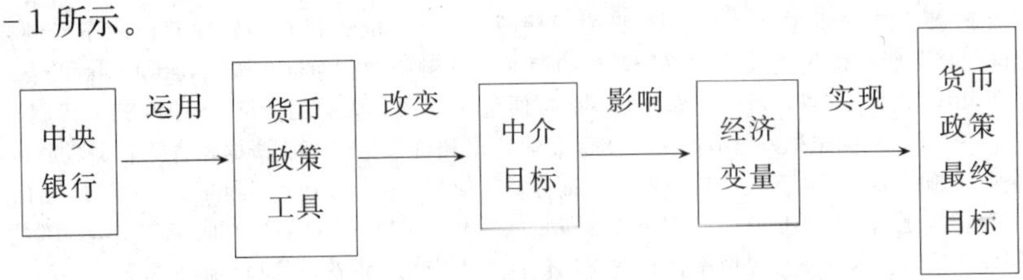

图 11-1　中央银行货币政策传导机制的主要环节

第一环节：中央银行运用货币政策工具。这一环节是传导机制的最基础环节，它包含两方面内容：一是中央银行自身的能力，即中央银行对经济金融运行的预测能力、把握能力以及中央银行对政府相对独立性的高低；二是中央银行对政策工具的选择、运用是否恰当、准确。

第二环节：政策工具对中介目标产生影响。这一环节也涉及两点内容：一是中介目标的选择与确定，主要是依据可测性、可控性、相关性等原则选择长期、短期中介目标，并确定数量化管理目标；二是密切关注政策工具与中介目标的内在联系，及时做到只要政策工具发生变动，必然能对中介目标产生影响。

第三环节：由中介目标的变化引起经济变量的变化。因为第一环节、第二环节的举措最终必然反映在货币供应量的变动上，故第三环节实际是货币供应量变动后给经济活动带来什么影响的问题，比如，财富的变动、资产结构的调整、社会信用总量的变化及大众预期的变化等。

第四环节：社会经济活动的调整是实现货币政策最终目标的保证。这一实现得益于良好的微观经济、金融基础和宏观经济、金融环境。

上述四个环节可以概括为两大传导过程：一是从中央银行传导到金融机构和金融市场。这一过程可表述为：中央银行通过政策工具作用，调整各金融机构的货币准备，调节金融市场的利率水平和融资活动，从而影响社会货币量。也可以说这个作用过程就是信用货币扩张或收缩的创造过程，从最抽象的意义而言，即$Bm=M_s$（式中 B 为基础货币，m 是货币乘数，M_s 为货币供应量）。因此，这一过程即中央操作政策工具对基础货币，货币乘数所能产生改变的作用过程。这一过程包括了第一环节和第二环节。二是从金融机构到企业和居民个人，从而对整个国民经济产生影响。可表述为各金融机构、金融市场根据中央银行的政策意图调整行为以影响企业的投资需求和个人的消费欲望，通过企业和个人的经济行为变动引发产量、物价、就业等的改变。这一过程包括了第三环节和第四环节，是指通过货币供应量的变动来影响最终支出的作用过程。这一过程有四种传导途径（见图 11－2 和图 11－3），涉及金融、商品两大市场。

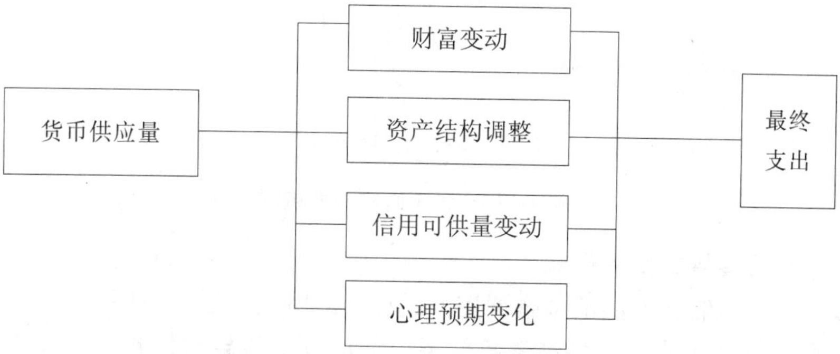

图 11－2　外部传导机制

需要特别强调的是，货币政策的传导机制必须是连续的，其中哪一个环节脱钩或不协调，都会使传导无效。比如政策工具的运用引起了中介目标的变动，却未影响经济变量；或者经济变量虽有变动，却受除货币政策以外的其他因素所影响。这样的货币政策传导是没有实际意义的。当然，也存在四个环节都发生变化，但作用可能与中央银行的政策意图并不相符，这样的传导也是失效的。

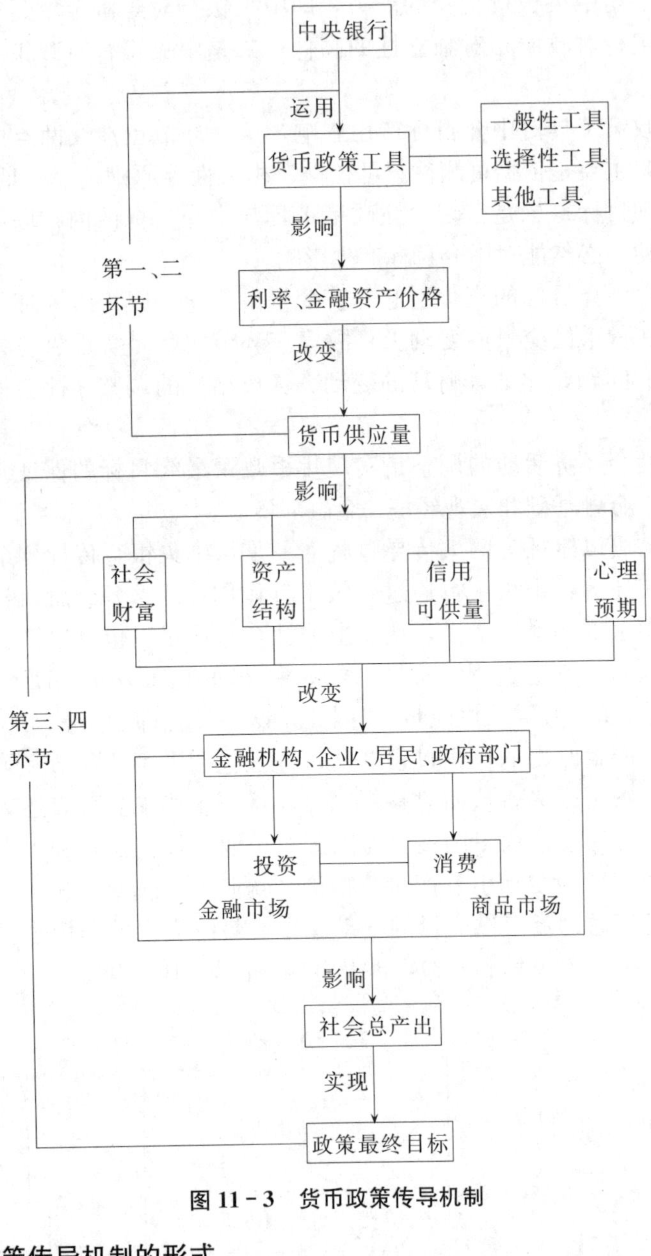

图 11－3　货币政策传导机制

二、货币政策传导机制的形式

货币政策传导机制在不同的金融调控方式和经济体制下形式不同。

(1) 在直接金融调控和计划经济条件下，货币政策传导机制也是直接性的，表现为中央银行政策意图的传导不经过任何独立于政策制定者之外的能够自主调整的经济行为。这种形式的数量性效果极易实现，带有强制性特点。比如，在中国计划经济时期，信贷和现金计划的调整与执行。

(2) 在间接金融调控和市场经济条件下，货币政策传导机制是间接形式，即通过一般性政策工具的操作，引导，影响经济、金融运行，其复杂性、不确定性较强。

(3) 在直接金融调控、间接金融调控同时存在的条件下，货币政策传导机制也呈现出直接、间接形式兼有的特点，这多发生在由计划经济向市场经济转轨时期。

比较以上三种形式，孰优孰劣似乎难以定论。因为最重要的是形式的作用、效果及对未来经济发展的影响，只要这三个方面都是有效的、良性的，那么所采用的传导形式就是好的。不过在实际中，间接传导因其对经济、金融的干扰较少，与经济、金融较融合而为人称道。这里再强调一下间接形式的传导内容：一是中央银行在既定的政策目标下，根据货币政策工具的性能、作用范围进行协调操作，将政策意向和调控信号纵向传递和反馈；二是金融市场中活动的经济实体之间联结形成传导通道，将政策信号和有关信息横向传递。这两个层次形成了纵横交错的传导信息网，将中央银行、商业银行、其他金融机构、企业、个人有机地联结成为一个整体，更好地体现出中央银行对经济、金融自身运行的尊重及必要的灵活引导与调控。

专栏 11-2　　利率走廊模式及其在中国应用的可行性

自国际金融危机以来，越来越多的经济体开始倾向于采用显性或隐性的利率走廊（interest rate corridor）模式对市场利率进行调控，旨在维持宽松货币政策背景下金融市场的稳定性。相较而言，利率走廊模式是利率调控的发展方向。

各国中央银行的利率操作模式大体上分为两类：第一类是公开市场操作模式，通过改变货币供应量影响利率。使用此模式引导利率的国家主要有美国、日本等。但金融危机后，美国也开始实行以公开市场为主、利率走廊为辅的政策。第二类是利率走廊模式，通过设定存贷款利率操作区间引导市场利率。采用此模式的主要有加拿大、欧元区、澳大利亚和新西兰等国家或地区。

利率走廊是指中央银行通过向商业银行提供短期存贷款便利工具，从而形成特定的利率操作空间，以调节短期市场利率和流动性的调控机制。20 世纪 90 年代以来，利率走廊在各经济体具体的实践中逐渐演化为两种不同的形式：对称型利率走廊和非对称型利率走廊。对称型利率走廊中存贷款便利利率与目标利率的差额相等，是最为典型的利率走廊模式，加拿大、澳大利亚等国家采取此种模式。非对称型利率走廊包括天花板系统和地板系统，现实中，后者较为常见，主要存在于出现系统性金融危机后需要量化宽松的货币政策冲减通货紧缩风险的国家或地区。

相较公开市场操作模式而言，利率走廊模式具有以下优势：一是更为简单透明，中央银行向市场公布政策利率目标及走廊区间有利于稳定和引导市场预期。二是调控效果更好，商业银行出于追求利润最大化的动机，不会以高于贷款便利利率和低于存款便利利率的利率拆入、拆出资金，因此利率走廊能够有效地将利率波动限制在既定框架内。三是利率走廊模式下实施货币政策的操作成本更低，商业银行的自发交易能够较好地实现目标利率，央行无须再通过频繁地公开市场操作来平抑短期市场利率的波动。

从我国金融市场发展需求和货币政策走向的实践看，着手构建利率走廊机制很有现实意义。我国现阶段也已具备运用利率走廊模式进行调控的基本条件。未来我国货币政策转向以“利率走廊”为主、公开市场操作为辅的货币政策操作框架，是一个比较现实的选择。

我国目前已具备运用利率走廊模式调控的基本条件，主要表现在以下几方面：一是银行间拆借市场、债券市场等金融市场的不断深化发展为利率走廊调控奠定了基础。2007 年正式运行的 SHIBOR 作为货币市场的基准利率，已能较为客观地反映市场资金供求状况，为金融资产的合理定价提供参考。二是利率市场化的稳步推进有利于商业银行等金融机构适应未来市场利率的波动。从放开银行间同业拆借市场利率，到 2013 年放开金融机构贷款利率管制，再到 2015 年取消金融机构存款利率浮动上限，我国金融机构已基本具备自主定价能力，能够较好地应对利率风险。三是央行货币政策工具的不断调整和创新为构建利率走廊创造了良好的条件。近年来央行创设的短期流动性调节工具（SLO）、常备借贷便利（SLF）、中期借贷便利（MLF）和抵押补充贷款（PSL）等货币政策工具丰富了调控手段，使得我国政策利率体系市场化程度不断提高，且有助于合理构建我国利率走廊的上下限。

资料来源：宗良，张靓．利率走廊模式是中国利率调控的发展方向．清华金融评论，2016（8）．

【本章小结】

1. 货币政策是中央银行为实施既定的宏观经济目标而采取的各种控制、调节货币供应量和信用总量的方针、政策、措施的总称。货币政策是宏观经济政策，是调整社会总需求的政策，是间接的调控政策，也是长期的经济政策。

2. 中央银行货币政策最终目标有稳定物价、经济增长、充分就业、国际收支平衡和金融稳定五个方面。五大经济政策目标之间是有矛盾的，有时为了实现某一目标就不得不以牺牲其他目标为代价。

3. 通货膨胀目标制不是一个简单的规则，而是一个货币政策框架，其特点是在一定的时间范围内，由政府和中央银行公布一个通货膨胀目标。该目标不是一个简单的数字，而是一个区间。

4. 中央银行必须借助短期的、数量化的、用于日常操作的操作目标和中介目标来实现其最终目标。中央银行选择中介目标一般有五个标准，即可控性、可测性、相关性、抗干扰性和适应性。

5. 常用的货币政策中介目标主要有利率、货币供应量和信贷量。在不同的历史阶段，面临不同的经济问题，根据货币政策的不同需要，选择的主要指标各不相同。常用的货币政策操作目标主要有：短期利率、准备金、基础货币等。

6. 货币政策工具是指中央银行为实现货币政策目标所采用的各种手段和措施，通常分为五类，即一般性货币政策工具、选择性货币政策工具、直接信用控制、间接信用控制和其他政策工具。

7. 各国在经济运行的特殊时期为提供有效的流动性会进行货币政策工具的创新，主要体现为借贷便利类工具的创设。

8. 中央银行运用货币政策工具影响中介目标，进而影响经济体系内的各种经济变量，从而实现货币政策最终目标的途径和过程，被称为货币政策的传导机制。理解货币政策的传导机制也就是理解货币政策对金融体系和经济体系的作用过程。

【关键概念】

货币政策　货币政策的最终目标　货币政策的中介目标
货币政策的操作目标　法定存款准备金率　再贴现
公开市场业务　选择性政策工具　直接信用控制
常备借贷便利　间接信用控制　货币政策的传导机制
利率走廊

【综合练习】

（一）单项选择题

1. 中央银行提高再贴现率会导致货币供给量的（　）。
A. 增加和利率提高　B. 减少和利率提高
C. 增加和利率降低　D. 减少和利率降低
2. 货币政策是调节（　）的政策。
A. 总需求　B. 总供给
C. 产业结构　D. 社会福利
3. 在通货膨胀目标制下，压倒一切的首要政策目标是（　）。
A. 国际收支平衡　B. 充分就业
C. 经济增长　D. 长期价格稳定
4. 再贴现率的主要缺点是（　）。
A. 主动权在中央银行
B. 以票据融资，风险较大
C. 不如存款准备金调整灵活
D. 主动权在商业银行
5. 窗口指导属于（　）。
A. 直接信用控制的工具
B. 选择性货币政策工具
C. 间接信用控制的工具
D. 一般性货币政策工具
6. 介于货币政策工具变量和货币政策目标变量之间的变量指标是（　）。
A. 调控目标　B. 最终目标
C. 中介目标　D. 基本目标
7. 以货币供应量作为货币政策的中介目标，最大的问题是（　）。
A. 相关性差
B. 政策效果难以确定

C. 指标口径的选择

D. 不具备可操作性

8. 近年来我国金融形势的最主要特点是（ ）。

A. 流动性过剩　　B. 流动性不足

C. 国际收支大量逆差　　D. 银行资金不足

（二）多项选择题

1. 货币政策的基本特征包括（ ）。

A. 货币政策是宏观经济政策

B. 货币政策是调节社会总需求的政策

C. 货币政策是直接调控政策

D. 货币政策主要是间接调控政策

E. 货币政策是长期连续的经济政策

2. 通货膨胀目标制实施的条件主要有（ ）。

A. 中央银行的独立性

B. 固定汇率制

C. 货币政策的高度透明度

D. 利率的市场化

E. 浮动汇率制

3. 理想的货币政策中介指标应符合下列要求（ ）。

A. 适应性　　B. 可测性

C. 抗干扰性　　D. 可控性

E. 相关性

4. 直接信用控制是中央银行以行政命令的方式对商业银行或存款机构的信用业务进行的干预和控制，其主要措施有（ ）。

A. 信用分配　　B. 直接干预

C. 流动性比率　　D. 利率最高限额

E. 特种存款

5. 在经济萧条时期，政府实施货币政策时，应（ ）。

A. 提高法定存款准备金率

B. 中央银行在公开市场买进政府债券

C. 中央银行在公开市场卖出政府债券

D. 降低再贴现率

E. 提高再贴现率

（三）思考题

1. 如何理解货币政策的最终目标？

2. 怎样理解一般性货币政策工具的原理与特点？

3. 选取货币政策操作指标和中介指标的标准是什么？

4. 其他货币政策工具有何种类与作用？

5. 如何理解经济特殊时期中央银行货币政策工具的创新？

6. 如何理解货币政策的传导机制理论？

7. 试分析利率走廊在中国应用的可行性与构建。

参考文献

1. 戴相龙，黄达．中华金融辞库．北京：中国金融出版社，1998.

2. 王广谦．中央银行学．北京：高等教育出版社，2006.

3. 卡尔·E. 沃什．货币理论与政策．上海：上海财经大学出版社，2004.

4. 赫伯特·B. 梅奥．金融学基础．北京：清华大学出版社，2007.

5. 弗雷德里克·米什金．货币金融学．北京：中国人民大学出版社，2006.

6. 本杰明·M. 弗里德曼，弗兰克·H. 哈恩．货币经济学手册．北京：经济科学出版社，2002.

7. 劳埃德·B. 托马斯．货币银行学．北京：机械工业出版社，2008.

第十二章

金融监管

[导读与学习提示]

随着现代科技的发展和金融创新的不断涌现，金融业务之间的界限不断被打破，金融机构之间的区别日益模糊，金融国际化和国际资本流动不断扩张，金融领域的风险急剧增大。通过监管保证金融业的稳健运行越来越成为经济与社会健康发展的关键。近20年来一些国家把中央银行所履行的货币政策与金融监管职能相分离，也是与这个时期国际经济、金融环境以及本国金融状况出现新的特征紧密相连的。2008年以来美国次贷危机使美国金融当局痛定思痛，推出全面改革的金融监管新方案，也带来全球范围对金融监管的争议与思考。金融监管到底能做什么，它能为我们带来什么？这些内容的研究应该从对金融监管的原理认识开始。以下问题将有助于本章的学习：

1. 为什么要进行金融监管？金融监管应发挥怎样的作用？
2. 怎样的金融监管才是合理的？如何区别监管与干预？
3. 金融监管的主要内容有哪些？其最关注的是哪一点？
4. 该如何理解金融监管与经济金融发展的匹配性？其趋势在哪里？
5. 金融创新、全球化与风险加剧对金融监管的要求在哪里？
6. 何种金融监管体制更为科学？
7. 如何看待中国金融监管的改革与发展？

第一节 金融监管的必要性

一、金融监管的内涵及其发展

金融监管有狭义和广义之分。狭义的金融监管是指中央银行或其他金融监管当局依据国家法律法规的授权对整个金融业（包括金融机构以及金融机构在金融市场上所有的业务活动）实施的监督管理。广义的金融监管在上述监管之外，还包括了金融机构的内部控制与稽核、同业自律性组织的监管、社会中介组织的监管等。

（一）早期的金融监管

金融监管是伴随着近代银行的产生而开始的。在中央银行制度建立以前，金融监管主要体现在商业银行的内部管理上。中央银行制度建立之后，金融监管成为中央银行的重要职责之一，从一定意义上说，正是金融监管的必要性促进了中央银行制度的诞生。

但早期的金融监管与现代的金融监管有很大不同。早期的金融监管主要是对商业银行发行银行券和保证支付方面的监管，确定银行券的发行资格和发行准备、建立存款准备金制度是早期金融监管的主要内容。随着各国经济和金融业的发展，特别是金融货币制度让位于不兑现的完全信用货币制度，金融的作用和金融的风险同时突显出来，金融监管的职能日益强化，监管的内容和范围也大大扩展。现代意义上的金融监管是指：一国政府根据经济金融体系稳定、有效运行的客观需要以及经济主体的共同利益要求，通过中央银行或其他金融监管机构依据法律准则和程序，对金融体系中各金融主体和金融市场实行监督和管理，以维护债权人的利益，约束债务人的行为，确保金融主体和金融业务的公平竞争，促进金融业有序地运行和健康地发展，实现推动经济发展和社会进步的目标。在当今世界各国，不论是发达国家还是发展中国家，以银行为主体的金融业都是受监管最严厉的行业，金融监管是各国政府管制的重要组成部分。

从金融监管的发展过程看，在进入20世纪以前，金融监管在其范围和力度方面与当代相比要小得多。尽管如此，这一时期各国在金融立法方面仍然取得了很大进展，如1863年美国通过了《国民通货法》，次年修改为《国民银行法》，这是美国金融史上第一部管理全国银行业和金融业的法规，标志着美国建立金融监管体系的开端，从立法上确立了美国联邦政府对银行业监督和干预的权威，并为美国统一的金融监管建立了基本框架。1913年美国《联邦储备法》出台，这是美国建立中央银行体系的基石性法律。根据该法，专司中央银行职能的联邦储备体系应运而生，金融监管是其最主要的职责之一。该法初步建立了联邦储备体系，对商业银行监管进入了一个新的时期。

（二）20世纪50年代以前金融监管制度的建立

1929—1933年爆发的世界性经济危机使大批金融机构破产倒闭，大危机的直接后果便是世界各国纷纷通过金融立法加强对金融业的严格监管。如美国先后颁布了1932年的《联邦住房放款银行法》、1933年的《银行法》和《证券法》、1934年的《证券交易法》和《国民住房放款法》等，成立了联邦存款保险公司、证券交易委员会、联邦住房放款银行委员会等金融监管机关，从不同侧面改进了金融监管措施，形成了美国金融监管史上的重大转折，标志着美国的金融监管制度步入健全和成熟阶段。德国于

1931年发布了对商业银行管理的紧急法令。瑞士和比利时于1935年先后颁布银行法，旨在加强银行监管。意大利于1936年颁布银行法，完善和加强银行监管。法国于1941年通过关于建立银行监管机关的法令，旨在加强中央银行对商业银行的监管权威。英国于1946年将英格兰银行国有化，并授权英格兰银行对金融机构实施严格监管。其他各国也纷纷立法完善金融监管制度。当今世界各主要国家的金融监管制度即是以这个时期形成的制度为基础的。

促成这个时期各主要国家金融监管制度建立和完善的直接原因是经济和金融危机。其根本原因则在于自由放任主义的经济政策无法实现金融业的稳健、安全发展，客观上必须强化国家管理、组织、协调、监督经济的职能，加强金融监管。1936年英国经济学家凯恩斯《就业、利息和货币通论》一书的出版使国家干预主义逐渐兴盛，成为西方各国的官方经济学。各国均以其作为制定经济政策的理论根据，加大国家干预协调经济的力度和广度。这一时期，国家干预协调经济运行的立法纷纷出台。实践证明，金融监管制度对于保护存款人、投资者和社会公众的利益，促进金融机构谨慎经营、维护金融体系稳定、防止大规模金融危机发挥了重要作用。

（三）21世纪中期以来《巴塞尔协议Ⅰ》《巴塞尔协议Ⅱ》《巴塞尔协议Ⅲ》对全球金融监管的推进

自20世纪70年代初布雷顿森林体系解体、实施浮动汇率制以来，国际金融活动日趋复杂化、多样化，金融自由化和全球化加速发展，金融工具不断翻新，金融投机规模也急剧膨胀。为了规避风险，保值增值，金融衍生工具应运而生，但同时也酝酿了更大的风险，并对原有的金融监管框架提出了新的挑战。为了有效地对现代跨国银行的经营业务进行统一的监管，1975年9月巴塞尔银行监管委员会通过了《对外国银行机构的监管原则》（以下简称《原则》），1983年5月该委员会采用综合监管方法，对《原则》又进行了修改。1988年7月巴塞尔委员会正式公布了《关于统一国际银行资本衡量和资本标准的协议》，对国际银行业的经营监管提出了具体的标准，标志着全球对银行的监管标准趋于一致，成为国际银行业统一监管的重要依据之一。

进入20世纪90年代以来，金融风险出现了加剧的趋势，国际商业信贷银行倒闭、英国巴林银行破产、日本大和银行事件和1997年的东南亚金融危机令人触目惊心，加强中央银行的金融监管以及金融监管的国际合作再次引起人们的重视，并成为国际金融界的共识。为了进一步强化金融监管和推进金融监管标准在全球范围的统一，1999年巴塞尔银行监管委员会又在世界银行和国际货币基金组织香港年会上正式向各国（地区）金融监管当局推出了《有效银行监管的核心原则》，这个核心原则详细论述了有效银行监管的众多方面，具有普遍适用性，其侧重点放在对金融机构的全运营过程的审慎监管上。2001年1月16日它们提出了一个更加全面、具体的新建议——《新巴塞尔资本协议》，新资本协议在资本充足率相关方面进行了三大改进：（1）提出了监管部门监督检查和市场纪律两方面要求，作为最低资本充足率要求的重要补充，从而构成新资本协议的“三大支柱”。（2）在信用风险度量上，提出了标准法和内部评级法两种方法。标准法根据不同性质的债权划分风险权重结构，债权的性质分为：对主权国家和中央银行的债权、对非中央政府公共部门实体和多边开发银行的债权、对银行和证券公司的债权、对公司的债权、对零售资产的债权、逾期贷款、表外项目等。同时允许风险管理水平较高的银行使用内部评级体系计算资本充足率。(3) 修订市场风险的资本计算和引入操作风险，扩大风险资本计提范围。该协议于2006年正式实施，成为健全各国监管体系的重要参考文件。

自2007年美国次贷危机爆发引发全球性金融危机后，各国监管当局和巴塞尔银行监管委员会开始反思现行的监管体系。在2010年9月12日巴塞尔银行监管委员会的会议上，27个成员国的中央银行代表就加强银行业监管的改革达成一致并出台《巴塞尔协议Ⅲ》。该改革方案中关于资本充足率的主要内容有：(1) 一级资本充足率。普通股比例最低要求从2%提升至4.5%，一级资本充足率的下限从现行的4%提升至6%。同时要求对一级资本建立更为严格的标准，提高一级资本的损失吸收能力。(2) 资本留存缓冲。为了确保银行持有缓冲资金用于“吸收”金融和经济危机时期的损失，要求银行建立2.5%的资本留存缓冲。一旦银行的资本留存缓冲比率达不到该要求，监管机构将限制银行回购股份和发放红利等。(3) 反周期资本缓冲。这一新的缓冲比例为普通股或其他能完全“吸收”损失的资本的0～2.5%，将根据各国具体情况执行。反周期资本缓冲是基于宏观审慎目标的考量，要求银行在信贷过快增长时未雨绸缪，仅在信贷增速过快并导致系统范围内风险积累的情况下才会生效。一旦反周期资本缓冲生效，将作为留存资本缓冲的延伸。(4) 杠杆率要求。在基于风险的资本要求之外，提出了不基于风险的杠杆率要求作为资本充足率的重要补充。杠杆率即不考虑任何风险加权因子，以核心资本除以平均总资产或报告期末的总资产（包括表内表外的全部资产）的比率。在2013年1月1日到2017年1月1日的过渡期内，杠杆率下限为3%。协议要求各国对3%的一级杠杆率在同一时期进行平行测试。基于平行测试的结果，将于2017年进行最终调整，并希望在2018年1月1日进入新协议的“第一支柱”（即最低资本充足率要求）。(5) 系统重要性银行。为了降低银行“大而不倒”(too big to fail) 带来的道德风险，对系统重要性银行提出1%的附加资本要求。同时巴塞尔银行监管委员会与金融稳定局正在研究一项针对具体系统重要性银行的综合方案，可能包括资本附加费、或有资本等。

为了保护全球金融体系安全，在各国加强金融监管的同时，国际监管机构竭力建立一个全球性的国际金融风险防范体系，并建立风险监控与预警机制，一方面对有可能发生金融危机的国家或地区进行监控，帮助它们提高金融监管能力，及时化解经济和金融领域存在的问题，避免酿成金融危机；另一方面则要严密监控国际金融市场的过度投机活动，采取有效措施及时进行预防，把危机制止在萌芽状态，以免引起灾难性后果。这不仅有利于一国或一个地区的经济、金融发展，而且对世界经济的稳定和发展具有重要的意义。

二、金融监管的一般理论

金融监管的理论基础是金融市场的不完全性，金融市场的失误导致政府有必要对金融机构和金融市场进行外部监管。但是，对金融市场失误是采取政府干预还是自由放任历来是各经济学派争论的焦点。梳理金融监管理论的发展脉络，主要介绍以下几种金融监管理论。

（一）社会利益论

社会利益论是在20世纪30年代经济危机出现后提出来的。这种理论认为，金融监管的基本出发点就是要维护社会公众的利益。社会公众的利益分散于千家万户、各行各业，维护这种利益的职权只能由国家法律授权的机构去行使。该理论的基点是市场存在着缺陷，纯粹的自由市场会导致自然垄断和社会福利的损失，还有外部效应和信息不对称会带来不公平的问题。按照经济学原理，当某一经济单位所从事的经济活动存在某种外部效应，尤其是存在某种外部不经济或外部成本时，其自我运行所达到的利益目标就不可能与社会利益保持一致，这就需要代表社会公众利益的国家对其活动进行必要的干预，以引导或强制其活动尽量与社会公众的利益保持一致。历史经验表明，金融体系就存在着这样的外部不经济。假设其他条件不变，一家银行可以通过扩大其资产/负债比例或资产/资本比例增加利润，这样当然有很大的风险。但由于单家银行并没有能力承担全部的风险成本，而是由公众、整个金融体系乃至整个社会经济体系来承担，如果发生这种情况，社会公众的利益就会受到极大损害。所以，为了维护社会公众利益，国家有必要对金融业进行监管。

（二）金融风险论

这一理论的主要观点是，金融业是一个特殊的高风险行业，这种特殊性决定了国家特别需要对该行业进行监管。因为金融业特殊的高风险一方面表现在所经营对象的特殊性上。金融机构经营的不是普通商品，而是货币资金，包括债券、股票、保险单等虚拟商品，它们的经营都以信用为基础，信用本身就包含了许多不确定因素，这就决定了金融机构的经营具有内在风险，一旦风险成为现实，就会动摇社会公众对金融机构的信任，引发金融危机。另一方面表现在风险的连带性上。由于信用的连锁性，一个金融机构陷入风险危机，往往引起社会公众对其他金融机构丧失信任，极易在整个金融体系内产生风险的连锁反应，特别是在现代金融的国际化发展中，一个国家的金融风险还会波及其他国家，可能引发世界性的金融危机。为了控制金融机构的经营风险，避免发生国内外金融风险的“多米诺骨牌效应”，需要国家对金融业实施严格的金融监管。

（三）保护债权论

这种理论认为，为了有效保护债权人的利益，需要进行金融监管。所谓债权人主要是指存款人、证券持有人、投保人等。在金融活动中存在信息不完全或信息不对称的情况，其中，信息不完全既有可能是信息供应不充分，也有可能是有人故意隐瞒事实真相、掩盖真实信息甚至提供虚假的信息造成的；信息不对称是指交易双方有信息优劣的差异，如证券机构的内幕人员在信息上较外部人士有明显的优势，证券商相对一般投资者能掌握更多的市场动态信息。由于银行、证券公司、保险公司等金融机构比债权人拥有更为充分的信息，它们就可能利用这个有利条件，将金融风险或损失转嫁给债权人。为了防止债权人利益受损，国家需要通过金融监管约束金融机构的行为，保护债权人利益。

除上述理论外，对金融监管的理论解释还有社会选择论，即从公共选择的角度来解释政府对金融业的管制；安全原则论，即金融业的安全性原则只有通过国家干预这只“看得见的手”来进行监管，才能得到保证；自律效应论，即国家的金融监管可以起到促使金融机构增强自律意识并加强自我约束、自我管理的作用，有利于保证金融业的稳健运行。

三、金融监管的必要性

金融监管的必要性主要体现在以下几个方面：

第一，金融是现代经济的核心，金融体系是全社会货币的供给者和货币运行及信用活动的中心，金融的状况对社会经济的运行和发展起着至关重要的作用，具有特殊的公共性和全局性。由于金融业在国民经济中处于特殊的重要地位，所以对金融业的监管是一个国家社会经济稳定发展的必然要求。

第二，金融业是一个存在诸多风险的特殊行业，关系千家万户和国民经济的方方面面，如金融机构出现问题，将对整个经济与社会产生很大的影响。金融机构在经营中面临的风险，主要有信用风险，即到期的贷款可能收不回来；流动性风险，即到期不能偿还负债；收益风险，即负债成本可能超过资产收入；市场风险，即资产现值可能低于购买时的价值；管理风险，即管理者不称职带来的风险；还有汇率风险、利率风险和许多其他风险等。一旦金融机构发生危机或破产倒闭，将直接损害众多债权人的利益，后果十分严重。金融监管可以帮助管理者将风险控制在一定范围之内，保证金融体系的安全。只有金融体系安全运行，才能保护公众对金融体系的信心，从而保证国民经济的健康发展。

第三，维护金融秩序，保护公平竞争，提高金融效率。良好的金融秩序是保证金融安全的重要前提，公平竞争是保护金融秩序和金融效率的重要条件。为了金融业健康发展，金融机构应该按照有关法律的规定规范地经营，不能搞无序竞争和不公平竞争。这就需要金融主管当局通过金融监管实现这一目的，以保证金融业运行有序、竞争公平且有效率。

从 20 世纪 70 年代以来，金融风险明显加剧，金融危机的频率加快，影响也越来越深。同时由于各类金融创新和大量衍生工具的出现，也加大了银行内外部监管的难度。尤其是进入 90 年代以来，世界经济和国际金融市场发生了极大变化，无论是在金融商品交易数量，还是交易地区的扩展及交易品种、交易方式等方面都是日新月异。但在快速发展的背后，金融风险也大大增加了。例如，1991 年国际商业信贷银行的倒闭，1992 年和 1993 年出现的欧洲金融市场动荡，1994 年底爆发的墨西哥危机，1995 年出现的美元汇率暴跌、英国巴林银行倒闭以及 1997 年开始的东南亚金融危机等。金融业的大动荡反映了世界范围内各国经济在新形势下的调整与剧变，也使金融监管的必要性更加突出。

第四，金融监管是实施货币政策和金融调控的保障。中央银行的货币政策操作，主要是运用货币政策工具进行的。中央银行根据货币政策目标，运用货币政策工具调节货币供给量和信用量的过程，也就是金融调控的过程。金融调控其实就是货币政策的制定和实施，虽然金融调控与金融监管职能最终目标一致，但两者在实施手段和侧重点以及具体目标等方面有所不同。金融监管着眼于金融机构运作，而金融调控则着眼于金融总量。两者的联系表现在金融监管是实现金融调控的基础保障，金融调控工具的运用是实现金融监管目标的重要手段。具体说来，强有力的金融监管能确保金融统计数据和其他金融信息的真实、准确和及时，这是制定正确的货币政策的前提；强有力的金融监管能确保金融机构的稳健运行和金融体系的稳定，这是建立货币政策有效传导机制的关键，是有效实施货币政策的基础；金融调控工具的运用，如存款准备金、公开市场业务等在一定程度上也会促进金融监管目标的实现。

第二节　金融监管的目标与原则

一、金融监管的目标

金融监管的目标是实现金融有效监管的前提和监管当局采取监管行动的依据。从金融监管的实践及其本质需求来看，金融监管的一般目标应该是促成建立和维护一个稳定、健全和高效的金融体系，保证金融机构和金融市场健康发展，从而保护金融活动各方特别是存款人的利益，推动经济和金融发展。

（一）维护金融体系的安全与稳定

这是金融业健康发展的重要标志，也是金融监管的重要目标。现代金融业作为国民经济的神经中枢客观上需要相对稳定，一旦有一家金融机构因经营管理不善或因竞争失败而倒闭，在现代社会化分工高度细密的情况下，必然引起不良的连锁反应，甚至会导致整个金融业的恐慌，并进而危及国民经济的健康发展。因此，金融监管者必须采取有效措施，促进金融机构依法稳健经营，降低和防范风险，防止金融机构的倒闭和“传染效应”的扩散。

（二）保护存款人、投资者和其他社会公众的利益

银行存款人和保险单的持有人是金融业的服务对象，投资者是金融市场的出资者，相对于金融机构而言，它们在信息取得、资金规模、经济地位等各方面居于弱者地位，但它们又是金融业的支撑者，是金融业生存和发展的前提。因为存款人和投资者若对金融市场丧失信心乃至退出金融市场，必将危及金融市场的存在。而实际上，处于社会弱者地位的存款人和投资者的利益极易受到金融机构的侵害，这不仅包括金融机构因从事高风险业务经营不善而倒闭所致的损害，还包括金融机构利用其优势地位直接侵害投资者和存款人的利益，如银行拒绝支付、转移客户资金非法投资等，又如证券公司利用内幕信息从事内幕交易以及欺诈客户的行为等。所以，金融监管机关对这些社会弱者的利益提供保护，除应采取措施确保一个稳健、安全的金融体系之外，还应依法给予特殊保护。对金融业社会弱者利益的特殊保护，已日益成为世界各国金融立法关注的重点。

（三）促进金融体系公平、有效竞争，提高金融体系的效率

金融监管并不是要实行金融压制和阻碍金融业的发展，而是要在确保安全与稳定的基础上促进金融体系的公平、有效竞争。这里所说的公平竞争体现在银行之间以及银行与其他金融机构之间，也体现在一国境内的内资金融机构和外资金融机构之间。金融监管当局一方面要依法为金融机构提供公平竞争的环境，确保其平等的法律地位和均等的市场机会，另一方面也要采取一些提高效率的管制措施，提高自己的监管水平，完善监管体制，实施有效的和最低成本的监管。

但由于各国历史、经济、文化背景和发展的情况不同，也就使具体监管目标有所差异。大多数国家的具体监管目标体现在中央银行法或银行监督管理法之中，其中也有一些国家的法规把中央银行的政策目标和其监管目标放在一起作为一个整体目标，从这些法规中可以看出其监管目标的侧重点。如美国《联邦储备法》规定，该法的目的之一是“建立美国境内更有效的银行监管制度”。具体有四个目标：维持公众对一个安全、完善

和稳定的银行系统的信心；为建立一个有效的和有竞争力的银行系统服务；保护消费者；允许银行体系适应经济的变化而变化。英国《银行法》规定：授权英格兰银行行使职权对接受存款的机构予以管制；对这些机构的存款人进一步予以保护，禁止使用欺骗的经济手段接受存款。德国《银行法》规定：联邦金融管理局监管所有的信贷机构，以保证银行资产的安全、银行业务的正常运转的良好结果。日本《普通银行法》规定：银行业务以公正性为前提，以维护信用、确保存款人的权益，谋求金融活动的顺利进行和银行业务的健全妥善运营，有助于国民经济的健全发展为目的。韩国《银行法》规定：金融监管是为了增进全国银行体系的健全运作，并发挥其应有的功能，以促进经济发展，并对全国资源作最有效的利用。

二、金融监管的基本原则

（一）监管主体的独立性原则

《有效银行监管的核心原则》提出，在一个有效的银行监管体系下，参与银行监管的每个机构要有明确的责任和目标，并应享有操作上的自主权和充分的资源。同时，促进有效银行监管需创造先决条件，这些条件主要有：稳健且可持续的宏观经济政策；完善的公共金融基础设施；有效的市场约束；高效率解决银行问题的程序；提供适当的系统性保护（或公共安全网）的机制。

近年来，世界上一些国家不断发生金融危机，这些国家总结经验教训，正在酝酿金融体制的重大改革，其中加强监管主体的独立性是重要一条。例如，日本从 1998 年 4 月 1 日起，随着修改后的日本《外汇法》的实施，以“自由、公平和全球化”为宗旨的日本金融改革正式启动。新的日本《银行法》旨在加强日本银行作为中央银行的独立性，使日本银行更好地行使中央银行的职能。

（二）依法监管原则

虽然各国金融管理体制和监管风格有所不同，但在依法监管这一点上是共同的，这是由金融业的特殊地位所决定的。所以，金融监管最主要的体现有两点：一是金融机构必须接受国家金融管理当局的监督与管理，不能有例外；二是金融监管必须依法进行。必须保持管理的权威性、严肃性、强制性和一贯性，才能保证它的有效性。而要达到这一点，金融法规的完善和依法管理是不可缺少的。

（三）“内控”与“外控”相结合的原则

世界各国金融监管工作，从管理风格上来说，差异较大。美国和日本以外部强制监督管理为特征，而英国与许多西欧国家则更强调在诱导劝说基础上的自我约束、自我管理。这种不同的风格产生于不同的社会背景之下。不同的监管风格各有利弊，可以相互补充。但是，无论是以“外控”为主，还是以“内控”为主的国家，都需要“外控”“内控”有机配合，缺一不可。

“外控”机构，即发照机关必须有权制定发照标准并拒绝一切不符合标准的申请。发照程序至少应包括审查银行等金融机构的所有权结构、董事和高级管理层、经营计划和内部控制以及包括对资本金在内的预计财务状况等。当报批的所有者是外国银行时，首先应获得其母国监管当局的批准。监管程序的一个重要部分是监管者有权制定和利用审慎法规和要求来控制风险，其中包括资本充足率、贷款损失准备金、资产集中、流动性、风险管理等预防性方面的监管。

“内控”，即内部控制的目的是确保一家银行等金融机构的业务能根据银行董事会制定的政策以谨慎的方式经营。内部控制包括三个主要内容：（1）组织机构（职责的界定，贷款审批的权限分离和决策程序）；（2）会计规则（对账、控制单、定期试算等）；（3）双人原则（不同职责的分离、交叉核对、资产双重控制和双人签字等）。

（四）稳健运营与风险预防原则

金融机构安全稳健地经营业务，是各国都要坚持的金融管理政策之一。安全稳健与风险预测及风险管理是密切相连的。安全稳健是一切金融监管当局监管工作的基本目标，而要达到这一目标就必须进行系统的风险监测与管理。因此，所有监管技术手段和指标体系，无一不着眼于金融业的安全稳健及风险性预防管理。

同时，监管者必须掌握完善的监管手段，以便在银行未能满足审慎要求，或当存款人的安全受到威胁时采取纠正措施。在极端的情况下，如果银行或其他金融机构已不具备继续生存能力，监管者可参与决定该机构被另一家更健康的机构接管或合并。当所有的办法都失败后，监管者必须有能力关闭或者参与关闭一家不健康的银行以维护银行等金融机构的整体稳定性。

（五）母国与东道国共同监管原则

随着世界经济全球化的发展，跨国银行等金融机构日趋增多，跨国银行的母国与东道国对其监管应有明确的责任。《有效银行监管的核心原则》要求母国监管者的责任是：银行监管者必须实施全球性并表监管，对银行在世界各地的所有业务进行充分的监测并要求其遵守审慎经营的各项原则，特别是其外国银行、附属机构和合资机构的各项业务。东道国监管当局的责任是：银行监管必须要求外国银行应按东道国国内机构所同样遵循的高标准从事当地业务，而且从并表监管的目的出发必须有权分享其母国监管当局所需的信息。母国与东道国建立联系，交换信息，共同完成跨国银行等金融机构的监管。

第三节　金融监管的主要内容及发展趋势

在市场经济和金融体制发展的不同历史阶段，一国的中央银行或货币管理当局执行金融监督管理的目的、内容、基本原则、方式等都不尽相同。从历史发展来看，最早的金融管理当局仅限于注册登记等行政管理，远未形成金融监管的目的性。金融业进一步发展以后，货币过度发行，逐渐由国家银行或中央银行独家垄断货币发行，随之解决货币发行准备不足问题，于是发行失控得到一定程度的抑制。发展到近现代，金融业的信贷扩张、清偿能力差、金融风险剧增等成为金融监管的突出内容，各国通过中央银行的监管，贯彻执行国家的金融法令和政策，维护金融业的安全和稳定，调整金融业内部之间的关系，维护公众的利益，促进国民经济和社会的稳定发展。

中央银行或货币管理当局对金融业的监督包括对商业银行、各个非银行金融机构、金融市场（包括货币市场、资本市场、黄金市场、保险市场）、外资银行、金融衍生工具等的监管。具体监管的内容有：金融机构的市场准入；金融机构的分支机构的设置；银行、非银行金融机构的业务范围；风险控制；流动性；资本充足性；准备金；盈利能力；存款保护；危机处理；国际合作等。归纳起来，包括三方面的内容：一是为防止银行遭遇风险而设计的预防性监管；二是为保护存款者的利益而提供的存款保险；三是为避免银行遭遇流动性困难，由货币当局在非常状态下所提供的紧急救助。这三方面在西方国家统称为金融监管的“三道防线”。

一、预防性管理

对金融风险的预防性管理旨在防止或缩小由银行内控不严而引起的各种风险，这些措施主要有：

（一）市场准入

所有国家的银行管理都是从市场准入开始。从金融监管的角度看，对市场准入的控制是保证金融业安全稳定发展的有效预防措施，把好这个“关口”就意味着将那些有可能对存款人利益或金融体系健康运转造成危害的金融机构拒之门外。市场经济国家的金融监管当局一般都参与金融机构的审批过程，只是在参与的程度和方式上，国与国之间还存在着差异。

一家银行在允许营业前必须符合多方面要求，最起码要具有最低限度的自有资本。为抑制银行过度竞争和慎重起见，有些国家或地区通常对金融机构注册登记予以限制，如意大利、中国香港有时通过缓期登记来限制银行家数。对外国银行分支机构的注册管理更为严格，有的国家要求外国银行在本国设立分支机构时必须提交保证书，并限制家数，保证总行对分支机构的债务负有全部责任。有些国家还以参加存款保险作为发放执照的先决条件。从发展趋势上看，各国在审批过程中的行政随意性大为减少，金融当局对外国银行进入本国市场采取更为宽松的态度。但仍有一些国家为确保银行的经营水平，防止一些信誉较差、实力不足的外国银行混入本国市场，采取较严格的审查措施。

（二）资本充足性

监管当局对银行等金融机构除最低资本要求外，一般还要求银行自有资本与资产总额、自有资本与存款总额、自有资本与负债总额以及自有资本与风险投资之间保持适当的比例。这些比例指标可以从不同角度反映银行的风险抵御能力。银行在开展业务时要受自有资本的制约，不能脱离自有资本而任意扩大业务，否则金融管理当局会出面干预。

近年来由于许多银行破产以及大量有问题的贷款出现，银行资本金的多寡越来越受到重视。面对银行资产质量下降，表内、表外业务风险的增加及国内外市场竞争的压力，各市场经济国家的金融监管当局都已开始采取措施，防止资本充足率的进一步下降，设计了一系列有关资本与银行业务的比例关系。随着银行资产负债管理的不断成熟，资本充足性的测量和评价方法也在逐步完善之中。为防止和解决各国不公平竞争的问题，监管领域内一致认为有必要采取统一的监督评价方法，在这方面，巴塞尔银行监管委员会已经做出了重大贡献。

（三）流动性管制

流动性管制又称清偿能力管制。各国对银行的流动性同资本充足性一样重视，只是测算和管制流动性的方法不同。有的国家不正式规定流动性的具体界限，但经常予以检查监督；有的国家对银行资产和负债分别设计比例，来监视银行的清偿能力；有的国家对吸收短期存款而进行长期投资的银行单独进行管理，对长期性投资加以特殊限制。这种管制的重点是资产与负债结构在时间上的配合。流动性管制既包括本币流动性，也包括外币流动性，有的国家分开管理，有的国家合在一起管理，统一规定一个标准。在实践中要恰当地评价、准确地测量银行的流动性是很复杂的，也很困难。不过，适应金融环境变化，改进流动性监督方法势在必行。总的趋势是以考核银行资产负债和利率结构搭配是否合理为基础对流动性进行系统的评价。同时，要特别注意每个银行的实际情况和具体特点，提高针对性与灵活性。

（四）业务范围的限制

银行可经营哪种业务，不可经营哪种业务是有限制的。一些国家把商业银行业务与投资银行业务分开，并禁止商业银行认购股票；一些国家则限制银行对工商企业的直接投资。有的国家禁止在银行内把银行业务与非银行业务混在一起，但允许通过银行控股公司、附属机构等参与某些风险较大的非银行活动；有的国家允许银行经营非银行业务，但限制投资规模；还有的国家对银行经营的业务种类很少加以正式限制。在金融创新不断涌现、各类金融机构业务交叉和各种存款界限日趋模糊的条件下，在金融体制一体化和经营业务多样化、综合化的新形势下，银行业务的种种传统限制正在被逐步放松或取消。

（五）贷款风险的控制

追求最大限度的利润是商业银行的唯一目的，其总是把吸收的资金尽可能地用于贷款和投资，尽可能地集中投向能取得最大利润的方面。由于获利越多的资产风险越大，大多数国家的中央银行都尽力限制该风险的集中，通常限制一家银行对单个借款者提供过多的贷款以分散风险。分散风险既是银行的经营战略，也是金融监督的重要内容。经验表明，在经济、金融环境不断变化的情况下，任何形式的风险集中都有可能使一个营运正常的银行步入险境。因此，如何对风险集中进行准确的估计和有效的控制，成为近年来备受关注的一个问题。如德国规定，每一笔“巨额贷款”都不得超过贷款银行资本的15%，一旦超过，则必须立即报告有关监督当局。在意大利，如不经意大利银行的特别批准，对每个客户的贷款都不得超过银行资本的10%；巨额贷款，即超过银行资本20%的贷款，总计不得超过其银行存款的25%～40%。美国规定，对单个私人借款者的贷款不得超过该银行实收资本和公积金的10%。从风险管理与风险监督的角度上讲，仅对各种风险进行逐项控制是远远不够的，更重要的是应当将注意力放到各类风险之间的相互联系和相互影响上。既要考虑表内业务风险，也要考虑表外业务风险；既要注意资产风险，也要注意负债风险。金融监管当局深切地认识到，要在新形势下对银行的风险集中程度做出客观准确的评价，不仅要对银行的整体业务状况进行深入的了解，而且还必须有一套科学的考核参数和分析方法。

（六）准备金管理

银行的资本充足性与其准备金政策之间有着内在的联系。因此，对资本充足性的监督必须考虑准备金因素。监管当局的主要任务是确保银行的准备金是在充分考虑谨慎经营和真实评价业务质量的基础上提取的。如果认为准备金的提留不符合要求，监管当局将采取措施，监督有关银行达到要求。实践证明，只有采取有效措施，提高准备金水平，才能保持与增强银行的实力。各国金融监管当局已经普遍认识到准备金政策和方法的统一是增强国际金融体系稳健性的一个重要因素，并有助于银行业在国际范围内的公平竞争。因此，监管当局之间的协商与合作将会推动在准备金问题上达成共识。

（七）管理评价

一个有声望的有管理经验的经营管理层，是监管当局批准银行登记注册的若干条件之一。银行管理层管理水平的优劣，既不能用计量方法简单地衡量，也不能从分析银行报表中完整地得出。但对于银行的健全发展来说，管理水平与资本、资产质量、收益以及流动资金等，都是同样重要的，不能因为管理水平评价的困难和无法计量而将它排除在预防性管理方法之外。管理水平的评价，在中央银行监管过程中的重要性已被大多数国家所认可。大多数国家把对银行管理水平的深入分析当做正当监管工作的一部分。管理水平的评价需要在综合分析一系列经济指标以后，在现场检查、实际观察的基础上做出，特别要判断银行内部与外部管理的一体化情况，判断管理机构的能力与胜任程度、内部组织结构、人际关系、决策过程和效率以及工作程序。

二、存款保险制度

存款保险制度是指国家货币主管部门为了维护存款者利益和金融业的稳健经营与安全，规定本国金融机构必须或自愿地按吸收存款的一定比率向保险机构交纳保险金，进行投保的制度。当金融机构出现信用危机时，由存款保险机构向金融机构提供财务支援，或由存款保险机构直接向存款者支付部分或全部存款，以维护正常的金融秩序。从世界范围看，银行已存在了几个世纪，但存款保险体系的建立是近几十年的事。目前，许多市场经济国家已经建立了官方或行业性的存款保险制度。美国98%以上的商业银行参加了联邦存款保险，普及率这样高的原因是：（1）占商业银行多数的国民银行和联储成员行被强制要求投保；（2）许多州的金融法要求本州银行参加联邦存款保险公司的保险，以维护本州的金融稳定；（3）由于竞争的压力，商业银行自愿参加联邦储蓄保险。商业银行按投保存款金额向联邦存款保险公司支付一定比例的保费。

存款保险制度是西方国家在20世纪30年代之后普遍推行和采用的防范金融风险的有效办法，从中央银行金融监管角度来看，它发挥了以下三方面的功能：

（1）存款保险制度为整个金融体系又设置了一道安全防线，从而提高了金融体系的信誉和稳定性。

（2）存款保险制度对稳定市场、避免金融风潮起着积极作用。因为在一国发生局部银行信用危机时，这种制度能增强社会公众对金融机构与金融市场的信心，从而可以有效避免因局部危机而造成对全局的冲击，最大限度地挽回局部危机造成的影响。

（3）存款保险制度是中央银行金融监管的辅助和补充。因为存款保险机构的对象是各金融机构吸收的存款，如果各吸收存款机构经营不善，并为此而出现支付危机，那么存款保险机构要进行补偿，所以，存款保险机构将时刻关注各吸收存款机构的经营与安全。因此，存款保险机构的存在是对中央银行监管的辅助和补充，从而更有利于实现金融监管的目的。

虽然存款保险制度对保护存款人的利益和维护金融体系的安全与稳定有积极的作用，但是这一制度本身也有它的局限性，其主要表现在：参加保险的只是部分存款，而不是全部存款，存款人的利益并没有完全得到保障。存款保险和其他保险不同，各种灾害的发生是分散的，因而往往是个别的，而金融支付危机往往是在特定时期集中发生，它并不是一个个别现象，在这种情况下，银行的安全性就失去了保障。退一步说，存款保险机构的保险收入大部分投资于各种有价证券，尽管其流动性较高，但一旦出现经济危机，其流动性必然下降，资金周转不灵，就会使其丧失支付能力。

三、紧急救援

紧急救援是指金融监管当局对发生清偿能力困难的银行提供紧急援助的行为。在各国金融监督管理技术手段体系中，预防性监管是经常性的监督管理活动，也是最有效的安全措施；存款保险制度则是一种辅助性的稳定器；而中央银行或有关金融管理当局对发生清偿能力困难的银行提供紧急援助，可以视为金融体系的最后一道防线。

金融监管当局一旦发现某一银行有不安全的资产，或经营管理不善时，应立即提请高级管理人员注意，以便及时加以纠正和调整。这种警告必须是强有力和果断的，否则可能使本来可以通过调整管理机构或改变政策而得以及时纠正的局面，突然变成爆炸性的挤提存款狂潮。这是金融监管当局必须警惕并尽力加以避免的问题。必要时，可以宣布停止该金融机构的有过分风险的业务活动以及运用其他直接干预手段。实行这些措施后，如果还不能有效地制止情况的继续恶化，那么金融监管当局有必要进一步采取措施，给予紧急救援。紧急救援的方法主要有：

1. 中央银行提供低利率贷款

中央银行向问题严重的银行提供低利率贷款时，其本身是以最后贷款人的身份出现，这是最受银行欢迎的方法。因为威胁银行安全的核心问题是支付能力的丧失，提供贷款就能解决这一问题。

这里需要注意，如果中央银行采用低利率贷款措施能使有问题银行恢复正常，则要比处理银行破产倒闭强得多。但是，这里隐藏着一种暗示和危险。中央银行常常处于进退两难的境地。如果中央银行公开承认自己是最后的贷款人，那就等于对银行界肩负了一种承担风险的义务，这会促使银行取消或大大削弱日常实行的一系列谨慎性约束，进而从事风险更大的业务以获取更高的利润。这种冒险行动也可能带来更多的收益，更可能是频繁的灾难。这时中央银行会面临更复杂的局面，承受更大的压力。然而，若中央银行视而不管，情况会更加不可收拾。事实上，西方各国中央银行都不愿公开承认这一义务，而实际上却不得不充当最后贷款人的角色。所以中央银行必须在维持社会公众对银行体系信心的同时，尽量避免造成中央银行担保银行损失并助长银行从事风险较大业务的印象。

2. 存款保险机构的紧急援助

存款保险机构除提供存款保险外，在具有复合业务职能的国家还提供清偿能力紧急援助或紧急资金援助，如美国和日本。清偿能力紧急援助的对象是发生清偿能力困难的银行，援助的方式包括给予贷款、购买其资产或以资金储存于该行。紧急资金援助主要是用于破产金融机构合并或营业转让，援助措施是向其他银行或投资人提供资金或保险协助，以利于其合并或接收经营失败的银行，即以特别低的利率贷款给愿意接收破产金融机构的那些银行。这种办法的优点在于存款保险机构能以少于破产倒闭应理赔的资金来维持社会公众对银行体系的信心和金融业本身健康稳定的发展。

3. 中央银行组织下的联合救助

在有安全问题的银行中，小银行往往居多数，此时，中央银行可出面联合几家大银行集资救助（1973年英格兰银行采用该办法挽救了209家经营房地产信贷面临破产的银行），或者安排大银行向中小银行贷款，或者按一定条件让大银行兼并中小银行。

4. 政府援助

这种形式具体包括：政府对发生安全问题的银行（一般是大、中银行）大量存款，银行收归政府经营，全部债务由政府清偿，股东利益由政府保护。政府将有问题银行收归之后，往往交由中央银行具体负责，所以这种方式其实就是由中央银行接管。

以上谈及的紧急救助方法，在各国的具体做法并不是相同的。如美国处理破产银行的权力掌握在联邦存款保险公司手中。在紧急情况下，有以下几种可能的选择：全面接管清偿破产银行的所有存款者的债务；邀请一些银行宣布承担该破产银行的全部债务，并购买它的某些资产；提供直接的财政援助给有倒闭危险的银行；在特殊情况下，可打破常规，承担更大的责任。当1985年美国第八大银行伊利诺伊大陆银行发生挤兑风潮时，联邦存款保险公司曾打破常规，宣布对该银行的全部存款户和债权人的利益提供完全的保护，一场挤兑风潮才得以平息。在日本，存款保险机构要提供紧急资金援助，必须有大藏大臣的紧急认定，并要得到被援助金融机构4/5以上股东的同意。除上述措施之外，中央银行或有关金融管理当局还可以官方任命经理，限期整顿或全面暂停业务，由当局全面接管，予以强制监督管理等。

四、国际金融监管的变革与发展

20世纪80年代以前，全球金融市场化国际化进程比较缓慢，金融业的传统格局也使得金融监管表现出传统的特点：（1）以限制竞争、保障安全为指导思想，监管政策主要是基于对资金价格（利率、汇率、费率）、业务范围、市场准入等的直接控制，并伴之以信贷分配政策和强制性的投资管制。（2）监管视野局限于国内金融业，监管政策难以覆盖金融业的全部，对全国以外的金融活动不监管或者监管不足。（3）各国监管体制相互分离，监管政策、手段不一致，造成不同监管环境下金融竞争力的差异，各国监管当局不断采取竞争性的放松管制措施，国际金融业的监管出现漏洞。

20世纪80年代以来，以美国为先导，各主要发达国家为适应金融环境的变化，一扫金融监管领域传统监管的做法，逐步放松了对金融部门的管制，形成了强大的金融自由化趋势，它和金融全球化、证券化趋势一起，极大地推动了金融领域的大规模扩张。放松管制提高了资源配置的效率，进一步降低了提供金融服务的成本，推动了经济的增长。

然而，管制的迅速放松也使一些国家付出了高额成本。实现了自由化的金融部门更容易受到突发事件的冲击，金融机构经营的风险程度不断加大，并为此付出了沉重的代价。近年来，金融机构破产案屡有发生，国际金融市场动荡不安。事实证明，单纯地放松监管并非保证金融市场效率的良策。20世纪90年代以来，在许多发展中国家热衷于实现金融自由化的时候，西方国家的金融监管者已经着手建立并强化审慎监管制度，致力于排除影响市场约束力的障碍。作为主要发达国家中央银行进行国际合作的机构，由十国集团的中央银行和监管机构代表组成的巴塞尔银行，在监管合作方面始终发挥着重要的领导作用。巴塞尔银行监管委员会就微观审慎和宏观审慎两个方面出台了一系列协议或文件，旨在对金融机构进行规范、完善、审慎的监管，其中影响最大的是1988年的《关于统一国际银行资本衡量和资本标准的协议》和1997年的《有效银行监管的核心原则》。巴塞尔银行监管委员会的这些协议不仅得到了十国集团内部的确认，也越来越受到世界上其他许多国家的重视和响应，各国纷纷要求本国金融机构努力遵循巴塞尔委员会的各项原则，形成了全球范围内的“再管制”热。

金融环境的变化使目前的“再管制”不可能退回到依靠僵化的法规体系实现金融机构稳健经营的老路上去，巴塞尔银行监管委员会实施的是审慎监管制度，是以资本充足率标准作为主要的评价指标，主张充分利用市场约束的力量，依靠国际合作来实现单个金融机构和整个金融体系的安全与稳健。如果说20世纪80年代放松金融管制是全球金融体系的突出特征之一，那么90年代在国际金融体系历经了多次风波之后，这一特征已经让位于“再管制”的热潮了。

国际金融监管的调整表现在：

（1）改变传统的监管手段，加强以促进金融业谨慎经营为目的的风险监管，保证金融业的效率和稳定。巴塞尔银行监管委员会着手建立新的资本充足性和市场约束、外部监管框架，简称“新框架”，以替代1988年的《巴塞尔协议》，反映了近年来的金融创新和风险管理的进步。“新框架”强调增强透明度，以加强市场约束单个机构的能力，并且区分这些机构的资信水平，主要机制是加大有关信用、市场、衍生金融工具等风险的信息披露。

（2）加强对大型金融集团的监督。这些大型金融集团是指那些主营金融业务，并至少涉及银行、证券和保险业中的两类业务，且占有业务量相当份额的大集团。它们是放松金融管制和金融市场竞争加剧的产物。在金融机构经营日益综合化的环境中，要对大型金融集团进行有效监督必须要求各国金融监管机构进行合作。

（3）要求银行审慎对待与高杠杆机构（HLIs）的关系。高杠杆机构首先是大型的金融机构，它们是离岸金融中心某些业务的主要经营者，其经营具有高杠杆比率，但是却几乎不受或不直接接受监管，并且不必遵守较高的信息披露制度的要求。由于银行缺乏对高杠杆机构风险的理解和分析，缺乏应对这类风险的有效政策。银行有责任以安全、谨慎的方式处理它们与对手的风险，因此，巴塞尔银行监管委员会建议银行要注意评估高杠杆机构活动的潜在风险，并对这些潜在风险做出可能的政策反应。

（4）与金融机构的综合经营趋势相适应，国际金融监管机构的合作会更加密切。现行的国际金融监管体系是以分业经营为基础的，针对不同的金融机构设立了不同的监管机构。随着综合型金融制度的普遍确立，不同的金融机构和金融工具间的重合会越来越多，单独的一个国际金融监管机构已经无法有效地解决其所监督的金融机构存在的全部问题。因此，各国金融监管机构间的密切合作成为必须，巴塞尔委员会、证监会国际组织和保监会国际组织已经进行了积极的合作。在各国的实践中，一些国家已经建立了统一的监管机构。可以预见，未来保证全球金融体系稳健运行的监管体制框架将是一个更加灵活的，能充分、准确地反映各类风险及风险管理方法的动态发展变化的体系。监管者与被监管者的关系会发生由对抗型向协作型的转变，内部管理将成为国际银行监管的重要内容。

专栏 12－1　国际金融监管改革的主要内容与趋向

本轮国际金融危机全面暴露出了西方金融体系在微观、中观、宏观三个层面的制度漏洞。危机之后，新兴市场国家力量崛起，全球金融治理架构发生了重大变革。国际金融监管改革工作的主要任务是吸取危机教训，修复引发危机的“断层线”，增强全球金融体系的安全稳健性，深化跨境监管合作，促进全球投资和贸易增长，实现强劲、持续、平衡的增长。具体而言包括：首先，增强金融机构稳健性，提高资本和流动性监管标准；改进企业文化，提升风险管理水平。其次，完善市场基础设施建设，降低对评级机构的依赖；加强场外衍生品市场监管。最后，解决“大而不倒”难题，填补监管真空。

危机之后，国际金融监管界提出了“宏观审慎”的新概念。宏观审慎视角包括两个维度：一是纵向时间维度，主要解决亲周期问题；二是横向空间维度，主要解决系统性风险传导问题。为了降低风险的传导，金融稳定理事会着重研究“大而不倒”的问题、“影子银行体系”和“顺周期”的解决方案。

(1) 解决“大而不倒”的问题，提出系统重要性银行监管规则。一是识别系统重要性金融机构；二是提高总损失吸收能力（TLAC）；三是提高监管强度。

(2) 解决监管真空问题，加强影子银行监管。根据金融稳定理事会的定义，影子银行有广义和狭义之分。广义的影子银行包含所有信贷中介机构，而狭义的影子银行则是指没有接受适当监管的信贷中介机构。在二十国集团领导人的要求下，金融稳定理事会对影子银行采取了双管齐下的策略：一方面，建立了监测框架，提升监管当局跟踪演变、识别风险和早期介入的能力；另一方面，提出了监管政策建议，包括加强并表监管和大额风险敞口管理，减少货币市场基金被大规模赎回的风险，加强对资产证券化业务和短期回购市场的管理等。

(3) 解决顺周期问题。《巴塞尔协议Ⅲ》针对资本要求，建立了两个反周期的缓冲机制：逆周期的缓冲和留存收益的缓冲，要求金融机构在经营状况良好的时候，多提资本金，提高抗风险能力，在经济下行期再释放资本抵御损失。同时，推广审慎的前瞻性动态拨备制度，实现以丰补歉，未雨绸缪。

此外，还特别强调加强对国际活跃金融机构的跨境国际监管。按照金融稳定理事会的要求，监管当局应该针对全球系统重要性银行设立危机管理小组，加强信息沟通和危机磋商。如果银行资产集中于母国，则采取单点处置方案，由母国监管部门牵头来做处置工作。如果资产规模在各个国家基本相当，则采取多点处置的方式，即由几个国家的监管部门进行联合处置。

资料来源：范文仲．国际金融监管改革的主要进展与问题．中国金融，2015（21）．

第四节　金融监管体制

金融监管体制是指金融监管的职责和权力分配的方式和组织制度。由于各国的历史发展、政治经济体制、法律与民族文化传统等方面的差异，在金融监管体制上各国也存在着一定的差别。金融监管体制的类型有两种划分方法，如按监管机构的设立划分，大致可区分为两类：一类是由中央银行（或监管当局）独家行使金融监管职责的单一监管体制；另一类是由中央银行和其他金融监管机构共同承担监管职责的多元监管体制。如按监管机构的监管范围划分，又可分为集中监管体制和分业监管体制。一般来说，实行单一监管体制的国家在监管范围上都是实行集中统一监管，而实行多元监管体制的国家在监管范围上大都实行分类监管。但这种对应不是绝对的。不论是统一监管还是分业监管，金融监管体制的选择取决于：是否有助于防范金融危机；是否会降低监管成本；是否会提高监管效率；是否会影响货币政策的制定和实施；各国国情等因素。构建现代化的金融监管体制，需要综合考虑经营者、所有者、监管者、规则、市场约束和监控等多方面因素。

一、集中监管体制

集中监管体制是指把金融业作为一个相互联系的整体统一进行监管，一般由一个金融监管机构承担监管的职责，绝大多数国家是由中央银行来承担。有时又称为“一元化”监管体制，即同一个金融监管当局实施对整个金融业的监管。

英国是实行“一元化”监管体制的国家，由英格兰银行承担整个金融业监管的职责。这与英格兰银行在英国金融界享有崇高的威望和历史传统有关。法律赋予英格兰银行具有监管在英国境内所有银行的权力和职责。英国的金融制度比较健全，金融机构重视信誉，这为英格兰银行的监管带来了极大的方便。英格兰银行的监管一向以合作与协商的方式为主，这也是英国在金融监管方面缺少比较细致的法律法规的一个原因。金融监管机构发现了问题，一般通过“道义劝说”与“君子协定”等方式来加以纠正或解决，较少对金融机构进行定期的现场检查。按照法律规定，英国所有吸收存款的金融机构（包括外国银行）都要向英格兰银行申请登记，批准后按照资本大小和信誉高低分为“认可银行”和“特许吸收存款机构”。它们都要定期向英格兰银行呈报材料，接受管理和监督。未经批准的机构都不准接受存款。英格兰银行内设的金融监管委员会每年要提交一份金融监管报告，由英格兰银行作为其年度报告的一部分提交财政大臣并通过后者转呈议会。

实行集中监管体制的国家还有澳大利亚、德国、卢森堡、荷兰、新西兰等。

从20世纪80年代至今，部分发达国家发生了中央银行的货币政策和金融监管职能相分离制度的变迁。产生这种中央银行体制和制度变化的主要背景是：80年代后期受世界经济一体化、贸易自由化的冲击，金融自由化一时成为潮流，金融创新产品的衍生开发和运用活动来势凶猛，金融制度改革的滞后危及金融体系的安全；原有不同类型的金融活动界限逐渐模糊，金融业混业经营成为许多国家主要的制度选择；在发达国家，对中央银行传统的货币政策从中介目标到政策工具都产生明显的变化，货币供应量与主要经济变量的数量关系变得越来越不明确，原来有效的货币政策工具的重要性不断下降，运用货币政策的目的更完全地转向维护金融的安全和价格的稳定。由于金融不稳定导致经济起伏甚至危机成为20年来国际经济的重要特征，金融危机频频发生。金融风险管理成为金融监管的核心内容和货币政策制定的重要基点。正是在这种背景下，一些国家把金融监管的职能从中央银行分离出去，出现了单独对银行业监管的机构。

20世纪90年代，英国发生了一系列银行危机事件，国际商业信用银行倒闭，巴林银行倒闭，国民西敏寺银行危机，使得英国当局不得不考虑对监管的组织机构进行改革。1997年英国工党上台后成立了金融监管服务局（FSA），负责对银行、住房信贷机构、投资公司、保险公司的审批和审慎监管，英格兰银行审慎监管银行业的职责被剥离，至此，金融监管服务局承担多元业务的集中监管职能。2007年次贷危机后，针对危机暴露出的英国在监管体制机制方面的诸多不足，英国于2012年颁布了新的《金融服务法案》，对监管体制进行了大刀阔斧的改革。此次改革撤销了原来负责金融监管的金融服务局，在英格兰银行内部设立了金融政策委员会，并开启了包括审慎监管局和金融行为监管局的“双峰监管模式”，目标在于有效防范金融系统性风险。审慎监管局附属于英格兰银行，但是享有较大的独立性，其局长由英格兰银行分管副行长担任，以提高被监管机构安全性和稳健性为首要目标，负责对吸收存款机构、保险公司和系统重要性投资公司等进行审慎监管，目前监管机构数约为2 000家。金融行为监管局负责对所有在英金融机构进行行为监管，还负责对审慎监管局监管范围外的金融机构（多数为小型金融服务机构）进行审慎监管。此外，金融行为监管局还是英国上市事宜的监管当局，自2015年起还被赋予监管支付服务的职责。在监管合作方面，金融行为监管局与审慎监管局相互独立，各自制定和执行监管政策，同时又保持密切合作，并接受金融政策委员会的协调。

在从20世纪30年代起到20世纪末的长达70年的时间里，日本中央银行即日本银行一直履行着制定货币政策和进行金融监管的“两项职能”。直到1999年以前，日本银行一直承担监管职能。90年代日本在低速或负增长区间徘徊，经济结构失衡、金融僵化的体制所蕴藏的风险逐步暴露，最终在1997年发生了金融危机。日本国内住友等金融机构形成了大量的不良贷款，酿成了金融机构支付危机爆发，许多金融机构破产，在这种经济和金融背景下，1999年日本成立金融监督厅，承担原来的日本银行对金融机构的集中监管职能。以上是集中监管体制的发展和变化。

二、分业监管体制

分业监管体制是根据金融业内不同的机构主体及其业务范围的划分而分别进行监管的体制，一般由多个金融监管机构共同承担监管责任。在20世纪80年代以前，金融市场的结构特征表现为不同金融机构界限明确，金融产品简单，很容易将一个金融产品划分为银行产品、证券产品或保险产品，金融监管也就相对简单得多，自然地一国金融监管机构分别按照被监管者所处的行业来构建。这种监管机制一般分为三个部分，银行业监管部门监管商业银行，证券业监管部门监管证券公司，保险业监管部门监管保险公司。监管组织结构分工清晰，与金融业的行业特征相适应，也取得了较好的效果。

长期以来，美国的金融监管是由多个监管机构承担的，从监管的业务范围看，各监管机构虽有所交叉，但都有自己的侧重点，基本上属于分业监管体制。美国金融监管机构一方面表现为联邦一级的监管机构是多元的；另一方面表现为美国的各个州都有金融监管机构，实行联邦和州两级多元监管。因此，有时称美国的金融监管体制是“双线多头监管体制”。美国的金融监管机构在联邦一级，主要有6个，虽然管理机构复杂，职能交叉，但其监管各有重点：（1）联邦储备体系，负责管理会员银行和一切银行持股公司。根据1913年《联邦储备法》，所有国民银行必须加入联邦储备体系成为会员银行，州立银行则可以自行选择是否加入。(2) 货币监理局，负责对联邦注册银行的审批和检查。货币监理局隶属于财政部，通过财政部长向国会报告工作。货币监理局的经费是独立的，对银行进行检查的政策原则也是独立制定的。货币监理局着重检查银行内部是否有建立在风险管理基础上的完善的内部控制体系以及各级管理人员的专业管理能力。(3) 联邦存款保险公司，主要监督参加保险的非会员银行和已保险的州注册的储蓄银行。美国在1933年《银行法》中提出了成立联邦存款保险公司，并通过1935年《银行法》使其制度化。成立联邦存款保险有三个主要目的，即保护存款人特别是小额存款人、保护银行及整个经济体系、改进对银行的监督质量，规定凡是参加了联邦存款保险公司的银行都必须接受该公司的检查和监督。(4) 联邦贷款银行及下设的联邦储贷保险公司，管理和监督储蓄银行和储贷协会。(5) 全国信用合作社管理局，管理和监督信用合作社和协调各管理机构之间及同各州监督官员之间的关系。(6) 证券交易委员会，是根据1934年《证券交易法》设立的专门的证券管理机构。该委员会是对证券发行、交易进行管理的最高机构。证券交易委员会职责在于：代表政府发布并解释有关证券的行政命令、决议和规定，并组织贯彻实施；对证券市场上的各种交易进行监督，对证券市场进行管理，对违法进行证券发行交易者予以行政法律制裁；对证券发行公司的资格进行审查；发表有关证券发行、交易的统计数字，组织、监督证券市场，收集和输送有关证券发行和交易的各种信息。美国各州设有分支机构，负责监督地方性的证券发行和证券商。除此以外，美国还有一个场外交易市场证券经纪人和自营商的组织——全国证券交易商协会。其主要作用在于制定有关证券发行和交易的规则，通过共同努力促进证券交易的发展，统一证券行业的原则和营业方法，督促会员遵守联邦政府和各州制定的证券交易的有关法律。

实行分类监管体制的国家还有新加坡、芬兰、瑞典、比利时、丹麦等。

三、金融监管体制的发展趋势

（一）随着金融业由分业经营向混业经营发展，促使分业监管体制逐渐向统一监管体制过渡

20世纪80年代的金融自由化和金融创新浪潮在西方国家此起彼伏，西方各国金融机构间竞争激烈，金融工具、金融交易手段不断创新，金融品种交叉运用。银行传统的资产、负债业务的主导地位受到动摇，具有一定风险的中间业务品种，如信用证、金融期货期权交易、信托、代理融资、担保见证、债券回购等品种和投资银行、金融机构并购等业务不断衍生。金融产品之间的界限日益模糊，跨行业的金融产品种类日渐增多，这给传统的金融监管体制带来极大的挑战。同时，西方国家政府的放松管制使许多实行分业经营的国家纷纷摆脱政府的管制和法律的限制，实行混业经营。在这种形势下，一些国家改变传统的分业监管体制，逐渐向统一监管体制过渡。

（二）中央银行货币政策与金融监管双重职能由兼容向分离又向协作性统一发展

近年来许多西方发达国家监管体制变化的特征是中央银行的货币政策与金融监管的职能分离，这主要源于在经济一体化、金融自由化形势下把中央银行的“两项职能”分离，更有利于防范金融风险和提高金融效率，保证货币政策的实施质量，从此将货币政策的终极目标的实现程度作为中央银行履行职能唯一的评价标准。但在次贷危机后这一理念又有所调整，认为将货币政策与金融监管独立不利于应对系统性风险，而中央银行

应承担的宏观审慎管理必须强化对系统性风险的防范与应对，因此货币政策与宏观金融监管的协作应集中于中央银行。

（三）金融控股公司的建立和发展，促使“伞式监管”体制诞生

美国1929年经济危机的爆发导致了1933年《银行法》即《格拉斯-斯蒂格尔法案》的诞生，该法案明确规定商业银行必须与投资银行业务实行严格分离，分业经营模式从此确立。此后几十年中，分业经营模式逐渐抵挡不住国内金融创新浪潮的冲击和欧洲国家全能银行模式的竞争。伴随着金融电子化、网络化、综合化、国际化趋势日益增强，1999年出台的《金融服务现代化法案》终于废止了《格拉斯-斯蒂格尔法案》，规定任何金融机构只要符合条件都可以实行“联合经营”，组建金融控股公司。不同业态之间的金融业务融合已经成为各类金融机构提高自身综合竞争能力的重要途径，而金融控股公司则是当前实现业务融合的最佳模式。金融控股公司在经营过程中，除因资金在子公司之间的反复投资可能会导致财务杠杆比率过高以外，还存在内幕交易和利益冲突的主要风险。

从金融监管的角度来看，如果说分业监管比较适合于分业经营，而集中监管比较适合于混业经营，那么，对于金融控股公司来说，理想的监管模式似乎应当是“伞式监管”。“伞式监管”体制是在银监部门、证监部门、保监部门之上组建的一个负责总体协调和跨行业监管的组织，或称金融监管委员会，负责对金融控股公司的总部进行监管，而银监部门、证监部门、保监部门根据分业监管的原则对其下属子公司实施专业化监管。

例如，日本新的金融监管体制是在金融厅的监督局下面按照分业设置银行课、保险课、证券课，外加负责监督协调的总务课。韩国是在金融监督委员会下面按照功能设置金融监督院，其具有监督支援管理、监督消费者保护、检查、制裁及不正当竞争调查五大职能，在监督职能的下面按照分类原则设置银行监督局、非银行监督局、保险监督局、证券监督局等，外加监督调整室负责总体协调。

伞式监管既能够保护实施有效的分业监管，又能够确保对金融控股公司总部的监管，对总部的合并报表以及各子公司之间的关联交易和资金流动状况实施重点监管。

（四）金融监管从以机构监管为主转向以功能监管为主

金融监管部门所关注的重点是金融机构的业务活动及其所能够发挥的基本功能，而不再是金融机构本身。尽管各国金融监管体制千变万化，各有不同，但其监管机构的设置实际上都是功能监管与机构监管相结合，在监管部门的最基层一般都有按照金融机构性质分业设置的监管机构，而在其上层则按照功能进行综合，各国的区别主要在于统与合的层次有所不同。

专栏12-2　观点争鸣：中央银行应统筹货币政策与金融监管

中国人民银行金融研究所副所长卜永祥在《财新周刊》刊文《金融监管体制改革研究问题与方向》。文中卜永祥指出，中央银行统筹货币政策与金融监管是现阶段金融管理体制改革的唯一出路。并建议撤销银监会、证监会、保监会和外汇局，机构、业务、人员、服务并入中央银行，建立单一金融管理体制。

“一行三会”体制下金融监管与中央银行分离，使审慎监管与货币政策关系无法理顺，从而宏观审慎管理制度无从建立，使高效安全的金融基础设施及其监管体系无以建立，使激励相容的金融监管和危机救助机制无以建立。主要问题包括：第一，金融监管与中央银行分离，使完整有效的宏观审慎管理无以建立，不利于化解系统性金融风险。第二，金融监管与中央银行分离，导致系统性金融风险识别能力和危机预警能力严重不足。第三，金融监管与中央银行分离，使风险应对能力和危机处置能力不足，也会对日常监管形成逆向激励。

卜永祥认为，2015年年中以来我国资本市场剧烈波动，银行间市场和外汇市场波幅加剧，银行业不良率上升明显，大型系统重要性金融机构安全性、盈利性和流动性水平持续下降，近期e租宝事件和泛亚事件等线上线下非法金融业务风险不断暴露，监管体制有效性已引起国内外广泛关注。金融波动的直接原因虽与经济金融互动反馈中固有的“加杠杆—去杠杆”周期性因素有关，但我国“一行三会”体制下，银行、证券和保险分业监管，监管部门独立于中央银行的金融管理制度，才是事前助推泡沫酝酿风险、事中反应滞后控制不力、事后救助失效推诿责任的深层次根源。

为统筹协调货币政策、金融稳定、金融改革和金融监管，卜永祥认为，我国金融管理体制改革的基本方案应该是：撤销银监会、证监会、保监会和外汇局，机构、业务、人员、服务并入中央银行，建立单一金融管理体制。事实上，这并非是央行官员首次对金融监管模式发声。2016年2月4日，中国央行货币政策司司长李波在《第一财经日报》发表文章表示，中国应当推进金融体制改革，建立由央行领头的宏观审慎金融监管体制。李波称，是否有利于健全宏观审慎政策框架，是当前研究推进金融监管体制改革十分重要的出发点和视角。

2015年，股市持续动荡，沪市从6月12日5 178点的高点，自6月15日起一路下挫，52个交易日，竟有21个交易日指数大幅下跌或暴跌，17次千股跌停，其中更有数次逾两千只个股跌停。至8月26日，大盘“仅剩”2 850点。对于那次空前的股灾，证监会因不能有效监管而广受诟病，后者的失能也被认为是资本市场难以长期平稳运行的重要原因。随着现代金融业各领域融合的日益加深，合并“一行三会”、实行统一集中监管的呼声与日俱增。

资料来源：www. jijinb. com/index/detail/id/2476. html.

四、中国的金融监管体制

改革开放以来，随着中国金融业的迅猛发展，出现了多元化的金融机构、多种类的金融工具和金融业务，引进了外资金融机构，迫切需要加强金融监管。我国金融监管体制的变化可划分为两个阶段：1992年以前，中国人民银行同时行使金融监管职能，对所有金融机构和金融活动进行监管，是单一金融监管机构模式。中国人民银行于1982年设立了金融机构管理司，负责研究金融机构改革，制定金融机构管理办法，审批金融机构的设置和撤并等。1986年国务院颁布的《中华人民共和国银行管理暂行条例》突出了中国人民银行的金融监管职责。

从1992年开始，监管体制开始向分业监管过渡。1992年10月国务院决定，将证券业监督管理职能从中国人民银行分离出来，成立中国证券监督管理委员会，对全国证券机构和证券市场进行监管。1993年12月公布的《国务院关于金融体制改革的决定》是分业监管体制形成的政策基础。该文件提出，要转换中国人民银行的职能，强化金融监管，并对保险业、证券业、信托业和银行业实行分业管理。不过，银行业、信托业的分业监管仍由中国人民银行负责。1995 年全国人民代表大会通过并颁布的《中国人民银行法》，首次以国家大法的形式赋予中国人民银行金融监管的职权。

分业监管体制正式形成的标志是 1998 年 11 月 18 日成立中国保险监督管理委员会，把保险业监管职能从中国人民银行分离出来，确立了金融监管“三分天下”的格局。

2003 年 3 月，我国的金融监管体制又进行了一次大的调整。根据第十届全国人民代表大会第一次会议的批准，国务院决定设立中国银行业监督管理委员会（简称中国银监会）。中国银监会根据第十届全国人大常委会第二次会议通过《关于中国银行业监督管理委员会行使原由中国人民银行行使的监督管理职权的决定》，统一监督管理银行、金融资产管理公司、信托公司及其他存款类金融机构，维护银行业的合法、稳健运行。中国银行业监督管理委员会自 2003 年 4 月 28 日起正式履行职责。

从目前我国金融监管体制来看，基本上属于分业监管的模式。中国银监会、中国证监会、中国保监会这三个金融监管部门各司其职，分工合作，共同承担金融业的监管责任。分业监管有利于集中专门监管人才，提高监管效率和监管水平，也有利于更好地贯彻分业经营的原则，与我国目前的经济金融运行体制是一致的。与此同时，绝大部分金融机构都设立了内部稽核部门，金融同业自律组织和社会中介组织的监督也已起步。政府对金融业的审计监督也走上经常化、法制化和规范化的轨道。可以认为，中国已经建立起了现代金融监管组织体制的基本框架。

随着三大监管机构的建立和不断完善，对我国金融业的稳健运行必将产生重大影响。近年来，银行、证券和保险交叉经营的趋势越来越明显，银行、证券公司和保险公司纷纷通过建立全面合作关系，不断开拓新业务。同时，国内已出现了一些兼营银行、证券和保险两种以上业务的金融集团。因此，在金融创新不断涌现的大趋势下，三大金融监管机构之间的协调和创新金融监管模式是十分必要的。

需要提及的还有：2009 年初，中国成为金融稳定理事会和巴塞尔银行监管委员会的正式成员。在国际金融治理舞台上，中国不再仅是国际规则的追随者，还全面参与了国际金融规则的制定，成为代表新兴市场的重要力量。目前，中国在金融稳定理事会有三个席位，分别由财政部、央行、银监会参加；在巴塞尔银行监管委员会有两个席位，分别由央行和银监会代表。自国际金融危机以来，中国深度参与了金融监管改革的重大议题设置和规则起草，并发挥了重要的作用，这些改革对于中国也有着重要的启示和意义。

中国香港特别行政区的金融监管体制有自己的特色。20 世纪 70 年代前，香港虽然已开始对金融机构进行外部监管，但从总体上看，仍然以业内自律和市场约束为主，外部监管机构体系尚不健全。20 世纪 70 年代以后，香港金融法规不断修正，各种金融监管机构不断设立，监管职能不断充实调整。1993 年以后，香港金融监管体系做了重大调整，其中最重要的是 1993 年 4 月成立金融管理局。该局主要负责管理外汇基金，通过货币政策操作等措施维护港币的稳定；负责监管三级银行的运作并安排支付结算系统。金融管理局的成立，完善了香港金融监管机构体系，使该体系的结构更加合理，职责更加分明。香港现行的金融监管机构体系主要由政府机构、咨询机构、同业公会三部分组成。该体系以政府机构为主，咨询机构和同业公会配合，各司其职，共同担负金融监管工作。

中国澳门于1970年颁布了《管理银行及银号条例》，划定了银行及银号的业务范围，规定银号只能经营货币兑换业务等。这部条例成为澳门首部金融监管法规。1980年1月澳门成立了一个类似中央银行的机构，并赋予其监管金融市场活动的职权。1981年以后又颁布实施了《保险活动管制法例》《信用制度及金融机构管制法令》《财务公司管制法》等，但至今为止，澳门还没有设置独立的金融监管机构。

中国台湾目前也实行单一的集中监管体制。

在金融监管中，不论实行何种监管体制，除金融监管当局的外部监管之外，金融机构的内部控制与管理都是实现监管目标的基础。同时，金融行业间的自律管理与社会的监督管理也是极其重要的。

【本章小结】

1. 金融监管的理论基础是金融市场的不完全性，金融市场的失误导致政府有必要对金融机构和金融市场进行外部监管。梳理金融监管理论的发展脉络，主要包括社会利益论、金融风险论、保护债权论、社会选择论、安全原则论和自律效应论。

2. 金融监管的必要性在于：一是一个国家社会经济稳定发展的必然要求；二是可以帮助管理者将风险控制在一定范围之内，保证金融体系的安全；三是能够维护金融秩序，保护公平竞争，提高金融效率；四是实施货币政策和金融调控的保障。

3. 金融监管应遵循的原则是：监管主体的独立性原则、依法监管原则、“内控”与“外控”相结合的原则、稳健运营与风险预防原则以及母国与东道国共同监管原则。

4. 金融监管的内容主要包括：一是为防止银行遭遇风险而设计的预防性监管；二是为保护存款者的利益而提供的存款保险；三是为避免银行遭遇流动性困难，由货币当局在非常状态下所提供的紧急救助。

5. 国际金融监管的调整表现在：改变传统的监管手段，加强以促进金融业谨慎经营为目的的风险监管，保证金融业的效率和稳定；加强对大型金融集团的监督；要求银行审慎对待与高杠杆机构的关系；与金融机构的综合经营趋势相适应，国际金融监管机构的合作会更加密切。

6. 一般来说，实行单一监管体制的国家在监管范围上都是实行集中统一监管，而实行多元监管体制的国家在监管范围上大都实行分业监管。不论是统一监管还是分业监管，金融监管体制的选择取决于：是否有助于防范金融危机，是否会降低监管成本，是否会提高监管效率，是否会影响货币政策的制定和实施以及各国国情等因素。

【关键概念】

金融监管	内部控制	预防性管理	存款保险制度
紧急救援	集中监管体制	分业监管体制	伞式监管

【综合练习】

（一）单项选择题

1. 下列各国中，采取集中监管体制的是（ ）。

A. 美国　　B. 新加坡

C. 英国　　D. 瑞典

2. 下列各国中，采取分业监管体制的是（ ）。

A. 美国　　B. 德国

C. 澳大利亚　　D. 荷兰

3. 近年来金融业实行综合监管体制的国家越来越多，这主要是金融业出现了（ ）趋势。

A. 竞争加剧　　B. 分业经营

C. 混业经营　　D. 全球化

4. 从监管客体角度看，对不同类型的金融机构分别设立不同专门机构进行监管的监管体制是（ ）。

A. 综合监管　　B. 统一监管

C. 分业监管　　D. 独立监管

5.《巴塞尔协议》规定，银行的资本充足率——资本与风险加权资产的比率不得低于（ ）。

A. 4%　　B. 8%

C. 10%　　D. 12%

6. 我国分业监管体制正式形成的标志是（ ）。

A. 1998 年 11 月 18 日成立中国保险监督管理委员会

B. 1992 年 10 月成立中国证券监督管理委员会

C. 2003 年 3 月设立中国银行业监督管理委员会

D. 中国人民银行于 1982 年设立了金融机构管理司

（二）多项选择题

1. 金融监管的基本原则有（ ）。

A. 监管主体的独立性原则

B. 依法监管原则

C. “内控”与“外控”相结合的原则

D. 稳健运营与风险预防原则

E. 母国与东道国共同监管原则

2. 当前我国金融监管体制的特征有（ ）。

A. 单一全能型　　B. 以中央银行为重心

C. 独立于中央银行　　D. 综合监管

E. 分业监管

3. 在《新巴塞尔协议》中，被称为协议“三大支柱”的是（ ）。

A. 最低资本要求　　B. 银行治理结构

C. 监管当局的监督检查　　D. 市场约束

E. 内部评估模型

4. 金融监管的一般理论有（ ）。

A. 社会利益论　　B. 金融风险论

C. 保护债权论　　D. 市场失灵理论

E. 信息不对称理论

5. 我国的金融监管体系包括（ ）。

A. 银监会　　B. 证监会

C. 中国人民银行　　D. 保监会

E. 证券业协会

（三）思考题

1. 金融监管的必要性主要体现在哪几个方面？

2. 金融监管的基本原则是什么？

3. 金融监管的主要内容有哪些？

4. 简述《巴塞尔协议Ⅲ》的主要内容。

5. 比较不同监管体制的优缺点。

6. 结合中国金融监管体制的现状和未来发展，我国应当如何解决降低监管成本和避免监管失灵的问题？

参考文献

1. 王广谦．中央银行学．北京：高等教育出版社，2003.

2. 钱小安．金融监管体制、效率与变革．北京：中国金融出版社，2006.

3. 霍华德·戴维斯，大卫·格林．全球金融监管．北京：中国金融出版社，2009.

4. 佩特·D. 斯潘瑟．金融市场结构与监管．上海：上海财经大学出版社，2005.

部分习题参考答案

第一章

（一）单项选择题

1. C　2. D　3. C　4. A　5. B

（二）多项选择题

1. BCDE　2. ACE　3. ADE　4. BD　5. ABC

第二章

（一）单项选择题

1. B　2. A　3. C　4. B　5. B

（二）多项选择题

1. ABCE　2. AD　3. BCDE　4. ACD　5. BCD

第三章

（一）单项选择题

1. B　2. C　3. C　4. D　5. D

（二）多项选择题

1. ABE 2. ADE 3. ABCDE 4. BDE 5. BDE

第四章

（一）单项选择题

1. D 2. C 3. B 4. A 5. D

（二）多项选择题

1. ABCE 2. ABCDE 3. ABCD 4. ABD 5. BD

第五章

（一）单项选择题

1. C 2. A 3. D 4. C 5. B

（二）多项选择题

1. ABCDE 2. ABCD 3. ABCDE 4. AD 5. ABCD

第六章

（一）单项选择题

1. B 2. D 3. A 4. A 5. B

（二）多项选择题

1. ABCD 2. ACDE 3. ABCE 4. AC 5. BD

第七章

（一）单项选择题

1. A 2. D 3. A 4. D 5. C

（二）多项选择题

1. ACD 2. ACD 3. ACD 4. ADE 5. ABC

第八章

（一）单项选择题

1. B 2. B 3. B 4. A 5. D 6. C

（二）多项选择题

1. ACD　2. BCDE　3. BCD　4. ABCDE　5. ACD

第九章

（一）单项选择题

1. D　2. C　3. C　4. D　5. B

（二）多项选择题

1. B、E　2. BCDE　3. BCD　4. AC　5. BCD

第十章

（一）单项选择题

1. D　2. A　3. A　4. C　5. A

（二）多项选择题

1. DE　2. ABDE　3. AD　4. ABCDE　5. AC

第十一章

（一）单项选择题

1. B　2. A　3. D　4. D　5. C　6. C　7. C　8. A

（二）多项选择题

1. ABDE　2. ACDE　3. ABCDE　4. ABCD　5. BD

第十二章

（一）单项选择题

1. C　2. A　3. C　4. C　5. B　6. B

（二）多项选择题

1. ABCDE　2. CE　3. ACD　4. ABC　5. ABCD

图书在版编目（CIP）数据

金融学/马亚主编．—2 版．—北京：中国人民大学出版社，2017.5
通用经济系列教材
ISBN 978-7-300-24267-5

Ⅰ．①金… Ⅱ．①马… Ⅲ．①金融学-高等学校-教材 Ⅳ．①F830

中国版本图书馆 CIP 数据核字（2017）第 058027 号

通用经济系列教材
金融学（第二版）
李　健　主审
马　亚　主编
Jinrongxue

出版发行　中国人民大学出版社
社　　址　北京中关村大街 31 号　　邮政编码　100080
电　　话　010－62511242（总编室）　010－62511770（质管部）
　　　　　010－82501766（邮购部）　010－62514148（门市部）
　　　　　010－62515195（发行公司）　010－62515275（盗版举报）
网　　址　http://www.crup.com.cn
经　　销　新华书店
印　　刷　北京溢漾印刷有限公司
规　　格　185mm×260mm　16 开本　　版　　次　2010 年 6 月第 1 版
印　　张　19.5　　　　　　　　　　　　　　2017 年 5 月第 2 版
字　　数　450 000　　　　　　　　　印　　次　2021 年 4 月第 3 次印刷
　　　　　　　　　　　　　　　　　　定　　价　36.00 元